2014年中國大陸地區投資環境與風險調查

習李改革擘商機

最新 TEEMA 報告出爐

台灣區電機電子工業同業公會
「2014年中國大陸地區投資環境與風險調查」
執行委員會成員

理　事　長◆郭台強

大陸經貿委員會
主任委員◆胡惠森

研究顧問◆許士軍

計畫主持人◆呂鴻德

執行委員◆毛恩洸、王美花、史芳銘、吳明機
呂榮海、李永然、李念祖、杜啟堯
沈榮津、林全能、林祖嘉、連玉蘋
洪明洲、徐基生、徐鉦鑑、高　長
高孔廉、張俊福、張致遠、張銘斌
張寶誠、許介立、陳文義、陳向榮
陳信宏、陳德昇、曾欽照、游瑞德
黃文榮、黃慶堂、詹文男、蔡豐賜
廖桂隆、鄭富雄、賴文平、羅懷家
蘇孟宗
（依姓氏筆劃排序）

研究人員◆吳家珮、李詩怡、莊文綺、彭心怡
程鳳茹、劉柏辰、劉鴻儀、賴力蓮
謝慧臻、簡妤珊

研究助理◆吳雅雯、林妤濃

預應習李深化改革．掌握兩岸搭橋契機

1979年鄧小平推動「改革開放」政策，一個思維的變革，引動中國大陸持續35載經濟高速成長榮景，並促使中國大陸成為跨國企業佈局全球的首選之地，其中台商更是如此。然2013年中國大陸國家主席習近平更倡言「深化改革」，揭櫫「中國夢」，力行「反貪腐」，亦讓全球投資者看到改革創新與清政廉明雙紅利。

所謂「一個企業不能只看現在的市場占有率，還要看未來的機會占有率。」「預測未來的最佳方式，就是創造未來。」兩岸資源要素稟賦各異，然優勢互補、策略聯盟，必能發揮整合綜效。兩岸搭橋計畫的實行，促使兩岸產業推動水平分工、共創標準、共同研發，並以全球為市場，將華人的文創理念、自創品牌思維，佈局寰宇。

2014《TEEMA調查報告》在許士軍教授與呂鴻德教授所領導的研究團隊戮力之下，完成公會第15本關於大陸投資的研究成果，該報告已成為目前台商佈局中國大陸城市重要的投資參鑑，亦是兩岸政府協助台商轉型升級的重要意見彙集。尤其今年特以「習李改革擘商機」作為年度研究主題，更彰顯前瞻性、趨勢性、預應性，報告中指出習李體制全面深化改革7大商機：金融體制改革商機、農村改革商機、人口改革商機、新能源改革商機、土地改革商機、非公有制文化改革商機以及開放投資商機。此7大商機深信都是台商未來的逐鹿重心。加之，習李新政推行多項區域經濟發展，諸如：絲綢之路經濟帶、21世紀海上絲綢之路、陝西西咸新區、貴州貴安新區等，這些新區的崛起，對台商擘畫下一階段轉型與升級，提供更廣大的發展空間。

從「兩岸合，賺天下」到「兩岸合，贏天下」，應透過兩岸資源共享、優勢融合，新的時代思維已孕育而生，那就是「兩岸合，利天下」，冀盼兩岸搭起心橋、開誠布公、產業整合、深化綜效，如此才能避免兩岸產業同質化競爭、兩岸企業國際市場價格競爭，透過供應鏈、價值鏈、需求鏈的專業分工，創造兩岸可持續發展的營商環境，為兩岸合作雙贏開啟新篇章。

台灣區電機電子工業同業公會理事長 郭台強

兩岸互動新情勢・台商佈局新謀略

隨著中國大陸供應鏈崛起，兩岸產業競爭態勢加劇，如何以「競爭求進步，合作共繁榮」的「競合思維」，共同擘劃兩岸產業的專業分工及融合共贏，已是刻不容緩的兩岸經貿互動課題。

往昔台商佈局中國大陸主要採取低成本擴張思維，依賴代工製造的效率優勢，但隨著國際化的浪潮、互聯網的衝擊、新商業模式的變革，逐鹿中原的謀略應有所調整，所謂「凡事提早十年想，提前五年做」的「預應思維」，該是下一輪掌握市場契機的核心。習李體制揭櫫「深化改革」的理念，勢必創造「改革紅利」、「市場潛力」和「創新動力」，所以台商應積極佈局大健康、大文創、大智能、大消費及精緻農業「四大一精」的未來商機，中國大陸市場潛力無窮加上台灣智慧創造力無限，此將是「兩岸合，創商機」的典範。

習李體制主導未來十年中國大陸政經發展格局，台商應預應且掌握中國大陸宏觀經濟政策，在此一波變革中重新找到自己的定位，並以「創新驅動」策略取代過去的「成本驅動」策略，才能跟上中國大陸轉型腳步，而台商佈局中國大陸可透過六大創新戰略，即「價值鏈整合」的平台戰略、「商業模式創新」的白地戰略、「產業疆界創新」的藍海戰略、「產品創新」的紫牛戰略、「技術創新」的動量戰略及「第二曲線創造價值」的換軌戰略，冀盼台商能在中國大陸新一輪的創新驅動政策引導下，進行轉型升級，找出企業核心優勢，創造最佳經營績效，以先佔未來的機會占有率。

2014《TEEMA調查報告》是產、官、學、研「群策群力，以竟事功」的結晶，首先感謝許士軍研究顧問、計畫主持人呂鴻德教授及其研究團隊竭力付出，亦感謝執行委員的審查建議及公會同仁的傾力協助，最後，更感謝台商提供中國大陸投資環境與風險寶貴資訊與建言，使得《TEEMA調查報告》能夠不斷精進更臻完美，冀盼《TEEMA調查報告》能夠成為兩岸主管部門擬定未來發展策略之重要參鑑，亦成為台商擬定中國大陸發展新謀略，再創成長第二曲線的指南。

大陸經貿委員會主任委員 胡惠森

繼往開來，共締兩岸雙贏新願景

台灣係以進出口貿易為主之小型經濟體，經濟成長之七成仰賴對外貿易。睽諸世界，推動貿易自由化的主力，已由世界貿易組織（WTO）移轉到區域或雙邊的自由貿易協定，而未來2、3 年內，我鄰近國家將分別成為「跨太平洋夥伴協定」（TPP）、「區域全面經濟夥伴協定」（RCEP）或中日韓自由貿易協定的成員之一。台灣面臨此一挑戰，唯有以更開放、更創新的經濟體，展現更積極的作為，才能在亞太地區或全球佈局中，持續維持領先地位。

中國大陸係世界第2大經濟體，亦為我國、韓國、日本及新加坡的最大貿易夥伴，兩岸經貿互動攸關我國經濟成長至鉅。過去5年多來，政府以「九二共識，一中各表」作為重建兩岸關係的基礎，以活路外交避免兩岸在外交上的零和競賽，如今台灣海峽已成和平大道，成為各國進軍大陸市場的門戶。台灣經濟如欲更上層樓，則須加強兩岸經貿及產業合作，方能有助於我拓展大陸市場，以及參與區域經濟整合。

發展和平穩定的兩岸關係，是我們拓展外交關係的重要基礎。政府依據「對等、尊嚴、互惠」及「以台灣為主，對人民有利」等原則，穩健推動兩岸協商。截至目前，兩岸透過兩會制度化的溝通平台，已完成簽署21項協議，範疇含括交通、衛生、科學、農業及司法互助等領域，均係以提升我產業競爭力，進而壯大台灣、連結亞太、佈局全球為目標。兩岸良性的互動與發展，已逐漸為我國帶來顯著的效益。

其中，2013年6月兩岸簽署完成的「海峽兩岸服務貿易協議」，可協助我國服務業搶在韓國、日本之前打入大陸市場，創造競爭優勢，可惜尚未能於立法院完成審議。韓國正積極與中國大陸進行FTA協商，一旦雙方完成簽署，將對我國產業造成嚴重威脅。時間是台灣競爭力的關鍵因素，「海峽兩岸服務貿易協議」遲遲未能通過，不但將使我部分優勢產業坐失商機，也傷害國家競爭力，希望國人全力支持，以協助我國服務業者早日享受進入大陸市場的優惠待遇，並利於後續兩岸簽署貨品貿易協議，以及加速推動融入亞太地區的經濟整合。

自2000年起，台灣區電機電子工業同業公會每年均辦理「大陸地區投資環境與風險調查」，2014年的架構，係先就全球政治經濟環境趨勢，以及中國大陸第

2波改革浪潮，進行宏觀思維與高遠視野的論述；再從不同角度對大陸各省與城市投資環境，透過實地訪查與問卷調查等方式，做詳實的分析評估，兼具理論研究及實務運用的雙重價值。文成並公開研究成果，裨益各界人士作為赴陸投資之參考，這份謹慎至誠與無私回饋社會的精神，令人感佩，本人應邀題序，深感榮耀。殷盼兩岸未來能於既有之良好基礎上，踵循前人努力的遺緒，持續溝通及交流，繼往開來，共締「兩岸雙贏」的新願景。

行政院院長 江宜樺

掌握改革契機．擘劃轉型韜略

近年來，台灣政府揭櫫「台灣黃金10年」國家宏偉藍圖，而中國大陸習李體制亦提出「中國夢」的發展願景，兩岸政府均明確指陳未來經濟、社會發展的主基調，馬政府揭示的黃金10年願景，主要是以「壯大台灣、連結亞太、佈局全球」為核心目標，竭力發展「6大新興產業」、「4大智慧型產業」、「10大重點服務業」；而「習李體制」則提出「調結構、擴內需、促消費」的發展方針，強調沿海地區「騰籠換鳥」、「退二進三」韜略，此外，並將中西部地區定位為「沿海產業承接轉移基地」，並在十二五規劃期間積極推動「7大戰略性新興產業」的轉型、升級、創新、顛覆，逐見兩岸政府擘劃產業的策略雄心，也為未來兩岸在新興產業的合作建構了無限的契機。

盱衡兩岸獨特比較優勢，台灣具國際化視野、優質化人力、高效化經營及專業化創新等核心優勢，然而，中國大陸亦有廣大內需市場、品牌延伸空間、高效政策執行以及旺盛策略企圖，因此，台商佈局中國大陸已逾20餘載，應積極掌握「習李體制」強調「新興產業、內需市場、自創品牌、自由貿易」的新契機，整合兩岸優勢，改變傳統以「成本、代工、效率」為導向的經營舊思維，朝向以「價值、品牌、文創」為核心的經營新思維，必然能為大陸台商邁向卓越經營、邁向世界級企業之路，鋪陳一條成長騰飛之大道。

電電公會《中國大陸地區投資環境與風險調查》肇始於2000年，至今已是15載，此報告對於台商正確投資中國大陸城市，佈局中國大陸產業，具有居功厥偉的影響力，2014《TEEMA調查報告》付梓之際，感謝郭台強理事長所率領的電電研究小組，堅持初心，為提供3,600家的會員廠商，蒐集資訊、精細剖析、研擬韜略、策略建言，使中國大陸政府能根據調查報告的排名順序進行投資環境的優化與改善，亦使台灣政府能夠聆聽台商的需求，協助台商進行轉型升級，最重要的是能藉由中國大陸政經環境的變遷，即時提供有價值的資訊，協助台商策略性轉進、前瞻性佈局以及經營思維的蛻變，在此表達本人由衷的敬佩與感激。

立法院院長 王金平

掌握大陸經貿變化　穩中求進力佈新局

近年已開發國家之經濟動能雖已逐漸復甦回溫，惟受到中國大陸及新興市場成長放緩，部分開發中國家因政爭紛擾致成長減速等影響，當前經濟情勢仍面臨諸多風險，對於台商在海外的經營佈局形成重大考驗。中國大陸早期因具有生產成本優勢，成為台商在海外的重要生產基地，然近年大陸投資經營環境已有重大改變，尤其勞動議題對台商經營造成重大影響，掌握大陸經貿環境變化與投資法令之變革，有助於企業預先作好因應準備，可降低投資風險及避免投資糾紛。

中國大陸已成為全球第2大經濟體，也是各國企業追求新一波產業商機所無法忽視之市場，尤其面對區域經濟整合的浪潮，穩步推動兩岸經貿交流將有助於我國經濟發展及與其他貿易夥伴之經貿合作關係。關於ECFA後續協議之推動進展，兩岸已就經貿團體互設辦事機構達成共識，目前台灣貿易中心已在大陸設立6個代表處，電機電子公會昆山辦事處亦於103年7月正式掛牌，相信對於台商在大陸市場之經營發展將有實質助益。此外，「海峽兩岸投資保障和促進協議」及「海峽兩岸服務貿易協議」已完成簽署，企業關切之貨品貿易及爭端解決等後續協議亦積極協商中，為台灣企業在大陸市場之發展創造優勢地位。

在國際經濟情勢詭譎多變之際，為協助台商強化核心競爭力及開拓海外市場，經濟部賡續執行「海外台商輔導計畫」，透過台商服務團、企業診斷及深度輔導等活動，促進台商回台投資及加強與研發法人技術合作，以運用台灣優勢，發展差異化競爭策略。另本部「台商聯合服務中心」亦積極協助企業解決在大陸地區發生之投資爭端，維護台商投資權益。

台灣區電機電子工業同業公會長期投入心力，每年出版「中國大陸地區投資環境與風險」報告書，提供全球經貿發展新趨勢、中國大陸經濟展望及主要城市之投資風險與競爭力評比等資訊，內容精闢深入，為會員廠商及企業佈局大陸地區之重要參考。穩步發展之兩岸經貿關係為台灣經貿政策之重要環節，可為產業創新發展提供良好的驅動力，同時為我國經濟帶來新榮景。

經濟部部長　杜紫軍

掌握資訊創新發展

近年國際情勢丕變，歐美國家債務問題愈趨明顯，國際經濟景氣不振，而新興國家的興起，對台灣以外銷為主的經濟及產業發展產生重大影響。加上中國大陸投資環境轉變，包括工資大幅上揚、環保規定漸趨嚴格、優惠減少等不利因素，使台商在大陸經營日趨困難，政府也相當關切有關趨勢與問題。

兩岸關係和平穩定發展是我們國家生存安全、經濟發展重要的一環。面對國際情勢的快速變化及中國大陸的崛起，我們相信維持兩岸關係的良性互動，是營造台灣優質投資環境、開創經濟發展的關鍵要項。自2008年兩岸恢復制度化協商迄今，在秉持「擱置爭議、共創雙贏」原則下，兩岸兩會已舉行10次會談，簽署21項協議，並於今(2014)年2月及6月先後完成兩岸事務首長互訪，這些成果除了是兩岸關係良性發展、向前邁進的重要里程碑，每一項協議與進展亦有助增進雙方民眾福祉與交流秩序。其中「海峽兩岸投資保障和促進協議」自2013年2月1日正式生效，提供台商在大陸投資合法權益制度化的保障，對於兩岸在投資及經貿環境制度化的進程上，又往前邁進一大步。

面對經營環境多變，台商尤應藉由充分的資訊蒐集，瞭解大陸地區投資概況，注意各種可能的風險，以進行客觀評估。台灣區電機電子工業同業公會持續了多年「中國大陸地區投資環境與風險調查」，今（2014）年之調查資訊係以大陸近期改革相關議題為主軸，針對台商在大陸地區投資環境及相關投資問題進行分析，立意甚佳，報告具參考價值，相信對廣大台商投資大陸、拓展事業版圖能發揮針砭綜效，讓台商朋友「掌握資訊」，讓兩岸經貿「創新發展」！

行政院大陸委員會主任委員 王郁琦

台商第4波佈局的機會與挑戰

俗話說，上天給機會予肯努力的人；同樣地，這話可以應用到企業身上，只有肯努力的企業才有成功的機會。然而，這話背後所蘊藏的另一個道理，那就是，這種努力必須能適合或利用環境所給予的條件和機會，換言之，只是盲目的努力是徒勞無功的。自這基本意義上，台灣電電公會每年所出版的「中國大陸地區投資環境與風險調查報告」，就是提供業者有關決定成敗的環境分析。而且隨時間不同，每一報告都有當時的重點。就 2014年這一份報告所聚焦的就是「習李改革」所帶來的新環境；具體言之，就是第2波改革中的6大深化改革領域和16項具體措施，以及它們帶給台商的機會和威脅。

這種波瀾壯闊的全面改革，一方面是要解決大陸在第一波改革顯著成功所帶來的諸多新問題；另一方面，它更要迎合全球政治和經貿新情勢和新格局的發展。深入瞭解這種錯綜複雜的改革政策和措施，將會發現，其中真正的核心在於尋求政府與市場的相互關係和定位。更具體地說，其根本精神在於讓市場在國家資源配置中扮演一種更重要的角色。

在這種政策方向上，可以預見的，大陸上將有愈來愈多的政府政策乃透過市場機制發生決定性作用，而非政府公權力之直接干預。這種精神，不但見之於經濟改革、文化改革、生態文明改革、社會改革，也見之於政治和黨的建設改革。所以，相對於前一波改革，政府「這一隻看得見的手」所做的乃是「微刺激」，而非全面主導。這一大趨勢，對於台商而言，必須在思維、策略、決策以及行為上進行重大調整。基本上，這種影響是正面和值得歡迎的。正常情況下，適應市場規律要較適應政治風向是健康的和合理的因應作法。

在這趨勢下，問題反而落在台商這方面，如何能順應市場情勢，發掘機會，積極有所作為。我們發現，台商在這方面應該努力的地方雖多，但業者是可以做到，應該做的，也都是可以努力去做的。真正問題，乃在於目前國內政治環境所加於企業身上的限制，觀諸這一年多來諸如服貿協定，自由經貿區所遭遇的種種阻礙，歷歷在目，使業者目睹相較於世界上其他競爭對手國家機會白白流失，只能徒呼負負。

展望台商應有的第4波佈局，如本報告所說的「台商能否能像前3波佈局一般寫下亮眼的佳績」，目前所面臨的困境，不但代表一種不同的際遇，更是不同的挑戰。

逢甲大學人言講座教授 許士軍

駕馭變革・擁抱未來

管理巨擘彼得・杜拉克（Peter Drucker）曾說：「處在劇烈變動的時代，我們無法駕馭變革，只能設法走在變革之前。」變化，是現代社會唯一不變的發展邏輯，盱衡台商逐鹿中國大陸歷程，從早期廉價勞工、貼牌生產的「效率思維」到自創品牌、連鎖加盟的「內需思維」，而至今日的文創驅動、技術優化的「創新思維」，此明示著企業經營之道在於「與時俱進、持續創新」。

「沒有成功的企業，只有時代的企業。」企業發展必須掌握經營情景、勾勒戰略企圖、培育核心競爭力，換言之，經營情景、戰略企圖、核心競爭力三者必須匹配，方能駕馭變革，擁抱未來。往昔資源驅動型、投資驅動型的台商，面對中國大陸勞動成本上漲、營商成本高升，若不能思維變革，必將使企業走向衰退或停滯之命運；而今持續發展壯大的台商蛻變成知識驅動型、創新驅動型的經營體質和模式，掌握中國大陸「大智能、大環保、大消費」；「精緻農業、精緻健康、精緻文創」的發展趨勢，具備勇於創意、創新、創業的三創思維，進而創造事業第二曲線，邁入企業高速發展的新軌。所謂「沒有夕陽產業，只有夕陽思維」；「只要思想不滑坡，辦法總比困難多」。

2014《TEEMA調查報告》賡續14載TEEMA精神與理念，在傳承研究方法論及調查系統的基礎上，時刻觀察環境的脈動，掌握趨勢的變遷，揭示年度主軸，以期提供最新的資訊，盼台商具「引領力、瞬捷力、即戰力」。此外，2014《TEEMA調查報告》的主題，強調習李新政，不僅揭示習李全面深化改革的契機，更提示中國大陸在改革開放持續30載的高速成長所引發潛在的投資困境、困局與困勢，盼此一報告能提供台商前瞻性、預應性的資訊，以作為佈局之參鑒。

於此2014《TEEMA調查報告》付梓之際，感謝郭台強理事長的支持，以及電電公會同仁的協助，亦感激兩岸政府和企業的全力襄助，使調查得以順利完成，誠如習近平訪問韓國時所言：「以利相交，利盡則散；以勢相交，勢敗則傾；以權相交，權失則棄；以情相交，情斷則傷；唯以心相交，方能成其久遠。」兩岸唯有敞開心胸、放眼未來，積極交流、學習融合，才能提升國際競爭力，共創大中華經濟圈之繁榮。

計畫主持人 呂鴻德

2014年中國大陸
投資環境與風險調查
目錄

【序】

CONTENTS

第 4 篇 中國大陸經濟 新情勢

第 5 篇 中國大陸城市 新排名

第 6 篇 電電調查報告 新總結

1

電電調查報告新定位

第 1 章

2014 TEEMA 調查報告核心主張

自 2000 年起台灣區電機電子工業同業公會（Taiwan Electrical and Electronic Manufacturers' Association；以下簡稱 TEEMA），首次進行中國大陸地區投資環境以及風險調查，針對中國大陸台商主要投資城市之投資環境與投資風險，進行系統性的評估，並藉由「城市綜合實力」排行，提供台商佈局中國大陸之參鑑。

中國大陸改革開放以來，經貿快速成長，由「世界工廠」轉變為最受關注的「世界市場」，然高速成長的背後，亦存在著諸多隱憂。而「習李體制」上任，重要任務便是調整中國大陸產業發展模式，並將諸多社會、經濟問題導向正軌，顯示習李改革藍圖已逐漸明朗，改革正式進入深水區，而 2014《TEEMA 調查報告》特揭櫫 5 大核心價值主張，即：（1）變革思維；（2）鮮活思維；（3）平台思維；（4）利基思維；（5）競合思維，提供台商參考。

主張 1：變革思維

「習李新政」上任，將帶領中國大陸走過下一個 10 年，根據俄羅斯《晨報》（2013）指出：「中國大陸準備再次證明自己能順應時代發展挑戰變革，而此一輪變革將在『中國夢』口號下進行。」各國媒體均表示「習李體制」變革力度乃是前所未有，中共十八大後不到 20 天，中國大陸國家主席習近平即提出改善工作作風、密切聯繫群眾的「8 項規定」，而後提出「6 項禁令」和反「4 風」為核心的整風運動，加之 2013 年 6 月 18 日實施的群眾路線教育實踐活動，提出「照鏡子、正衣冠、洗洗澡、治治病」總要求，著眼於自我淨化、自我完善、自我革新、自我提高。更在政治經濟、社會文化等領域進行徹底變革，預示著改革將是 2014 年中國大陸最為亮眼的關鍵詞，而改革紅利亦將成為未來成長的新引擎。

管理大師 Peter Drucker 曾言：「我們無法駕馭變革，我們只能走在變革之前。」變革過程總是機會與威脅參雜，每一次的變局都會有新的顛覆思維、新的投資業態、新的明星產業產生，諸如：十八大提出國有企業走混合之路，打破國企壟斷的現狀，對台商是一個變局中的曙光契機，台商應作好基本動作，強調管理制度系統、培養國際視野、參與國有企業改革，擬定自身應對策略，才能掌握此波改革新契機，進而享受國企改革的紅利，成為變局中的新興明星。

主張 2：鮮活思維

宏碁董事長施振榮於 1998 年出版《鮮活思維》一書提出：「鮮活思維就像新鮮空氣與食物之於人類，孕育企業永續的生命力。」傳統的財富是土地和有形的產品，但在電子資訊時代，知識和資訊這些無形的事物能夠創造更大的財富。然過去台商佈局中國大陸，看中的是中國大陸充沛勞動力、低廉成本等「有形」的紅利，達到快速成長之效，卻往往忽略塑造創新、社會責任及可持續發展思維等「無形」資產，舒服到忘記轉型升級，導致在中國大陸本土企業「立標竿、找差距」的趕超模式下，快速被模仿、取代，進而失去競爭優勢。如過去曾是台商製造業重鎮的東莞，隨工資日漸提升，傳統生產模式無法提高產品附加價值，紛紛面臨倒閉、遷廠的困境，顯示出過往台商的傳統思維在中國大陸已難以生存，必須要有新鮮活躍的策略思考、靈活彈性的管理制度、與時俱進的前瞻眼光，避免思維僵化，才能突破現今發展困境。

中國大陸國家總理李克強曾提出「盤活存量、用好增量」的金融改革政策，即指把閒置的資金有效利用，「存量」資金不能被挪用，而「增量」就要好好控制，在非必要時都不應放水救市。道出企業平時要加強自身競爭力，遇到困難時不可「尋投機，找捷徑」，應調節自身能力去適應新環境。根據 Donald Sull（2009）出版《哪些企業不會倒？在變局中維持不敗、再創優勢的關鍵》一書指出：「在變動劇烈的時代中，懂得掌握變動的企業，逆勢而起；只知迴避變化的人，則將一步步走向衰敗。」顯示企業應走出行動慣性（active inertia）、運用鮮活思維、創新重組現有資源及激發新消費需求，才能在動盪不安的環境中，找尋新的成長方向。

主張 3：平台思維

企業家曾說「人才」是企業最重要的關鍵因素，21 世紀最值錢的是人才，比人才更貴的是平台，而比平台更重要的是生態系統。過去台商在中國大陸佈局都是單打獨鬥，以點為主，很少形成線與面的戰略延伸，更遑論生態系統的建構，反觀中國大陸其產業政策由國家主導，較易建構生態系統，顛覆過去傳統系統。根據陳威如教授於 2013 年出版《平台革命》一書指出：「平台時代，企業未來的競爭對手不在止於同業，而是可能來自多方領域，傳統的線性產業鏈已被擊碎，因此企業應創立一個連結各方需求的平台，將產品及服務加值延伸，進而打造平台生態圈。」

現今環境面臨大數據時代的趨勢，迫使許多企業紛紛轉變思維走向「平台商業模式」，互動式經營模式亦隨之而來。根據振鋒企業股份有限公司洪榮德董事長（2014）表示：「成功的平台策略讓產業生態圈獲取更大的價值與利益，進而使規模持續成長，達到贏者通吃的網路外部性。」不例外中國大陸亦進入移動互聯網時代，面臨實體與虛擬整合的 O2O 型企業如雨後春筍般出現，建構成一個開放的生態系統，有別於過去封閉且有邊界性的傳統企業型態，中國大陸互聯網企業正開始打造一個多主體共贏互利的生態圈。中國大陸 3 大互聯網巨頭百度、阿里巴巴、騰訊圍繞著搜索、電商、社交各自構築強大的產業生態，形成後進者難以進入及撼動的一道高牆。面對新生態系統，台商應持續關注中國大陸政府對於大數據、平台生態的戰略定位、政策、計畫等，思索未來產業增長點、機會點，決策者也須培養寬闊視野與未來趨勢的洞察能力，利用平台商業模式與供應商、消費者互利，創造「一加一大於二」的綜效價值。

主張 4：利基思維

早期台商佈局中國大陸，看中的是便宜勞動成本、低廉生產成本，擠出毛利的「規模經濟」，然隨著中國大陸勞工薪資上漲、原物料成本提升，迫使台商面臨轉型升級的困境。此外，早期台商為求擴大規模生產，紛紛圈地、爭搶土地，在不同的省份建廠，最終陷入整合協調的困局，不僅製造業面臨此困境，零售業者大肆圈地設店，卻未能建立完善制度，導致「邊開店，邊關店」的矛盾結果產生。台商「短視近利」的思維，一昧追求短時間利潤極大化，只想著「賺快錢」，而忽略長期可持續經營發展，不重視基本研發能力與核心競爭力的提升。

「危機，就是危險與機會的並存。」儘管部分台商面臨轉型升級困境，然另有一群台商，早察覺中國大陸未來發展趨勢，瞭解欲在中國大陸市場長穩發展，就必須建立長遠規劃，抓住機會，逐步發展自身獨特優勢，進而在市場變動之際逆勢成長，諸如：「八方新氣」於中國大陸「走精」、「走質」、「創利基」的路線，成功獲取中國大陸新興富有階層喜愛，進而穩定成長站穩腳步，顯示出台商若能夠關注未被關注到的市場，並調整自身策略，亦可帶來成長新商機。此外，多年深耕精密機械領域的「上銀科技」，成功打進由德國、日本大廠寡占的領域。期間上銀不與其他企業爭快、爭大，僅積極投入研發，如今成為全球傳動工具產品最完整的企業之一。由上述案例顯示，只要掌握高度利基性的製程和技術及發現長青、具有續航力的利基市場，即便是小企業亦能搶佔市場。是故，利基市場雖難以快速擴大規模，但一旦掌握，便能為企業帶來可持續性的發展良機。未來台商於中國大陸投資亦應關注利基市場，發展其他企業難以企及的競爭優勢，才能在中國大陸市場環境變動中屹立不搖。

主張 5：競合思維

《天下》雜誌（2013）曾刊登〈「紅色供應鏈」風暴，台灣如何迎戰？〉一文指出：「全球電子產業供應鏈，曾是『非台灣不可』；但如今，中國大陸企業聯合串起『紅色供應鏈』，逐漸瓦解『Taiwan inside』的地盤。」顯示台灣電子產業供應鏈正被崛起的中國大陸本土廠商所取代，中國大陸「山寨」廠商亦威脅著台資企業未來發展，兩岸產業競爭領域亦逐漸擴大，無論在品牌、ODM 或 OEM 等方面競爭日趨激烈。根據前副總統蕭萬長（2014）指出：「兩岸面臨轉型過程，經貿關係從過去合作大於競爭，轉變為競爭大於合作新賽局；兩岸須建立新的合作模式，才能避免零和賽局。」顯示兩岸應共同合作，藉由優勢互補、資源共享，才能再創成長新局。

「窮則變、變則通」，全球經濟環境不景氣之際，更積極、更具創意的競合策略，正是企業共度不景氣難關的方法。台商未來應以「競合」取代「競爭」，以中國大陸有強而有力的市場作為後盾，結合當地企業共同進軍市場。《經濟日報》（2013）便曾刊登〈兩岸應以創新思維攜手走出去〉指出：「兩岸官方及產業應積極就下一世代的產業或市場，共同制訂產業標準，一起進行技術發展及應用創新，彼此的心結與矛盾較易降低，雙方的利益較易分享，當然合作成功的機會相對也較大。」文中道出「競爭求進步，合作共豐榮」的「競合」思維，才是台商與中國大陸廠商的最適發展之道，如同國民黨榮譽主席連戰曾說：「兩岸合作賺世界的錢」。中國大陸朝向「世界市場」轉型已是事實，台商若能與當地企業進行策略聯盟或是合作，必達事半功倍之效。

第 2 章

迎應中國大陸第 2 波改革浪潮

改革是每一個國家、每一個民族追求持續發展的方式。在不同社會體制、不同經濟環境與不同歷史發展階段的國家，改革所要達到的目的皆存在差異。成功的改革應順應歷史發展進而推行社會進步，然失敗的改革則易使社會面臨衰退。是故，要使改革得以成功，關鍵因素在於同時具備時勢、改革方向和領導者才華等要素。1978 年中國大陸正值後文化大革命時期，計劃經濟下的中國大陸面臨經濟發展失衡、人民貧困以及人民生活水準低落等嚴重問題。而在鄧小平上台後，推出改革開放政策，大力針對當時中國大陸的困境進行變革，期間雖遭遇諸多困難以及外界壓力阻攔，但鄧小平仍堅持改革路線，最終開啟中國大陸躍上全球舞台的黃金發展時期，顯示改革具有扭轉國家局勢的強大力量，同時，更可能將國家帶入發展的嶄新階段，對國家長遠而穩定成長扮演極為重要的角色。

➲ 中國大陸改革發展進程

改革雖能為國家開啟新局，卻並不表示能夠一勞永逸，每當國家進入新的發展階段，勢必面臨不同的環境而致使發展困難，此時便需要進行新一波改革，調整國家發展路線，以能在新環境下持續發展。2014 年中國大陸改革開放 35 年後，中國大陸已成為全球最大經濟體之一，更是新興國家中最被看好的明日之星，然而，在中國大陸的成長過程中，亦遺留下諸多經濟、社會及政治結構問題。有鑑於此，2013 年年底，中國大陸決定成立「中央全面深化改革小組」，由中國大陸國家主席習近平擔任組長，此後，習近平身兼國家主席、總書記、軍委主席、組長、委員長等 5 大重要職務，正式開啟習近平深化改革的序幕。

➲ 第 2 波改革進程：習近平全面深化改革

2012 年由習近平、李克強組成的「習李新政」正式領導中國大陸發展，此時的中國大陸歷經改革開放後多年後快速發展，經濟社會條件已與改革開放前大不相同，然而，快速發展的背後，亦留下諸多問題，如區域成長不均及貧富差距等。此外，自 2010 年以來，中國大陸經濟成長率開始出現瓶頸，2011 年至 2013 年經濟成長率皆出現下滑，顯示中國大陸新一波改革之機已至，習李新政必須大力投入改革。

1. 提出背景

習李新政上台後，面對中國大陸經濟社會諸多問題因而提出多元規劃解決方案，其中，於 2013 年 11 月 15 日的 18 屆三中全會中提出《中共中央關於全面深化改革若干重大問題的決定》名列 16 項決定以及 6 大改革領域，包括：（1）深化經濟改革；（2）深化政治改革；（3）深化文化改革；（4）深化生態文明改革；（5）深化社會改革；（6）深化黨的建設改革。正式宣告深化改革的明確藍圖，盼能藉此明確中國大陸未來改革發展路線，同步且全面性的對各項問題加以改善。

2. 做法舉措

❶16 項決定：中國大陸《中共中央關於全面深化改革若干重大問題的決定》，列出 16 項決定內容整理如表 2-1，針對各方面進行深化改革，三中全會經濟體制改革是全面深化改革的重點，核心問題是處理好政府和市場關係，使市場在資源配置中起決定性作用亦得以發揮政府的效用，也確定全面深化改革的總目標，即完善和發展中國特色社會主義制度，推進國家治理體系和能力現代化。

表 2-1 中共中央關於全面深化改革若干重大問題的決定

決定內容 16 項	
01	全面深化改革的重大意義和指導思想
02	堅持和完善基本經濟制度
03	加快完善現代市場體系
04	加快轉變政府職能
05	深化財稅體制改革
06	健全城鄉發展一體化體制機制
07	構建開放型經濟新體制
08	加強社會主義民主政治制度建設
09	推進法治中國建設
10	強化權力運行制約和監督體系
11	推進文化體制機制創新
12	推進社會事業改革創新
13	創新社會治理體制
14	加快生態文明制度建設
15	深化國防和軍隊改革
16	加強和改善黨對全面深化改革的領導

資料來源：本研究整理

❷深化經濟改革：要深化經濟體制改革，堅持並完善基本經濟制度，加快完善現代市場、宏觀調控與開放型經濟體系，加快轉變經濟發展方式及建設創新型國家，得以有效推進市場在資源配置中引起決定性作用。其中強調：（1）堅持完善基本經濟制度；（2）加快完善現代市場體系；（3）深化財稅體制；（4）健全城鄉發展一體化體制；（5）建構開放型經濟體制。

❸深化政治改革：要堅持黨的領導、人民當家作主、依法治國統一深化政治體制改革，加快推進社會主義民主政治制度化、規範化、程序化，建設社會主義法治國家。其中強調：（1）加強社會主義民主政治制度建設；（2）推進法治中國建設；（3）強化權力運行制約和監督體系。

❹深化文化改革：要圍繞建設社會主義核心價值體系、社會主義文化強國深化文化體制改革，以加快文化管理體制和文化生產經營體制的完善，同時建構健全現代公共文化服務、現代文化市場體系，提升文化開放水準。其中強調：（1）完善文化管理體制；（2）建立健全現代文化市場體系；（3）構建現代公共文化服務體系。

❺深化生態文明改革：為貫徹落實科學發展觀以及破解當前中國大陸經濟社會發展面臨資源環境瓶頸約束，則以建設「美麗中國」為目標，深化生態文明體制改革，加快建立生態文明制度，健全中國大陸國土空間開發、資源節約利用、生態環境保護的體制機制，推動形成人與自然和諧發展現代化建設新格局。其中強調，在加快建立生態文明制度方面，要實行嚴格的源頭保護、損害賠償、責任追究、完善環境治理和生態修復等制度，得以保護生態環境。

❻深化社會改革：要緊繞更好保障和改善民生、促進社會公平正義深化社會體制改革，改革收入分配制度，促進共同富裕，推進社會領域制度創新，推進基本公共服務均等化，加快形成科學有效的社會治理體制，確保社會既充滿活力又和諧有序。其中強調：（1）保障和改善民生；（2）促進社會公平正義；（3）深化社會體制改革方面，主要分成 2 方面進行，一為推進社會事業改革創新，諸如深化教育、考試招生制度、就業創業體制機制、醫藥衛生體制改革等；二為創新社會治理體制，諸如改進社會治理方式、促進社會組織活力、有效化解社會矛盾體制等。

❼深化黨的建設改革：緊繞提高科學執政、民主執政、依法執政水平深化黨的建設制度改革，加強民主集中制建設，完善黨的領導體制和執政方式，保持黨的先進性和純潔性，為改革開放和社會主義現代化建設提供堅強政治保證。其中，在加強和改善黨的領導方面提出 3 方面措施：（1）全黨人員要統一執行全

面深化改革的思想和行動，並成立領導小組負責改革總體設計、統籌協調、整體推進、督促落實；（2）堅持黨管幹部原則，深化幹部人事制度改革及建立集聚人才體制機制；（3）堅持黨的群眾路線，建立社會參與機制，鼓勵並加強宣傳與引導各地方、基層和群眾齊心協力推進改革，為全面深化改革營造良好社會環境。

英國 18 世紀知名思想家 Coleridge 曾言：「每一次改革，無論它多麼必要，總會被執行過頭，於是，這改革的本身又需要再一次新的改革。」道出改革雖然具備強大力量，但伴隨改革的長久進行，時代環境的演變，舊有的改革制度往往不再具有效力，此時，便需要新一次的改革來推動國家應對全新的時代格局，而新一次的改革，除需要長遠的眼光以及全盤的思維，更困難的是，必須不能夠侷限於前一次改革成功的經驗，重新思考未來國家的行進道路，是故，喊出改革的口號易，但成功執行難。2014 年中國大陸面臨新一次的全面改革，外界不免質疑現今的新政權是否能夠破除層層難關，為中國大陸開展一片全新的視野，然而，在習李新政陸續推出打貪腐、善民生、穩經濟等政策作為，展現深化改革的堅定決心後，外界由原先的質疑逐漸轉向鼓勵，盼望新政權能夠將中國大陸帶向另一波高峰。

第 3 章

迎接台商中國大陸第 4 波佈局

1983 年首家台商企業「三德興」進入中國大陸福建廈門經濟特區，開啟台商佈局中國大陸 32 年的序曲。第一波進入中國大陸的台商因當時兩岸尚未相互開放，台商僅能以第 3 地投資的方式進入中國大陸進行小額投資。1993 年 4 月 27 日「辜汪會談」後正式開啟兩岸經貿合作，如同海基會董事長林中森於 2013 年 4 月 29 日所述：「『辜汪會談』最大的意義在於兩岸的和解與交流合作。」是故台商赴中國大陸投資亦於此後有爆炸性成長，促成台商佈局中國大陸之第 2 波熱潮。2002 年後，兩岸經過 10 年的深化發展，許多台商已於中國大陸站穩腳步，此時，隨著中國大陸政府開放外資於中國大陸上市，使台商企業有更進一步發展的機會，造就台商赴中國大陸投資第 3 波熱潮。2012 年中國大陸國家主席習近平先生上任，在「新政」及「十二五」規劃的指導下，為台商塑造出新的投資環境，同時亦將開創新一輪的台商投資熱潮。2014 年 2 月 11 日「王張會談」係承接 21 年前辜汪會談基礎上之延續外，行政院大陸委員會主委王郁琦以正式官銜、真正跨越海峽登陸，更意味兩岸進入官方交流制度化時代，並作為兩岸關係邁向嶄新階段分水嶺，海基會董事長林中森亦於 2014 年 2 月 28 日表示：「兩岸事務首長會議後係代表兩岸關係有重大突破。」

第 1 波：先占卡位搶先機

1982 年至 1991 年間，中國大陸在前領導人鄧小平先生的大力推動下，採行改革開放政策，中國大陸區域經濟發展傾向沿海地區，造就深圳、珠海等經濟特區發展，期望以其廉價且充沛的勞動力、豐富的自然資源與廣大的土地，快速吸引大量的外資進入投資，並透過外資帶動經濟成長。此外，1990 年台灣開放台商赴中國大陸投資，因語言與文化相近之緣由，再加上中國大陸政府祭出優惠政策，致使中國大陸成為台商投資的新興地區。兩岸咖啡董事長楊進發（2009）

曾表示：「1980 年代台幣大幅升值、土地及工資急漲，我不得不將工廠由台灣移往廣州。」可知，部分台商在成本考量下，紛紛前往中國大陸佈局。

1. 台商型態：【中小企業型、加工出口型、勞力密集型】

❶ 中小企業型：依據行政院大陸委員會 2000 年統計數據：「1982 至 1991 年間，台商至中國大陸投資平均金額約為 90 萬美元。」可察其投資規模較小，顯示多為中小企業所投資。探究其因，中小企業因其資金及技術之限制，多附屬於規模較大之廠商。因此，當大型廠商因比較利益原則將生產線移往中國大陸時，其下所附屬的眾多中小企業廠商，便隨之前往中國大陸進行設廠。

❷ 加工出口型：1979 年中國大陸積極複製台灣成功的出口導向政策，藉由開放深圳、珠海、廈門和汕頭等 4 處經濟特區，以其低廉的生產要素與政策輔助，吸引全球製造業前往中國大陸投資。在此一背景下，許多台灣出口導向型企業於此時前往中國大陸進行投資。

❸ 勞力密集型：1980 年代後，台灣勞動成本開始上升，再加上民眾環保意識逐漸升高，使台灣投資環境開始惡化，而中國大陸則具有勞動成本上的優勢，使台灣紡織廠及鞋業代工等需要許多勞動力之產業，以及不堪高成本考量下，遷移至中國大陸設廠。

第 2 波：加速西進展契機

1992 年中國大陸經濟發展在前領導人鄧小平南巡後，邁入嶄新階段，包含策略有改善沿海投資環境、擴大開放中國大陸內銷市場與爭取台灣企業登陸投資等。而 2000 年重慶、四川、貴州等地區受到中國大陸「西部大開發」之政策影響下，亦成為推動擴大內需的助力，然因東部地區外來民工數量減緩，台商面臨「民工荒」的困境，因此必須轉型升級以因應挑戰。2001 年中國大陸加入世界貿易組織（WTO）後，得以使其經濟活動與全球接軌，致使其經濟體向市場經濟深化，亦穩固其「世界工廠」地位。1992 年至 2001 年間，受到中國大陸多年的經濟改革下，促使其內需市場不斷擴大，此外，前中國大陸國家主席江澤民先生積極擴大對外引資，並於金融與經濟方面持續改革，使中國大陸在勞動力、內需市場及經濟改革的推動下，台商西進中國大陸投資規模日漸擴大，多以台灣核心技術至當地生產，進而出口商品至其他國家的模式為主。

1. 台商型態：【中大規模型、代工設計型、內需市場型】

❶ 中大規模型：伴隨中國大陸經濟加速成長下，台灣大型企業投資中國大陸的數量逐漸增加，至 2000 年底已吸引不少台灣企業集團至中國大陸投資設廠，

其因不僅是台灣企業希望在海外尋求新加工基地，更看上其具龐大發展潛力的中國大陸市場。根據前中國大陸對外貿易經濟合作部（2001）統計，1991 年至 2000 年平均每件投資案約 100 萬美元，且規模成長約達 20%，因此，在中國大陸具備種種優勢之下，台灣大型企業於此時開始至中國大陸開疆闢土。

❷代工設計型：中國大陸在長期的改革下，建立起強大的產業基礎，並在自身的勞動成本、土地及人才等各項生產要素的優勢下，逐漸成為世界工廠，而中國大陸更在多項資源的比較優勢下，成功吸引不少外資進入市場投資佈局，與此同時，則有許多台灣的代工設計廠商紛紛看準中國大陸市場的發展潛力，進入中國大陸佈局市場。

❸內需市場型：隨中國大陸經濟持續增長下，造就出廣大的中國大陸內需市場，而此時台灣的經濟雖亦有快速的成長，但內需市場相較於中國大陸，仍顯得相當狹小，且中國大陸則更具有勞動力成本的優勢，使得台商紛紛轉而進入中國大陸市場佈局，期望於中國大陸市場中獲取更高的收益。

第 3 波：蛻變躍升尋轉機

2002 年至 2011 年間中國大陸於前總理溫家寶之帶領下其經濟成長快速，及技術密集型產業更在科學技術水平的同步增長下，逐漸成為當前投資的主要方向，中國大陸前國家主席胡錦濤先生更在此段期間內，使中國大陸躍升為全球第 2 大經濟體，並於此時開放外資上市，在舊有廠商的轉型升級與新進廠商的規模逐漸增加下，龐大的投資者數量更使得台商利潤逐漸縮減，部分台商因而紛紛轉而走向品牌之路，試圖於中國大陸市場中開闢另一條新的道路。此外，2011 年面臨全球金融風暴與歐債危機衝擊下，中國大陸於「十二五計畫」中，期望以「調結構」方式帶動經濟成長，致使以往由勞力密集產業轉變至技術密集產業調整，而對於企業提升競爭力方式，已由以往追求規模成長轉型為價值創新的經營模式，致使企業對於組織研發創新能力提升，與建立組織創新文化之需求亦日益明顯，故如何讓創新成為核心優勢為企業策略的著墨之處。

1. 台商型態：【上市集團型、自創品牌型、技術密集型】

❶上市集團型：中國大陸自加入 WTO 後，證券市場逐步開放，現任中國人民銀行行長周小川亦曾於 2001 年的《財富》全球論壇中表明，凡符合上市條件之企業皆可於深圳及上海的交易所上市，寶來證券副總裁白文仁（2009）更曾表示：「台資企業赴中國大陸上市之意願，已超乎大家的想像。」顯示此階段的台商，對於上市正保有積極的行動。

❷ **自創品牌型**：台商在以代工形式進入中國大陸一段時間後，因工資上漲、價格戰興起等因素，使台商於中國大陸的代工業務利潤逐漸降低，因此有許多台商為尋新出路轉而選擇自創品牌，台灣區電機電子工業同業公會榮譽理事長焦佑鈞（2009）更指出：「台商須配合中國大陸的經濟發展政策及開發計畫，並利用廣大內需市場，建立及深耕自創品牌，此為台商能夠壯大的重要因素。」顯示出台商為因應中國大陸政策及自身需求，開始轉向自創品牌。

❸ **技術密集型**：隨著外資不斷的進入投資設廠，中國大陸儼然已成為製造大國，而外資對中國大陸投資之項目，更已漸漸地由傳統產業轉向電子產業，在此一背景下，台商致力於提升自身技術密集的程度，並提升產品品質及其附加價值，顯示投資於中國大陸的產業逐漸從勞動密集產業，隨之轉為技術密集產業。

第 4 波：典範移轉拓商機

2012 年 11 月 14 日，習近平先生就任中國大陸國家主席一職後，確立中國大陸改革開放一途。2013 年 4 月 26 日習近平召開中央政治局常務委員會會議，於會議上提出：大力發展綠色消費和服務消費，促進對外經濟穩定發展，增加能源資源、先進技術和設備等進口，擴大金融、物流等服務業開放，支持重點領域、重大項目的境外投資，優化利用外資結構等決議。台商受到中國大陸新局變化影響，大幅度調整經營策略型態，投資項目逐漸由過去傳統加工貿易型態到資訊電子代工組裝，再到製造業與服務業投資並重，最後逐漸轉向服務業為主，開啟台商於中國大陸新一輪型態的投資樣貌。然因中國大陸人才紅利優勢不再、台商內銷管道不足與中國大陸政策變動等因素影響下，迫使台商調整策略方向，由純粹代工轉向經營自有品牌或通路的方式，抑或調整經營地點的區位轉移等，不再只以中國大陸為主要投資市場，因此造就台商企業型態的轉變。

1. 台商型態：【國際企業型、文創價值型、虛擬通路型】

❶ **國際企業型**：受到中國大陸人口紅利不再之因素所影響，台商海外佈局地點由以往的「中國唯一」轉變為「中國加一」。如第一銀行除佈局中國大陸以外，亦選擇東南亞市場，2013 年已於仰光設立辦事處，並於 2014 年將增設兩家金邊支行。顯示企業為避免過度依賴單一市場所帶來的影響，多選擇以佈局多國的方式以降低集中單一區的風險，此外，亦可提高營運利潤。

❷ **文創價值型**：中國大陸在「十二五」規劃中，首次針對文化產業做出大篇幅的規劃，力圖發展文化事業與文化產業，而台灣的「黃金 10 年」亦將文化創意產業置於經濟發展重點。2014 年 2 月 7 日深圳新媒體廣告產業發展公司總

經理劉海軍表示：「台灣文創市場已面臨發展的瓶頸，而中國大陸卻擁有超過 600 億人民幣的文創產值，若兩岸可以進行合作，將可推升兩岸文創產業的前景。」

❸虛擬通路型：中國大陸工信部（2013）統計，2013 年中國大陸電子商務市場規模達 10.67 兆人民幣，年增率 33.5%。受到中國大陸電商市場不斷膨脹下，台商佈局型態亦隨之改變。琉璃工房中國大陸區事業處公關總監陳建銘於 2013 年 11 月 25 日表示：「雖然文創產業注重互動式體驗，但中國大陸網路消費卻為相當成熟的市場，因此 2013 年琉璃工房亦在官方網站設立網路藝廊與網路商店。」顯示透過虛實管道雙管齊下為公司贏得佳績。

每一波的台商佈局熱潮中，台商皆能因應當時政經環境而發展出最適合的佈局模式，並在此模式下帶領更多台商夥伴前往中國大陸投資形成熱潮；但隨每一次環境轉變，部分台商因轉型不及而面臨淘汰，但仍有台商隨著環境及早進行因應策略，一路發展至今仍屹立不搖。第 4 波佈局熱潮發展至今已滿 1 年，但仍無法確切預測未來 5 年、10 年後台商企業能否像前 3 波佈局一般寫下亮眼佳績，但無論環境如何艱鉅，相信台商依然仍不畏風寒勇往直前，秉持堅強的意志力與提升自我競爭優勢，為自己在變化萬千的環境中，覓得一條康莊大道，再度寫下成長新篇章。

表 3-1　台商佈局中國大陸 4 波熱潮

佈局熱潮	佈局年代	佈局誘因	佈局重點變化	主要型態
第 1 波	1982 至 1991	廉價勞動力 與自然資源	勞動成本 為考量主因	❶中小企業型 ❷加工出口型 ❸勞力密集型
第 2 波	1992 至 2001	內需市場大 與經濟改革	台灣研發 當地生產	❶中大規模型 ❷代工設計型 ❸內需市場型
第 3 波	2002 至 2011	中國大陸 經濟升級	規模成長 轉向創新	❶上市集團型 ❷自創品牌型 ❸技術密集型
第 4 波	2012 至迄今	中國大陸 政策轉型	代工轉向 自有品牌	❶國際企業型 ❷文創價值型 ❸虛擬通路型

資料來源：本研究整理

2

全球經貿情勢新格局

第 4 章

2014 全球政治經濟環境大趨勢

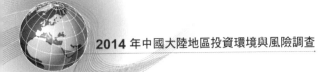

揮別 2013 年全球經濟低迷態勢，2014 年初諸多研究機構如世界銀行（WB）、國際貨幣基金（IMF）紛紛調升 2014 年的全球經濟成長率預測，顯示全球經濟正逐步走上復甦之路。根據經濟合作暨發展組織（OECD）（2013）表示：「曾引領全球經濟走出衰退泥淖的新興國家已顯疲弱，反觀已開發國家將有機會接棒成為全球成長驅動器。」2014 年 1 月 20 日，聯合國（UN）發布《2014 年世界經濟形勢與展望》報告亦指出：「已開發國家經濟尤其是以美國所扮演的全球經濟引擎在 2014 年將更進一步增強。」可發現全球經濟成長動力逐漸由新興經濟體轉向已開發國家。

一、2014 年全球經濟成長率預測

2014 年全球經濟將揮別過往陰霾，各方認為全球經濟即將反轉向上，可望告別過去經濟不景氣之態勢，但仍無法完全擺脫阻礙。根據國際貨幣基金（IMF）總裁 Lagarde 於 2014 年 4 月 4 日表示：「全球經濟將從衰退中轉危為安，然成長速度為『太緩慢且虛弱』，仍須採取積極大膽行動，才能避免落入『中期低速增長』風險。」此外，Lagarde 亦預估，全球經濟將面臨 3 大威脅，分別：（1）已開發經濟體如歐元區與日本，潛在的長期通膨將抑制需求與產出、需求與工作機會；（2）新興經濟體的高財務槓桿企業若無法妥善因應，將受到已開發經濟體實施貨幣緊縮政策而惡化；（3）地緣政治風險將波及全球經濟發展，如烏克蘭問題若處理不當，將衍生更廣泛的問題，更難以順利解決。由此可知，已開發國家經濟雖有改善之勢，但各國若太過大意將使美好的現狀毀於一旦，在目前全球政經發展形勢下，各國應加強國際合作，以面對當前的挑戰。茲將各研究機構對 2014 年全球經濟成長率預測彙整如下：

表 4-1　研究機構對 2014 年全球經濟成長率預測

國際組織機構				論述
	研究機構	國際貨幣基金（IMF）		IMF 發布《世界經濟展望》（World Economic Outlook）指出：「全球經濟呈緩慢且不均衡復甦，先進經濟體成長力道疲弱，且部分新興市場發展前景堪憂，而地緣政治風險亦急遽攀升，致使全球經濟成長率較 4 月份下修 0.2%。」
	前次預測	2014/04/08	3.6%	
	最新預測	2014/07/24	3.4%	
	研究機構	世界銀行（WB）		世界銀行發布《全球經濟展望》（Global Economic Prospects）指出：「因 2014 年全球經濟第一季表現疲弱，延緩全球經濟成長，然高收入經濟體正加速復甦，預計 2014 年全球經濟成長率可達 2.8%。」
	前次預測	2014/01/14	3.2%	
	最新預測	2014/06/10	2.8%	
OECD	研究機構	經濟合作暨發展組織（OECD）		OECD 發布《經濟展望》（Economic Outlook）指出：「2014 年因中國大陸與其他新興經濟體成長減速，致使下調全球 2014 年經濟成長率至 3.4%。」
	前次預測	2013/11/18	3.6%	
	最新預測	2014/05/06	3.4%	
	研究機構	聯合國（UN）		UN 發布《世界經濟形勢與展望》（World Economic Situation and Prospects）指出：「因無法有效提升國際貿易、生產與就業率，全球經濟仍難回到金融危機前的水準，並對新興市場國家抱持悲觀看法。」
	前次預測	2014/01/20	3.0%	
	最新預測	2014/05/21	2.8%	
證券金融機構				**論述**
Goldman Sachs	研究機構	高盛集團（Goldman Sachs）		高盛集發布《全球經濟週評》（Global Economics Weekly）指出：「美國未來經濟增速高於趨勢水準，擁有增長空間，通脹率亦不會太高，日本將重新受到關注，而新興市場和歐洲的調整尚不完全。」
	前次預測	2014/07/02	3.1%	
	最新預測	2014/07/17	3.1%	
citibank	研究機構	花旗銀行（Citi Bank）		花旗銀行發布《全球經濟展望與策略》（Global Economic Outlook and Strategy）指出：「美國經濟下半年將有反彈，且已開發經濟體間將有不同的貨幣政策，而新興市場的成長前景仍有疲弱之處，整體而言，全球經濟將較去年呈現溫和成長。」
	前次預測	2014/07/02	3.0%	
	最新預測	2014/07/16	3.0%	
Deutsche Bank	研究機構	德意志銀行（Deutsche Bank）		德意志銀行發布《世界展望》（World Outlook）指出：「雖美國第一季表現不如預期，然日本的亮眼表現抵銷了此負面影響，且由於各國央行積極作為，即使面對地緣政治危機、通膨問題以及成長疲軟問題，全球經濟仍大致完好。」
	前次預測	2014/03/14	3.5%	
	最新預測	2014/06/14	3.3%	

表 4-1　研究機構對 2014 年全球經濟成長率預測（續）

證券金融機構				論述
Morgan Stanley	研究機構	摩根士丹利（Morgan Stanley）		發布《全球宏觀經濟分析》（The Global Macro Analyst）指出：「新興市場經濟體已出現觸底反彈的跡象，而已開發經濟體因私人企業推動需求，預計形成一更健全、強壯且持續性的擴張態勢，全球經濟將成『枯燥，但更好』局面。」
	前次預測	2014/07/02	3.2%	
	最新預測	2014/07/16	3.2%	
CREDIT SUISSE	研究機構	瑞士信貸集團（Credit Suisse）		發布《核心觀點》（Core Views）指出：「全球工業生產成長放緩已獲改善，下半年全球將有伴隨著高通貨膨漲的更強勁成長，歐元區低通貨膨脹率亦進入尾聲，緊縮政策可能較預期提早實行，然 Fed 認為勞動力市場仍然疲軟，不宜採取緊縮政策。」
	前次預測	2014/06/25	2.6%	
	最新預測	2014/07/17	2.6%	
智庫研究機構				**論述**
IHS GLOBAL INSIGHT	研究機構	環球透視（IHS Global Insight）		環球透視發布《世界經濟預測》（World Economic Forecast）指出：「全球經濟活動正逐漸加速，然由於經濟復甦的步伐緩慢，只有少數發達國家現在正處於或高於金融危機前的峰值產出水準。」
	前次預測	2014/05/15	3.0%	
	最新預測	2014/06/23	2.9%	
信用評等機構				**論述**
E·I·U The Economist Intelligence Unit	研究機構	經濟學人智庫（EIU）		經濟學人智庫發布《全球經濟展望》（EIU Global Outlook Report）指出：「2014 年將不會是全球經濟具決定性逆勢翻轉的一年，當復甦的跡象開始出現時，頻繁的政治危機再度打擊商業信心，且中東動盪導致石油上漲，恐將危害經濟。」
	前次預測	2014/06/16	3.3%	
	最新預測	2014/07/14	3.2%	
FitchRatings	研究機構	惠譽國際信評機構（Fitch Ratings）		惠譽國際信評機構發布《全球經濟展望》（Global Economic Outlook）指出：「受已開發經濟體復甦的推動，2014 年和 2015 年全球經濟成長速度將逐漸回升，然新興市場成長放緩，下行風險亦同步增加。」
	前次預測	2014/03/13	2.9%	
	最新預測	2014/06/30	2.7%	

資料來源：各研究機構、本研究整理

二、全球經貿版圖變遷趨勢

2014 年全球經濟局勢翻轉，原先備受注目的新興國家經濟因美國停止量化寬鬆政策而造成外資大量撤離，因此經濟成長逐漸減緩；歐元區經濟亦逐漸擺脫經濟衰退而呈緩慢復甦，致使全球經濟發展動能自新興國家轉向已開發國家，全球皆期盼已開發國家能再度引領全球經貿向上攀升。然而，各國經濟發展態勢，雖可望擺脫過去陰霾，但全球經濟仍以緩慢速度成長。延續上述各機構預測 2014 年經濟成長率，茲歸納 2014 年全球經貿版圖變遷 4 大趨勢如下：

趨勢 1：東西方翻轉歐美再起

歷經 5 年的經濟調整工程，全球經貿發展進入新一輪的轉變，歐美日等先進經濟體已走出全球金融風暴的低谷，經濟成長動能逐步轉強。2014 年 1 月 21 日，國際貨幣基金（IMF）指出：「2014 年發達經濟體將成為世界經濟復甦的引擎，帶動全球貿易增長。」此外，美國聯準會（Fed）主席 Yellen 自 2014 年 2 月 1 日走馬上任，即表示對美國景氣頗為樂觀，認為美國 2014 年的 GDP 成長率可達 3%。德國財政部長 Schaeuble 亦於 2014 年 1 月 24 日表示：「歐洲經濟在經歷的多年的金融危機後已逐漸復甦，主要得益於以德國為首的經濟改革。」由此可知，歐美經濟歷經多年的疲弱，2014 年將奪回經濟成長火車頭的寶座，再度為全球經濟帶領攀至高峰。

趨勢 2：持續深耕亞洲再平衡

美國自 2012 年提出「亞太再平衡」（Rebalanced Asia），企圖穩固美國與亞洲關係，並深耕中國大陸與東南亞國家關聯後，2014 年美國依然將外交戰略鎖定亞洲國家，再度提出「亞太再平衡」戰略。2014 年 2 月 28 日美國國務院負責東亞和太平洋事務的助理國務卿 Russel 表示：「美國正投入更多外交資料，計劃加強對亞太地區政策的再平衡。」其亦指出：「將有更多公共外交資源與援助資源推進美國在亞太地區設立的目標，此外，將涵蓋多項領域，如經濟議題、環境合作、安全、鞏固聯盟以及與公民社會及在民主發展方面積極發展合作夥伴關係等，尤其著重經濟發展，期望可以順利通過跨太平洋夥伴協定（Trans-Pacific Partnership Agreement；TPP）等機制。」

表 4-2　美國重返亞洲之外交政策

亞太再平衡戰略（Rebalanced Asia）	
提 出 者	Leon Panetta
提出年分	2012年
提出內容	❶美國強化亞太地區盟友和安全合作夥伴之間的雙邊關係。 ❷與亞太地區大國發展更為廣泛深入的接觸，如中國大陸、印度與印尼。 ❸更加積極和直接地參與亞太地區多邊機制的建設，尤其是經濟、外交與安全領域等。

資料來源：本研究整理

趨勢3：新興市場結構性改革

過去幾年動能十足的新興經濟體，2014年的成長態勢將開始趨緩，經濟發展強勢不再。此外，繼金磚4國高成長不再後，東南亞、拉丁美洲等新興經濟體亦將逐漸減緩，尤其過往備受全球關注的東協國家，2014年成長亦隨之減緩。中華經濟研究院經濟展望中心（2014）表示：「東協國家因本身經濟結構性問題，致使其金融環境惡化頻繁。」此外，國際貨幣基金（IMF）副總裁朱民（2014）亦表示：「新興國家因財政空間急遽減少，貨幣政策極度擴張，經濟結構面臨挑戰。」顯示2014年新興國家勢必得針對重建財政空間、重新緊縮貨幣政策與對市場和基礎建設等進行結構性調整，以挽救頹廢的經濟態勢。

趨勢4：複邊與區域取代多邊

過去10年風起雲湧的雙邊與區域自由貿易協定，正迅速支解全球多邊自由貿易體制，此外，亦有越來越大範圍的國際貿易即將納入差別待遇與排他性的貿易規則管轄內，如美國推行的「跨太平洋夥伴協定」（TPP）與即將啟動的「跨大西洋貿易及投資夥伴協議」（Transatlantic Trade and Investment Partnership；TTIP），皆為極度龐大規模的區域自由貿易協定。TPP涵蓋經濟總量達全球GDP的五分之二，貨品貿易額達全球總量的二分之一；TTIP的貿易規模則相當於全球貨物貿易總量的三分之一。根據美國「印度、中國暨美國研究所」（India, China & America Institute）國際商業研究總監Steinbock於2014年1月22日表示：「亞洲區域經濟整合正如火如荼進行。」顯示區域經濟整合已成為全球貿易發展樣貌，各國皆無可避免。

第 5 章

全球區域經濟版圖整合新現勢

2014 年 4 月 14 日，根據世界貿易組織（WTO）發布《2014 全球貿易預測》（World Trade Forecast 2014）指出，全球經濟情勢已逐漸改善，2014 年全球貨品貿易將可望成長達 4.7%，而 2015 年將有機會擴增至 5.3%，然儘管 2014 年全球貿易成長率預測值將優於 2013 年 2.1%，但仍未達過去 20 年 5.3% 的平均水準。此外，2013 年全球貿易受到歐元區經濟衰退與居高不下的失業率及充滿不確定的美國 QE 退場等因素，致使 2013 年全球貿易成長步調緩慢。因此，2014 年國際市場仍充斥著許多不易全球貿易發展的風險，尤其在已開發國家的貨幣政策逐漸緊縮的態勢下，市場波動議題勢必成為 2014 年最受關注的重要焦點。此外，近年有關國際區域經濟整合議題的風行，更加為全球貿易風向球導致大轉變，而在各國極力提倡免關稅的趨勢下，若台灣無法參與整合行列之中，不僅將對台灣貿易造成影響，嚴重更可能致使台灣面臨邊緣化危機，因此，台灣未來貿易發展將何去何從，更值得台灣大眾一起探討與關切。茲根據亞洲各國簽訂 FTA 發展現況與對台灣貿易影響，論述如下：

一、亞洲各國簽訂 FTA 發展現況對台灣經貿影響

全球已生效的 FTA 高達 300、400 個，然台灣的 FTA 簽署數卻遠遠落後其他國家，根據表 5-2 得知台灣區域貿易協定數量少於亞洲其他國家洽簽 FTA 數量，此外，亦可看出韓國與其他國家 FTA 洽簽數量遠高於台灣洽簽數，經濟部次長卓士昭於 2014 年 1 月 20 日表示：「韓國與台灣出口商品的重疊率極高，倘若韓國與所有洽簽對象完成 FTA 簽署，將使其出口覆蓋率自 36% 提升至 81%，將嚴重衝擊台灣出口表現。」此外，台灣駐美代表沈呂巡亦於 2014 年 4 月 13 日表示：「韓國與歐盟簽署自由貿易協定（FTA）享有零關稅優惠，然台灣至少得多付 6.4% 的關稅，凸顯台灣在沒有 FTA 的情況下，連泡麵都賣輸韓國。」根據

表 5-1 表示，台灣與韓國外貿總額相比，台灣無論在商品進出口抑或是服務進出口，在全球名次皆落後於韓國，顯示台灣在國際上的競爭力仍需加強以穩固原先地位。由此可知，台灣應加緊腳步洽簽 FTA，才能在全球貿易環境中與韓國並駕齊驅。

表 5-1　2013 年台灣與韓國外貿總額及全球排名

項　目	台灣			韓國		
	金額	名次	與 2012 年相比	金額	名次	與 2012 年相比
商品出口	3,050	20	退後 2 名	5,600	7	無變化
商品進口	2,700	18	無變化	5,160	9	無變化
服務出口	510	26	退後 1 名	1,120	13	無變化
服務進口	420	30	退後 2 名	1,060	13	退後 2 名

資料來源：世界貿易組織（WTO）、本研究整理

註：單位：億美元

若再以亞洲四小龍來看，台灣洽簽數居末位，過去台灣以經濟奇蹟稱霸亞洲四小龍，如今卻敬陪末座，應為台灣政府著力之重點。茲將其他國家簽署 FTA 對台灣經貿影響，詳述如下：

表 5-2　亞洲各國簽訂 FTA 發展現況

國家名稱	生效 FTA	已簽署 FTA	談判階段 FTA	評估階段 FTA	合計數量
新 加 坡	13	2	7	1	23
韓　國	9	2	9	7	27
印　度	13	0	8	8	29
泰　國	7	0	5	3	15
中國大陸	12	0	7	3	22
馬來西亞	9	0	5	4	18
日　本	13	0	7	4	24
印　尼	4	0	2	5	11
菲 律 賓	2	0	0	3	5
越　南	3	0	4	1	8
台　灣	7	0	3	6	15
總　計	91	4	57	45	394

資料來源：經濟部國際貿易局、本研究整理

註：【1】更新至 2014 年 3 月

【2】日本已於 2013 年 7 月加入 TPP 談判

影響 1：【國際分工受阻礙】

目前 FTA 均強調市場開放、產業合作與貿易便捷度，並搭配嚴苛原產地規定，以加強區域間成員分工與供應鏈整合，因此，台灣若無法與他國簽訂 FTA，不僅會使台灣貿易遭受嚴重衝擊，亦會使台灣產業在國際分工上遭受排擠。面對來勢洶洶的區域整合，台灣更應下定決心邁向自由化，才能於夾縫中找到生存之道。根據韓國產業通商資源部（2013）表示：「已擬定『新通商路線圖』制定未來 FTA 戰略，屆時除中韓 FTA 外，印尼、越南、馬來西亞等東南亞國家，均為韓國鎖定簽署 FTA 對象，此外，韓國亦制訂於 2017 年出口商品至 FTA 國家按總出口比重達 70%，2023 年則提高至 85%。」顯示未來韓國 FTA 全球網絡建置完成後，將對台灣產業造成極大威脅。

影響 2：【商品貿易受衝擊】

根據經濟部（2014）統計指出，澳洲為台灣第 12 大貿易夥伴國，有關 2013 年台灣與澳洲貿易總額逾 116.7 億美元，出口逾 37.7 億美元，而自澳洲進口於 79 億美元。其中，台灣出口至澳洲的產品主要為電訊設備及零件、煉製石油、腳踏車、小客車、汽車零配件及鋼管產品、機器零附件等。然自 2014 年 4 月 8 日韓國與澳洲正式簽署自由貿易協定（FTA），根據兩國相互簽署協議內容，澳洲將於 5 年內撤銷對韓國產品的進口關稅，且將立即撤銷對汽車零組件、一般機械、鋼鐵、家電與石化等韓國主力出口產品之關稅。台灣在面臨關稅無法調降的影響下，對台灣石油製品與汽車零配件出口至澳洲將遭受衝擊。綜觀上述可知，因韓國與台灣產業結構相仿，因此台灣政府更應積極與其他國家相互洽簽 FTA，得以在關稅方面取得與韓國同樣的立基點，亦可提升台灣產業與鄰近國家的競爭力道與避免邊緣化危機。

影響 3：【市場進入受限制】

2014年4月1日，世界經濟論壇（World Economic Forum；WEF）發布《2014年全球促進貿易報告》（The Global Enabling Trade Report 2014）指出，台灣商品進入到國外市場的貿易加權平均為6%，位居亞洲開發中國家稅率之首，此外，台灣關稅更高於主要競爭國家韓國的 5.3%。此外，根據 WEF 發布的報告中亦指出，台灣「進入國外市場關稅率」為第 136 名，「目標市場最惠關稅差距」為第 134 名，兩項名次皆敬陪末座，顯示區域經貿整合之速度有待加強。根據台灣經濟研究院景氣預測中心主任孫明德於 2014 年 4 月 3 日表示：「台灣在『市場進入』項目排名中，與 2013 年相比倒退 20 名為 121 名，主因為台灣簽署 FTA 與加入區域經濟整合腳步緩慢。」由此可知，台灣出口目標市場的最惠關稅高於其他出口國家，致使台灣在國際市場上競爭力無法與其他國家相比擬，因此，加入區域經濟整合為台灣現今迫切需要，進而有助於提升台灣貿易便利速度。

二、區域經濟整合：RCEP 與 TPP

隨著美國總統 Obama 的亞洲之行展開，連帶顯示出美日之間環繞的 TPP 談判正如火如荼的開啟，此外，亦凸顯美日正在共同發揮制定亞太區域經貿新規則的主導作用，而「跨太平洋經濟夥伴協定」（Trans-Pacific Partnership；TPP）做為亞太地區重要經貿整合的地位亦更加確立。而在亞太區域中另有一競爭性的區域整合「區域全面經濟夥伴協定」（Regional Comprehensive Economic Partnership；RCEP）未來與 TPP 的關係會如何發展，已成為大家所注目的焦點。2014 年 4 月 29 日總統馬英九表示：「台灣位於東亞中心擁有良好的地理位置，因此 2014 年政府大力推行台灣加入 TPP 與 RCEP 的有利條件，無論加入 TPP 抑或是 RCEP，皆有利台灣經貿發展，因 TPP12 個成員國與台灣貿易額達 2,000 億美元，占台灣對外貿易額為 35%；而 RCEP16 國與台灣貿易額則為 3,250 億美元，占比為 57%。」由此可知，未來若能盡快參與此兩大區域經濟整合，台灣與國際接軌時將更有利自由化與全球化。此外，2014 年 4 月 25 日經濟部常務次長卓士昭亦表示：「台灣現行關於加入 TPP 採取的策略為積極與美國以外的成員國或潛在成員國接觸，並針對現有問題加以改善，如與馬來西亞之關稅問題、越南原產地問題、智利與秘魯則關切水果銷售到台灣的關稅問題等，希冀藉此爭取洽簽 FTA，並可獲得美國支持，而現今已在新加坡與紐西蘭兩國取得突破。」茲將 TPP 與 RCEP 兩大區域經濟整合相關簡介與其對台灣貿易發展影響詳述如下：

1. TPP 對台灣貿易影響

2005 年由亞太經合會 4 個會員國（新加坡、智利、汶萊、紐西蘭）發起「跨太平洋經濟夥伴協定」（TPP），此為第一個跨太平洋的 FTA。而後相繼美國、澳洲、日本、馬來西亞、祕魯、越南、加拿大、墨西哥等國家加入談判，截至 2013 年為止，參與 TPP 談判的國家共計有 12 個。TPP 形成的目的為消除商品和服務貿易關稅與非關稅壁壘，促進投資貿易流通更加自由與便利，且提倡簡化文書作業與海關程序。因此，其主要核心議題為貿易協定、工業產品、紡織、農業、知識產權、技術性貿易壁壘、勞工與環境保護等議題，此外，參與談判的會員國需承諾將 95% 的貨品關稅降至零，並且涵蓋工業、農業、紡織成衣等 11,000 項稅目。根據表 5-3 台灣與 TPP 國家的貿易依賴度顯示，2013 年台灣與 TPP 中的國家貿易依賴度總計為 34.380%，其中在台灣 10 大貿易國家中，名列第 2 與第

3 的日本與美國占比分別為 10.804%、10.067%，顯示加入 TPP 可望使台灣進出口貿易成本下降，亦可提升台灣貿易產值與增加台灣產業於國際上的競爭力。

表 5-3　台灣與 TPP 國家的貿易依賴度

國家名稱	貿易依賴度（%）	國家名稱	貿易依賴度（%）
汶　萊	0.023	祕　魯	0.081
智　利	0.352	越　南	2.009
紐西蘭	0.228	馬來西亞	2.827
新加坡	4.831	墨西哥	0.445
美　國	10.067	加拿大	0.680
澳　洲	2.027	日　本	10.804
總　計	**34.380**		

資料來源：國際貿易局（2013）、本研究整理

2014 年 5 月 1 日，台灣智庫副執行長賴怡忠表示：「台灣加入 TPP 的前提須先克服政府對經濟活動管制的問題，因台灣政府效能與不透明化以及過度管制等，常是被抱怨的項目。」顯示台灣仍需重新檢視貿易規定，調整自我腳步以符合國際潮流，進而取得進入 TPP 之門票。茲根據 TPP 對台灣經濟發展之影響，闡述如下：

影響 1：【消除貿易壁壘，維護產業優勢】

2014 年 4 月 18 日，美國商務部長 Pritzker 表示：「有關美國現今積極推動的跨太平洋經濟夥伴協定（TPP）為總統 Obama 在經濟政策上首要推行之優先要務，亦為美國可成功打開亞太市場之首要任務，若 TPP 能成功推動將可帶動美國經濟重新飛揚與國內就業成長。」此外，其亦表示：「TPP 可解決 21 世紀的重要議題，如電子商務、確保屏除貿易壁壘及提供美商與亞太國家企業一個公平競爭的規則等。」由此可知，TPP 強調高標準的貿易規則，將可維護區域內國家價值與利益，亦可降低其他國家因不同價值與優勢。

影響 2：【鞏固自我效益，提升他國經濟】

2014 年 2 月 21 日，總統馬英九表示：「因台灣為亞太經濟合作會議（Asia-Pacific Economic Cooperation；APEC）的成員國之一，因此，未來若加入 TPP 將為會員國中的第 6 大經濟體，而整體 TPP 國家占台灣對外貿易量為 35%，再加上台灣在亞太市場的供應鏈上占有重要地位，台灣若加入 TPP 的效益可望為成為 TPP 會員國帶來 780 億美元的經濟效益。」由此可知，台灣加入 TPP

為勢在必行之選擇，加入後不僅可維護台灣貿易產值，亦可為TPP貿易成員國創造更優越的經濟效益，因此，台灣更應思索該如何突破障礙，以避免於國際整合浪潮中產生邊緣化的危機。

影響3：【提升產業優勢，奪回市場利基】

根據經濟部工業局（2013）完成台灣加入跨太平洋經濟夥伴協定（TPP）對國內產業影響的評估，由表5-4來看，可知一旦台灣加入TPP後受到降稅影響將更有利的產業有：（1）石化產業；（2）造紙產業；（3）鋼鐵產業等。因此這些產業在東南亞國家受到較高關稅的影響，若未來加入TPP，將可望受惠，而半導體與通訊產業則在東南亞國家關稅影響不大。此外，根據經濟部工業局（2013）表示：「因台灣外銷機械主要為工具機，儘管從平均關稅來看，機械產業為2.93%，但一旦馬來西亞、越南等東南亞國家降稅，對於台灣機械業整體來看亦是利大於弊。」其亦表示：「現今階段台灣自行車產業與紡織原料，在國際上與韓國為直接競爭關係，然韓國尚未進入TPP，因此台灣若能搶先加入將有助台灣搶回東南亞市場。」綜觀上述，台灣加入TPP是現今重要議題，更是奪回利基市場不容錯失的機會。

表5-4　台灣與TPP國家平均關稅比較

產業	食品	石化	紙類	紡織	鋼鐵	機械	汽車整車及零組件	機車整車及零組件	半導體	通訊設備
台灣	16.27	3.92	0.00	8.26	0.04	2.93	9.59	9.40	0.00	0.00
TPP	6.07	4.17	3.81	6.85	2.70	2.45	6.62	8.51	0.74	1.79

資料來源：經濟部工業局（2013）、本研究整理

註：食品、汽車整車及零組件產業平均關稅高於TPP；單位：%

2. RCEP對台灣貿易影響

區域全面經濟夥伴協定（RCEP）最初由東協10國所發起，並邀請中國大陸、日本、澳洲、紐西蘭、韓國與印度等國共同組成，在2012年11月東協高峰會16國領袖共同發表《啟動RCEP談判聯合聲明》，正式宣布RCEP談判啟動，並於聲明中指出：（1）RCEP談判將於2013年開啟，並於2015年年底前完成；（2）談判遵循《RCEP談判指導原則與目標》。RCEP將涵蓋16國約30億的人口市場，創造10兆美元的貿易規模。根據表5-5可知，RCEP國家中台灣對其貿易依賴度總計為56.348%，貿易依賴度高於TPP，顯示RCEP國家對台灣貿易更加重要。此外，台灣與東南亞國家的投資與貿易比重皆很高，就出口而言，東協已是台灣

第 2 大出口市場，台灣經濟研究院董事長江丙坤（2013）表示：「台灣對東協國家出口占總出口 18%，僅次於中國大陸 40%，已成為台灣商品第 2 大市場。」由上可知，東協國家對台灣貿易影響極深，且東協國家為 RCEP 會員國之主要國家。因此，加入 RCEP 台灣可透過關稅優惠為自身產業增加競爭力，亦有助擴大台灣經貿交流範圍。

表 5-5　台灣與 RCEP 國家的貿易依賴度

國家名稱	貿易依賴度（%）	國家名稱	貿易依賴度（%）
中國大陸	21.520	越　南	2.009
日　本	10.804	泰　國	1.746
新 加 坡	4.831	印　度	1.081
韓　國	4.817	紐 西 蘭	0.228
澳　洲	2.027	柬 埔 寨	0.122
馬來西亞	2.827	緬　甸	0.052
印　尼	2.113	汶　萊	0.023
菲 律 賓	2.139	寮　國	0.002
總　計	**56.348**		

資料來源：國際貿易局（2013）、本研究整理

2014 年 4 月 8 日，前經濟部國際貿易局局長張俊福表示：「為降低台灣產業在國際上與其他國家擁有公平競爭的條件、提升台灣出口目標市場數量與確保台灣在全球供應鏈上的關鍵地位，因此，台灣參與區域經濟整合刻不容緩。」而外交部（2014）亦表示：「台灣已在 2013 年啟動對 RCEP 的相關談判，並且預計在 2014 年底完成談判為首要目標。」茲將台灣加入 RCEP 對經貿發展影響論述如下：

影響 1：【國家產值激增，影響範圍廣大】

RCEP 倡議已於 2012 年東協經濟部長非正式會議通過，且以 95% 貨品關稅調降至零關稅為各國談判目標，並於 2012 年柬埔寨金邊之東亞高峰會中，宣布 2013 年初啟動相關談判，預計 2015 年將結束。前經濟部國際貿易局局長張俊福（2013）表示：「RCEP16 國會員國中擁有近全球一半的人口數，經濟規模占全球年生產總值逾 28.52%，約為 19.9 兆美元。」由此可知，RCEP 國家數眾多因此區域整合內的經濟實力不容小覷，因此，台灣更應把握機會搶占先機，以帶動台灣經濟成長。

影響2：【市場開放擴大，弱勢產業衝擊】

全球區域經濟效應已為現今潮流趨勢，在各國經濟相互整合下，台灣若無法與時俱進，終將使台灣被邊緣化，進而嚴重影響台灣經貿發展前景，然根據台灣大學經濟系教授林建甫（2013）表示：「RCEP完成將對台灣經濟產生負面效應，就出口而言，估計逾65%的出口產品將受衝擊，以紡織、塑化等與東協緊密關聯之產業衝擊最為劇烈。」由此可知，台灣在極力爭取加入RCEP同時，應提出相關配套措施維護弱勢產業，以避免台灣根基產業扶弱不振，進而面臨消失危機。

影響3：【區域整合潮流，提升經濟效益】

根據台灣中華經濟研究院WTO及RTA中心（2014）針對台灣若加入與未加入RCEP的總體經濟影響調查指出：（1）GDP成長率表現方面：未加入為-2.61%，而加入為4.36%；（2）經濟福利效益方面：未加入為減少7.80億美元，加入則可提高11.6億美元；（3）出口值變動方面：未加入減少6.32億美元，加入則提高134.22億美元；（4）進口值變動方面：未加入將減少86.45億美元，加入則提高163.04億美元。經由以上可知，台灣加入RCEP對總體經濟效益來看，皆是利大於弊，因此，加入RCEP後台灣經貿將可望受惠。

表5-6　加入RCEP對台灣總體經濟影響

	GDP成長率（%）	經濟福利效益（億美元）	出口值變動（億美元）	進口值變動（億美元）
未加入	-2.61	-7.80	-6.32	-86.45
加入	4.36	11.64	134.22	163.04

資料來源：台灣經濟研究院、本研究整理

註：為模擬結果，前提是所有農、工業產品關稅皆降至零，及各會員國無排除降稅項目

3

習李體制變革新展望

第 6 章

習李改革路徑與韜略

「高築牆，廣積糧，緩稱王」一語出自《明史》，源於西元 1356 年，朱元璋召見隱居老儒朱升時所提出的治國見解，不僅幫助朱元璋智取天下，更創立中國大陸大明盛世。然而中國大陸面臨全球經貿形勢瞬息萬變，必須先做好基礎設備並打好民生社會基礎，才能吸引更多資金挹注，帶領國家創建可持續發展能力。2012 年 11 月 15 日中國大陸 18 屆一中全會，習近平當選中國大陸中央總書記，李克強再次當選中央政治局常委，標誌著「習李體制」正式形成，亦宣告習李改革的到來。爾後隨即開展一連串的十八大後改革、以「盤活存量，用好增量」為發展核心，並於三中全會開展出全方位的 383 方案，輔以「微刺激」經濟政策，預告中國大陸經濟將以穩健成長的步伐前進，同時推進生態文明建設，本章藉以剖析習李改革的路徑與韜略，從中透析中國大陸商機所在。

一、十八大後的 18 項改革舉措

中國大陸國家主席習近平（2014）表示：「我們生長的時代是一個令人激動的時代。面臨改革大潮，要有強烈的歷史擔當精神。革命戰爭年代衝鋒陷陣、英勇獻身，現在，就是要勇於改革、善於改革。」透露出強烈改革決心。中國大陸共產黨第 18 次全國代表大會，於 2012 年召開，此次大會的主題為「高舉中國大陸特色社會主義偉大旗幟，以鄧小平理論、「三個代表」之重要思想、科學發展觀為指導，解放思想，改革開放，凝聚力量，攻堅克難，堅定不移沿著中國大陸特色社會主義道路前進，為全面建成小康社會而奮鬥」，並將十八大後的改革整理成 18 條細項改革，茲將論述 18 項改革如下：

1. 行政體制改革

❶【深化政府機構改革】：完成新組建部門「三定」規定制定和相關部門「三定」規定修訂工作。組織推進地方行政體制改革，研究制定關於地方政府機構改

革和職能轉變的意見。

❷【簡政放權減少事項】：減少審批事項，清理、分批取消和下放投資項目審批、生產經營活動和資質資格許可等事項，且需確認審批、核准、備案的項目，簡化程式、限時辦結相關手續。嚴格控制新增審批項目。

❸【創新服務提供方式】：加快祭出中國大陸政府向社會組織購買服務的政策，推動公共服務提供主體和提供方式多元化。出台行業協會商會與行政機關脫鉤方案，改革工商登記和社會組織登記制度，深化公務用車制度改革。

2. 財稅體制改革

❶【完善財政預算制度】：推動建立公開、透明、規範、完整的預算體制。完善財政轉移支付制度，減少、合併專項轉移支付項目，增加一般性轉移支付規模和比例。

❷【改革稅收試點範圍】：擴大營業稅改徵增值稅試點範圍，在中國大陸全國開展交通運輸業和部分現代服務業營改增試點，擇機將鐵路運輸和郵電通信等產業納入試點範圍。合理調整消費稅徵收範圍和稅率，將部分嚴重污染環境、過度消耗資源的產品等納入徵稅範圍。擴大個人住房房產稅改革試點範圍。

❸【擴大從價計徵範圍】：將資源稅從價計徵，擴大範圍到煤炭等應稅品項，清理煤炭開採和銷售中的相關收費基金。開展深化礦產資源有償使用制度改革試點。

❹【健全國有企業制度】：建立健全覆蓋中國大陸全部國有企業之國有資本經營預算和收益分享制度。落實和完善對成長型、科技型、外向型小微企業的財稅支持政策。

3. 金融體制改革

❶【匯率市場化改革】：穩步推動利率匯率市場化改革。逐步擴大存貸款利率浮動幅度，建立健全市場基準利率體系。完善人民幣匯率形成機制，充分發揮市場供求在匯率形成中的基礎性作用。穩步推進人民幣資本項目可兌換，建立合格境內個人投資者境外投資制度，研究推動符合條件的境外機構在境內發行人民幣債券。

❷【完善保險制度】：推動制定存款保險制度實施方案，建立健全金融機構經營失敗風險補償和分擔機制，形成有效風險處置和市場退出機制。加快和規範發展民營金融機構和小微企業、「三農」之中小金融機構。

4. 投融資體制改革

❶【審查政策法規】：清理有礙公平競爭的政策法規，推動民間資本有效

進入金融、能源、鐵路、電信等領域。按照轉變政府職能、簡政放權的原則，制定政府投資條例、企業投資項目核准和備案管理條例。

❷【改革鐵路制度】：改革鐵路投融資體制。建立公益性運輸補償制度、經營性鐵路合理定價機制，為社會資本進入鐵路領域創造條件。支線鐵路、城際鐵路、資源開發性鐵路所有權、經營權率先向社會資本開放，透過股權置換等引導社會資本投資鐵路。

5. 資源性產品價格改革

❶【推進電力體制改革】：為推進電價改革，簡化銷售電價分類，擴大工商業用電同價實施範圍，改善煤電價格聯動、水電及核電上網價格機制，進而建立中國大陸全國煤炭交易市場體系更完善之建設。此外，推動天然氣價格改革，亦可逐步理順天然氣與可替代能源的比價關係。致使大用戶直購電和售電側電力體制改革試點。

❷【保障基本能源價格】：在保障人民群眾基本生活需求的前提下，考慮資源節約利用和環境保護等因素，建立健全居民生活用電、用水、用氣等階梯價格制度。

6. 基本民生保障制度改革

❶【健全醫療體系】：整體推進城鄉居民大病保險，整合城鄉基本醫療保險管理職能，逐步統一城鄉居民基本醫療保險制度，健全全民醫療保險體系。研究制定基礎養老金中國大陸全國統籌方案。健全保障性住房分配制度，推動公租房與廉租房並軌。

❷【保障基本生活】：建立健全最低生活保障、就業困難群體就業援助、重特大疾病保障和救助等制度，健全並落實社會救助標準與物價漲幅掛鉤的機制。整合社會救助資源，逐步形成保障特困群體基本生存權利和人格尊嚴的長效保底機制。

❸【嚴控食品與藥品】：建立嚴格的覆蓋生產、流通、消費各環節的食品藥品安全監管制度。建立健全部門間、區域間食品與藥品安全監管聯動機制。完善食品藥品質量標準和安全准入制度。加強基層監管能力建設。充分發揮群眾監督、輿論監督作用，全面落實食品安全投訴舉報機制。建立實施黑名單制度，形成有效的行業自律機制。

❹【健全環境機制】：建立嚴格的環境保護監管制度和科學的生態補償制度，以及區域間環境治理聯動和合作機制。完善生態環境保護責任追究制度和環境損害賠償制度。並制定加強大氣、水、農村土壤污染防治的綜合性政策措施。

深入推進排汙權、碳排放權交易試點，研究建立全國排汙權、碳排放交易市場，開展環境污染強制責任保險試點。制定突發環境事件調查處理辦法。研究制定生態補償條例。

7. 城鎮化和統籌城鄉相關改革

❶【推進城鎮規劃制度】：研究制定城鎮化發展規劃。以增強產業發展、公共服務、吸納就業、人口集聚功能為重點，開展中小城市綜合改革試點。優化行政層級和行政區劃。實施經濟發達鎮行政管理體制改革試點。推進城鄉規劃、基礎設施和公共服務一體化，創新城鄉社會管理體制。

❷【城市綜合能力改革】：根據城市綜合承載能力和轉移人口情況，分類推動戶籍制度改革，推動相關公共服務、社會保障制度改革，並推動農業轉移人口市民化，將基本公共服務逐步覆蓋到符合條件的常住人口。

❸【健全公共設施機制】：積極推動土地管理制度、投融資體制等促進城鎮化發展，調查並制訂相關配套政策。完善地方債務風險控制措施，規範發展債券、股權、信託等投融資方式，健全鼓勵社會資本投資城鄉基礎設施、公共服務項目政策和相關機制。

❹【保障農村產權問題】：建立健全農村產權憑證、登記、頒證制度。依法保障農民土地承包之經營權、宅基地使用權、集體收益分配權。開展國有林場改革試點。研究提出中國大陸國有林區改革指導意見。探索建立農村產權交易市場。推動小型水利工程管理體制改革。

二、全面深化改革商機

「來而不可失者，時也。蹈而不可失者，機也。」一語出自宋 · 蘇軾《代侯公說項羽辭》，說明遇到它不該放棄的是時運，踏進去而不該錯的是機會。此意涵即可比擬為 2013 年 11 月 9 日所召開中國大陸 18 屆三中全會。隨著 18 屆三中全會的落幕以及《中共中央關於全面深化改革若干重大問題的決定》的發布，其中數個產業皆蘊含著新商機，這亦顯示出新一輪投資潮即將來臨，並藉由梳理三中全會公報中內容，幫助投資者探尋其中潛在的商機。根據中國大陸國家發改委經濟體制綜合改革司司長孔涇源（2013）表示：「根據中央對深化改革的部署，今年要把已經看準、具備條件、牽一發而動全身的改革項目抓緊推出，推出一件成一件，不斷釋放改革的制度紅利，激發社會活力，以增強發展動力。」

1. 深化改革目標與藍圖

三中全會開啟中國大陸 2020 年改革新藍圖，並公布其 6 個深化改革領域，而全面深化改革的最主要目標是完善和發展中國大陸特色社會主義制度，從而推進國家治理體系和治理能力現代化，並預計至 2020 年在各個重要領域及關鍵環節改革上取得決定性成果，形成一套系統完備、科學規範、運行有效的制度體系，使各方面的制度能夠更加成熟、定型。其六大深化改革領域分別為：（1）深化經濟體制改革，緊緊圍繞使市場在資源配置中起決定性作用；（2）深化政治體制改革，緊緊圍繞堅持政府的領導、人民當家作主以及依法治國有機統一；（3）深化文化體制改革，緊緊圍繞建設社會主義核心價值體系與社會主義文化強國為目標；（4）深化社會體制改革，緊緊圍繞保障和改善民生、促進社會公平正義；（5）深化生態文明體制改革，緊緊圍繞建設美麗中國；（6）深化建設制度改革，緊緊圍繞提高科學執政、民主執政以及依法執政水準。其中又以「經濟體制改革」領域列為本次改革的重點項目，期望能夠使得政府與市場關系做好協調，藉此讓政府在市場中能將資源分配發揮最大效用。

2. 全面深化改革的商機

中國大陸自 1978 年實施改革開放以來，歷屆的三中全會議題深受各界判斷新一屆政府領導施政方針的重要依據，亦是未來 5 年乃至 10 年的政策藍圖，此次三中全會《決定》中一系列針對經濟領域改革的力度為 10 幾年以來最大的，尤其系針對放開準入、金融、公共財政、養老金、開放二胎化、對外開放等各領域更是取得具有里程碑意義的突破，透過這些改革將實質性地改善市場資源分配的能力和效率，並提升經濟增長的可持續性。而《決定》推出的一系列改革措施中，總共涉及 16 個領域與 60 個具體改革措施，不僅範圍廣，而且力度深刻，而其中蘊含的商機更是讓台商頗為期待，前外貿協會董事長王志剛（2013）亦表示：「三中全會對於擴大兩岸經貿往來商機將是一大利多，中國大陸今後資源的配置，市場將有決定性的影響力，而且中國大陸亦開始注重人口老齡化的問題，在老人照護、醫療健檢等服務產業方面，台灣明顯具有優勢。」因此，透過三中全會開啟的新一輪巨大商機，台商應趕緊把握機遇共謀發展。

❶ 金融體系改革【開辦民營銀行、現代服務業】

商機 1：開辦民營銀行

中國大陸改革開放 36 年以來，金融管理體制改革在各個歷史階段為中國大陸經濟增長創造良好的發展條件和政策環境，而此次三中全會提出「在加強監管前提下，允許具備條件的民間資本依法發起設立中小型銀行等金融機構」，是故中國人民銀行業監督管理委員會於 2014 年 1 月 6 日召開 2014 年中國大陸全國銀行業監管工作會議上透露 2014 年將試點 3 至 5 家民資銀行，成熟一家批准一家，而中國大陸社科院中小企業研究中心主任陳乃醒（2014）亦表示：「中國大陸推進民營銀行發展，就是要推進金融改革、就是要提升銀行的功能，透過加大民營企業參與國家經濟的力度，以推動整個金融體制的改革。」顯示中國大陸近年積極對民間資本開放更多投資管道，此亦增進民間資本參與現有銀行的重組和改制，因此，隨著中國大陸經濟改革步入深耕階段，金融作為支持實體經濟發展的後備力量，其發展空間自然不言而喻，因此，台資銀行若能順利進入中國大陸設立分行，面對中國大陸龐大金流利潤，台資銀行勢必能再創高峰。

商機 2：現代服務業

現代服務業附加價值高，但知識含量亦大，對於起步較晚、且亟需現代服務業支援經濟發展的中國大陸而言，透過外資合作無疑是最快且最佳的策略方案，故三中全會提出放寬投資准入，並統一內外資法律法規，推進教育、金融、醫療、文化等各個服務業領域的有序開放，已逐漸開放育幼養老、建築設計、商貿物流、會計審計、電子商務等服務業領域外資准入限制等措施，對中國大陸為一大利多。根據匯豐銀行（HSBC）於 2014 年 4 月公布的中國大陸 3 月服務業採購經理人指數（PMI）指出，中國大陸已連續 2 個月上漲，創下 4 個月最高位，並帶動就業分項指數升至 51.7%，為 9 個月來的最高點，顯示中國大陸服務業仍具有成長空間，因此對於上述領域皆已深耕良久、具備豐富專業的台商而言，更是拓展中國大陸市場的重要入場券。

❷農村改革商機：【新型農業產業、農村建設與消費內需產業】

商機 1：新型農業產業

隨著中國大陸市場經濟的快速發展及經濟改革不斷深入之下，使得家庭聯產承包制度的邊際效用急劇遞減，已逐漸產生許多問題，因此，為改善此情況，三中全會提出「加快構建新型農業經營體系」，堅持家庭經營在農業中的基礎性地位，推動家庭經營、合作經營、集體經營、企業經營等共同發展的農業經營方式創新，而透過取得經營承包的許可證投資者，得以進一步深入到農業生產經營活動中，其利用專業的經營管理經驗、廣闊的商業視野，將能夠採用最大化的方式創造土地的經濟效益。另外，由於城市化進程的推進，大量年輕力壯的年輕人進城務工，再加上城鎮化建設大工程的啟動，城市綠化的需求增加帶動種植業的發展，使得農村傳統的種植業、養殖業的發展出現斷層現象，而過去養殖業一直是以散戶為主，一方面係因經營主體的抗風險能力較弱，同時亦對食品安全提出了挑戰，因此，未來將以規模種植業與養殖業為投資農業領域的主要模式。而此次三中全會的《決定》中關於生態文明的篇幅較多，亦祭出生態文明建設的頂層設計方案及實現路徑，因此，生態農業將是台商進入中國大陸市場佈局最簡易亦為最輕鬆之方式與路徑。

商機 2：農村建設與消費內需產業

目前在中國大陸農業農村經營方式仍是以一家一戶為主，然而，政府認為為了提高農業農村的生產力水準，並增強農業農村經濟的整體素質及市場競爭力，其必須透過大力發展專業合作、社區合作、股份合作等各種形態的合作經濟，故三中全會提出「鼓勵農村發展合作經濟」，扶持發展規模化、專業化、現代化經營，允許財政項目資金直接投向符合條件的合作社，並允許財政補助形成的資產轉交合作社持有，以及允許合作社開展信用合作。另外，在《決定》中亦鼓勵和引導工商資本到農村發展適合企業化經營的現代種養業，以向農業輸入現代生產要素和經營模式，並提出「鼓勵社會資本投向農村建設」，允許企業和社會組織在農村興辦各類事業。由此可知，隨著中國大陸政府鼓勵社會資本進入農村發展建設，開創投資者另一嶄新的投資管道，農村正逐漸朝向城鎮化的目標前進，除了能夠為農民的收入水準提升之外，各類需求必然相應而生，顯示台商若能及早佈局即可先獲得利益。

❸人口改革商機：【養老服務產業、民營醫療產業、育嬰兒童產業】

商機 1：養老服務產業

中國大陸人口老齡化快速發展，然社會養老服務體制建設仍就處於起步階段，導致養老服務和產品供給不足、城鄉區域發展不平衡、市場發育不健全等問題層出不窮，是故，完善中國大陸社會養老服務體系刻不容緩，三中全會提出要加快建立社會養老服務體系、發展老年服務產業，中國大陸國務院亦頒布《關於加快發展養老服務業的若干意見》，希冀能夠快速完善社會養老方面的制度。而伴隨中國大陸加快建立社會養老服務體系和發展老年服務產業，致使另一商機的產生，截至 2013 年底，中國大陸老年人口總數達 2 億，並有逐年有增加的趨勢，由此，以老年人為主要消費群體的養老產業應聲而出，顯示中國大陸養老地產、老年家居、老年家電、醫療器械、老年智能設備等產業上升勢頭強勁，未來該相關產業必然可望蓬勃發展。

商機 2：民營醫療產業

三中全會審議通過《中共中央關於全面深化改革若幹重大問題的決定》指出，鼓勵社會辦醫，亦優先支持舉辦非營利性醫療機構，其中社會資金亦可直接投向資源稀缺以及滿足多元需求服務領域，以多種形式參與公立醫院改制重組。此外，允許醫師多點執業，並允許民辦醫療機構納入醫保定點範圍，使得民營投資者進駐醫療領域似乎又有了顆定心丸，然相比公立的大型綜合醫院而言，小而精的專業型醫院或許更適合民資，如口腔醫院、心腦血管醫院、糖尿病醫院等。此外，隨著人們健康意識的增加，日常的健康管理亦尤為重要，相比國外已形成成熟的商業模式，而在該領域中國大陸仍尚未發展完全，因此此一商機，台商不能忽略。

商機 3：育嬰兒童產業

《決定》開放實行伴侶之間有一方為獨生子女即可生第 2 胎的政策，德意志銀行（Deutsche Bank）（2013）表示，如果中國大陸現在開放 2 胎政策，在 2030 年到 2050 年之間，其 GDP 的年均增長速度可以比基準情形（不開放 2 胎）提高 0.2%，而在開放 2 胎的改革之下，2050 年的中國大陸勞動年齡人口會增加 4,000 萬人口，從而將緩解勞動年齡人口大幅下降導致的增長潛力的減速。而有關三中全會放開「單獨家庭」生育 2 胎，測算 5 年內將新增加 800 萬新生兒，直接受益的領域包括懷孕期間的診斷醫療器械、紙尿褲、兒科用藥、嬰幼兒奶粉、兒童玩具等相關產業，瑞士信貸亞洲區首席經濟學家陶冬（2013）亦表示：「當你買了一個嬰兒用車，不只是嬰兒車製造商機，後面對於鋼鐵，對於材料等等，都會帶來拉抬作用，估計將帶來 2 兆多元人民幣的消費需求。」顯示，透過 2 胎化政策的開放，勢必能夠為育嬰兒童產業帶來相當大之擴張空間，未來發展指日可待。

❹ 新能源商機：【新能源汽車產業、節能家電產業】

商機 1：新能源汽車產業

所謂綠色消費系指在消費時注重環保、資源節約、節能、低污染及可循環再造的產品為重點，而現今中國大陸政府紛紛分別提出壯大環保消費的思路，新一波推動綠色消費的政策，估計不久後將陸續出爐。其中在汽車產業領域，中國大陸財政部官方（2013）已公布，經確認北京、天津、重慶、上海、深圳等 28 個城市，成為中國大陸第一批新能源汽車推廣應用城市，因此，中國大陸政府將在這些城市透過補貼、政府採購等手段，刺激電能或混合能源車輛的銷量，預期在新政策推行下，新能源車銷量至 2015 年可望增加至 50 萬輛，而到 2020 年將超過 500 萬輛，若以每部新能源車售價為 10 至 20 萬元人民幣計算，新能源車總銷售總額至 2015 年將可達千億元人民幣，因此，綠色消費將可望成為新的政策趨勢方向，建議投資人以中國大陸內需及新興戰略產業作為長線佈局雙主軸，獲得投資商機。

商機 2：節能家電產業

節能家電補貼將重新啟動，綠色商機當道，除新能源汽車外，中國大陸政府亦重啟鼓勵購買環保家電的措施，根據中國大陸工信部節能與綜合利用司司長周長益（2013）表示：「將實施鼓勵購買節能、新能源、高效節能家電的新政策，並將節能產品納入政府的採購範圍，引導綠色消費。」而中國大陸自 2013 年 6 月至 2014 年 5 月已投入 265 億元人民幣，進而補貼民眾購買節能空調、平板電視、洗衣機和熱水器等家電，此外，隨著此政策的終止，中國大陸政府亦預計將改良原有政策內容，在既有框架上再度推出新一期促進綠色家電消費措施。中國大陸商務部部長高虎城（2013）亦表示：「發展消費產業時，帶動綠色產品發展是重點工作之一，包括培育新型電子產品、智慧型家電、節能型汽車、環保型家居建材等。雖中國大陸經濟目前仍面臨重重挑戰，但政府在此推行綠色消費，不僅可改變中國大陸自身生態環境，亦希望藉此培育拉動內需的新成長點。」因此，美麗中國大陸、綠色經濟在三中會已成為投資者新焦點。

❺土地制度改革商機：【土地產業、房地產業】

商機 1：【土地產業】

三中全會通過《中共中央關於全面深化改革若干重大問題的決定》，其中土地改革方面，將完善土地租賃、轉讓、抵押二級市場，使得村鎮銀行、其他農金機構等產業湧現商機，中信信託更是在 2013 年 10 月首創中國大陸「農村土地承包經營權流轉信託計畫」，解決土地流轉過程的複雜問題，致使金融業商機可期。然而，透過建立城鄉統一的建設用地市場，將能夠造成明顯的交易量，此外，農村金融機構將湧現商機，而土地轉化也可為農民帶來財富資本，使農民享受到改革而來的市場紅利。

商機 2：【房地產業】

城鎮化亦是本次會議的一個重點，倘若能解決現有「3 個 1 億人」問題，即為促進約一億農業轉移人口落戶城鎮；改造約一億人居住的城鎮棚戶區和城中村；引導逾一億人在中西部地區就近城鎮化等 3 方面，希冀未來能幫助這群准入城市常住人口落地生根，提供可負擔的起的居住處所，因而三中全會首次提出「共有產權住房」概念。對此，中國大陸住建部副部長仇保興（2013）表示：「共有產權住房開始由政府組織透過招標給建築企業建造，運作成熟後向市場化逐步邁進，政府只參與監管並將頒布全面的指導意見，而地方政府透過減收土地出讓金，財政補助、稅費減免等降低建築成本，以低市場價格向市場配售。」如同中國大陸住建部副主任王珏林（2013）亦表示：「改革是可幫助經濟成長，房地產是經濟行業中的一個分支，亦將因經濟發展而受益。」由此可知，在降低投資金額情形之下，投資者能夠承造共有產權住房工程，且政府准許企業賺取不低於市場利潤率，藉以吸引投資者入標承接，因此，建築企業的巨大商機逐漸湧現。

❻ 開放投資商機：【物流商貿產業、旅遊觀光產業】

商機 1：物流商貿產業

三中全會中《決定》提出，建立中國大陸上海自由貿易試驗區是中國大陸政府在新形勢下推進改革開放的重大舉措，為全面深化改革和擴大開放探索新途徑、積累新經驗，故在推進現有的試點基礎上，選擇具備條件地方發展自由貿易園港區，國泰君安證券首席經濟學家林采宜（2013）亦表示：「自貿區擴容是此次三中全會在構建開放型經濟新體制環節中呈現的一大預期，未來將透過自貿區促進當地經濟開放。」顯示自貿區將是未來投資中國大陸的新一輪的商機。而在上海自由貿易試驗區引來各地投資者蜂擁而至，而中國大陸天津、廈門、成都、青島等各城市亦紛紛積極申報成立自貿區，其中又以商貿、物流、文化產業最受投資者所追捧，是故，投資者應提早進行佈局，以把握此趨勢及商機。

商機 2：旅遊觀光產業

三中全會提出「加快沿邊開放步伐」，允許沿邊重點口岸、邊境城市、經濟合作區在加工物流、人員往來、旅遊等方面實行特殊方式和政策，未來將建立開發性的金融機構，加快與周邊國家和區域基礎設施的建設，並推進絲綢之路經濟帶及海上絲綢之路建設，為中國大陸區域發展開創一個新開放高地，形成一個全方位開放的新格局。是故，透過擴大內陸沿邊的開放，將可以減少資源限制，促進中國大陸資源能夠有效流通利用，並有效提升中西部經濟主體以及企業的市場競爭力，帶動內陸沿邊地區經濟發展。從太空拍攝的中國大陸版圖中剖析出經濟的分布狀況，而燈光密集之處則是經濟發達地區，反之亦然，邊境城市、沿邊口岸均是尚未點亮燈光的角落，是故，越是被忽視的地方越有可能成為投資者的天堂。

❼非公有製文化商機：【文化傳媒產業】

商機 1：文化傳媒產業

中國大陸文化體制的改革啟動已久，在過去的 30 年已取得舉世矚目的成績，然而，伴隨著經濟快速發展，文化產業亦即將步入轉型升級階段，文化產業迎來發展的最好時機，其中民資或將擔當重要的角色，而中國大陸主席習近平（2013）亦表示：「要提高國家文化軟實力，努力夯實國家文化軟實力的根基，堅持走中國特色社會主義文化發展道路，進而深化文化體制改革。」顯示，中國大陸未來正逐漸走向以文化強國發展的道路，而在此次的三中全會《決定》中提出，建立健全現代文化市場體系，並鼓勵推動傳統媒體和新興媒體融合發展，進而支持民營文化企業參與國有文化機構，相對而言，開一家傳媒公司的門檻並不高，而三中全會的提出內容將可大幅增加投資人的佈局信心。

表 6-1　中國大陸全面深化改革商機

商　機	細項產業
金融體系改革	❶開辦民營銀行 ❷現代服務業
農村改革商機	❶新型農業產業 ❷農村建設與消費內需產業
人口改革商機	❶養老服務產業 ❷民營醫療產業 ❸育嬰兒童產業
新能源商機	❶新能源汽車產業 ❷節能家電產業
土地制度改革商機	❶土地 ❷房地產業
開放投資商機	❶物流商貿產業 ❷旅遊觀光產業
非公有製文化商機	❶文化傳媒產業

資料來源：本研究整理

中國大陸經濟成長力道減弱，對此具有「金融大鱷」之稱的 Soros（2014）指出：「目前中國大陸的領導階級存有諸多歧見，若政府高層間無法有效溝通協調的話，影響層面不僅限在中國大陸，恐將對全球都有重大影響。」可知，中國大陸改革發展牽一髮而動全身，唯有清楚改革脈絡與韜略，才能成功搭載改革順風車，並掌握商機，為企業創建新利基。此外，中國大陸財政部副部長朱光耀（2014）表示：「未來十年中國大陸經濟具有潛力能夠實現經濟 7% 至 8% 的成長速度。但若因短期波動而積極祭出大量刺激政策，損失的將會是中長期的發展戰略。」可知，中國大陸推出微刺激政策，期盼經濟以穩健腳步成長，完成發展中國大陸特色社會主義制度，從而推進國家治理體系和治理能力現代化的目標。

第 7 章

習李改革模式與商機

中國大陸國務院總理李克強言：「改革既需要勇氣，也需要智慧。」2013 年為習李改革造勢、熱身、規劃之年，2014 年則是展現改革執行力之關鍵窗口。習李上任後提出《關於全面深化改革若干重大問題的決定》，制定出改革內容並盼望讓市場機制發揮決定性作用。過去中國大陸國有企業走向主導甚至壟斷性地位，致使其他經濟成分之企業逐漸萎縮。為扭轉此局面，1978 至 1993 年採第一輪國企改革，改革方向為「擴大企業自主權試點到兩權分離」，從國企壟斷經濟局面走向企業自主經營制度、實施利改稅，並首次將國企的政資兩權分開。然而由於許多改革存在侷限性且擴權不落實，以致國企尚未真正活絡起來，因此 1993 至 2013 年進行第 2 輪國企改革，改革方向為「成立國有資產管理委員會」，建立國企退出機制、完成現代企業股份制改革等，逐步完善國有資產管理體制，增強國有經濟活力。2013 年 11 月 18 屆三中全會提出全面深化改革，國有企業改革為其核心之一，邁進第 3 輪國企改革，主要「積極發展混合所有制經濟」，將解決國企的資源配置在市場競爭中占絕對優勢、國企經營效率與競爭力欠缺、證券化率低等問題，進而在競爭力、創新力、帶動力、保障力和內在活力等 5 大方面持續提升，為中國大陸經濟發展提供堅強的基石。隨著中國大陸進一步深化國企改革的同時，民間資本進入機會正逐漸開放，其中正蘊藏著極大投資契機，對此，兩岸產業合作發展模式逐步更加多元化，台灣企業與中國大陸企業在互補互利之下，可透過兩岸產業交流平台，採取合適的兩岸合作模式，共創競合與雙贏局面。

一、國有企業改革模式與台商佈局新契機

2013 年中國大陸第 18 屆三中全會通過《中共中央關於全面深化改革若干重大問題的決定》中，在國企改革方面提及發展混合所有制經濟，並透過產權制

度改革，加強監管與規範的運作、完善國有資產管理體制、建立現代企業制度與公司法人治理結構等，進而擴大國資有效運行、開放民資進入提升民間企業活力。而中國大陸各地國企改革正如火如荼進行，包括上海、貴州、天津、深圳、山東、廣東、重慶等地區，有些地區已制定出國企改革方案，有些地區之改革方案正等待通過審核。然而，發展混合所有制已成為深化國企改革之重要方向，投資者可關注石油石化、電信、鐵路、金融、軍工、資源開發等重要行業，國企正逐步降低門檻提高民資進入的機會，期盼最終打破國有企業壟斷行業體制，為民企打開投資新窗口。

模式 1：【廣東模式】

1. 改革發展方向

根據廣東國資委主任呂業升（2013）表示：「未來國資改革方向將推進資產同質、市場同向、邏輯關聯的國有資產重組，此外，要打造一批有市場競爭力的優勢企業，提升省屬企業整體實力」，顯示廣東國企改革將激發企業更多活力。而廣東國企改革方案《關於進一步深化國有企業改革的意見》已制定好初稿並待審核通過，有望在 2014 年上半年提出，據廣東省國資委副主任黃敦新（2014）表示：「廣東國資國企改革將依靠優化頂層設計，以四大方面作為基本發展方向：（1）發展混合所有制經濟；（2）優化國有資本佈局結構；（3）完善現代企業制度；（4）健全國有資產監管體制。另國企改革著重於產權多元化及建設現代企業制度，將充分激發國企活力」。值得關注的是，作為國有資產監管機構的廣東國資委監管職能，將由「管資產」轉變為「管資本」，並將實施「清單管理機制模式」，得以提升企業自主決策權和國有資產的市場活力，促進完善監管模式。

2. 帶來效益契機

2014 年廣東國企改革已率先啟動混合所有制改革，1 月底新組建廣東省旅遊控股集團有限公司和廣東省商貿控股集團有限公司已掛牌；接著在 2 月底廣東省省屬企業與民營企業召開對接會，開放 54 個國企與民企對接的項目，並涉及 13 個行業（交通運輸、建築建材、冶金礦產、電力、貿易、旅遊休閒、房地產開發、金融投資、醫療衛生、資訊、物業管理、環保綠化、專業技術服務），預計吸引超過 1,000 億元人民幣的民間資本。而作為項目之一的廣新控股集團旗下中山廣新柏高裝飾材料有限公司，3 月底已率先完成股權轉讓，將 65% 股權轉讓給廣州兩家民營企業「廣州天生印刷」和「廣州天煌柏貿易」，透過民企合作發揮資源優勢互補。此外，廣東國有資本持股比例不設下限，預計 2015 年要全面完成國企改造，2017 年實現混合所有制企業戶數比重 60% 以上，2020 年實現 80% 以上，而目前比重分別為國企 30.96%、企業 45.19%，而參與方式包括「國企與民企參股」、「國企與外資參股」等，對此台商可藉此國企改革所開放之契機加以佈局。

模式 2：【上海模式】

1. 改革發展方向

2013 年 12 月 17 日上海市發布《關於進一步深化上海國資促進企業發展的意見》（以下簡稱《意見》），內容分為 7 個部分、共 20 條，又稱「上海國資國企改革 20 條」，以及確立「4 大原則」和「6 大目標」：（1）3 至 5 年扎實推進，完善國資管理體制機制、優化國資佈局結構、提高國企活力與競爭力、增強國有經濟在社會中的帶動作用等；（2）建立統籌協調分類監管的國資監管體系；（3）形成適應現代城市發展要求的國資佈局；（4）建立健全具有中國特色的現代企業制度；（5）打造符合市場經濟運行規律的公眾公司；（6）培育具有國際競爭力和影響力的企業集團。此外，上海國企將以分類監管為基礎，按照競爭類、功能類、公共服務類 3 類實施分類管理，以優化國資流動平台機制。

2. 帶來效益契機

根據《意見》國企改革目標提及，上海積極發展混合所有制經濟，實現整體上市或核心業務資產上市，進而讓企業在融資、管理等方面達到良性發展。而上海將國資委系統 80% 以上的國資集中在戰略性新興產業、先進製造業與現代服務業、基礎設施與民生保障等具比較優勢的產業，因此在新能源汽車、高階裝備、新能源、新一代資訊技術、房地產、醫藥、基礎建設、港務交運、電器設備、商業零售等產業的國企，將蘊藏投資機會。目前，已完成整體上市的上海國企公司，包括上汽集團、上海電氣、上港集團和交運集團等。上海市委書記韓正（2013）表示：「發展混合所有制經濟較為可行的方法是國企成為公眾公司，而其最有效的途徑是整體上市，另外功能類和公共服務類的企業亦可市場化，如環保、機場經營等。」綜上顯示國企改革將打破壟斷而引入市場競爭和投資機會。

模式 3：【深圳模式】

1. 改革發展方向

深圳自 2006 年《深圳國企改革與發展的十一五戰略規劃》中已提出要深化國企改革，發展混合所有制經濟，並透過國際招標招募、債轉股、開放外資和民營參股等方式，全面實現產權主體多元化。2014 年深圳市國資委提出將著力打造「開放性國資」和「創新型國企」，將實現更多所有制經濟共同發展，力爭至 2020 年實現五 5 個重點突破：（1）在產業佈局上有新突破，打造 85% 國有資本集中佈局於「一體（基礎性產業）兩翼（金融準金融等現代服務業和戰略性新興產業）」的特色產業體系；（2）在發展混合所有制經濟上有新突破，開展資本運作和資源整合重組，經營性資產證券化率達 60% 以上；（3）在國資監管體制機制上有新突破；（4）在完善現代企業制度上有新突破；（5）在提高企業競爭力上有新突破。深化國企改革的方向將繼續實現整體上市。

2. 帶來效益契機

目前深圳國資委率先在 20 家直屬企業中進行產權主體的多元化改革，截至 2013 年底，深圳市國資委目前直接和間接持有 100% 股權的企業集團只剩 9 家，市屬國企總資產達 5,827 億人民幣，而深圳市屬國資資產證券化率達 43%。此外，經過多年改革，已有多家企業集團透過引入國內外戰略投資者，實現股權多元化經營，如深圳能源集團股份有限公司、深圳巴士集團股份有限公司等，此外，深圳國資委已大致完成對深圳燃氣、深圳能源、深高速、鹽田港等上市公司或其所屬集團公司。深圳國企改革將解決同業競爭、剝離非主營業務，形成主業單一且唯一上市之市屬集團，著重於細分行業龍頭公司。

模式 4：【貴州模式】

1. 改革發展方向

貴州省副省長王江平（2014）表示：「貴州國企改革方向將發展混合所有制和建立現代企業制度，並以增強企業活力和代動力為目標，著力於國企改革產權制度改革 3 年行動計畫，以推進國資監管企業達全面改革」，亦強調貴州省國資委監管企業目前共 28 戶，計畫未來 3 年內將全部實現股權多元化。此外，貴州將按功能性、公共服務性及競爭性 3 類分別推進企業改革，並確保 3 年內形成功能性投資運營企業 3 戶、公共服務性企業 2 戶、競爭性企業整體實現產權多元化，其中國資持股比例不設限制，投資者可透過收購、參股、認購可轉債、融資租賃等途徑監管企業產權制度改革。顯示國企改革將引進戰略投資者，進一步優化國有產權的資源配置，全面完成監管企業產權制度。

2. 帶來效益契機

在「貴州省國資委監管企業產權制度改革 3 年行動計畫啟動暨推介會」上，貴州省國資委推出 128 個項目，其中 42 個為股權轉讓和增資擴股項目、86 個為建設項目，並涉及能源、建材、化工、冶金、房地產、商貿物流、交通運輸、旅遊酒店、礦產資源精深加工等產業。同時，在推介會上有 22 家監管企業公開各自產權制度改革的實施發展方向，包括茅台、盤江股份、赤天化、久聯發展、貴繩股份、振華科技等。其中，茅台將建設為產融結合的多元控股集團，推動酒類、行銷商貿、金融、文化旅遊、創業投資等 7 大業務；赤天化的控股權將進行轉讓；盤江股份將主業與輔業分離並建構市場化改革體系；貴繩股份擬引進戰略投資者發展海洋用鋼絲項目。至 2014 年復星集團已在貴州投資 9 個項目，涉及健康產業、物流商貿、體驗式消費等，可見貴州國企改革將為投資業者帶來巨大商機。

模式 5：【湖南模式】

1. 改革發展方向

湖南省委於 2014 年 3 月 2 日發布《關於進一步深化國有企業改革的意見》（以下簡稱《意見》），又稱「國企改革 30 條」，將進一步全面深化國企改革方向和具體改革做法。內容分為 6 大部分、共 30 條，主要積極發展混合所有制經濟、健全現代企業制度、完善國有資產管理體制等，並將國企按照公益、功能、競爭 3 類進行管理，期望至 2020 年完成改革目標。其中改革內容，在「發展混合所有制」方面，將推進產權多元化和資產證券化，透過交叉持股、相互融合等方式實現國企上市，得以至2020年實現競爭性國有資產證券化率達80%的目標。另在「健全現代企業制度」方面，將推進建設以外部董事占多數的董事會，建立職業經理人制度等。在「完善國有資產管理體制」方面，將推動經營性國有資產從分類監管轉向全面統一監管。可見湖南國企改革著力在投資主體多元化、國資證券化等的基礎上，推出一系列新措施。

2. 帶來效益契機

湖南國企改革在推進產權制度改革方面，至 2013 年年底將納入省屬國企改革項目的 1,173 個中已完成 1,171 個；在推進產權多元化並轉換經營機制方面，已實現 100 多戶產權多元化的省屬國企。此外，在優化國有資源配置方面，《意見》提及將重點發展戰略性新興產業，如汽車、裝備製造、資訊、軌道交通、新材料、新能源、工程機械等領域，將發揮國有資本的龍頭引領、戰略引導作用。2014 年 3 月湖南發展高新置業有限公司發布增資擴股引進投資者公告，率先開展混合所有制模式。湖南省委書記杜家毫（2014）表示：「國企改革要進一步明確目標和重點，2014 年將著重在提升企業活力、明晰經營邊界、強化國資監管等方面取得實質性進展。」顯示國企獨資的壟斷局面將隨國企改革而逐漸退去。

模式 6：【天津模式】

1. 改革發展方向

2014 年 3 月 24 日天津發布《關於進一步深化國資國企改革的實施意見》，內容分為 6 大部分、共 22 條，提及天津國企改革將強調市場化、積極進行企業整併、發展混合所有制經濟、加速國有資產證券化、實施創新驅動發展戰略、推動國企完善現代企業制度等 6 大改革目標。其中，在國企資源整併方面，期望至 2017 年底調整到 35 家左右的集團，和 10 家以上企業集團，另外，在混合所有制方面，期望至 2017 年底實現 80% 以上的核心骨幹企業完成股權多元化，而重點集團至少有一家上市公司，同時經營性國有資產證券化率達 40%。投資者可透過出資入股、收購股權、認購可轉債等方式參與投資。

2. 帶來效益契機

天津國企改革提及至 2017 年底，90% 的國有資本將集中在重要行業和關鍵領域，除現代製造業、現代服務業、戰略性新興產業等外，天津國企更向現代物流業整合，將從 84 個行業集中至 40 個行業左右。目前天津國企改革已在多項領域中悄然推進，2013 年天津國企完成 7 個重組項目、減少 11 家市管集團、208 戶企業改為股份制。然而集團對應多個平台的上市公司較少，集團旗下上市的公司包括中環電子資訊集團旗下的中環股份、天津普林；泰達投資控股旗下的濱海能源、泰達股份、津濱發展；天津渤海資產經營管理有限公司旗下的力生制藥、中新藥業、天藥股份。此外，其他集團大部分皆只對應一個平台，如天津建設集團旗下的天津松江；天津房地產開發經營集團下屬的天房發展；天津液壓機械集團下的百利電氣等，可看出上市平台占較多的板塊多屬工業。隨著國企改革更加強調市場化、股權多元化等，將吸引民企加以投資於重要行業和領域。

表 7-1　中國大陸國有企業改革模式

	改革模式	改革方向
01	廣東模式	❶發展混合所有制經濟
		❷優化國有資本佈局結構
		❸完善現代企業制度
		❹健全國有資產監管體制
		❺產權多元化
02	上海模式	❶ 3 至 5 年扎實推進，完善國資管理體制機制、優化國資佈局結構、提高國企活力與競爭力、增強國有經濟在社會中的帶動作用
		❷建立統籌協調分類監管的國資監管體系
		❸建立健全具有中國特色的現代企業制度
		❹打造符合市場經濟運行規律的公眾公司
		❺培育具有國際競爭力和影響力的企業集團
		❻形成適應現代城市發展要求的國資佈局

表 7-1　中國大陸國有企業改革模式（續）

	改革模式	改革方向
03	深圳模式	❶發展混合所有制經濟 ❷實現產權主體多元化 ❸在產業佈局、發展混合所有制經濟、在國資監管體制機制、在完善現代企業制度、在提高企業競爭力上實現突破
04	貴州模式	❶發展混合所有制 ❷建立現代企業制度 ❸實現股權多元化 ❹健全國有資產監管體制
05	湖南模式	❶發展混合所有制 ❷健全現代企業制度 ❸完善國有資產監管體制 ❹推進產權多元化和資產證券化
06	天津模式	❶發展混合所有制 ❷加速國有資產證券化 ❸實施創新驅動發展戰略 ❹推動國企完善現代企業制度 ❺強調市場化 ❻積極進行企業整併

資料來源：本研究整理

二、習李改革兩岸產業合作新模式

兩岸企業家峰會（2013）發布《兩岸企業家峰會 2013 紫金山會議共同倡議》，提及兩岸合作模式將更加多元化，且可依不同個案內容而採取不同之合作方式，包括兩岸建立統一標準、進行技術合作、研究聯合開發、自主品牌、相互持股、合作投資、試點參與等方面，藉由多元化的合作模式將能更加深化兩岸產業合作，進而促進兩岸產業向產業鏈、價值鏈延伸，共同提升兩岸產業國際競爭力。然而，家峰會建立 7 個兩岸產業合作小組，包括涵蓋「宏觀經濟」、「能源石化裝備」、「金融」、「資訊家電」、「成長型和中小企業」、「文化創意」和「生物科技與健康照護」等產業，兩岸產業業者可透過交流平台的建立，進而在兩岸互利互補的合作下，共創雙贏局面。

模式 1：【企業相互持股】

兩岸產業合作模式，除直接投資和貿易外，亦可透過企業相互持股，形成策略聯盟，有利建置共同市場通路，甚至開展共同研發、共創品牌等合作。如中國大陸三安光電參股台灣燦圓光電、上海復星控股集團參股台灣維格餅屋、台灣磐石保經紀人公司擬參股大陸北京方勝保經等。

模式 2：【研發技術合作】

台灣工業技術研究院董事長蔡清彥（2013）提及：「目前兩岸合作項目主要涉及 3 方面：應用台灣經驗推動兩岸低溫物流合作、兩岸 LED 產業合作加速落實照明普及與節能減排、兩岸無線城市產業合作。」以科技啟動兩岸產業研發技術合作。除此之外，2013 年 11 月 2 日第 9 屆湘台經貿文化交流合作會中，湖南九龍集團與長沙市政府簽約湘台九龍蔬菜研發中心與示範基地項目，其中九龍集團主要引進台灣優良蔬菜品種、技術、管理模式等，並研發出自有蔬菜種子、品種及技術，更實現湖南農業的健康發展。此外，九龍集團更成功吸引台商南良集團進行合資建設工業轉移基地、仙女寨悠活五星級國際度假酒店等。可見九龍集團透過引入台灣精緻農業發展經驗，促進與台商在產業上的技術合作、文化交流，進而提升該省的農業發展層次。

模式 3：【共創自主品牌】

中國大陸海協會會長陳德銘（2013）表示：「兩岸可共創品牌，涉及產品項目包括 LED、電動車電池、3D 列印、消費電子產品、電子鏡頭等，並期盼兩岸業者可經常互動探索策略合作的產品，集中打造一至二個國際品牌。」然而由於中國大陸 LED 產業尚未有專利佈局且欠缺世界品牌，而台灣恰好具有完整的產業整合能力、專利佈局與領先技術，藉此兩岸可在產業優勢上加以互補，共創世界品牌。可見兩岸共創品牌並深化合作之模式已勢在必行，將有利提升兩岸企業國際競爭力。

模式 4：【共建產業標準】

由於兩岸產業具高度互補性，因此在不同產業鏈環節上需透過進一步的合作，建立共同產業標準，有助兩岸經濟發展。如 2013 年雙方已發布 LED、3D 平板顯示器和太陽光電產業的共同標準，除此之外，兩岸更將積極推動中央數控工具機與電動車產業的共同標準制定。台灣大尺寸電視面板品質及供應具雄厚實力與競爭力，2008 年至 2013 年中國大陸採購台灣面板已累積超過 1 億片，而中國大陸電子視像行業協會常務副會長白為民（2014）表示：「為滿足兩岸企業在新技術產品方面的通用化需求，提高模具相容性，目前已完成 3 項技術標準，藉此將促進陸企彩電對台企面板的採購」，除制定兩岸產業標準，白為民更強調將推動兩岸知識產權、產業鏈完善、技術標準化等的合作。顯示兩岸在新技術產品方面須持續推進共建產業標準，打造兩岸產業共同發展之有利環境。

模式 5：【進行試點參與】

江蘇省昆山市長路軍於 2014 年 3 月 19 日在台北舉辦「昆山台企轉型發展

座談會」中表示：「昆山目前以『深化兩岸產業合作試驗區』平台作為推動與台灣經濟示範區的『區對區』合作，而產業合作模式可透過交叉持股、技術合作、專利許可、產業鏈協作等方式，除盼望在液晶面板、新能源、電子商務、金融、新興產業、創意設計等領域進一步深化兩岸產業合作。」同時兩岸在金融合作方面已有新進展，昆山將建立兩岸產業發展基金，並組建昆山台資中小企業銀行。綜上顯示昆山試驗區為兩岸產業合作發展加深新動力。

三、中國大陸未來最具前景產業分析

此部分是針對從中國大陸各地國有企業改革的重要方向中，再依據國家機構、研究機構、專家學者等多方面資料佐證，進行分析其所釋放給民間企業及投資者可關注的重要產業，並進一步彙整出中國大陸未來最具前景的產業，包括「新一代資訊技術產業」、「醫療器械產業」、「醫藥產業」、「新能源汽車產業」、「高階設備產業」5 個產業，將蘊藏巨大投資機會、發展潛力與潛在商機，玆將各產業之現況與前景分析，分別在以下作描述：

1.【新一代資訊技術產業】：

根據國家工業和資訊化部副部長劉利華 2014 年 3 月 30 日表示：「大力發展新一代資訊技術產業不僅加快產業結構調整，打造中國經濟升級版必然要求，更是搶占未來發展的先鋒，爭取發展先機和主導權的戰略選擇。」所謂新一代資訊技術產業，涵蓋下一代通訊網絡、物聯網、三網融合、新型平板顯示、高性能集成電路及雲計算等相關產業，中國大陸借助這些產業的強大驅動力，強化大陸核心競爭領域。其中，中國大陸在集成電路產業上的支持不遺餘力，如中國大陸國務院陸續頒布政策和扶持資金支持產業的發展，包括重點扶植具潛力的大型企業提升技術。據華泰證券（2014）指出：「國家級的系統性產業政策將成為中國大陸集成電路產業二次啟動核心催化劑。」可見政策強勁扶植力度將迎來良好發展機遇。

新一代資訊技術產業是隨著人們日趨重視資訊而在應用領域及技術上有所突破，例如接收資訊的入口已進入智能語音的階段，據大陸中國語音產業聯盟（2013）發布《中國智慧語音產業發展白皮書》提及，智能語音已成為新的資訊流入口，正處於全面進入快速應用階段，引領產業的重大改革，在中國大陸智能語音市場形成寡頭壟斷格局。此外，IT 業兩大焦點雲計算及物聯網方面，據市場研究機構 IDC（2014）預測：「2014 年中國大陸市場雲計算服務市場規模將達 1,300 億元，未來仍以 30% 的年複合增長率成長，而物聯網產業市場 2014 年總產值亦將突破 5000 億元。」兩大產業創新應用將成為促進資訊網絡產業發展的引擎，市場規模成長驚人，再加上 4G 大門開啟，將發揮更大用處。整體而言，新一代資訊技術產業前景明朗。

2.【醫療器械產業】：

中國大陸醫療器械產業目前為一新興健康的產業，由於巨大人口數以及高齡化的社會現狀到來，人民對於健康的重視程度不斷提高，以及政府陸續推出醫療器械相關政策，從而擴大此產業規模，對於醫療器械設備的需求隨之擴大，目前中國大陸醫療器械市場規模占醫藥總市場 14%，前景可期。根據中國大陸國務院（2013）發布《關於促進健康服務業發展的若干意見》，其中明確提及要支持醫療器械的發展。目前中國大陸醫療器械產業已初步構建出專業門類齊全、產業鏈條完善、產業基礎雄厚的產業體系，成為該國國民經濟的基礎產業、先導產業和支柱產業。

醫療器械在政策大力扶持的背景下快速成長，根據前瞻產業研究院（2014）發布《中國醫療器械行業市場需求預測與投資戰略規劃分析報告》指出：「中國大陸醫療器械市場規模已躍升至全球第 2 位，尤其在中低階醫療器械產品方面的產量位居世界第一。然而中國大陸醫療器械在中低階產品市占率為 75%，中高階則僅占 25%，其中在 25% 中的 70% 份額又由外資企業占領。」顯示中國大陸醫療器械在高階市場仍處於弱勢地位。中信建投經濟顧問研究總監周鋭（2014）表示：「中國大陸醫療器械企業應把握此發展機遇，提高研發投入，加快技術創新，向市場提供高科技產品，打破國外企業壟斷局面，進而實現醫療器械整體產業鏈的轉型升級。」由此看出中國大陸企業應努力突破現有市場，以縮小與國外企業的差距。

3.【醫藥產業】：

中國大陸醫藥產業為一個具強勁活力的新興產業且前景光明，中國大陸正從「醫藥大國」邁向「醫藥強國」逐步前進，根據中國醫藥保健品進出口商會副會長孟冬平 2014 年 5 月 3 日表示：「中國大陸已成為世界最具潛力和最具投資價值的醫藥市場之一，同時，中國大陸醫藥產業亦在創新驅動力下轉型升級，逐漸向世界展現外貿醫藥的實力。」可見中國醫藥產業未來發展強勢。根據中國醫保商會資料顯示：「2014 年 Q1 醫藥整體外貿成長平穩，較 2013 年同期成長 8.4%，其中，中藥產品成長近 15%，西藥產品進出口成長 9.4%，醫藥產品進口成長 15%。」顯示中國大陸呈現進出口同步成長態勢，探究其因，正是依靠轉型升級及突破貿易走出去的高門檻限制，如更多中國大陸藥企積極申請歐美、澳洲等高階質量標準認證。

2014 年 1 月 23 日根據波士頓顧問公司（BCG）發布《中國醫藥市場致勝的新規則》指出：「隨著中國大陸政府加大投入及病人需求提升，預估至 2020 年中國大陸醫藥市場成長維持在 13%。值得注意的是，細分中國大陸醫藥市場，其中，城市醫院市場吸引力最大，2011 年至 2020 年市場成長約占總成長的 50%，為藥企帶來高效益；不過縣級醫院市場的重要性亦日益提升，主要是政府不斷加大投資力度，並推出各類醫保政策，鼓勵大病不出縣等，形成此市場成長速度將超過城市醫院。」整體而言，隨著政府推動醫藥業快速發展與轉型升級，多元醫保體系蓬勃發展，醫療保障水準提高，市場容量大幅增加等，可見發展醫藥產業前景可觀。

4.【新能源汽車產業】：

為符合現今環境的需求，實現新能源汽車的可持續發展將成為中國大陸未來具前景的產業之一。根據中國大陸工業和資訊化部部長苗圩（2014）表示：「中國大陸汽車產業的可持續發展將面臨嚴重制約，包括環境污染、能源消耗等因素」，可見能源消耗所帶來的環境污染問題，為新能源汽車產業的發展帶來契機，再加上政府相繼推出能源產業政策與補貼，將有力促進新能源產業的發展。根據中國大陸財政部、科技部、工信部及發改委聯合於 2013 年推出《關於繼續開展新能源汽車推廣應用工作的通知》，重點推廣新能源汽車的力度，冀望此政策有利加速此產業的發展。

根據中國大陸汽車技術研究中心（2014）預測：「隨著新能源產業政策的持續和市場的開拓，2014 年中國大陸新能源汽車銷量將達 3.5 萬輛，實現 100% 成長。」此外，中國大陸汽車工業協會的數據（2014）亦顯示：「中國大陸新能源汽車在 2013 年的銷售量達 1.76 萬輛，同比成長 37.9%，其中在純電動汽車的銷售為 14,604 輛，插電式混合動力汽車的銷售為 3,038 輛。但剔除城市公車的數據後，在中國大陸新能源汽車的總銷量僅兩千輛左右。」顯示中國大陸新能源汽車推廣速度緩慢，主要受限於基礎建設滯後和地方保護主義的影響，然在面臨嚴重的空氣污染影響下，各地更將積極推廣新能源汽車的應用，同時在相關政策利好環境下，此產業有望進入快速發展期並掀起企業競爭熱潮，未來前景深具潛力。

5.【高階設備產業】：

由於中國大陸勞工成本快速上漲，逐步減弱低成本的製造優勢，使中國大陸設備製造產業日益面臨更嚴峻的挑戰，此時，一些企業開始朝向智能設備製造的發展方向與運用，使用工業機器人的高階設備取代人力，作為製造業朝向高階設備製造業領域轉型升級，進而使高階設備製造的位置日益突出。所謂高階設備製造產業，其所涵蓋的領域包括航空設備、衛星及其應用產業、軌道交通設備、海洋工程設備、智能製造設備等，在面臨全球產業的競爭日益激烈下，中國大陸更應加快提升和鞏固以技術、品質、服務、品牌為核心能力的新優勢。而目前北京、上海、深圳、天津等城市，已明確提出要著力發展高階製造業。

高階設備製造業是以高新技術為主導的戰略性新興產業，亦是推動工業轉型升級的重要引擎，根據中國大陸工信部（2012）《高階裝備製造業十二五發展規劃》曾提出，至 2015 年要實現高階設備製造業的產值達 6 兆元的目標，並力爭至 2020 年高階設備製造業銷售收入要占整個設備製造業的 25%，由此可看出中國大陸對高階設備製造業所確定的重點發展方向與目標。然而，2014 年設備製造業景氣已有回升跡象，據中國大陸國家統計局數據（2013）顯示：「2013 年 1 月至 11 月設備製造業成長達 10.7%，同比成長 2.5%，且成長速度高於全部規模以上工業 1%。」亦於 2014 年顯示：「2014 年 Q1 設備製造業成長 11.8%，同比增加近 2.8%。」可見在推進產業轉型升級和政策大力培育發展的背景下，高階設備製造業正加快發展。

表 7-2　中國大陸未來最具前景產業

	前景產業	發展前景
01	新一代資訊技術產業	❶政府頒布政策和扶持資金來支持產業的發展
		❷智能語音成為新資訊流入口，將形成寡頭壟斷格局
		❸雲端與物聯網的創新應用將成為促進產業發展的引擎
02	醫療器械產業	❶政府推出相關政策，擴大產業規模及需求
		❷已構建雄厚產業體系，形成國家經濟支柱產業
		❸中高階產品處於弱勢，將加快技術創新，縮短與國外差距
03	醫藥產業	❶中國大陸正從「醫藥大國」邁向「醫藥強國」前進
		❷縣級醫院市場重要性提升，成長速度超過城市醫院市場
		❸政府加大扶持力度推動產業快速發展與轉型升級
04	新能源汽車產業	❶汽車產業可持續發展面臨嚴重制約，因而帶來契機
		❷政府頒布政策，將加速推廣產業應用力度
		❸產業銷量潛力可觀
05	高階設備產業	❶製造成本優勢減弱，逐步邁向智能設備製造的發展
		❷重要城市已明確提出要著力發展產業
		❸政府頒布政策規劃，力爭 2015 年實現高產值目標

資料來源：本研究整理

第 8 章

習李改革挑戰與困境

2014 年中國大陸經濟表現低於外界預期，其經濟表現形勢可説是烽煙告急。根據前惠譽國際公司資深分析師朱夏蓮（2014）表示：「因中國大陸的外匯貸款不斷加劇，因此其為全球銀行最大風險的所在地。」由此可知，中國大陸現今在金融體系方面面臨極大的挑戰，然中國大陸房地產更為其揭開瀕臨崩潰的序幕，廣州、北京、深圳等城市的房地產局勢搖搖欲墜，不僅如此，環境污染、抗議活動、貪污腐敗更是為中國大陸經濟埋下未爆彈，亦為習李改革埋下隱憂。

一、習李改革 8 大挑戰

2014 年 1 月 22 日中國大陸國家主席習近平指出：「國家發展將面臨許多挑戰，包含維護社會和諧並推進改革難度、中美戰略造成環境安全系數下降、海洋競逐加劇、生態環境惡化及重大自然災害破壞嚴重等。」顯示中國大陸正面臨內憂外患的挑戰，茲將習李改革所面臨挑戰論述如下：

1. 政治（Political）環境挑戰

挑戰 1：【體制改革受阻】

2014 年 5 月 15 日，歐亞集團主席 Ian Bremmer 在《時代》雜誌撰文表示：「中國大陸經濟近幾年或許不會硬著陸，但政治上硬著陸卻迫在眉睫。」2014 年 2 月 10 日，中國大陸國家主席習近平接受俄羅斯電視台專訪表示：「中國大陸改革已進入深水區，容易的、皆大歡喜的改革皆已完成，好吃的肉都吃掉了，剩下都是難啃的硬骨頭。這要求我們膽子要大、敢於涉險。步子要穩，方向要準。」中國大陸政治體制下，各利益集團關係盤根錯節，然而，改革便意味著一切利益重新分配，引發反彈劇烈可想而知。中國大陸政局雖看似風平浪靜，背後壓力重重，「習李體制」若堅持貫徹改革，則可能必須面對更巨大的政治風險。

挑戰 2：【打擊貪污腐敗】

近年來，在中國大陸人民關切的社會經濟議題中，「貪污腐敗」一直是令人詬病的問題，中國大陸國家主席習近平上任隨即提出「習八條」，整治三公經費，其（2014）表示：「對司法腐敗零容忍，堅持老虎蒼蠅一起打，清除害群之馬。」中國大陸官員貪污腐敗事件頻傳，根據中國大陸胡潤百富榜（2014）發布《中國富豪特別報告》報告顯示，在該單位發布報告的 15 年來，共有 27 位上榜富豪因貪污賄賂罪犯罪入獄。中石油前董事長蔣潔敏更涉嫌嚴重違紀被調查，前中國大陸前政法委書記周永康貪腐案更被稱為「中國大陸史上最大規模的貪腐案件」。中國大陸政府反腐行動令許多「大老虎」紛紛中箭落馬，單 2013 年一年即判處貪污罪犯達 3.1 萬人，可見中國大陸政府力除貪污腐敗病灶的決心。然反腐行動的背後是各級地方政府陰奉陽違、既得利益集團巨大反彈，可知貪污腐敗為習李改革一大挑戰，亦考驗著政府的執行力度。

2. 經濟（Economic）環境挑戰

挑戰 1：【經濟成長放緩】

根據美國紐約時報（The New York Times）（2013）發表一文指出：「中國大陸在經濟成長放緩、社會緊張深化的背景下，治理未來十年的中國大陸，成為全球最艱難的工作之一。」過去經濟發展模式不可持續，中國大陸盲目追求經濟高速成長，對房地產市場、銀行金融等領域產生更大風險，「習李體制」繼承中國大陸自改革開放以來最疲弱的經濟成長率，上任即提出「調結構」，力推經濟再平衡，希冀以消費代替投資帶動經濟成長，由依賴外銷的世界工廠，轉型為內需驅動的經濟體，雖然中國大陸目前正面臨結構調整陣痛期，但中國大陸國家主席習近平（2014）赴河南考察時指出：「中國大陸發展正處於重要戰略機遇期，我們要『適應新常態』，保持戰略上的平常心態。」對正在放緩的中國大陸經濟成長給出容忍態度。

挑戰 2：【人民幣匯率戰】

法國農業信貸銀行（Credit Agricole）高級經濟師 Kowalczyk（2014）指出：「人民幣穩定與可預測走升的日子一去不復返，人民幣展望將視諸多因素而定，其中包括外匯改革自由化、經濟基本面與中國大陸力促人民幣全球使用等。」然 2014 年起在中國大陸政府干預下，人民幣即期匯率出現約 3% 的貶值。可知在美國 QE 逐漸縮減的背景下，人民幣匯率雙向波動的幅度和深度將增強，甚至短期內可能出現人民幣加速貶值的趨勢。對此萬國分析師孟祥娟（2014）亦表示：「亞太地區熱錢外流，人民幣貶值壓力高漲，因此投資人對中國大陸經濟前景偏向悲觀。」顯示出人民幣匯率牽一髮而動全身，中國大陸政府如何在人民幣升值壓力下，穩定匯率起伏，保障國家進出口優勢，可謂一大經濟挑戰。

3. 社會（Social）環境挑戰

挑戰 1：【貧富差距加大】

2014 年 4 月 28 日，彭博社（Bloomberg）指出：「中國大陸目前貧富差距已超越美國居全球第一，過去 30 年裡中國大陸基尼係數成長一倍，隨著中國大陸經濟成長放緩，它提高社會不穩定風險」，而蓋洛普（Gallup）（2014）公布《全球家庭收入調查報告》亦指出：「撒哈拉以南非洲和中國大陸是世界收入差距最大的地區，其中，中國大陸 2% 最富裕者的收入相當於 60% 最貧窮者收入之和。」顯示中國大陸貧富差距問題嚴重，過去政府政策大多偏袒城市居民及沿海地區而非內陸地區，造成貧富差距、城鄉差距快速加大，民眾仇富、排富情結加劇，成為嚴重社會問題。對此，中國大陸國務院總理李克強（2014）於政府工作報告指出：「2014 年再減少農村貧困人口 1,000 萬人以上，繼續向貧困宣戰，不讓貧困代代相傳。」希冀以民富優先緩解和縮小貧富差距，帶領人民走向共同富裕之路。

挑戰 2：【群眾意識抬頭】

中國大陸呈現社會不穩定的情況，2014 年 3 月 3 日中國大陸雲南昆明火車站發生 29 人喪生的隨機砍人事件，導致百餘人死傷。2014 年 3 月 14 日成都春熙路，短時間內聚集大量人潮，持刀傷人、著火、地震等消息在人群中傳播。2014 年 3 月 14 日湖南長沙市 5 家嶺街道辦事處轄區內亦發生暴力事件，有人當街砍殺市民。當天長沙全城戒備搜捕，民眾再度受到極大驚嚇，整個社會陷入驚恐不安之中。2014 年 5 月 11 日杭州居民抗議興建垃圾發電廠，可能污染杭州當地重要的水源地，使得當地重要特產的龍井茶收到迫害，因此村民群起激憤，造成多人受傷；2014 年 5 月 5 日，廣州市白雲區占領道路，抗議當局興建垃圾焚燒廠，污染周邊環境；綜觀上述，可知中國大陸人民已不再默默承受政府實行政策，自我意識逐漸抬頭，顯示未來中國大陸如何妥善處理社會動盪不安之課題為習李上任的挑戰之一。

4. 科技（Technological）環境挑戰

挑戰 1：【自主創新力低】

中國大陸國家主席習近平（2014）表示：「從全球發展來看，科學技術逐漸成為推動經濟社會發展的主要動力，創新驅動已是大勢所趨；一個國家若只是經濟總量大，並不能代表強大。中國大陸是一個大國，在科技創新一定要有屬於自己的東西。」然早期中國大陸模仿型的「山寨經濟」、複製式的「中國大陸製造」，不注重知識產權保護，使中國大陸創新能力薄弱。而前美聯儲主席 Greenspan（2014）亦在華盛頓外交關係協會舉辦論壇表示：「雖然中國大陸經濟規模持續擴大，但自主創新能力不足將成為發展一大瓶頸。」但根據湯森路透（Thomson Reuters）近幾年的全球百大創新企業排名顯示，美國企業至少皆占 40% 以上，而中國大陸卻無一家入選，且隨著中國大陸低勞動成本優勢減弱，中國大陸應積極思考從「製造」轉向「智造」，鼓勵科技創新、加大自主研發，以提升全球競爭力。

挑戰 2：【環境惡化問題】

2014 年 2 月 12 日上海社會科學院發布《2014 國際城市發展趨勢》調查報告指出：「從環境指標看，北京指標遠低於平均值，為不宜居住城市，顯示環境遠未達標，汙染極其嚴重，甚至已經達到不適合人類居住的程度。」可觀中國大陸空氣污染問題嚴重，以使各城市面臨生存危機。而根據中國大陸國務院新聞 2014 年 6 月 4 日發布《2013 中國環境狀況公報》表示：「2013 年中國大陸全國城市環境空氣質量不樂觀，74 座主要城市的年均 PM 2.5 濃度為 72 微克 / 立方米，是發達國家城市空氣質量的 4 倍左右。」此外，中國大陸長江流域水汙染日趨嚴重，河岸邊汙範圍已蔓延至 600 公里，相當於一條黃河水量。長江水質的惡化已經影響沿江城市居民的飲水安全。根據中科院南京分院院長周健民（2014）表示：「長江水資源惡化非常明顯，河岸邊汙染帶更包含 300 餘種有毒污染物。」由此可見，面對如此惡劣的生活環境，習李改革應還予中國大陸人民一個乾淨整潔、永續發展的生活環境，唯有乾淨的生存環境才能帶動中國大陸經濟永續發展。

藉由總體環境分析（PEST）環境分析可知，中國大陸正處於四面楚歌的狀態，不僅有打擊貪腐、環境惡化、群體意識抬頭等內憂，更有經濟成長放緩、人民幣匯率阻礙改革步調，對此中國大陸國家主席習近平（2014）表示：「對改革進程中出現的問題與困難要逐一克服，問題會相繼解決，既敢於出招又善於應招，將做到蹄疾步穩。」顯示出中國大陸政府將以穩健的腳步改革現況，突破困境，迎擊挑戰。

第 9 章

習李新局台商佈局新利基

始終以「領跑者」的姿態矗立於利基市場，並在迅速變遷的環境下生存而屹立不搖，此可代表隱形冠軍的傲人之處。「隱形冠軍」為德國學者 Hermann Simon 所提出，在其所著作的《隱形冠軍》一書中指出，支撐德國出口的真正引擎並不是像賓士這種龍頭產業，而是規模不大、產品或服務鮮為人知甚至隱形、卻能在某個特定行業裡做到不折不扣的冠軍企業。其中，這些企業不僅為獨特產品找到利基市場，更添入頂尖的技術創新和創造高附加價值，形成持久競爭優勢，奠定其在市場領域上無可撼動的地位。然而，台灣亦有眾多表現傑出、具隱形冠軍特色的中堅企業，他們大多不為人知，卻有不可或缺的產品或技術，佈局於中國大陸、歐美市場、甚至全球市場，穩坐市占、銷售、營收皆第一的地位。根據經濟部 2013 年選出 74 家中堅企業作為重點輔導對象，以下隱形冠軍案例分享的部分，茲將參考這些中堅企業以及其他具潛力的中堅企業作為標竿對象，期望提供台商在佈局中國大陸之時，能展現自身獨特的利基產品或技術，進而譜出美麗樂章。

一、隱型冠軍模式與類型

根據 Hermann Simon 歸納出德國隱形冠軍之 7 大特質，包括（1）專注企業目標；（2）寧為雞首之市場定位；（3）貼近並全面掌握客戶；（4）價值導向為主要訴求；（5）強調全方位創新；（6）與競爭對手短兵相接；（7）深化價值鏈不參與聯盟。另外，再加上其彙整出隱形冠軍在各方面所須具備之 10 大條件，含括：（1）企業目標；（2）市場定位；（3）全球化；（4）客戶選擇；（5）創新焦點；（6）驅動力；（7）競爭策略；（8）外部關係；（9）員工文化；（10）領導者方面。故依據 7 大特質和 10 大條件之細部描述，進行彙整，整理出台灣隱形冠軍企業在經營模式上大多所採用的模式，期望有助台灣發展中堅企業之時作為標竿。茲將彙整出台灣隱形冠軍模式之 8 大類型，包括「保持領導地位」、「專精單一市場」、「掌握特殊技術」、「深耕客戶關係」、「持續技術創新」、「維持競爭優勢」、「深化價值鏈」、「兼顧市場技術」，描述如下：

1. 企業目標：保持領導地位

美國著名企業管理大師 Drucker 曾言：「每個企業都應有一個簡單、清楚、一致的目標，且目標要夠大，以便為整間企業打造出一個共同的理想願景。」對於隱形冠軍而言，保持市場領導地位為企業奮鬥的目標之一，而此目標與願景的最大效用是能夠燃起員工的工作動力，以及推動企業成長的巨大動力。然而，成為市場領導者可經由多方面的領先而大幅甩開與其他競爭對手的差距，包括追求創新、技術、品質、核心能力、引領趨勢、影響市場、產業設定標準、影響市場、權力等方面皆高人一等。透過爭取市場領導地位的隱形冠軍，市占率通常遠高於其他競爭者，故企業在多變的大環境中，可藉由明確的企業目標，並不斷追求和增強領先市場的競爭能力，才能讓其市占率更加鞏固亦持續成長。

2. 市場定位：專精單一市場

市場定位是企業在潛在顧客心目中之形象，使顧客能清楚區隔和認知與其他企業之差別，進而在顧客心目中占有特殊的地位。然而，界定市場並不容易，會進階影響市場範圍、規模及占有率。隱形冠軍企業通常專精於某個狹小的市場範圍，只專注生產單一產品，並透過專業耕耘該市場，從而達到高市占甚至壟斷的程度，以致形成高市場進入障礙，有些企業甚至會創造市場區塊，使該市場領域沒有相互競爭的對手。此外，隱形冠軍在市場界定及產品線方面做得深且單一產品多樣化，在價值鏈方面窄又長且有全套解決方案，企業藉由極端專精成就其能在小市場中建立強大地位，成為超級利基者，在市占率方面遠高於最強的競爭對手。再加上企業對自己所在的市場瞭若指掌，因此會充分考量顧客需求及產品技術層面，再進行市場界定，並藉由策略與行動掌控獨特市場，不斷開闢利基。故即使市場範疇小，亦能透過專注聚焦特定領域，掌握利基，以創造高市占率。

3. 全球化：掌握特殊技術

隱形冠軍企業專注經營於小市場的產品和技術，雖會使市場變小，卻使其更在地域上力求擴展，故全球化成為其成長的發展動力。全球化拓寬原本狹隘的市場，雖為極小的利基市場，只要拓展到全世界，便能成為極大的市場，而此戰略的基礎在於，不同國家的同領域客戶通常亦有類似的需求。此外，全球化經營模式的關鍵在於須具備包括掌握關鍵特殊 Know-how、生產基地佈局策略基地、於目標市場設立據點、直接面對市場客戶建立關係瞭解需求、瞭解國外客戶語言與文化、具備國際思考能力等。對於隱形冠軍企業而言，世界都是他們的市場，除具備高度專業性的產品和技術在規模小的市場占有領導地位，更透過其所掌握的特殊關鍵能力，適當地執行全球化策略、培養國際觀相關能力與經驗，突破國家文化疆界，從而拉近與目標市場客戶的距離。

4. 客戶選擇：深耕客戶關係

隱形冠軍的產品通常較為複雜，因此需要與客戶保持緊密關係，而最理想的經營模式是直接銷售且需定期互動，以達到貼近客戶，建立企業與客戶間信賴且相互尊重的依賴關係，成為客戶不可替代的供應商。然而，隨著客戶需求不斷變化且市場競爭激烈，隱形冠軍通常對市場、未來趨勢及客戶需求具相當的敏感程度和深入的瞭解，因此在與客戶建立穩定業務關係時，企業採取專業化經營策略，以及對產品品質的追求，並以提升客戶價值而非低價格為導向，使客戶發現所需產品是其他企業難以替代的獨特產品，進而建立互信互賴的良好關係。為保衛市場地位與市占率，隱形冠軍主要靠高價值取勝而不是靠價格來競爭，並透過周全的服務拉近與客戶間的距離，創造不可取代的價值。另外，更以快速、有效率、有彈性的全球經營模式服務客戶，成功鞏固其市場地位。

5. 創新實力：持續技術創新

創新是隱形冠軍鞏固市場領先地位的主要原因之一，因隱形冠軍長期投入研發創新，具高度創新的能力。然而，其創新能力的表現不僅限於改進產品方面，亦包括產品設計、技術、作業流程、系統、行銷方法、服務、價格政策、成本結構、研發專利、創造新市場等方面，企業以一種「改善」或「超越目前或前一代」的方式持續不斷精益求精，使其保持領先優勢。此外，創新的範疇十分寬廣，隱形冠軍企業通常能夠清楚訂定其創新目的，以豐富的創造力，從自身優勢能力中，提供多元且多樣化的產品與服務，進而創造利基市場，且新商機與新利基始於技術上的創新，技術是支撐隱形冠軍競爭優勢和市場領先地位的重要因素，除掌握技術與創新外，更需以全球為導向，發揮潛能，逐步開發進入不同的市場，搶占市場先鋒角色。

6. 競爭優勢：維持競爭優勢

若總是踩著前人的腳印走，則無法超越前人。隱形冠軍的競爭策略主要透過「以品質與服務創造競爭優勢」、「與最強對手同場競爭」及「強勢捍衛市場地位」3 個方面的遵循，得以在眾多競爭者當中脫穎而出，形成持久的競爭優勢。其中在品質與服務方面，企業的優勢在於透過核心產品（如品質和技術）、流程（如創新和效率）以及客戶管理（如顧客關係管理、貼近客戶服務），藉由員工的培訓和企業文化的建立，形成難以讓競爭者所模仿的優勢；在與同行對手競爭方面，無論對手來自何方或自身處於何種地理範圍，企業都與最強勁的競爭對手競爭，如此才能達到全球市場水準；在捍衛市場地位方面，則是致力於為顧客提供更好的產品品質與延伸服務、做好成本與價格的合理化，及做好對內對外的品牌宣傳，進而捍衛市場領先地位，同時爭取消費者認同。整體而言，競爭永無止境，隱形冠軍企業的競爭優勢並非僅侷限於一個項目，而是在眾多方面皆表現優良，並以始終貫徹如一的經營管理策略，成就其持久的競爭優勢。

7. 外部關係：深化價值鏈

管理大師 Porter 曾表示：「以聯盟做為擴大基礎的策略，只會使公司平庸，不能使其躍升為國際領導人。」大部分隱形冠軍企業偏好自己生產，在核心項目上不使用外包或委外代工生產，在非核心項目上則適度與其他企業或研究單位合作，降低相關經營發展的障礙。而其目的是保護企業的競爭優勢和核心關鍵能力，寧可自己製造產品所需的機器設備，利用自己生產的機具設備去生產和研發獨特且優良的產品，即使不符合成本效益，亦要保護製造技術和專業知識。對此，企業不僅保障自身的研發程度，亦能降低對供應商的依賴度，故隱形冠軍企業較少採用策略聯盟，其依靠自身競爭優勢，極力爭取他們在價值鏈上的份額，始終保持極高的垂直整合比率。藉由深化價值鏈，專注於獨特技術與研發創新，從而形成強而有力的核心競爭優勢。

8. 驅動力：兼顧市場技術

隱形冠軍企業的競爭優勢通常來自本身卓越的核心產品與服務，而其主要是以自身核心資源與核心能力作為起點，並慎選有力競爭條件的市場，在能力與市場互相配合之下，才能創造和維持競爭優勢。然而，隱形冠軍企業除具備強而有力的資源與核心優勢，亦須能夠同時掌握外部市場機會，將自身技術創新實力與全球市場開拓相互結合，得以充分發揮實力。由此可知，隱形冠軍在進行創新與研發時，既不偏好技術能力，亦不只依賴市場機會，而是兩者能力並重，同等予以互補和整合，如此才能同時掌握專業技術和清晰市場客戶需求，提供客戶具有價值的創新，進而作為企業成長驅動力。

二、隱型冠軍案例分享

➲「保持領導地位」模式：【大立光】

大立光電創立於 1987 年，由林耀英與陳世卿共同創立，產品主要為光學玻璃與光學塑膠兩大領域，其中以光學塑膠領域為主。過去，相機大廠普立爾董事長黃震智曾建議大立光董事長林耀英，未來電子產品將以輕薄短小、壓低生產成本為趨勢，故應「捨玻璃、壓塑膠」，改做塑膠材質的光學元件。此後，大立光便專注於研發「塑膠鏡片」的手機鏡頭技術，並且以開發高階產品的速度與量產的能力，使企業大獲其利，並遙遙領先於其他競爭者，現今大立光已成為全球主要的塑膠非球面鏡片生產商，並且為全世界最大的手機鏡頭製造基地，產品銷至中國大陸、美國、韓國等國，由此可知，大立光透過靈活且專注經營目標策略，為此創造屹立於競爭市場的利基，並開創輝煌的成績。

1. 佈局做法

大立光創辦人林耀英敢走別人不敢走的路，以靈活且專注企業目標的經營策略，領先其他競爭大廠進入「高階鏡頭」市場，進而尋找利基之處，茲將「帶動產業新趨勢」、「不斷鑽研新技術」和「積極鞏固專利權」3 項做法分別敘述如下：

❶做法 1【帶動產業新趨勢】：大立光積極加強自身高階鏡頭的研發能力，進而拉開與競爭對手之間的差距，無論是在畫素、光圈、變焦鏡頭、防手震等領域都具有顯著的優勢，使之帶動智慧型手機紅海市場裡的新趨勢。瑞銀證券分析師謝宗文（2013）表示：「當許多廠商誇耀自己的 Array 鏡頭開發有多麼領先時，大立光早已默默研發多年，這才是業界真正的領先者。」

❷做法 2【不斷鑽研新技術】：創辦人林耀英認為不僅要將產品做好，更要做到深更細，因此，他不像其他廠商一樣將產品外包或請廠商設計，而是將大量資源投注在學習與研發新技術，尤其針對行動裝置的需求方面的技術，而 2002 年後確定公司發展目標後，便減少非手機產品生產，加速研發手機鏡頭，成功為大立光奠定深厚的根基，令其他廠商無法輕易超越。

❸做法 3【積極鞏固專利權】：光學鏡頭產業競爭態勢越發激烈，2013 年起鏡頭產業智慧財產權保衛戰、專利訴訟更是一波接一波，透過專利權的維護，能夠為企業確保長期競爭優勢，並且可以提升產業門檻，因此，大立光除持續研發新技術之外，對於專利權的鞏固更是不遺餘力，對此，執行長林恩平 2014 年 2 月 9 日表示：「捍衛智慧財產權是全球趨勢，在國際上這些訴訟是很正常也很常見，客戶對此事並沒太在意，亦不會影響接單。」

2. 績效潛力

大立光堅持在技術上領先，並且從源頭努力、把事情做對，使得大立光在高階手機鏡頭技術上成為全球首屈一指，不僅為自身創造極高知名度與獲利，更在產業中獨占鰲頭。茲將「蘋果唯一的供應商」、「擁有多項的專利權」和「獲利能力大幅提升」3 項績效敘述如下：

❶**績效 1【蘋果唯一的供應商】**：大立光透過優越的技術實力，及領先於競爭者的先進製程良率，使之遙遙領先於其他同業競爭者，因此，獲得各國知名手機大廠所青睞，諸如三星、宏達電、華為、小米等。另外，由於蘋果的智慧型手機所選用的鏡頭，需要一定的製程技術與專業度才能夠完成，因此，大立光成為唯一能通吃蘋果及非蘋果訂單的鏡頭廠，使大立光於全球手機鏡頭市場上擁有兩成以上的市占率，顯見其備受市場所肯定。

❷**績效 2【擁有多項的專利權】**：創辦人林耀英執著於技術研發，為大立光在光學領域奠定深厚的基礎，雖目前大立光已成為全球手機鏡頭的第一大廠，但其仍保持不斷進步的創新力，每年的光研發經費就超過 10 億元新台幣，幾乎平均每 3 至 4 天就研發出一種新的專利，使大立光擁有逾 460 項專利，而正在申請中的專利更是超過千個，為大立光形成一個強大專利保護牆。

❸**績效 3【獲利能力大幅提升】**：大立光因擁有核心技術優勢，以及不斷針對關鍵客戶對於相機鏡頭需求增長推升下，使其營運收入不斷成長，2013 年營收高達 274.33 億元新台幣，年增 36.6%，營業毛利更是達 129.6 億元新台幣，可說營收成長上表現相當亮眼。另外，在股市方面，大立光於 2014 年 5 月 6 日盤中最高股價衝至 2,050 元，突破 2 千元股價的實力，不但改寫企業的歷史紀錄，亦正式打破 25 年前國泰金寫下的 1,975 元紀錄，創下台股股王紀錄，成為史上最強股王。

➲「專精單一市場」模式：【友輝光電】

友輝光電由吳東昇成立於 2003 年，為新光合成纖維股份公司轉投資之子公司，創立之初僅兩條生產線，如今透過其超密切削、顯微複製技術以及光學設計等核心技術，生產出聚光片、光學膜及增亮膜等，並應用在包括監視器及筆記型電腦等產品，友輝光電終於在「第一個 10 年」期間站穩腳步，2013 年生產線達到 16 條，產能規模較創立之初擴充 10 倍；此外，友輝光電在期間內更開發出中國大陸、日本等亞太市場，成功拓展佈局範圍。展望友輝光電的「第 2 個 10 年」，友輝光電董事長吳東昇（2014）表示：「友輝會非常謹慎，並從核心技術出發，與客戶群延伸有關。」顯示友輝光電將專精在最具競爭力之市場，盼能成為客戶之最佳供應商。

1. 佈局做法

專精單一市場的目標是在客戶心目中占有特殊的地位，是故廠商除要能生產該領域最優秀的產品之外，更要能順應市場需求，適時作出調整，即便友輝光電已是全球光學膜領域之領導廠商之一，仍需不斷調整策略，以應對最新的市場環境變化。茲根據友輝光電專精單一市場模式做法描述如下：

❶做法 1【持續延伸核心技術】：專精單一市場除需要過人之技術能力外，更需要滿足客戶之需求，使客戶產生認同，進而忠於企業之產品，是故友輝光電除專注於核心技術的持續精進外，更進行核心技術的延伸，由增亮膜拓展到微結構、功能性、特化產品，如微結構導光板、水膠等產品，藉此提升在客戶心中之地位。

❷做法 2【適勢調整佈局策略】：伴隨著光電產業下游廠商自組面板模組的比率漸升，面板廠商出貨型態亦轉變為面板半成品，故友輝光電於 2013 年便開始調整策略，佈局下游客戶。此外 2014 年友輝除在背光模組應用上持續努力，更會朝向其他背光模組外的應用領域，盼能夠搭上市場環境變化下所帶來之機遇，達到隨時滿足客戶需求之效果，使客戶更忠於使用友輝光電之產品。

❸做法 3【投入研發利基產品】：於紅海市場中欲尋求一片利基，除需要積極投入研發外，更需要強化自身於該領域之競爭力，才能建立起一道進入者障礙。是故，在觸控面板市場逐漸擴展，諸多廠商投入光學水膠之際，友輝光電已成功研發出自家塗料配方，2014 年更將持續拓展水膠應用，友輝以發展穩定性較高的光學水膠產品之優勢，成功使光學水膠成為其新利基產品。

2. 績效潛力

友輝光電透過不斷精進自身實力以及滿足市場需求，成功開發出一片利基市場，成功於 2006 至 2012 年皆獲利，而 2013 年受到市場衰退影響，未達營運目標，卻又能在 2014 年快速站穩腳步，帶起新一波成長潛力，未來憑藉著多年深耕利基市場之優勢，友輝光電可望持續綻放光芒。茲將友輝光電績效潛力敘述如下：

❶績效 1【出貨翻升成長強勁】：2013 年友輝光電光學膜出貨量及市占率均獲成長，但受到價格下跌以及市場衰退影響，並未達成預期目標。然而友輝光電技術實力扎實，深具產業競爭力，市場環境變化不易將其擊倒，2014 年市場回溫之際，友輝光電便重新占據市場地位，友輝光電董事長吳東昇（2014）指出：「2014 年出貨量可望超越 2013 年，且有 2 至 3 成的成長力道。」顯示友輝專精市場之競爭優勢為其帶來穩定績效。

❷績效 2【全球市占獨占鰲頭】：友輝光電成立 10 年以來，致力於生產具高附加價值的增光膜片，逐漸成為筆記型電腦供應鏈的新星，目前友輝的聚光片

在全球市占高達 30% 至 40% 成為全球最大，PC 及 NB 市占約 55% 至 60%，TV 市占約 40%，顯示友輝在產品與關鍵技術的實力雄厚深受市場肯定，同時亦持續為客戶研發創新、多元化、高附加價值的產品，增加競爭優勢。

❸績效 3【客戶範圍逐步擴大】：過去友輝光電主力客戶主要以台系廠商為主，但近年來由於實力漸獲肯定，同時積極開發多元客戶，客戶已拓展至中國大陸、日本地區，包括台系的友達和群創，日系的 Sony、SHARP 和 Panasonic 等，陸系的 TCL 和華星光電等，使其在台灣、中國大陸、日本客戶比重分別達到約三分之一。而 2014 年來自歐洲客戶的訂單成長力道初現，友輝光電董事長吳東昇（2014）指出：「預計 2014 年歐美客戶訂單比重有機會達 15% 至 20%。」顯示友輝客戶範圍逐步擴大，新客戶的加入將對營收帶來貢獻。

➲「掌握特殊技術」模式：【上銀科技】

上銀科技成立於 1989 年，擁有自有品牌「HIWIN」，其業務專精於精密滾珠螺桿及線性傳動元件研發與製造，現為全球第 2 大傳動控制及系統元件製造廠，並秉持著國際化的理念致力於全球佈局，業務範圍已遍布亞洲、歐洲及美洲，2014 年亦計劃於中國大陸蘇州再度興建精密製造廠、物流中心及研發中心；而在德國興建製造廠、發貨中心與研發中心，顯見上銀全球佈局與提高市占的發展成長力不容小覷。此外，上銀為站在技術的尖端，每年亦投入大量的研發，研發資金占營收比重約 3% 至 10%，並致力整合俄羅斯、以色列、美國及德國等研發中心的資源，專注研發出更為精密專業的最新技術。此外，上銀為推廣自身「HIWIN」品牌形象，每年更在全球參與自動化工業、工具機、半導體工業與醫療設備展等活動，並定期舉辦新品說明會，以近距離接觸方式將產品提供予客戶，達到推廣品牌形象的效用。

1. 佈局做法

上銀之所以能成為全球第 2 大傳動控制及系統元件製造廠，原因在於其秉持著「掌握市場最新技術」、「投入專業技術研發」與「提供產品售前服務」等做法，盡全力為己身累積堅強實力、為產品提供附加價值且為顧客提供最佳服務，使上銀能成功佈局全球並成為同業中的佼佼者。茲將上銀科技佈局做法敘述如下：

❶做法 1【掌握市場最新技術】：當全球製造業將邁入智慧化與自動化之時，上銀已掌握趨勢加入佈局，根據 2014 年 1 月 17 日上銀董事長卓永財表示：「上銀結合大銀微系統，為全世界最完整的機器人生產廠商，公司 2014 年產品更要

徹底邁入智慧自動化」。顯示上銀不僅掌握市場技術的趨勢脈動，更善於結合自身專業技術適應潮流，並期望藉此為上銀提供成長的新契機。

❷**做法 2【投入專業技術研發】**：根據上銀科技公布 2014 年 Q1 財務數據顯示，2014 年 Q1 研發費用為 1.62 億新台幣，占營收比重 5.4%，並較 2013 年 Q4 增加 4.4%，而上銀更期望 2014 年平均研發費用能達 5.5%，顯示上銀對技術研發的重視，且上銀更已於 2013 年底通過醫療器材品質管理系統 ISO 13485 之認證，為跨足醫療器材產業的佈局邁出一大步，亦成為台灣首家製造精密機械產業跨足醫療領域的公司。

❸**做法 3【提供產品售前服務】**：上銀自創立品牌以來，即視己為一家製造服務公司，因此，更較其他同業重視售前與售後之服務品質，上銀總經理蔡惠卿（2013）表示：「當客戶將需求告知研發人員後，研發人員即將依據客戶需求提供合適之建議，並記錄於 B2B 平台上，以方便客戶隨時查詢。」可知，上銀透過獨特的售前服務，不僅可為客戶節省許多人力成本，並隨之提高上銀產品之附加價值，使多家客戶更樂於與上銀成為長期合作的夥伴。

2. 績效潛力

上銀在持續投入研發精密技術與專注於顧客服務之下，為自身營運版圖的拓展持續增添助力，上銀亦已正式於中國大陸設廠與佈局通路，持續增強其事業版圖與市占率，期望朝全球第一大傳動控制與系統元件製造廠邁進。茲將上銀科技績效潛力敘述如下：

❶**績效 1【全球版圖日益壯大】**：上銀以國際化佈局的方式開拓自身事業，根據其公布 2014 年 Q1 市場分布數據顯示，台灣占 17%、亞洲占 46%、歐洲占 32%、美洲則占 5%，顯示上銀持續於全球市場中不斷擴大其市占率，2013 年新成立的韓國子公司即已開始正式接單出貨，另外上銀亦預計於 2014 年 5、6 月興建中國大陸蘇州與德國新廠，更加顯示上銀加速佈局全球市場的強大野心。

❷**績效 2【營業收入持續上升】**：上銀公布其 2014 年 Q1 財務數據顯示，合併營收達 30.12 億新台幣，年成長率為 26.9%、毛利率達 39.8%、稅前淨利率則達 21.3%，可看出上銀 2014 年 Q1 營收即有所成長，上銀董事長卓永財（2014）亦表示：「上銀於通路及海外子公司佈局更加完整、新品逐步量產進入市場之帶動下，2014 年將是上銀充滿希望的一年，不論景氣好壞與否，皆可望維持成長。」顯示上銀 2014 年營運績效將較以往有所突破，帶動上銀進入另一波成長。

❸**績效 3【生產訂單持續增加】**：上銀憑藉其於市場佈局、技術研發與顧客服務上的用心付出和經驗的累積下，成功獲取全球多家大廠對上銀之信任，上

銀董事長卓永財於 2014 年 5 月 2 日指出：「上銀當前標準化產品訂單已排至六月底，估計 2014 年下半年業績將優於上半年，而 2014 年整體業績亦將較 2013 年好。」可知，上銀在秉持著掌握關鍵技術、用心服務客戶與不斷創新研發等理念與做法下，未來將獲得更龐大之獲益。

➲「深耕客戶關係」模式：【新麥】

新麥企業創立於 1983 年，至今已有 31 年歷史，是台灣首家上櫃的烘焙設備公司，現為亞洲最大、世界第 6 大的世界級烘焙機械企業，橫掃中國大陸連鎖大賣場 90% 烘焙設備。新麥在全球各國共有 64 個辦事處，包括中國大陸、美國、馬來西亞、泰國及印度子公司，員工超過 1,000 人，主要從事製造烘焙麵包、蛋糕所需之整廠設備。新麥以提供最好的服務為宗旨，聚焦於烘焙設備製造，從「提供客製化服務」與「協助顧客共同成長」切入深耕市場，強化顧客對其依賴程度，藉由鞏固、立足利基市場壯大自身，進而向外擴展版圖。

1. 佈局做法

新麥企業以「價值」而非「價格」為策略核心，藉由其多元產品和彈性生產，提供符合顧客需求的客製化產品配置，並以快速、有效率的加值服務，協助、教育顧客使其成長茁壯，企圖以「產品 + 服務」模式提高顧客價值，形成差異化，進而達成共同成長之目的。茲將新麥 3 項佈局做法分別敘述如下：

❶ **做法 1【客製化生產導向】**：由於烘焙設備產業的進入障礙低，新麥同時面臨國際大廠的品質障礙和低價位廠商削價競爭的壓力。然而，隨著烘焙產品日趨多元，烘焙業者希望能發展差異化的烘焙製品，與市場做出區隔，使烘焙業者對於客製化的烘焙設備需求漸增，加上國外大廠對此小市場較無興趣，新麥因而趁勢切入市場，投入研發團隊，並針對機種和零組件的改良、變形進行研究，進而提高自製、開發零組件的能力。新麥視顧客不同的特殊需求提供量身訂做的機器設備和零組件，且隨訂總產量增加，漸具備較好的成本控管與製程彈性。

❷ **做法 2【提供加值服務】**：新麥致力於提供加值服務，以中階價位切入市場。因長期「客製化」導向，新麥累積多元產品與零組件的改良、製造能力，藉由搭售自身產品可用之原料，提供顧客「一次購足」服務，增加顧客黏性，留住老客戶。為瞭解顧客需求及帶動顧客共同成長，新麥利用自家設備與原料成立麵包店，引進專業烘焙團隊協助顧客培養人才，並收集來自烘焙專家、操作人員的意見進行產品改良。新麥以「加值服務」形成「價值」，最終擺脱價格戰泥沼。

❸ **做法 3【貫徹速度與效率】**：在海外地區，新麥藉由複製台灣配套服務

與中央工廠等經營模式、經驗，以快速、完整、彈性為其服務之主軸，藉由其據點建置之密集特性，成功整合生產組裝基地與彈性製造，提供顧客高品質的快速供貨以及高效率的維修服務，以無形服務提高顧客價值，形成差異化，進而提升產品價格，強化顧客忠誠度。

2. 績效潛力

藉由掌握趨勢，新麥很早就從「中國大陸生產發展」轉向「中國大陸市場深耕」，利用中國大陸便宜的原料、優質服務、快速反應、共同成長，豎立品牌「SINMAG」，成為亞洲第一、世界第 6 的烘焙設備製造商，產品遍布全球 60 多個國家，營收持續成長。茲將新麥 3 項績效潛力分別敘述如下：

❶績效 1【搶占全球市場】：新麥企業在全球市占表現亮眼，在美國市占率約為 10%，台灣市占率約為 40%。而中國大陸為新麥最主要的市場，其總市占率超過 30%，其中在四、五星級酒店麵包坊市占約 30%，連鎖麵包店市占約 50%，大型連鎖超市市占約為 90%，可見新麥已成為中國大陸烘焙機械設備市場龍頭。透過其優良的快速反應、服務、品質、低廉於國際大廠的價位，奪得家樂福在台灣、印尼、中國大陸等區域的所有烘焙設備訂單，並提供中國大陸 Wal-mart40% 的機械設備。

❷績效 2【銷售據點廣布】：新麥以自製品牌「SINMAG」在全球 60 多個國家拓展版圖，包含美國、比利時、義大利、德國、日本等先進國家，其中，中國大陸市場為新麥最重要的市場，美國市場次之。在開拓中國大陸市場與先進國家市場的同時，新麥亦佈局東南亞與南亞市場，包括泰國、印度及馬來西亞，現正積極開拓越南市場，亦嘗試接觸哈薩克、伊朗、巴基斯坦等新興市場。顯示新麥不以現有成就自滿，仍積極拓展市場，追求獲利與分散風險。

❸績效 3【營收持續成長】：新麥企業營收屢創新高，現為亞洲營收第一的烘焙機械設備製造商，2014 年 4 月單月營收約為 3.28 億元新台幣，同期成長約 22.32%；2014 年 Q1 總營收約為 7.55 億元新台幣，同期成長約 15.93%。新麥企業的成長與營收表現亦反映在股價上，從 2009 年最低點的 22.6 一路攀升，在 2010 年 4 月進行整併後，股價向上跳空至 127.5，近期已上升至 170 附近，顯示投資人對新麥業績持續穩定成長的肯定與信心。

➲「持續技術創新」模式：【上緯】

上緯企業成立於 1992 年，原名為上緯企業社，於 1993 年更名為上緯企業股份有限公司，於新竹投入樹脂生產製造，此外其將目標專注於乙烯基醋樹脂與

SMC / BMC 用低收縮劑，日後進而成為公司具有專精技術的領域。上緯的營業項目主要包括精密化學材料、環保耐蝕樹脂、輕量化複合材料用樹脂、節能 LED 封裝用樹脂、節能風力葉片用樹脂、塗料及油漆等製造與買賣業務，而外銷範圍自歐洲地區擴展至世界 5 大洲，使其成為全球第二 2 大與亞洲第一大的乙烯基酯樹脂廠商。上緯透過持續不斷的在利基點上扎根，並以開發新市場作為其策略發展方針，故使其市場地位能夠屹立不搖並屢創佳績。

1. 佈局做法

上緯企業以固本及新事業發展為策略主軸，並將組織進一步扁平化，已達指揮決策迅速、資源集中與人員統合運用之效果。佈局做法為（1）產品持續創新；（2）鞏固舊有事業；（3）擴大投資規模。茲根據上緯企業佈局做法描述如下所示：

❶做法 1【產品持續創新擴通路】：上緯企業對於在中國大陸市場的環保防蝕材料事業，持續採取以新產品、新應用為發展主軸，並將電廠、冶煉行業與油槽作為發展重點，除此之外，上緯亦開始跨足電器絕緣材料的提供，希冀能穩固既有市場份額，鎖定重要客戶並擴大新興市場，以將產品推廣至更多市場、擴及更多通路。

❷做法 2【鞏固舊有開創新市場】：有關節能風力葉片材料事業方面，上緯企業選擇仍維持與中國大陸主機廠之關係，並集中資源，支持鎖定第一級的目標客戶，此外，更維護部分的第 2 級客戶，希冀透過海上風場的開發，與既有的歐美葉片代工廠相互配合，得以開拓歐洲新興市場。

❸做法 3【擴大投資規模創效益】：上緯企業在 2013 年與經濟部簽約，將於 2020 年前完成封廠建置，總投資規模達 170 億元新台幣，計劃 2015 年在苗栗竹南鎮外海架設兩座風力機，2018 年底再興建 34 座風機，預計總裝置容量可望高達 1 億 3 千瓦。由此可看出上緯企業逐步擴大投資規模，以創高效益。

2. 績效潛力

上緯企業受惠於環保意識高漲影響，其選擇在風扇固有利基下不斷創新，進而為其投資的風電設備開創另一片天，有關其創造的績效為（1）股價翻轉飆漲；（2）營運績效看漲；（3）綠能商機活絡。茲根據上緯企業持續創新之佈局策略，產生之績效描述如下：

❶績效 1【股價翻轉飆漲】：受到台灣核四問題爭議不斷，部分投資者因而選擇將資金轉進佈局能源概念股，致使投資佈局風電產業的上緯因而受惠，2014 年 4 月 26 日上緯股價逆勢亮燈漲停，以 119.5 元收盤，創近一年來新高，

此外，成交量為 8,635 張，相較於前一日交易增加 1.6 倍。顯示上緯受惠於風電產業等市場環境變化的因素，股價因而翻轉飆漲。

❷績效 2【營運績效看漲】：隨著 2013 年下半年中國大陸風電裝機需求逐步回溫，上緯企業為其客戶西門子推出新一代風電樹脂配方，致使上緯 2014 年毛利率提升，除此之外，中國大陸煙囪新法案持續成長，因此，可望帶動上緯企業營收成長達 15% 至 20%，以一支煙囪需要 200 至 300 噸樹脂材料來看，上緯將創造 1.5 至 2 億元新台幣的營收貢獻。

❸績效 3【綠能商機活絡】：2013 年上緯企業在竹南外海投資海洋風力發電計畫，一旦設置完成後，收購電價以每度 5.56 元計算，每座風機以每小時發電量達 3,600 度估算，預計每座風機每年營收可達 1.5 億元新台幣，而 36 座風機年營收可望達 54 億元新台幣，顯示風電投資計畫之後續商機可期。

➲「維持競爭優勢」模式：【桂盟】

桂盟（KMC）於 1977 年創立於台南縣，專門從事鏈條相關事業，包括自行車鏈條、汽車傳動系統、摩托車傳動系統、工業傳動系統及車庫門傳動系統等，目前已佈局於全球各地共 11 座工廠和 16 個銷售公司。桂盟起初主要從事專業自行車鏈條的生產，從 1986 年與全球自行車零組件巨擘日本島野公司（Shimano）技術合作，更於 1989 年為陸續赴中國大陸、越南設廠，逐步擴張版圖，目前經營範圍已涵蓋台灣、中國大陸、越南、美國、泰國、印尼、荷蘭等 130 個國家，成為全球最大的專業自行車鏈條廠商。桂盟不僅透過整合供應鏈提升客戶價值，亦追求產品創新和永續經營的核心競爭力，可見其持久的競爭優勢來自於領先技術、優越功能、穩定品質、客戶忠誠等，因而造就其穩坐產業龍頭地位。

1. 佈局做法

桂盟持續在鏈條產業的市場穩固扎根，從專業生產自行車鏈條，逐步延伸到掌握生產到銷售端的垂直整合，同時提供優越產品品質、研發創新自主技術、貼近消費者需求、並放眼全球市場，進而形成強而有力的競爭優勢。茲將「貼近顧客服務」、「掌握產業前景」及「啟動產銷整合」3 項佈局做法分別敘述如下：

❶做法 1【貼近顧客服務】：桂盟越南廠副總經理王俊雄（2013）表示：「桂盟最大的競爭優勢是鏈條品質優良，讓客戶信任，供貨客戶包括自行車、機車大廠，彼此建立深厚的夥伴關係。」此外，桂盟的鏈條相容性高，不限於任何品牌或特定領域，且設計技術優於同業，顯見，貼近市場的服務優勢成為桂盟重要的競爭優勢之一。

❷**做法 2【掌握產業前景】**：桂盟最早佈局越南時，就定位以生產機車用鏈條為主、自行車為輔，因此越南機車風行時得以穩定扎根，並將越南設為最重要的機車及自行車鏈條專業工廠，作為跨足東協市場之版圖。此外，桂盟隨時掌握行業發展前景，持續跟進車廠開發新車款的腳步，做出最新的傳動鏈條產品，可望能夠成為未來產業規格升級的受益者。

❸**做法 3【啟動產銷整合】**：桂盟 2013 年以新台幣 4 億元買下歐洲 KME、北美 CCC 兩家鏈條通路商 100% 股權以及印尼鏈條通路商 KMCIN 99% 股權，分別透過 3 家當地鏈條總經銷公司作為重要的合作夥伴，得以掌握全球自行車與機車鏈條修補市場的經營銷售通路，以及掌握第一手市場資訊，同時增添企業品牌行銷能力和強化市場佈局，進而增加垂直整合能力與競爭力。桂盟啟動階段性的整合計畫，可望建構出完整的競爭態勢。

2. 績效潛力

桂盟營運表現驚人，不僅在營收、銷量方面持續成長，更依賴著穩定的忠誠大客戶及高市場占有率，彰顯出其超乎其他競爭對手的競爭實力與產業地位，茲將桂盟 3 項績效潛力「穩坐領先地位」、「深受客戶肯定」及「營收產銷倍增」之敘述分別說明如下：

❶**績效 1【穩坐領先地位】**：桂盟在全球自行車與機車傳動鏈條領域上擁有領先的產業地位，其高階鏈條在全球市占高達 85%，為全球之冠。桂盟除在市場和與客戶間受到極高的支持與品牌忠誠度的肯定外，其產品亦在全球多頂尖自行車賽事中成為專業選手的奪冠配備，同時連續獲得德國 iF 和紅點設計大獎之榮譽。德意志銀行（Deutsche Bank）曾指出：「桂盟年以產能 1,500 萬條，全球市占 65%，成為全球最大的自行車鏈條廠。」顯見桂盟在產業的地位十分受人追捧。

❷**績效 2【深受客戶肯定】**：桂盟為全球自行車鏈條製造龍頭，產品領域除自行車鏈條外，亦涵蓋汽車、機車、工業等，而其中在自行車鏈條的主要客戶包括台灣巨大和美利達、日本島野（SHIMANO）、愛地雅等大客戶，機車鏈條客戶包括 Honda、Yamaha、Suzuki 等，工業鏈條包括美國 Diamond 等，可見桂盟所生產的鏈條供應多家大廠，以優良產品品質而深受客戶肯定。

❸**績效 3【營收產銷倍增】**：桂盟自 2012 年啟動第一階段整合計畫，至 2013 年已完成第 2 階段的整合，積極展開併購通路，2014 年、2015 年還將啟動第 3 階段的整合，陸續併購上海廠與深圳廠，專攻中國大陸內銷，帶動桂盟在兩岸鏈條產銷版圖更加完整，可望實現鏈條產銷量及年營收倍增的目標。桂盟在

2014 年 Q1 營收表現亮麗，創下 6.29 億元新台幣，較 2013 年同期成長 30.6% 的成績，股價亦在 2014 年 5 月 5 日以 131.5 元收盤，展現出其雄厚的經營實力。

➲「深化價值鏈」模式：【東台精機】

東台精機成立於 1969 年，主要從事工具機製造和銷售，致力於精密工具機，為產品提供客戶完善解決方法，將提高效率、精度為客戶量身訂製之核心關鍵實力注入到印刷電路板（Printed Circuit Board；PCB）設備領域，創造出更高利潤價值。東台精機除增強現有核心能力之外，亦不斷創新研發新產品因應未來發展，根據台灣智慧自動化與機器人協會（TAIROA）理事長卓永財（2013）表示：「智慧製造與機器人產業已是未來發展趨勢。」東台抓準自動化產品與設備所帶來新的發展契機，利用自動化系統，降低成本大幅提高效率，領先同業一大步。東台產品主要銷售區域分布於亞洲、歐洲、北美，在 2013 年時也開始斥資在馬來西亞設銷售公司及組裝廠，搶攻東協市場，不難看出東台積極開拓事業版圖雄心。

1. 佈局做法

東台精機以出色的專業技術與服務深耕台灣、中國大陸市場，同時放眼全世界。在世界各國更以領先的技術及低成本的優勢擴增版圖，設立多家子公司，茲以「走向製造服務化」、「垂直到水平整合」、「自動化節省成本」做法分述如下：

❶做法 1【走向製造服務化】：台灣精密機械發展協會秘書長黃建中（2014）表示：「東台精機以客製化能力，提供『一站式解決』方案，讓客戶可用最快的速度完成首件成品。」東台除不斷開發產品，也積極投入專業與實用性的應用技術支援客戶，協助客戶提升加工效率。在邁向「製造業服務化」的道路上，東台精機為中國大陸高需求的精密自動化工廠客戶，量身設計監控系統，得以在中國大陸市場無往不利，走出不同的路線，與競爭對手劃界。

❷做法 2【垂直到水平整合】：東台精機憑藉著垂直整合能力，提升產業鏈的技術能量、系統匹配整合技術，再經由水平整合方面，建立差異化展現自身產品特色，並結合美學設計及服務能力，提高產品吸引力。東台精機從垂直到水平整合，不但可降低成本提升經濟效益，且利用客製化服務能力替客戶設計最適合設備，給予最完整系統服務，大幅提升企業形象及產品吸引力，進而使公司獲取更大的利潤。

❸做法 3【自動化節省成本】：隨著物價上漲，加上人工成本增加的負擔，使工具機自動化的需求越來越高。因此，靠著 40 幾年的工具機生產製造經驗與

創新力，東台精機自行設計出結合機台與機械手臂的機具，利用自動化系統，實現無人化作業的模式，可有效降低人力資源、時間、金錢等成本，藉此提高生產率。

2. 績效潛力

東台精機在營運績效方面表現優異，品牌及產品不僅多次獲獎受到肯定，訂單部分也大幅增長帶動營收上升，員工對於東台精機獲獎及營收的表現充滿信心，士氣大振。茲就「多項大獎肯定」、「營收表現亮眼」及「穩居領導地位」3 項績效表現上說明東台的潛力：

❶績效 1【多項大獎肯定】：2013 年東台精機首次報名第 10 屆國家品牌玉山獎便獲得「全國首獎傑出企業類」，隨後在 2014 年經濟部工業局主辦的第 14 屆「工業精鋭獎」亦受表彰獲獎，此外，更以新產品「超音波輔助加工中心機 T51-USA」奪得由經濟部國際貿易局主辦「台灣精品獎」的獎項，連獲 3 項大獎使東台員工士氣振奮，對於良好的營運展望充滿信心。

❷績效 2【營收表現亮眼】：東台精機在 2013 年第 4 季營收達到 21.48 億元新台幣，創下近 9 季以來營收表現最佳，整體表現合併營收為 76.88 億元新台幣，年增率 6.38%。此外，受惠於汽車、航太產業景氣升溫，東台精機接單暢旺，東台精機董事長嚴瑞雄（2014）指出：「東台精機 2014 年因中國大陸汽機車業及 PCB 鑽孔機訂單增長，使在手訂單達 21 億元。」不難看出東台精機所擁有大筆訂單，有望為公司營收再創高峰。

❸績效 3【穩居領導地位】：東台電子事業本部協理王森茂指出（2014）：「東台積極投入 CO2（Roll to Roll）軟性電路板雷射鑽孔機的開發，使其躋身為全球唯二有能力生產該款頂尖機種的國際級 PCB 設備大廠。」探究其因，研發是東台精機強項，光研發人力就超過 100 人，占員工數 15%，再加上其產品每年不斷推陳出新，尤其是主力機種 PCB 鑽孔機。綜上可發現，東台研發實力雄厚，使其已發展成為國內第一、全球第二的 PCB 鑽孔機製造大廠，拉大與競爭者差距。

➲「兼顧市場技術」模式：【台灣晶技】

台灣晶技是全球少數具有石英晶體全系列完整生產製程技術的企業，成立於 1983 年 12 月，在草創初期與日本石英晶體產業進行技術合作，從事較為低階的產品製作，其後雖採取多角化經營，跨足多媒體產業，然因財務困難，在郭台銘建議下回歸本務，專注於石英元件領域，引進台灣第一條 SMD 表面黏著式石英元件自動化生產線，為台灣晶技開創利基契機。為擴大集團未來發展，台灣晶技於 2011 年正式跨足藍寶石 LED 領域，現亦積極切入汽車與基地台等應用端產品市場，希冀能拓展新的利基商機。

1. 佈局做法

台灣晶技及早預見產業趨勢，先於競爭者搶進市場深耕，經年累月形成全球少有的全系列製程體系與完整製造技術的企業，並透過聚焦研發及企業內部知識共享，形成競爭者難以複製的核心競爭力，使企業內部的知識不但具備深度亦具備廣度，確保企業在產業中的優勢地位。

❶做法 1【預見趨勢搶進佈局】：台灣晶技深知石英晶體為各類電子產品所必須的通用基礎元件，且台灣又為世界上眾多電子產品製造商群聚之一，其大量的需求將可使石英晶體產業形成規模經濟，且石英元件較不易受到科技進步導致的硬體規格變化所影響。有鑑於此，台灣晶技果斷搶進市場，拋下當時公司較為賺錢的多媒體事業部門，聚焦深耕石英晶體產業，同時捨棄當時業界常見的 DIP 雙列式封裝石英元件技術，直接切入挑戰較為精密與挑戰性的 SMD 表面黏著式石英元件技術研發，奠定其在台灣市場的先發優勢。

❷做法 2【擁有完整製程技術】：台灣晶技為當今全球石英晶體產業中，少數具備從上游至下游全系列製程的企業，並擁有完整的各製作階段的生產技術，對於產業中各層次知識有著兼具深度與廣度的理解，同時擁有電子、化工、機械、材料等多元領域的人才。由於石英晶體具許多特性，難以高度自動化，人員素質是生產品質的重要要素之一，因此台灣晶技採取直接在生產線上進行培訓及實務經驗傳承，進而培育企業內部跨領域的交叉知識深度，累積形成競爭者難以在短時間內複製的核心競爭能力，為後進者形成障礙，確保並延續企業競爭優勢。

❸做法 3【聚焦研發共享知識】：台灣晶技專注聚焦於石英晶體產品之研發和改良，其每年投入的研發費用高達 3 億元新台幣，並擁有約占企業總人數 20% 的 300 人研發團隊，持續投入新製程、新技術以及新事業的拓展。台灣晶技亦注重企業內部知識共享，藉此讓企業內部不同研發團隊能互相激盪創意與傳承知識，因而建置內部知識管理共享平台，透過內部審核機制篩選評鑑確保知識品質，進而為企業持續累積精進內部知識，有利企業未來佈局且強化企業研發能量。

2. 績效潛力

藉由投入大量研發成本，聚焦專注於石英元件領域，台灣晶技旗下許多重要產品備受國際肯定外，亦成功打破長期由日系廠商主導的市場局面，獲得許多知名國際下游廠商的訂單，並將據點從台灣向國際拓展，顯示台灣晶技已成功踏入國際廠商之流。

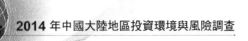

❶**績效 1【打破壟斷成果斐然】**：台灣晶技積極投入石英元件製程相關設備之開發，並協同日本設備廠針對機器設備的客製化領域進行研製，至今其自產設備比重已提升至 10% 至 15%，成功打破日系廠商長期壟斷市場 80% 至 90% 份額的局勢，其現今市場占額及整體評價僅次於日本 Seiko Epson 精工愛普生、日本 NDK 電波公司，成為全球第 3 大石英元件供應商，顯示台灣晶技漸已踏入國際廠商之流。

❷**績效 2【產品質精備受肯定】**：經由長期聚焦研發石英晶體元件相關產品，台灣晶技現今成果斐然，目前其高頻石英元件為世界排名第一，石英晶體振盪器為世界排名第 3，低頻石英元件為世界排名第 4，每年總產量超過兩億顆，旗下料號超過 2 萬種，近期更以本業技術為核心，積極切入藍寶石 LED 領域、基礎建設應用端、雲端醫療設備、車用電子產品等新興的熱門領域，結合現有優質產品、技術進行相關多角化應用，進而延續企業競爭優勢。

❸**績效 3【客戶眾多據點廣布】**：台灣晶技供應之產品因品質優良，受全球行動通訊裝置一線品牌大廠所青睞，其中包含美國的 Apple、Google，韓國的 Samsung、LG，中國大陸的中興、華為、海信，日本的 Sony 以及台灣的 HTC 等企業，因其客戶來源分散且多元，有利於台灣晶技進行風險管控，並持續強化全球 B2B 行銷服務據點之佈局，先後於歐、美、日、中國大陸華東地區與華南地區建立據點，從而提高各地區市場之服務品質，以利企業爾後之事業佈局。

第 10 章

中國大陸台商廠房徵收與社保議題專文

專文一：廠房遭徵收，應如何救濟？

台商在中國大陸經商，即便取得土地與地上物使用權，仍會面臨大陸政府基於公共利益需要，強制徵收土地情況，面對大陸徵收法規仍不嚴謹，台商應熟悉救濟規定以求獲得最大保障。

台商在中國大陸透過有償出讓方式，取得「國有土地使用權」，前述的出讓雖有「協議」、「招標」、「拍賣」，以及「掛牌拍賣」等不同方式，但受讓人均必須依規定繳納「出讓金」，完成出讓登記，才能夠取得「國有土地使用權證」。台商合法取得上述「國有土地使用權」，並於該土地上興建廠房、進行投產，一段時日過去，若中國大陸地方縣、市人民政府，基於「公共利益的需要」，有權徵收回台商的廠房，並收回國有土地使用權。面對這方面問題，中國大陸台商一直有抱怨聲浪，此乃因中國大陸徵收制度與台灣相較，缺乏周延與完善性有關。雖然中國大陸自 2011 年 1 月 21 日起，公布施行《國有土地上房屋徵收與補償條例》，並且取代原先的《城市房屋拆遷管理條例》，在徵收制度上已有所進步，但仍有改進空間。因此，在等待中國大陸政府推出更完善的徵收法規之前，台商面對廠房遭到大陸政府徵收時，關於相關補償事宜規定，以及對徵收決定或徵收補償不服時，如何向大陸有關單位提出救濟等，有從法律面加以瞭解，以保障自身權益的必要性。

一、合法權益有哪些？

台商面對廠房遭徵收，首先必須瞭解被徵收房屋所有權人，有哪些合法權益。針對大陸現行法規，包含如下：1. 居住條件有所改善；2. 生活水平不降低；3. 房屋的貨幣補償金額應按照「市場價格」進行評估確定；4. 所得補償金額，能買到與被徵收房屋區位、面積相類似住房；5.獲得因搬遷、臨時安置損失的補償；6.獲得因房屋被徵收而導致的停產損失補償；7.擁有對房地產價格評估機構的選擇權；8.擁有「貨幣補償」與「產權調換」兩種補償方式，或兼而有之的選擇權；9.擁有回遷權；10.擁有制定「房屋徵收補償方案」和「房屋徵收評估辦法」的參與權；11.擁有行政救濟權和司法救濟權（註1）。其次，中國大陸台商必須明瞭中國大陸縣、市人民政府，必須基於公共利益的需要，才可以徵收。而亦即基於「保障國家安全」、「促進國民經濟」，以及「社會發展」等公共利益的需要，並且有下列情形之一，確定必須徵收房屋，才可以由「市、縣級人民政府」做出房屋徵收的決定。大陸政府將「公共利益的需要」，做下列列舉性規定，包括一、國防和外交需要；二、由政府組織實施的能源、交通、水利等基礎設施建設的需要（註2）；三、由政府組織實施的科技、教育、文化、衛生、體育、環境和資源保護、防災減災、文物保護、社會福利、市政公用等公共事業的需要；四、由政府組織實施的保障性安居工程建設的需要（註3）；五、由政府依照《城鄉規劃法》有關規定組織實施的對危房集中、基礎設施落後等地段，進行「舊城區改建」的需要；六、法律、行政法規規定的其他公共利益的需要（參見大陸《國有土地上房屋徵收與補償條例》第8條）。

二、公平補償如何定？

在中國大陸政府徵收相關土地或地上物後，大陸法規對被徵收房屋所有權人，也有提供公平的補償（參見大陸《國有土地上房屋徵收與補償條例》第2條），主要包括一、被徵收房屋價值的補償：該補償不得低於房屋徵收決定公告之日，被徵收房屋類似房地產的市場價格（參見大陸《國有土地上房屋徵收與補償條例》第19條）。二、因徵收房屋造成的搬遷、臨時安置補償：因徵收房屋造成的搬遷，房屋徵收部門應向被徵收人支付「搬遷費」；選擇房屋產權調換者，產權調換房屋交付前，房屋徵收部門應當向被徵收人支付「臨時安置費」，或提供「周轉用房」（參見大陸《國有土地上房屋徵收與補償條例》第22條）；三、因徵收房屋造成的停產停業損失補償：對因徵收房屋造成停產、停業損失的補償，根據房屋被徵收前的效益、停產、停產期限等因素確定（參見大陸《國有土地上房屋徵收與補償條例》第23條）。

三、行政復議怎麼請？

若台商不服大陸政府徵收，相關救濟辦法包括「徵收決定」以及「徵收補償的決定」。前者依大陸《國有土地上房屋徵收與補償條例》第14條規定，被徵收人對市、縣人民政府做出的房屋徵收決定，可依法申請「行政復議」，也可依法提起「行政訴訟」，因為「徵收決定」是一「具體行政行為」。至於後者，即對「徵收補償的決定」不服，因「補償決定」也是一項行政行為，《國有土地上房屋徵收與補償條例》第26條明確規定，被徵收人不服「補償決定」，可依法申請「行政復議」，也可依法提起「行政訴訟」（註4）。不過提起「行政復議」，必須注意「60日」的不變期間、提起行政訴訟則有「3個月」的不變期間，申請或提起時務必遵守相關規定。入境隨俗最要緊而由上述探討，可以瞭解到中國大陸現行徵收制度，與台灣透過「法律」規定有所不同。台灣有一專法即《土地徵收條例》，中國大陸的《國有土地上房屋徵收與補償條例》，則是由大陸國務院所頒布的「行政法規」，兩者的位階即有不同。對於土地部分，由於中國大陸採「社會主義土地公有制」，國有土地上的廠房徵收，是針對地上物進行補償，土地部分的處理，則依「國有土地使用權或建設用地使用權出讓合同」中的約定，因此出現部分台商難以接受補償的情況。不過，基於「入境問法」，台商面對此問題時，還是要先瞭解中國大陸相關法令規定，才較能符合實際情況。

注釋：

註1. 參見張國法著：房屋徵收補償與訴訟救濟法律實務，頁3至4，2013年6月第1版，中國法制出版社出版。

註2. 依《劃撥用地目錄》規定：能源、交通、水利等基礎設施，包括石油天然氣設施、煤炭設施、電力設施、水利設施、鐵路交通設施、公路交通設施、水路交通設施、民用機場設施等。

註3. 興建國有土地有關「保障性安居工程」，包括：（1）城市和國有工礦棚戶區改造以及林區、墾區棚戶區改造；（2）廉租住房、經濟適用住房、限價商品住房、公共租賃住房。

註4. 參見殷清利著：國有土地上房屋徵收補償操作流程與實務指引，頁353，2013年3月第1刷，法律出版社出版。

專文二：從法律觀點談大陸台商的「社保問題」

一、裕元公司東莞廠萬名工人罷工，掀起了台商的社保問題

2014 年 4 月間在廣東東莞的台商裕元工業東莞廠發生萬名工人罷工，使得有些台商企業成本考量，廠內員工（特別是外省籍農村戶口的基層員工）對當下薪資扣款及未來社會保險制度的選擇偏好，部分地方政府對投保其數及人數階段性的調整態度、社會保險比重偏高且採「省統籌」政策所致的共業浮出枱面（註 1）。而此一問題的發生，一方面是近年來大陸《勞動合同法》、《社會保險法》相繼實施，使勞資關係發生變化、加上現在大陸工會發展很快，積極為勞工爭取福利，而大陸又有不少地下律師 (台商稱蟑螂律師)，挑動勞方情緒，使勞資糾紛擴大（註 2）。

台商裕元公司因發生社保費問題，公司在 2014 年 4 月 21 日決定並貼出公告，自同年 5 月 1 日起依法足額按依員工意願公司配合補足差額，同時每月增加生活津貼 230 元人民幣，讓該事件因而平息。但此一事件對於其他大陸台商則餘悸猶存，擔心自己的公司未來也恐生相關問題，究竟此一問題在法律上如何理解、面對及因應？筆者願藉本文予以剖析。

二、大陸勞工社會保險的法律依據

依中國大陸首先於《勞動法》第 72 條規定：「……用人單位和勞動者必須依法參加社會保險，繳納社會保險費」、第 73 條第 1 款規定：「勞動者在下列情形下，依法享受社會保險待遇：（一）退休；（二）患病、負傷；（三）因工傷殘或患職業病；（四）失業；（五）生育。」、《勞動合同法》第 17 條第 1 款規定：「勞動合同應當具備以下條款：……（七）社會保險……」。所以「社會保險」是「勞動合同」的必要內容，且雇主必須依法為其勞工投保「社會保險」(五保)。

按大陸「社會保險」是由國家立法強制實施，由政府、用人單位和勞動者等各方面籌集資金建立專門基金，在勞動者「年老」、「失業」、「患病」、「工傷」、「生育」或「喪失勞動能力」時，從國家或社會獲得物質幫助的制度；是由「基本養老保險」、「基本醫療保險」、「失業保險」、「工傷保險」及「女職工生育保險」共同架構而成（註 3）。

大陸《社會保險法》也明確規定「職工應當參加基本養老保險，由用人單位和職工共同繳納基本養老保險費」（《社會保險法》第 10 條）、「職工應當

參加職工基本醫療保險，由用人單位和職工按照國家規定共同繳納基本醫療保險費」（《社會保險法》第 23 條）、「職工應當參加工傷保險，由用人單位繳納工傷保險費，職工不繳納工傷保險費」（《社會保險法》第 33 條）、「職工應當參加失業保險，由用人單位和職工按照國家規定共同繳納失業保險費」（《社會保險法》第 44 條）、「職工應當參加生育保險，由用人單位按照國家規定繳納生育保險費，職工不繳納生育保險費」（《社會保險法》第 53 條）。

三、雇主不能不為員工繳納或不足額繳納社會保險費

明白雇主為員工投保社會保險為雇主的義務，而參加社會保險既是員工的權利，也是義務，這點台商必須先有的正確認識。過些有些大陸台商配合志願不參保的員工不為該員工投保，或未足額繳納社會保險費；前揭行為均已涉及違法；現分述之如下：

（一）配合志願不參保的員工而未投保：

由於大陸《社會保險法》規定，繳納社會保險費是用人單位與勞動者被法律強制的義務，故縱使勞資雙方自願約定員工同意不參加社會保險，雇主也因而未為之投保，此一約定因已違反法律的強制規定而無效。

雇主也必須注意大陸《勞動合同法》第 38 條第 1 款第（三）項規定：未依法為勞動者繳納社會保險費的，勞動者可以解除勞動合同。同時勞動者還可依《勞動合同法》第 46 條第（一）項規定，向用人單位請求支付「經濟補償」；這是雇主必須注意的。不過雖有上述規定，但在大陸「江蘇省」比較特別的是江蘇省高級人民法院和江蘇省勞動爭議仲裁委員會曾聯合頒佈《關於審理勞動爭議案件的指導意見》第 16 條規定：「因勞動者自身不願繳納等不可歸責於用人單位的原因，導致用人單位未為其繳納或未足額繳納社會保險費，或者未參加某項社會保險險種，勞動者請求解除勞動合同，並主張用人單位支付經濟補償的，不予支持。」。

（二）未足額繳納社會保險費：

有些雇主為了少繳社會保險費，而未足額繳納社會保險費，針對此種行為，大陸《社會保險法》第 63 條規定：「Ⅰ、用人單位未按時足額繳納社會保險費的，由社會保險費徵收機構責令其限期繳納或者補足。……Ⅱ、用人單位未足額繳納社會保險費且未提供擔保的，社會保險費徵收機構可以申請人民法院扣押、查封、拍賣其價值相當於應當繳納社會保險費的財產，以拍賣所得抵繳社會保險費。」除此之外，依大陸《社會保險法》第 86 條規定：「……自欠繳之日起，

按日加收萬分之五的滯納金；逾期仍不繳納的，由有關行政部門處欠繳數額 1 倍以上 3 倍以下的罰款。」。

四、大陸台商如何因應？

綜上所述，可知依法為員工足額投保社會保險，為雇主的法定義務，但過去因歷史共業，導致台商「五險一金」沒有全額繳交，如果現在都強制追繳補齊，必然使台商經營出現困難，所以今年間海基會林中森董事長多次在公開場合，呼籲中國大陸能合情合理且務實的解決（註 4）。但在中國大陸當局未有解決方案之前，台商仍須妥適因應，筆者建議對於社會保險，台商應有以下 4 點作法：

（一）依法為員工足額投保社會保險；

（二）切勿再與員工協議同意員工不必投保社會保險；

（三）進行公司內員工之社會保險的調整，俾符法令規定；

（四）台商要注意危機的處理，一旦有員工對於社會保險的投保有爭議發生，立即予以妥善解決，切勿任令擴大。

最後筆者期盼中國大陸當局能對海基會林中森董事長及各地台商會會長的呼籲，能迅速訂出「合情合理且務實的解決方案」，切勿讓大陸地下律師有再煽動勞工的機會，破壞勞資和諧，並危害中國大陸的投資經營環境，而影響中國大陸的經濟發展！

註釋：

註 1. 倪維撰：大陸台商「社保問題」法律分析，載兩岸經貿第 270 期，頁 48，2014 年 6 月號。

註 2. 羅印冲撰：陸地下律師煽勞資對立，2014 年 6 月 4 日旺報 A2 版。

註 3. 富蘭德林事業群著：外資企業如何對中國勞動人事問題，頁 270，2011 年 1 月初版，聯經出版事業股份有限公司出版。

註 4. 藍孝威撰：謝伏瞻允保障河南台商權益，民國 103 年 6 月 13 日中國時報，A21 版。

（上述兩篇專文均由永然律師事務所所長李永然律師撰寫，並獲其慨然同意提供，為本報告增色）

4

中國大陸經濟新情勢

第 11 章

中國大陸經濟發展前景與展望

在習李執政團隊的領航下，中國大陸經濟發展的思路逐漸明朗化，其相關的改革步伐正穩步施行，中國大陸國務院發展研究中心主任李偉於 2014 年 3 月 23 日亦表示：「中國大陸正逢世界經濟新一輪發展與調整的戰略機遇期，卻同時面臨人口紅利減弱、地方財政風險、產能過剩、創新動力不足、貧富差距大與環境污染嚴重等諸多問題及挑戰，若要解決累積的矛盾與問題，以保持中國大陸經濟社會持續穩定健康發展，改革乃為關鍵所在。」由此可知，適逢全球經濟發展趨勢變化之際，中國大陸經濟發展的前景與展望將在其政府推行全面深化改革中，開啟穩定成長的另一新契機。

一、研究機構對中國大陸 GDP 預測

中國大陸總理李克強於 2014 年 3 月 5 日「第十二屆全國人大二次會議」開幕時表示：「中國大陸 2014 年面臨形式依然錯綜複雜，有利條件及不利因素並存。全球經濟復甦仍存在不穩定因素，部分國家對於宏觀政策的調整亦將帶來變數，新興經濟體將面臨新的挑戰與困境。」顯示中國大陸經濟仍受全球經濟復甦影響，而不確定性的總體經濟更將帶給中國大陸經濟發展許多變數。針對中國大陸 2014 年 GDP 預測與經濟局勢看法，各研究單位與國際組織機構亦紛紛提出報告評斷分析，茲將各主要研究機構對中國大陸經濟成長率之預測論述如下：

表 11-1　2014 年全球主要研究機構對中國大陸經濟成長率之預測

❶	國際組織機構			論述
	研究機構	國際貨幣基金組織（IMF）		發布《世界經濟展望》（World Economic Outlook）指出：「中國大陸採取有限的、具針對性的『微刺激』來支持經濟活動，包括減免中小企業稅收、加速財政和基礎設施支出以及具針對性下調的準備金率，預計 2014 年成長率將為 7.4%。」
	前次預測	2014/04/28	7.5%	
	最新預測	2014/07/24	7.4%	
	研究機構	世界銀行（WB）		發布《全球經濟展望》（Global Economic Prospects）指出：「中國大陸政府的再平衡措施，成功抵銷第一季成長放緩的影響，且出現成長增速的信號，然雖大型緊縮政策將有助減緩其信貸成長，中國大陸信貸仍快速成長。」
	前次預測	2014/04/07	7.6%	
	最新預測	2014/06/10	7.6%	
OECD	研究機構	經濟合作暨發展組織（OECD）		發布《OECD 經濟展望》（OECD Economic Outlook）指出：「中國大陸因建築熱潮降溫且信貸環境趨緊，若支援性措施不能處理過剩產能和反腐運動的影響，投資放緩程度將較預期嚴重。中國大陸政府正致力調整經濟結構，使其更偏向消費，降低對出口和投資依賴。」
	前次預測	2013/11/18	8.2%	
	最新預測	2014/05/06	7.4%	
	研究機構	聯合國（UN）		發布《世界經濟局勢與前景》（World Economic Situation and Prospects）指出：「未來中國大陸經濟將呈較低的成長軌跡，與其政府注重提高發展和經濟結構調整的質量相符。」
	前次預測	2014/01/20	7.5%	
	最新預測	2014/05/21	7.3%	
EUROPEAN COMMISSION	研究機構	歐盟委員會（EC）		發布《2014 年春季預測》（Spring Forecast 2014）指出：「中國大陸的金融脆弱性仍有延續的跡象，但近期數據顯示中國大陸經濟正擺脫對投資的過度依賴，形成幅度較低但較可持續的成長態勢。」
	前次預測	2014/02/25	7.4%	
	最新預測	2014/05/05	7.2%	
citibank	研究機構	花旗銀行（Citi Bank）		2014 年 7 月 16 日花旗經濟學家沈明指出：「為防止經濟成長下滑，中國大陸政府可能推出週期性措施，並保持貨幣政策和信貸環境許可下，採針對性措施刺激市場對物業的需求。」
	前次預測	2014/07/02	7.3%	
	最新預測	2014/07/16	7.5%	
Scotiabank	研究機構	豐業銀行（Scotiabank）		發布《全球預測更新》（Global Forecast Update）指出：「儘管中國大陸政府祭出『微刺激』政策以降低因疲弱房市而拖累整體經濟的可能性，中國大陸經濟仍持續減速。」
	前次預測	2014/05/01	7.3%	
	最新預測	2014/06/26	7.3%	

表 11-1　2014 年全球主要研究機構對中國大陸經濟成長率之預測（續）

❷ 證券金融機構				論述
Goldman Sachs	研究機構	高盛集團（Goldman Sachs）		高盛執行長 Lloyd Blankfein 於 2014 年 7 月 1 日表示：「從短期來看，中國大陸經濟面臨包括影子銀行、地方債、增速放緩等問題，且其改革計畫執行起來將面臨挑戰，然長期而言，中國大陸的前景依舊樂觀。」
	前次預測	2014/07/02	7.3%	
	最新預測	2014/07/17	7.3%	
Merrill Lynch	研究機構	美銀美林（BofA Merrill Lynch）		發布《投資策略》（Investment Strategy）：「隨著中國大陸政府『微刺激』的範圍和規模逐漸擴大，鐵路、基礎建設、社會住宅等投資項目將成為經濟成長的驅動力，且在雄厚的財力與低通貨膨脹的環境下，將預測上調至 7.4%。」
	前次預測	2014/06/25	7.2%	
	最新預測	2014/07/25	7.4%	
Asian Development Bank	研究機構	亞洲開發銀行（ADB）		發布《亞洲開發前景報告》（Asian Development Outlook）指出：「由於穩定的消費需求、針對性的政策、平穩的投資以及第 2 季的外需回溫，中國大陸銷售和生產已出現復甦信號。」
	前次預測	2014/04/01	7.5%	
	最新預測	2014/07/18	7.5%	
Morgan Stanley	研究機構	摩根士丹利（Morgan Stanley）		發布《全球宏觀經濟分析》（The Global Macro Analyst）指出：「中國大陸政府透過『微刺激』所形成以基礎建設投資和出口為主要動力的復甦，仍難抵消房地產投資放緩的影響。」
	前次預測	2013/07/02	7.0%	
	最新預測	2014/07/16	7.0%	
Deutsche Bank	研究機構	德意志銀行（Deutsche Bank）		發布《世界展望》（World Outlook）指出：「中國大陸已出現經濟回穩跡象，但主要指標依舊疲弱，而對已開發經濟體強勁的出口，將有助改善中國大陸現況，然占其 1/8 總體經濟貢獻的房地行產業仍為主要風險。」
	前次預測	2014/03/14	7.8%	
	最新預測	2014/06/14	7.8%	
Credit Suisse	研究機構	瑞士信貸集團（Credit Suisse）		發布《核心觀點》（Core Views）指出：「中國大陸 2014 年的關鍵在於成長放緩、結構重整以及信貸風險，雖然依中國大陸過去表現而言，經濟成長勢頭仍然疲弱，但中國大陸經濟正顯示出成長觸底反彈的跡象。」
	前次預測	2014/06/25	7.3%	
	最新預測	2014/07/17	7.2%	

表 11-1　2014 年全球主要研究機構對中國大陸經濟成長率之預測（續）

❸	智庫研究機構			論述
E·I·U The Economist Intelligence Unit	研究機構	經濟學人智庫（EIU）		發布《EIU 全球經濟展望》（EIU Global Outlook Report）指出：「雖然中國大陸在年初表現不佳，但透過近期的『微刺激』，部分領先指標顯示中國大陸環境正在改善，因此仍有機會達到其政府所設定 GDP7.5% 的目標。」
	前次預測	2014/06/16	7.3%	
	最新預測	2014/07/14	7.3%	
IHS GLOBAL INSIGHT	研究機構	全球透視（IHS Global Insight）		發布《世界經濟預測》（World Economic Forecast）指出：「儘管工業生產、零售銷售、出口皆已回穩，且中國大陸政府積極緩衝投資放緩的衝擊與實施經濟刺激措施，仍因其建築業衰退情形依然嚴峻，IHS 下調其 GDP 預測。」
	前次預測	2014/05/15	7.5%	
	最新預測	2014/06/23	7.3%	
FitchRatings	研究機構	惠譽國際信評機構（Fitch Ratings）		發布《全球經濟展望》（Global Economic Outlook）指出：「中國大陸正逐步走向再平衡，並努力限制杆桿率，而房地產業是現今中國大陸經濟的最大隱憂。」
	前次預測	2014/03/13	7.3%	
	最新預測	2014/06/30	7.3%	

資料來源：各研究機構、本研究整理

二、中國大陸經濟前景預測

中國大陸的經濟發展，在面對全球經濟景氣的復甦與新一輪的政經改革發展變化下充滿變數，根據瑞士信貸集團董事總經理陶冬 2013 年 12 月 11 日表示：「中國大陸 2014 年經濟進程將由兩個 R 所主導，第一個 R 為改革（Reform）、第二個 R 則是風險（Risk）。」由此道出，中國大陸經濟將在改革及風險相互交織下成長。針對各界對中國大陸經濟前景預測之不同看法，茲整理中國大陸經濟前景五大類型預測評論：（1）持續增速；（2）緩慢增速；（3）持平；（4）緩慢減速；（5）極度減速，茲分述如下：

1. 類型 1：持續增速

❶ 中國大陸人民銀行研究局首席經濟學家馬駿：2014 年 2 月 14 日表示：「中國大陸受出口強勁以及產能過剩情則趨緩的影響下，其經濟將呈現加速成長，且因中國大陸政府債務是可控制的，基礎設施建設的支出將不受地方政府債務改革

影響而大幅下降，因此對經濟成長不會因資本性支出減少而存在下行壓力，預計 2014 年中國大陸 GDP 成長率為 8.6%。」顯示在出口復甦緩解產能過剩以及地方債務可控制的情況下，中國大陸經濟將呈現加速成長之態勢。

❷世界銀行前資深副總裁林毅夫：2014 年 1 月 8 日表示：「國家的經濟成長不外乎投資、出口與內需消費三因素，當前歐美經濟不景氣勢必影響中國大陸產品出口，而中國大陸內需成長點雖處轉型階段，但 18 屆三中全會決議框架下，中國大陸經濟則有望於未來 20 年內仍可保持 7.5% 至 8% 的年成長率。」顯示中國大陸經濟可望在國家的轉型改革下維持良好成長速度。

2. 類型 2：緩慢增速

❶韓國經濟副總理兼企劃財政部長玄旿錫：2014 年 3 月 25 日表示：「雖有跡象顯示中國大陸經濟活動降溫，但中國大陸經濟成長並未大幅放緩。」顯示中國大陸經濟成長放緩的情形仍非相當嚴重，僅呈現出小幅放緩的趨勢。

❷中國大陸財政部長樓繼偉：2013 年 7 月 11 日表示：「因政府正深化部分領域改革，包括金融服務與公共融資等，因此，中國大陸經濟降溫為達成結構性轉變之『必須過程』。」由此道出，中國大陸經濟成長的放緩為政府實施改革政策的必然過程。

3. 類型 3：持平

❶蘇格蘭皇家銀行（RBS）中國大陸首席經濟學家 Louis Kuijs：2014 年 4 月 17 日表示：「中國大陸經濟成長速度確有放緩，但非人們所擔心的最惡劣情況。雖重工業表現疲弱，然服務業則逐漸好轉，為其經濟帶來緩衝，在不實施大規模刺激性方案的情況下為經濟成長提供動能。預計 2014 年中國大陸 GDP 成長速度將為 7.7%，與 2013 年呈持平態勢。」顯示雖然中國大陸製造業表現低迷，但其逐漸轉強的服務業將填上該缺口，使其經濟成長呈現持平態勢。

❷德意志銀行（Deutsche Bank）首席亞洲經濟學家 Taimur Baig：2014 年 3 月 28 日表示：「3 月份的製造業採購經理人指數（PMI）顯示中國大陸 Q1 內需疲軟，預計中國大陸政府不會下調銀行存款準備金率，因此存貸比不會上升。而中國大陸人民銀行恐將更趨寬鬆，放緩信貸成長步伐，將信貸引導至更有效率的領域，利用財政政策溫和擴張，提高對基礎設施和社會服務的支出以支持投資成長，預計 2014 年中國大陸 GDP 成長將為 7.8%。」顯示雖然中國大陸內需疲軟，但透過溫和的財政政策將能使中國大陸經濟成長維持平穩狀態。

4. 類型 4：緩慢減速

❶IMF 國際貨幣基金總裁拉加德（Christine Lagarde）：2014 年 4 月 14

日表示：「中國大陸現在已是中等收入國家，人口較穩定，成長速度從兩位數下降到每年約 6% 至 8% 是很正常的。此外，中國大陸正在進行的經濟成長模式的轉型和打擊腐敗，其成長放緩屬於正常現象，亦是重新平衡經濟，追求可持續發展的必然結果，因此無需特別擔心。」顯示中國大陸當前經濟成長幅度雖持續放緩，仍屬國家轉型階段的自然現象。

❷亞洲開發銀行 (ADB) 總裁中尾武彥：2014 年 3 月 24 日表示：「中國大陸經濟儘管有放緩跡象，但今年仍可能成長約 7.5%，符合中國大陸政府預期，因此中國大陸政府沒有推出新刺激方案的迫切性，且受到城鎮化和消費攀升的推動，中國大陸經濟成長依然穩健。」顯示雖然中國大陸經濟成長持續放緩，但仍符合中國大陸政府預期，漸升的內需消費與城鎮化帶動的商機將成為轉型過渡期的經濟成長支撐點，預計將呈現成長幅度較小卻漸趨穩健的態勢。

5. 類型 5：極度減速

❶野村證券（Nomura）中國大陸首席經濟學家張智威：2014 年 4 月 15 日表示：「中國大陸正受到融資成本增加及房地產市場進入下跌週期影響，預料中國大陸 Q2 的 GDP 增速將降至 7.1%，同期下降 0.4%；若不推出任何措施，Q3 經濟成長恐降至 7% 以下，同期下降至少 0.8%。在未來幾年房地產將是中國大陸最大問題，比影子銀行及地方債務更難處理，且中國大陸企業債務違約問題在今年仍會出現，恐對中國大陸財政收入與經濟形成壓力。」顯示中國大陸因其資本結構問題，恐使國家經濟陷入困境，進而導致經濟成長大幅減速。

❷瑞士經濟學家「末日博士」Marc Faber：2014 年 3 月 17 日表示：「中國大陸已經累積許多巨大的信貸泡沫，而現在泡沫正逐漸消減，恐將成災。而中國大陸的出口數據與交易國所提供的數據有所出入，且中國大陸股市從 2006 年起一直表現不佳，顯示中國大陸政府對經濟的評估難以服人，意味著中國大陸經濟成長力道大幅減緩的風險漸升。」顯示中國大陸正面臨信貸危機，且因部分數據真實性令人質疑，陷入成長大幅減速的風險逐漸升高。

第 12 章

中國大陸營商環境困境與對策

英國作家 Burejer 曾言：「中文的『危機』分為兩個字，一個意味著危險，另外一個意味著機會。」在中國大陸經濟成長走緩之下，從出口導向轉向內需導向已成定局，這也意味中國大陸正遠離「製造大國」大步走向「市場大國」。中國大陸經濟學家郎咸平（2013）表示：「2015 年中國大陸製造業將陷入前所未有的困境。」一語道出製造業在中國大陸的地位將跌落谷底，轉型道路也使長期以中國大陸為製造基地的企業面臨危險。然危機就是轉機，根據英國經濟與商業研究中心（Centre for Economics and Business Research；CEBR）首席執行長 McWilliams（2013）表示：「未來中國大陸將側重向服務業轉型，高科技製造業取代傳統製造業，而中國大陸勞動將從量變為質，促使生產效率提升，將是製造業轉型的機遇。」顯示面對中國大陸投資環境變化，積極轉型是企業生存之道。以下茲就中國大陸、台灣及國外企業對於中國大陸投資環境的觀點敘述如下，藉此瞭解中國大陸經商環境主要困境。

一、中國企業對中國大陸投資困境評述

面臨全球局勢動盪及中國大陸經濟結構面臨轉型升級壓力，勢必影響中國大陸當地企業的經商環境，以下茲就「中國企業家調查系統」及「中國大陸工業和信息化部」機構提出中國大陸企業對於中國大陸投資環境遭遇的困境敘述如下：

1. 中國企業家調查系統

中國企業家調查系統（China Entrepreneurs Survey System；CESS）於 2013 年 11 月 4 日發布《企業經營者對宏觀形勢及企業經營狀況的判斷、問題和建議一 2013 中國企業經營者問卷跟蹤調查報告》，調查採用郵寄問卷方式，共回收有

效問卷 3,545 份。調查指出營利情況為企業生產經營健康與否之重要指標，因此針對企業 2013 年上半年營利情況做出分析，結果顯示有 51.2% 的企業營利呈現平衡或虧損情況，而綜合利年數據，企業營利情況則與 2012 年基本持平。而調查更指出近年來「成本上升」（包括「社保、稅費負擔過重」和「人工成本上升」）一直為企業發展中面臨最主要的困難，該調查報告列出「當前企業經營發展中遇到的最主要困難」項目，前 5 名分別為：（1）人工成本上升；（2）社保、稅費負擔過重；（3）企業利潤率太低；（4）整個行業產能過剩；（5）資金緊張。此外，更在 2013 年 11 月 29 日發布《中國企業家成長 20 年：能力、責任與精神—2013 中國企業家隊伍成長 20 調查綜合報告》，指出中國大陸企業在發展過程中存在主要問題主要集中在 3 方面，分別為「市場環境不完善」、「政府職能轉變不到位」與「法律制度不健全」，並列舉出「中國大陸企業的發展過程中存在的比較突出的問題」，前 10 名分別為：（1）部分行業壟斷；（2）不良企業的違規成本低，惡性競爭嚴重；（3）承擔過多的社會責任；（4）外部競爭環境不公平；（5）政府干預較多；（6）創新動力不強；（7）企業短期行為現在比較嚴重；（8）資源環境保護意識不強；（9）對企業家個人財產、權利的法律保護不夠；（10）公司治理機制不健全。

表 12-1　企業 2013 年上半年盈利情況

年度	較大盈利	略有盈餘	收支平衡	虧損	嚴重虧損
2008	11.6%	51.3%	16.9%	18.0%	2.2%
2009	7.0%	44.4%	20.5%	24.8%	3.3%
2010	13.1%	54.8%	17.3%	13.7%	1.1%
2011	8.0%	50.7%	20.3%	19.1%	1.9%
2012	4.5%	45.2%	22.1%	24.5%	3.7%
2013	5.3%	43.5%	22.8%	25.6%	2.8%

資料來源：中國企業家，《企業經營者對宏觀形勢及企業經營狀況的判斷、問題和建議——2013 中國企業經營者問卷跟蹤調查報告》、本研究整理

表12-2　2011至2013年當前企業經營發展中遇到的最主要困難

排名	2013	2012	2011
1	人工成本上升	人工成本上升	人工成本上升
2	社保、稅費負擔過重	社保、稅費負擔過重	能源、原材料成本上升
3	企業利潤率太低	企業利潤率太低	社保、稅費負擔過重
4	行業產能過剩	資金緊張	企業利潤率太低
5	資金緊張	能源、原材料成本上升	資金緊張
6	國內需求不足	行業產能過剩	缺乏人才
7	缺乏人才	缺乏人才	企業招工困難
8	未來影響企業發展的不確定因素太多	未來影響企業發展的不確定因素太多	行業產能過剩
9	能源、原材料成本上升	國內需求不足	未來影響企業發展的
10	企業招工困難	企業招工困難	人民幣升值過快

資料來源：中國企業家，《企業經營者對宏觀形勢及企業經營狀況的判斷、問題和建議——2013年中國企業經營者問卷跟蹤調查報告》、本研究整理

2. 中國大陸工業和信息化部

2013年9月23日，中國大陸工業和信息化部首次發布《全國企業負擔調查評價報告》，透過網上填報的形式進行問卷採集，共獲2,282個有效企業樣本，在「當前企業生產經營面臨的主要困難」的調查結果中，列舉出7大較為突出的問題，分別為：（1）人工成本攀升（71.6%）；（2）原材料價格上漲（67.4%）；（3）資金壓力緊張（67.2%）；（4）融資成本高（53.9%）；（5）招工困難（53.3%）；（6）市場增長乏力（45.8%）；（7）市場惡性競爭（37.5%）。

表12-3　當前企業生產經營面臨的主要困難

排名	7大問題	占比
1	人工成本攀升	71.6%
2	原材料價格上漲	67.4%
3	資金壓力緊張	67.2%
4	融資成本高	53.9%
5	招工困難	53.3%
6	市場增長乏力	45.8%
7	市場惡性競爭	37.5%

資料來源：中國大陸工業和信息化部，《2013全國企業負擔調查評價報告》、本研究整理

二、台商對於中國大陸投資環境困境評述

過去，中國大陸是台商投資的首選地，如今台商前往中國大陸已逾20多年，面對中國大陸投資環境的變化，無疑對台商造成重大的影響。以下透過「中華經濟研究院」調查台商在中國大陸面臨的主要困境：

1. 中華經濟研究院

2013年12月，由台灣經濟部投資審議委員會委託中華經濟研究院編撰《2013年對海外投資事業營運狀況調查分析報告》，該指出2012年「台商赴中國大陸投資面臨困難」前10名分別為：(1)勞動成本持續上升(24.53%)；(2)同業競爭激烈(20.79%)；(3)法規不明確、地方攤派多、隱含成本高(14.16%)；(4)內銷市場開拓困難(11.73%)；(5)當地政府行政效果不彰(6%)；(6)融資困難(5.86%)；(7)海關手續繁複(4.74%)；(8)貨款不易收回(3.9%)；(9)利潤不易匯出(3.56%)；(10)物料存貨成本高(2.59%)。此外，亦列出2012年「台商赴中國大陸投資事業虧損原因」，前10名依序為：(1)未達經濟規模(24.42%)；(2)成本提高(22.94%)；(3)同業競爭激烈(22.45%)；(4)當地市場萎縮(8.12%)；(5)國外市場萎縮(4.37%)；(6)投資環境變差(3.88%)；(7)貨款收回不易(2.46%)；(8)管理不善(2.46%)；(9)財務操作不佳(0.12%)；(10)其他(8.8%)。

表12-4 台商赴中國大陸投資面臨困難

排名	主要面臨問題	占比
1	勞動成本持續上升	24.53%
2	同業競爭激烈	20.79%
3	法規不明確、地方攤派多、隱含成本高	14.16%
4	內銷市場開拓困難	11.73%
5	當地政府行政效果不彰	6.00%
6	融資困難	5.86%
7	海關手續繁複	4.74%
8	貨款不易收回	3.90%
9	利潤不易匯出	3.56%
10	物料存貨成本高	2.59%

資料來源：《2013年對海外投資事業營運狀況調查分析報告》、本研究整理

表 12-5　台商赴中國大陸投資事業虧損原因

排名	主要問題	占比
1	未達經濟規模	24.42%
2	成本提高	22.94%
3	同業競爭激烈	22.45%
4	當地市場萎縮	8.12%
5	國外市場萎縮	4.37%
6	投資環境變差	3.88%
7	貨款收回不易	2.46%
8	管理不善	2.46%
9	財務操作不佳	0.12%
10	其他	8.80%

資料來源：《2013 年對海外投資事業營運狀況調查分析報告》、本研究整理

三、外商對於中國大陸投資困境評述

中國大陸地廣且為全球第一人口大國，擁有土地及人力資源，因此，吸引許多國外企業前往進駐。以下茲就「美國商會」、「美中貿易全國委員會」、「加拿大亞太基金會」、「德國商會」及「歐盟商會」機構提出外企在中國大陸經商環境報告論述如下：

1. 中國美國商會

2014 年 3 月 19 日，中國美國商會（The American Chamber of Commerce in the People's Republic of China）公布第 16 年度《中國商務環境調查報告》（China Business Climate Survey Report），調查報告以 365 家中國美國商會會員企業回饋情況為基礎完成。報告內容顯示：「中國大陸成長放緩及勞動成本上漲的經商環境下，美國企業在中國大陸總體營運表現仍出色，對於未來兩年在中國大陸商業前景，有超過 3/4 的企業持樂觀態度」。雖然如此，中國大陸仍有經商風險存在，在該報告「企業在中國大陸經營面臨的主要風險」項目中，依序為：（1）勞動成本提高（47%）；（2）中國大陸經濟成長放緩（46.7%）；（3）合格的勞動力短缺（31%）；（4）管理層人才匱乏（30%）；（5）中國大陸保護主義增強（26%）；（6）全球經濟成長放緩（21%）；（7）中美關係惡化（19%）。「企業面臨的主要營運挑戰」項目中，依序為（1）勞動力成本；（2）法律解釋相互矛盾或法律不明確；（3）缺乏合格的員工；（4）腐敗；（5）管理層人才匱乏；（6）取得許可證困難，綜上可知，無論是經營風險或是挑戰，許多皆與人力資源相關，顯見，中國大陸主要面臨勞動力市場不確定性高。

表 12-6　企業在中國大陸經營面臨的主要風險

排名	7 大挑戰	占比
1	勞動力成本提高	47.0%
2	中國大陸經濟成長放緩	46.7%
3	合格的勞動力短缺	31.0%
4	管理層人才匱乏	30.0%
5	中國大陸保護主義增強	26.0%
6	全球經濟成長放緩	21.0%
7	中美關係惡化	19.0%

資料來源：《2014 中國商務環境調查報告》、本研究整理

2. 美中貿易全國委員會

2013 年 12 月，美國貿易全國委員會（The US-China Business Council；USCBC）公布《2013 中國商業環境》報告，並指出：「雖然外資企業對中國大陸市場沒有抱持悲觀態度，但中國大陸經濟成長速度放緩、成本上漲與持續的不到解決的營運難題，一直使企業對中國大陸市場的樂觀程度降溫。」而調查報告中更歸納出「美中貿易全國委員會會員公司最關注 10 大問題」，排名依序為：（1）成本上漲；（2）與中國大陸本土公司的競爭；（3）行政許可；（3）人力資源：招聘和留住人才（並列第 3）；（5）知識產權保護執法；（6）中國大陸法律和法規執法不均衡；（7）不平等 / 非國民待遇；（8）透明度；（9）標準和合格評定；（10）外商投資限制。此外，報告中亦指出「影響在華業務利潤成長的主要制約因素」，前五名分別為：（1）國內競爭激烈（35%）；（2）成本上升（19%）；（3）中國大陸政府調控（17%）；（4）其他（13%）；（5）國際競爭激烈（11%）。而「成本方面最擔憂的問題」前 5 名則分別為：（1）人力資源（92%）；（2）材料（48%）；（3）一般通貨膨脹（38%）；（4）土地購買或租賃（33%）；（5）加重的稅務負擔（30%）。

表 12-7　影響在華業務利潤成長的主要制約因素

排名	成本種類	占比
1	國內競爭激烈	35%
2	成本上升	19%
3	中國大陸政府調控	17%
4	其他	13%
5	國際競爭激烈	11%
6	人才短缺	3%
7	無力滿足需求	2%

資料來源：美國貿易全國委員會，《2013 年中國商業環境調查》、本研究整理

表 12-8　成本方面最擔憂的問題

排名	2013		2012	
	成本種類	占比	成本種類	占比
1	人力資源	92%	人力資源	88%
2	材料	48%	一般通貨膨脹	50%
3	一般通貨膨脹	38%	材料	41%
4	土地購買或租賃	33%	加重的稅務負擔	36%
5	加重的稅務負擔	30%	水電氣暖等費用	34%
6	水電氣暖等費用	26%	土地購買或租賃	28%
7	工資稅 / 社會保險費	17%	工資稅 / 社會保險費	19%
8	其他	1%	其他	5%

資料來源：美國貿易全國委員會，《2013 年中國商業環境調查》、本研究整理

3. 上海美國商會（AmCham Shanghai）

2014 年 3 月 5 日，上海美國商會（AmCham Shanghai）發布《2013-2014 年度中國商業報告》（China Business Report 2013-2014），報告指出美國企業依然致力於中國大陸市場，其中 86% 受訪企業對 5 年內在華業務的前景保持「樂觀」或「略顯樂觀」的態度，但美國企業在中國大陸的成長模式與對中國大陸領導層的預期仍在持續變化，此外，亦列舉出 4 項美國企業所指出的「總體趨勢」，分別為：（1）立足中國大陸，服務中國大陸；（2）成長放緩，但營利企業比率擴大；（3）競爭日益劇烈；（4）服務業為中小企業帶來更大商機。報告中更指出「最令企業擔憂的成本上升類型」，前 5 名分別為：（1）勞動力成本（90.8%）；（2）中國大陸的稅收（45.9%）；（3）原材料成本（37.3%）；（4）購地成本或租金（31.9%）；（5）能源和電力等（30.3%）。而「影響企業業務最大的腐敗類型」，前 5 名分則別為：（1）給客戶銷售回扣的壓力（55.0%）；（2）員工詐欺公司（52.5%）；（3）政府投標（政府採購合約）（22.9%）；（4）需給海關回扣的壓力（19.6%）；（5）工商管理行政回扣（10.4%）。

表 12-9　最令企業擔憂的成本上升類型

排名	2013		排名	2012	
	類型	占比		類型	占比
1	勞動力成本	90.8%	1	勞動力成本	89.2%
2	中國大陸的稅收	45.9%	2	中國大陸的稅收	43.3%
3	原材料成本	37.3%	3	原材料成本	34.2%
4	購地成本或租金	31.9%	4	購地成本或租金	25.9%
5	能源和電力等	30.3%	4	能源和電力等	25.9%
6	成本上升對企業影響不大	8.6%	6	成本上升對企業影響不大	9.4%
7	沒感覺到成本上升	0.0%	7	沒感覺到成本上升	0.9%

資料來源：上海美國商會，《2013-2014 年度中國商業報告》（2013-2014 China Business Report）

表 12-10　影響企業業務最大的腐敗類型

排名	2013		2012	
	類型	占比	類型	占比
1	給客戶銷售回扣的壓力	55.0%	給客戶銷售回扣的壓力	58.0%
2	員工詐欺公司	52.5%	員工詐欺公司	50.0%
3	政府投標（政府採購合約）	22.9%	政府投標（政府採購合約）	34.0%
4	需給海關回扣的壓力	19.6%	需給海關回扣的壓力	23.1%
5	工商管理行政回扣	10.4%	工商管理行政回扣	13.5%
6	敲詐	10.0%	敲詐	12.5%

資料來源：上海美國商會，《2013-2014 年度中國商業報告》（2013-2014 China Business Report）

4. 中國德國商會

2014 年 6 月 19 日，中國德國商會（German Chamber of Commerce in China）公布《德國在華企業商業信心調查 2014》（Business Confidence Survey 2014：German Business in China），報告由 417 家德國商會會員參與調查。報告中列舉出「德國企業在中國大陸面臨的 10 大挑戰」，分別為：（1）勞動成本上漲（75.2%）；（2）尋找合適的員工（74.1%）；（3）留住合適的員工（67.2%）；（4）網路連接緩慢（59.1%）；（5）官僚 / 行政上的障礙（58.7%）；（6）知識財產權保護（57.7%）；（7）國內保護主義（56.1%）；（8）增加大宗商品與能源價格（54.5%）；（9）優待中國大陸本土企業（50.2%）；（10）腐敗問題（49.1%）。其中，2014 年調查的「勞動成本上漲」、「尋找合適的員工」、「留住合適的員工」雖皆較 2013 年有所改善，但卻已連續 3 年成為德國企業在中國大陸面臨的前 3 大挑戰，值得一提的是，「網路連接緩慢」占比與排名皆較 2013 年大幅提升，首次成為德國企業在中國大陸所面臨的非人力資源領域的最大挑戰。

表 12-11　德國企業在中國大陸面臨的十大挑戰

排名	2014		排名	2013	
	10 大挑戰	占比		10 大挑戰	占比
1	勞動成本上漲	75.2%	1	勞動成本上漲	81%
2	尋找合適的員工	74.1%	2	尋找合適的員工	78%
3	留住合適的員工	67.2%	3	留住合適的員工	69%
4	網路連接緩慢	59.1%	4	官僚 / 行政上的障礙	59%
5	官僚 / 行政上的障礙	58.7%	5	腐敗問題	55%
6	知識財產權保護	57.7%	6	知識財產權保護	52%
7	國內保護主義	56.1%	7	增加大宗商品與能源價格	52%
8	增加大宗商品與能源價格	54.5%	8	網路連接緩慢	49%
9	優待中國大陸本土企業	50.2%	8	貨幣風險	48%
10	腐敗問題	49.1%	10	國內保護主義	47%

資料來源：中國德國商會，《德國在華企業商業信心調查 2014》（Business Confidence Survey 2014：German Business in China）、本研究整理

5. 中國歐盟商會

2014 年 5 月 29 日，中國歐盟商會（The European Union Chamber of Commerce in China；EUCCC）和國際管理顧問公司羅蘭貝格（Roland Berger）聯合公布《中國歐盟商會商業信心調查 2014》（European Business in China：Business Confidence Survey 2014）報告，報告共調查 552 家在華歐洲企業，而報告中指出：「2/3 的大企業表示其在中國大陸的經營日益困難，半數受訪企業認為外企在中國大陸的『黃金時代』已結束，且僅有 57% 的受訪企業計劃擴張現有中國大陸業務，較 2013 年的 86% 大幅下降。」而報告中即列舉出「企業在中國大陸面臨 10 大挑戰」，前 5 名依序為：（1）中國大陸經濟成長放緩（61%）；（2）人力成本上升（56%）；（3）吸引和留住人才（55%）；（4）市場准入障礙（52%）；（5）法規模稜兩可（52%）。

表 12-12　企業在中國大陸經營面臨的主要風險

排名	5 大挑戰	占比
1	中國大陸經濟成長放緩	61%
2	人力成本上升	56%
3	吸引和留住人才	55%
4	市場准入障礙	52%
5	法規模稜兩可	52%

資料來源：中國歐盟商會，《中國歐盟商會商業信心調查 2014》（European Business in China：Business Confidence Survey 2014）、本研究整理

四、中國大陸 10 大困境與企業因應對策

綜合中國大陸企業、台灣企業及外國企業有關對於在中國大陸面臨經商困境的情況彙整如表 12-13 所示，並歸納出企業在中國大陸主要面臨的 10 大困境。其中，前 3 大主要困境為：（1）中國大陸勞動力成本上漲；（2）人力資源缺乏；（3）市場競爭激烈。在 10 大困境中，有 4 大困境與中國大陸政府政策有關，分別為：（1）資金融通不易；（2）法規執行不一；（3）政府政策變動；（4）租稅負擔加重。盼望中國大陸政府能協助企業完善投資環境，以促使吸引更多企業進駐投資。另外，其餘 6 大困境分別為（1）勞動成本上漲；（2）人力資源缺乏；（3）中國大陸經濟放緩；（4）原料價格攀升；（5）市場競爭激烈；（6）企業轉型壓力，由於此 6 大困境，可透過企業自身採用因應對策以降低外在環境變動之衝擊。茲將 6 大困境與對策分述如下：

1. 困境 1：【勞動成本上漲】

伴隨中國大陸經濟快速成長，原先擁有廉價勞工的優勢正在快速消逝。亞洲開發銀行（ADB）（2013）發布《亞洲發展展望 2013》（Asian Development Outlook 2013）表示：「中國大陸 10 年來經通貨膨脹後，平均薪資已上漲兩倍多。」在中國大陸工資上漲快速情形下，造成企業面臨勞動成本上漲的困境。茲將台商面臨中國大陸勞動成本上漲之因應對策，論述如下：

❶**對策 1【引進自動設備】**：面對工資上漲及缺工問題，生產自動化成為在中國大陸製造業維持生存的方法之一。根據銘普公司董事長楊先進（2013）表示：「隨著人工成本的增加，企業需走向自動化道路，預估 3 至 5 年內使用自動化的企業將會比用人工來的多。」顯示隨著勞動力成本的不斷上漲，未來企業必然將逐步走向自動化道路。

❷**對策 2【轉移其他地區】**：製造業追求成本低，因此選擇有利於降低成本的地方設廠生產，如同游牧民族，因此被形容為「逐水草而居」的經營型態。根據日本貿易振興機構（Jetro）（2013）統計顯示：「越南人均人工薪資為 2,602 美元，僅為中國大陸 40%（6,734 美元）；而孟加拉和緬甸則為 1,000 美元，僅為中國大陸 20%。」顯示企業選擇到具有廉價勞工優勢的東南亞，可幫助其降低營運成本。

2. 困境 2：【人力資源缺乏】

中國大陸長期實行的一胎化政策，將導致其正面臨勞動力縮減、人才紅利逐漸消失。根據中國大陸國家統計局（2014）統計表示：「2013 年中國大陸勞動年齡人口為 9.19 億人，較 2012 年減少 244 萬人。」顯示企業不論是技術勞工或是高端人才皆面臨缺乏現象，再加上中國大陸人才流動率高，對企業經營無疑更加沉重。茲將企業面臨中國大陸人力資源缺乏之因應對策，描述如下：

❶**對策 1【導入產學合作】**：企業可透過產學合作作為開拓資源的策略，藉由學校的人力、資源及設備為企業助力。有關企業產學合作的進行方式，可透過與學校共同開課教學、發放人才培育獎學金、提供實習機會等措施，達成學生畢業有出路，企業馬上有人才的理念。例如：王品集團與無錫餐飲專科學校、南京旅遊專業學校、陝西烹飪專科學校等校進行建教合作，推動「定向班」，透過王品內部主管或主廚到學校傳授企業文化與專業技能，使學生畢業後即可進入王品服務。

❷**對策 2【投入留才機制】**：面對中國大陸人才流動加劇的情況，企業可對人才保留工作投入資源與關注，計劃於 2014 年結合集團旗下子公司優勢，擴

大徵才並拓展中國大陸金融版圖的台灣工銀董事長駱錦明於 2014 年 2 月 20 日即表示：「包括華信銀行、台駿津租賃皆將進行增資擴大營運規模，而台灣工銀亦將在 2014 年進行加薪以積極留才。」然除以加薪方式留才外，企業更可針對員工重視之需求制訂合適留任方案，建立專屬企業的留才機制。

3. 困境 3：【中國大陸經濟放緩】

受到外部需求仍疲軟，與內部需求力道不足的情況下，中國大陸經濟復甦正逐漸趨緩，根據中華經濟研究院展望中心主任劉孟俊（2013）表示：「中國大陸經濟放緩，主要在於全球供需失衡狀態尚未有效解決。」顯示中國大陸製造業正面臨產能過剩的情況，亦為企業無法避免的困境。茲將企業面臨中國大陸經濟放緩之因應對策，論述如下：

❶對策 1【強化創新能力】：《論語》：「日知其所亡，月無望其所能。」強調掌握己力、獲取新知的重要，但前提必須環顧情勢、權衡己力，才能使台商在中國大陸經濟復甦階段再次創造新的躍升曲線。台商可憑藉提高自主創新力，透過熟練的技術並結合管理化、行銷網路等優勢，盼能覓出合作空間與契機。

❷對策 2【加速企業轉型】：正值中國大陸經濟復甦緩慢之際，台商切勿以為危機不會發生，而是應確實做好危機應變。經商環境從過去傳統製造、低廉成本等競爭考量，進而轉向提升附加價值、創新產業型態等因素蛻變。然而，台商能透夠過有效地整合，不僅提升產品附加價值外，更藉此橫跨產業發展格局。

4. 困境 4：【原料價格攀升】

受到原物料價格攀升導致生產成本快速攀升之下，使企業經營成本逐日攀升，利潤空間呈現大幅萎縮之趨勢，故在全球原物料價格攀升下，企業必須透過量己力與衡外情之雙管齊下，重新找到對應對策，以因應這波環境困境。茲將企業面臨中國大陸原料價格攀升之因應對策，論述如下：

❶對策 1【尋求替代能源】：原料短缺促使企業面臨原物料價格攀升情形，除了節約原料外，應積極透過開發再生與替代性能源，來降低對原有原物料的依賴。企業可藉由投入研發資金、成立專業研究團隊或與其他企業透過共同合作開發以求共贏，亦減少對地球的傷害。例如：2012 年永豐餘公布研發出以農業秸稈為纖維原料的生物製漿技術，透過農業秸稈取代部分廢紙原料，除大幅降低成本，亦有助於改善傳統製漿高污染與耗能的環保問題。

❷對策 2【採用聯合採購】：受全球原料價格上漲影響，使企業紛紛尋求透過聯合採購機制，透過大量購買以降低採購成本。藉由協調與同業間聯合採購之下，擴大採購量來爭取降價空間、壓低生產成本，有效運用卓越的規模經濟效

應，讓企業再度瞄準全球經貿市場脈動，力求突破。

5. 困境 5：【市場競爭激烈】

中國大陸自改革開放後，龐大的人口及經濟成長快速的中國大陸，潛藏巨大商機促使不論本土或外企紛紛投入經商，成為兵家必爭之地。根據中歐國際工商學院（2013）發布由 1,214 位中外企業高階管理者填寫問卷組成《2013 年中歐國際工商學院中國商務調查》報告指出：「86% 的高階管理者認為在中國大陸市場上面臨非常激烈或激烈的競爭。」上述可知，中國大陸市場競爭日趨白熱化。茲將企業面臨市場競爭激烈情況下之因應對策，論述如下：

❶對策 1【發現白地市場】：根據哈佛大學教授 Johnson（2010）出版《白地策略：打造無法模仿的市場新規則》（Seizing the White Space: Business Model Innovation for Growth and Renew）書中內容提到：「打造對手無法模仿的市場新規則，來自掌握企業的『白地市場』。」顯示在面對市場競爭激烈下，企業唯有找到白地市場，及未知的領域或服務尚未被滿足之市場，創造產業新規則以提升競爭者進入障礙，才不會陷入一片紅海。

❷對策 2【提升品牌價值】：歐洲行銷之父 Xardel（2013）表示：「邁向成功品牌，唯一的選擇即是創新和卓越。」因此，面對中國大陸市場競爭激烈的情況下，為了克服外來企業無法像中國大陸企業具有地利之便的優勢，因此海外企業更應專注加速研發且持續創新，才能發揮品牌價值來使與其他競爭者產生差異。

6. 困境 6：【企業轉型壓力】

中國大陸經濟轉型促使政策方向改變，加上由於中國大陸工業製造業受到勞動成本的上漲，使企業面臨轉型的巨大壓力，根據中國大陸全國人大代表王金富（2013）表示：「中國大陸製造產業必須轉型與升級為高端產業，已迫在眉睫。」對此，在勞動成本不斷攀升下，企業若仍依賴廉價勞工以及仍沿用傳統生產經營的企業，應積極促進企業轉型，以因應環境所帶來的困境。茲將企業對於企業轉型壓力之因應對策論述如下：

❶對策 1【增加附加價值】：企業要實現轉型升級，應加強企業自身的科技創新與研發能力以提升附加價值，，進而維持企業競爭力。根據中國大陸全國人大代表陳麗芬（2013）表示：「企業必須不斷發展自身創新能力和轉型升級，並以成為具影響力的企業目標邁進。」如：南六企業結合水針不織布與生物科技成功研發相關技術產品，其掌握專業核心技術及不斷投資設備，透過創新科技結合及積極投入創新研發，使南六從低階的產品線轉型成高技術與高附加價值的產品線。

❷**對策 2【促進技術升級】**：根據中國大陸國務院發展研究中心主任李偉（2013）表示：「中國大陸企業轉型必須以創新技術為發展核心。」唯有技術創新，如發展自動化、智能化、領先技術等，才能成功因應企業發展轉型之挑戰，此外，企業轉型亦可透過發展資訊技術激發企業創新轉型。例如，電子紙龍頭大廠元太從主要發展電子書技術進而轉向以輕薄電子紙技術，有助進軍電子新興領域，如雙螢幕手機、彩色智慧型手錶、電子標籤等，將有利元太領先搶占熱門市場。

表 12-13　中國大陸、台灣、跨國企業在中國大陸面臨困境彙整

機構名稱		3 大主要面臨的困境		
當地企業	博鰲亞洲論壇	融資困難	成本上漲（勞動力）	轉型壓力
	中國企業家調查系統	人工成本上升	社保、稅費負擔過重	企業利潤率太低
	中國大陸工業和信息化部	人工成本攀升	原材料價格上漲	資金壓力緊張
台商	中華經濟研究院	勞動成本持續上升	同業競爭激烈	法規不明確、地方攤派多、隱含成本高
外商	美國商會	勞動成本提高	中國大陸經濟成長放緩	合格的勞動力短缺
	美中貿易全國委員會	國內競爭激烈	成本上升	中國大陸政府調控
	上海美國商會	勞動力成本	中國大陸的稅收	原材料成本
	德國商會	勞動成本上漲	尋找合適的員工	留住合適的員工
	歐盟商會	中國大陸經濟成長放緩	人力成本上升	吸引和留住人才

資料來源：本研究整理

表 12-14　中國大陸 10 大經營困境與企業因應對策

4 大困境		
政府政策	資金融通不易	法規執行不一
	政府政策變動	租稅負擔加重
6 大困境		對策企業
企業經營	勞動成本上漲	❶引進自動設備 ❷轉移其他地區
	人力資源缺乏	❶導入產學合作 ❷投入留才機制
	中國經濟放緩	❶強化創新能力 ❷加速企業轉型
	原料價格攀升	❶尋求替代能源 ❷採用聯合採購
	市場競爭激烈	❶發現白地市場 ❷提升品牌價值
	企業轉型壓力	❶增加附加價值 ❷促進技術升級

資料來源：本研究整理

第 13 章

中國大陸經貿發展 4 大難題

古人曾云：「勝者先機而作，智者見機而行，愚者失機而悔。」意謂勝者在機會來臨前，應確實做好準備，以利取得先機。中國大陸在 1978 年開始改革開放政策的推展之下，雖然為中國大陸經濟帶來快速的成長，但卻在發展過程中，由於內外在環境發生變化，衍生出許多新的問題和挑戰，本章將依中國大陸所遇到的問題分成 4 大難題來進行探討。其分為：（1）隱憂（potential problem）：目前仍未對整體經濟產生直接影響之事件，但投資者卻對此事件充滿擔憂；（2）風險（risk）：對於事件發生充滿高度的不確定，若發生後可能會阻礙中國大陸經濟發展或是企業永續經營；（3）危機（crisis）：已發生事件，而中國大陸政府必須迫切做出決定性的政策，否則將嚴重影響投資者的信心；（4）困境（predicament）：已發生且持續一陣子事件，但仍無法解決的事件，進而導致中國大陸經濟受到嚴重影響，並直接影響投資者信心。由上可知，中國大陸將面臨複雜多變的問題和艱鉅的挑戰，如同唐僧取經路上的磨難，必須一一戰勝後，才能走出屬於自己的康莊大道。

一、中國大陸面臨 3 大隱憂

2013 年隨著「習李體制」的上任，為中國大陸經貿劃開嶄新的一頁，各項經濟調整政策亦爭相出爐，然在新一波經貿改革環境之下，卻亦在產生結構轉變過程中留下不少隱憂，茲針對 3 項隱憂分述如下：

1. 外匯儲備過高之隱憂：

中國大陸國務院總理李克強於 2014 年 5 月 10 日表示：「若整體貿易呈現不平衡狀況，將會給對於中國大陸宏觀經濟調控帶來極大的壓力，而目前比較多的外匯儲備已經是我們很大的負擔，將會嚴重影響通貨膨脹問題。」顯示，過高的外匯儲備已對中國大陸經濟帶來龐大的隱憂，其將不僅影響貨幣政策獨立性，亦導致通貨膨脹問題日益惡化。根據中國人民銀行（2014）數據顯示，截至 2014 年 3 月，中國大陸外匯儲備已達 3.95 兆美元，突破 4 兆美元大關已在咫尺之間，逐漸升高的外匯儲備將為中國大陸經濟的平穩運行中增添一大「隱憂」，恐將面臨一場艱辛挑戰，因此，投資者應再多加以觀望，覓求最適當的時機投入，以避免過大的損失。

2. 人民幣匯率貶值隱憂：

觀看近期中國大陸人民幣在複雜的國內外環境變化下不斷的貶值，美元兑換人民幣的即期匯率由 2013 年 12 月 31 日的 6.05 下滑至 2014 年 4 月 30 日的 6.26，貶值幅度高達 3.47%，根據《金融時報》（Financial Times）2014 年 4 月 8 日報導指出：「走低的中國大陸貨幣可能為一個觸發器，就像美國次級房貸觸發全球金融危機那樣，使得投資者極為擔憂中國大陸即將引發另一個金融危機。」而法興銀行中國大陸首席經濟學家姚煒（2014）亦表示：「人民幣持續貶值存在很大風險的，這會導致大規模的資本外流，對於依靠流動性來生存的經濟體來講無疑將是災難。」由此可知，若人民幣持續的貶值恐將對中國大陸經濟產生極大的影響，且亦將損害企業盈利並提高企業債務，這對台商長期性發展相當不利，是故，台商應多加注意相關問題。

3. 互聯網金融安全隱憂：

隨著互聯網時代來臨，帶動互聯網金融產業亦隨之快速發展，因與傳統金融產業相比，互聯網金融產業利用網路技術使金融資訊和業務處理方式能夠更加先進，且能為顧客提供更為自主靈活和方便便捷的服務，故互聯網金融在短短的一兩年時間裡由星星之火燃成燎原之勢，已經是各企業無法忽視的大變革，然而，由於目前中國大陸互聯網金融創新步伐太過快速，其相對應的監管措施尚未能夠及時配套，使得互聯網金融存在著一定的風險。根據中國大陸人民銀行於 2014 年 4 月 29 日所公布的《中國金融穩定報告（2014）》報告指出：「互聯網支付、餘額寶、眾籌融資等非金融機構業務發展迅速，但內部管理和監管薄弱，容易出現非法集資、高利貸和詐騙風險，必須密切關注。」顯示目前互聯網金融由於太過速發展，再加上缺乏足夠貸後管理和風險防控措施，未來恐將面臨日益嚴峻的資訊安全風險挑戰。

二、中國大陸面臨 4 大風險

過去中國大陸以低廉的土地與充沛的勞動力，向全球各國招商引資，因此亦吸引不少台商紛紛前往中國大陸投資佈局，然中國大陸正處於國家政經步入改革、經濟成長趨於緩慢與企業發展進入轉型等氛圍中，同時產生許多政經發展中蘊藏的不確定性風險，茲將針對中國大陸當前面臨的主要四大風險分述如下：

1. 習李體制變革風險：

2014 年作為中國大陸的「改革元年」，在習李體制的全面深化改革下，中國大陸恐將引發投資過剩、信貸、影子銀行、地方債等各項風險相繼爆發，或進一步造成各項危機或困境對企業之影響持續加重，歐亞集團（Eurasia Group）於 2014 年 1 月 6 日發布《2014 年全球 10 大風險報告》（Top Risks 2014）指出中國大陸改革的不確定性」為全球第 3 大風險，顯示出中國大陸在「習李體制」的改革下，仍蘊藏著許多不可控的風險。

2. 經濟成長保 7 風險：

近年經濟快速成長的中國大陸，其成長速度已明顯趨緩，經濟合作暨發展組織（OECD）2014 年 5 月 6 日發布《全球經濟展望》（Economic Outlook）報告，將中國大陸 2014 年 GDP 成長率從 8.2% 下調至 7.4%，並預估 2015 年 GDP 成長率為 7.3%，而國際貨幣基金（IMF）2014 年 4 月 27 日發布《亞太區域經濟展望報告》（Regional Economic Outlook：Asia and Pacific）指出：「2014 年與 2015 年亞太區經濟成長率落在 5.4% 與 5.5% 間，雖較前次預測稍調高，但若中國大陸經濟成長減緩速度超出預期，將使整個區域經濟產生不利溢出的影響」。可知中國大陸日益趨緩的經濟成長，未來將對整體區域乃至全球造成一定衝擊。

3. 企業信用違約風險：

隨中國大陸經濟成長的放緩、政府信貸的收緊與投資者要求更高貸款收益率情況下，企業經營面臨的挑戰正日益加大，標準普爾公司（Standard & Poor's；S&P）（2014）即指出：「由於貸款活動激增，截至 2013 年底，中國大陸公司債務規模已達 12.1 兆美元，而全球負債最重的美國企業，債務規模約 12.9 兆美元，估計中國大陸企業債務規模將於 2014 年或 2015 年超越美國企業」。此外，中誠信國際信用評級研究部副總經理張英傑（2014）表示：「目前中國大陸經濟成長放緩，全球範圍內流動性趨緊，2014 年到期債券亦增加，在融資壓力日漸增加下，可能產生許多違約案例。」顯示出企業信用違約風險恐將爆發。

4. 企業接班衰退風險：

《新財富》2013 年 5 月 7 日發布的「500 富人榜」統計顯示，中國大陸 2010 年至 2013 年中 50 歲以上的富人占 60.6%，顯示出中國大陸未來將走入富二代接班的高峰期，而俗語所稱「富不過二代」則成為當前企業界所關注的重要課題，而根據《福布斯》（Forbes）於 2014 年 9 月 22 日發布《中國現代家族企業調查報告》指出：「企業的交接班正式進入熱潮期，然由二代接管的企業經營業績則普遍不如由第一代掌控的企業。」顯示出中國大陸企業完成傳承後，企業的經營績效已大不如前，然未來中國大陸更將逐步進入大規模的企業接班潮，若依照此接班趨勢接續發展，中國大陸未來的經濟成長恐將受接班風險的影響而遭受衝擊。

三、中國大陸面臨 5 大危機

中國大陸經歷改革開放後，經濟快速起飛，卻也為中國大陸帶來危機。比如知識產權、生態環境、人口紅利等危機伺機爆發。茲就論述中國大陸面臨 5 大危機如下：

1. 人口紅利危機

隨著經濟發展與人口結構的變化，三中全會通過的《中共中央關於全面深化改革若干重大問題的決定》，對中國大陸實施多年的計劃生育政策進行調整，宣布實施「任何一方為獨生子女的夫婦，可孕育第 2 個孩子」的政策，可看出此政策將會刺激中國大陸人口呈現大幅增加，而符合單獨二胎條件的部分家庭，都可能因生育二胎而導致生活水準下降，不僅於此，長期實施計劃生育的結果，更是導致人口紅利消失，如同美國著名經濟學家 Roubini（2014）表示：「尤其是中國大陸人口紅利消失問題更為嚴重，因為生育計畫的關係，使得人口老齡化。」可知，中國大陸因生育計畫的實施，導致中國人口結構斷層，致使人口紅利消失，因此，台商可盡早轉移佈局勞動力密集產業，以免企業發展遭受到人口紅利消失的損害。

2. 糧食缺乏危機

中國大陸國家主席習近平（2014）於山東視察時表示：「手中有糧，心中不慌，且若發生饑荒，有錢也沒用。」凸顯中國大陸糧食危機冰凍三尺，非一日之寒。中國大陸工程院院士袁隆平（2014）表示：「中國大陸糧食危機是無法避免的，且糧食危機將會是中國大陸一大劫難。」而其中過度使用成長激素更成為危害中國大陸糧食生產的重要因素，對此美國知名環境問題專家 Brown（2014）指出：「全球務必關注中國大陸對龐大糧食和肉類需求所引發的糧食安全危機。」可知中國大陸政府目前尚無完善的政策規劃，足以解決缺糧與糧食安全的問題。

3. 人口失業危機

中國大陸年輕人口失業率高漲，並非源於經濟周期，而是結構性問題，且為中國大陸經濟發展埋下危險因素。然而中國大陸政府已意識到問題嚴重性，並開始採取一系列改革措施。根據中國大陸西南財經大學（2014）發布《中國大陸家庭金融調查》（China Household Finance Survey；CHFS）報告數據顯示：「16 到 24 歲的中國大陸青年人口失業率估計為 9.6%，且若按不同教育水準來拆解失業人口分布，結果呈現令人擔心的趨勢。」可知中國大陸經濟成長速度降低，在目前可輕易找到工作的青年人口中，亦將會在未來求職上遭遇困境，而引發不安定的社會局面。

4. 生態環境危機

中國大陸經濟高度發展，生態環境卻不斷惡化，根據英國路透社（Reuters）（2014）指出：「美國商會調查 365 家位於中國大陸華北地區的城市外國公司中，有 48% 公司表示因憂心空氣問題高管紛紛出走。」可知中國大陸重霾籠罩約 1/7 國土，外商擔心空氣污染為健康帶來負面影響，而迫使外國企業出走。除此之外，根據美國國家情報委員會（National Intelligence Council）《全球趨勢 2030：不同的世界》（Global Trends 2030: Alternative Worlds）（2014）報告中亦指出「中國大陸氣候變化、城鎮化趨勢和中產階級生活方式將產生巨大的水需求，到 2030 年將出現糧食短缺問題，除對經濟和公共健康產生影響，水荒還會危及經濟增長和社會穩定。」因此，中國大陸政府祭出實施辦法「退二進三」把現有第二類傳統工業從產業基地轉移出去，再把高新技術、低汙染、第三類現代服務業轉移進來，而過去台商靠勞力密集、附加價值低、高汙染行業，皆是中國大陸當局想替換產業，對台商影響甚大。

5. 知識產權危機

世界知識產權組織（WIPO）2013 年發布《世界知識產權報告》（World Intellectual Property Report）調查顯示，全球申請專利的數量迅速成長，主因是中國大陸的申請專利件數大幅增加，可知中國大陸雖從「製造」轉向「智造」，使申請專利數快速成長，然而，世界知識產權組織報告亦（2013）指出，中國大陸申請的專利數大多較為虛幻，即意指並非所有中國大陸的專利皆屬於創新型專利，且審核評估條件寬鬆，致使有諸多專利申請都是低品質的，且針對低端產品所設計研發，對此宏景國際集團董事長陳裕禎（2014）表示：「若想赴中國大陸發展，務必要先在中國大陸申請商標專用權和發明專利權，藉以尋求保護。」可知，智慧財產權在中國大陸仍無完善的保障機制，因此台商若要進入中國大陸市場，務必要注意專利權的取得與搶先取得商標專用權，以免權益受到損害。

四、中國大陸面臨6大困境

中國大陸近年來因過度投資基礎建設，地方政府與企業因而向銀行業、影子銀行、地方融資機構等借貸資金，然而市場卻未如預期能夠帶動內需，反而形成房地產高價無市和產能過剩的局面，逐漸造成地方債務、銀行壞帳的雪球越滾越大。再加上中國大陸經營成本不斷升高，過去低成本優勢不再，迫使企業面臨轉型升級的必要性。可見台商在中國大陸的經營環境有惡化傾向，茲將中國大陸面臨的6大困境分別描述如下：

1. 轉型升級困境：

自改革開放以來，中國大陸藉由加工和轉口貿易方式而迅速成為全球價值鏈的重要環節，但其發展路徑卻長期被定位在價值鏈底層環節。然而，一國貿易強度並非體現在規模和速度，而是反映在其所創造的附加價值上。中國大陸國際經濟交流中心副研究員張茉楠2014年1月15日表示：「未來全球的競爭將會是價值鏈的競爭，過往透過低成本優勢所建立的比較優勢將難以為繼。」隨中國大陸生產成本日漸提高，削弱企業原本在價值鏈底層的獲利能力。故台商須盡快建立成本優勢之外的競爭能力，除聚焦深化技術層面的研發外，亦須兼顧相關業務之服務品質，提高企業產出之附加價值，進而提升其在全球價值鏈中的層級。可見企業勢必儘速轉型升級提高價值鏈中的層級，以避免陷入高成本所帶來更加惡化的經營局面，否則隨著底層利潤持續下滑，企業可用資源逐漸耗竭，將越難扭轉頹勢，以致走上衰敗之路。

2. 地方債務困境：

由於2012年「保增長」目標下，地方政府透過融資機構借貸來大力投資基礎建設，而近半數的債務兌付期將在2014年底到期，使有些地方債因債務增加過快或期限到期問題無法償還債務而陷入困境。根據中國大陸審計署數據（2013）顯示，中國大陸總體債務占GDP的53.3%，其中，2013年上半年全國政府債務近20.7兆人民幣，地方債務達10.89兆元人民幣；此外，銀行貸款占地方債務來源近80%，且40%的地方債務將在2014及2015年到期。整體而言可發現地方借貸飆升，將危及經濟成長。根據前IMF中國大陸部和金融研究部主任Prasad（2013）指出：「中國大陸雖有足夠的資源來避免地方債務問題引發全面債務危機，但快速擴增的債務已對該國金融體系的穩定構成顯著危險。」

顯示中國大陸面臨經濟成長減緩及債務擴增的問題短期難以改善。

3. 資產泡沫困境：

中國大陸過去多年來經濟強勁成長蛻變為全球第二大經濟體，然而其成長的一部分是靠對基礎建設和製造業的過度投資所帶動，導致資產泡沫。其中造成資產泡沫的原因是因銀行相關體系，大量放款資金給產能過剩的製造業、鋼鐵業等，但由於房地產過多，各大城市已形成空樓局面，屆時演變成房地產泡沫危機。而放出去的貸款視為銀行的資產，其貸款總額已超出存款總額，錢荒愈演愈烈，銀行壞帳亦不斷上升造成股市失靈，勢必難以解決其對整體經濟成長產生的衝擊。根據日本野村證券（2014）指出：「中國大陸房地產市場供應過剩，建商又陷入缺少融資的困境，房市正進入低迷潮，將導致 2014 年 GDP 降至 6% 以下。」整體而言，中國大陸房市泡沫擔憂不斷升高，加上貸款資金難以回收，資產泡沫已形成該國經濟成長甚至經營環境的動盪不安局面。

4. 產能過剩困境：

中國大陸鋼鐵、水泥、太陽能、面板等產業近幾年快速擴張，卻遭遇全球需求減緩，形成供過於求的局面，使產品價格下跌，導致中國大陸製造業欲振乏力。中國大陸人民銀行於 2014 年 5 月 9 日表示：「中國大陸生產者價格指數（PPI）已連續下跌 26 個月」，PPI 指數反應出生產者貨品出廠的價格之高低，雖 2014 年 4 月 PPI 指數下降幅度較 3 月的 2.3% 減緩 0.3%，卻仍為負向成長，且消費者指數 CPI 漲幅低於預期，兩者皆代表消費品需求持續走弱，顯示產能過剩問題依然嚴重，恐有通貨緊縮的隱憂。中國大陸社科院副研究員李鵬飛於 2014 年 3 月 11 日亦表示：「由於經濟發展趨緩，各項投資逐漸降溫，許多前期的投資形成的潛在產能過剩情況逐漸浮出檯面，且產能過剩情況開始從低端、局部性的產業蔓延至高端、全區域性的產業，若無法化解過剩產能，中國大陸政府的創新驅動將無從施展。」顯示產能過剩的困境大大影響中國大陸傳統製造業，且若不盡早採取調整措施，將加劇市場惡性競爭，影響產業穩健發展。

5. 影子銀行困境：

由於過去中國大陸經歷金融自由化以致放款速度增快，加上銀行融資借貸運作不順暢且有貸款限制，因此湧現出缺乏監管的非正式貸款的地下銀行金融機構，以高利息貸款予用於償還大量政府到期債務的地方政府，以及房地產市場或生產過剩的產業，即所謂的「影子銀行」。2014 年 5 月 11 日中國人民銀行前副行長長吳曉靈表示：「影子銀行存在 4 大問題：法律關係模糊、市場運作混亂、剛性兌付嚴重以及有效監管缺乏。」中國大陸政府研究機構社會科學院

（2014）亦統計出，截至 2013 年底中國大陸影子銀行規模已超過 GDP 的 40% 達到 47%，規模達 27 兆元人民幣，高於 2012 年末 22.9 兆元人民幣，且該行業已有 4.4 兆美元的價值，將對金融系統帶來風險。由於影子銀行法律關係和責任不明確，使運作混亂且規則不清，加上逐漸暴露的信託兌付問題，為信託業帶來更多償付困難，未來將對整個銀行業務穩健性產生巨大影響。

6. 信貸氾濫困境：

近年來中國大陸信託業已成為影子銀行和銀行信貸業迅速擴張的領域之一，大量信貸資金通過各種形式源源不斷流出，且產品平均期限為 2 年左右，其中有些產品需注入新資金，以致企業累積債務規模龐大，信託兌付問題或違約風險上升。就資金放貸到房地產相關領域而言，過去房價高漲而出現有價無市，成交量和經濟的下滑帶動房價下跌現象，房地產開發商進入違約潮，此外，2014 年第一季中國大陸已發生至少 3 起信託理財產品和公司債違約事件。根據中國銀監會 2014 年 4 月 24 日指出：「中國大陸城商行總資產截至 2014 年第一季為 15.9 兆元人民幣，貸款餘額 6.58 兆元人民幣，不良貸款餘額 619.21 億元人民幣，不良貸款率 0.94%，撥備覆蓋率 290.02%。」綜觀上述可知信託業的信貸兌付問題短期內難以解決，台商應特別重視在資金獲取與經營面向上的問題以避免未來發生或惡化。

第 14 章 中國大陸區域經濟新亮點

中國大陸當前已形成區域經濟的多支點格局，且新發展的區域較以往更有機會進入國家發展之核心區域，獲取更好的發展環境及條件，且可在擁有更多發展資源的情況下，對中國大陸經濟發展發揮更重要的作用，而國家級新區作為中國大陸帶動區域經濟發展的重要引擎，各新區的發展定當圍繞著國家總體戰略發展作為目標，因此為協調東西部區域經濟發展，2014 年中國大陸國務院更設立「陝西西咸新區」以及「貴州貴安新區」為西部地區發展增添活力；設立「青島西海岸新區」強化「京津冀」與「長三角」的連結；成立「大連金普新區」振興東北與面向東北亞區域開放合作，根據重慶兩江新區管委會常務副主任湯宗偉於 2014 年 3 月 10 日表示：「各國家級新區發展迅速，成績斐然，儼然已成為推動區域經濟社會發展之新龍頭、新引擎。」此外，2013 年至 2014 年間「橫琴新區」及「深圳前海深港現代服務業合作區」與「廣州南沙新區」簽署合作協定，為成立粵港澳自貿區共同努力，使此些區域經濟因而成為當前發展之重點所在，而「絲綢之路經濟帶」與「長江經濟帶」更在中國大陸主席習近平與國務院總理李克強，分別於 2013 年與 2014 年提出下，成為當前中國大陸政府極力規劃建設與發展之區域經濟新亮點之所在，顯見於此，伴隨中國大陸國家快速發展的步伐，未來將持續藉由區域經濟的建立，為國家持續注入發展新泉源。

一、國家級新區發展現況

中國大陸國家級新區一直是作為中國大陸經濟發展的重要區域，為促進中國大陸區域經濟發展的平衡，國務院更於 2014 年分別批覆陝西西咸新區與貴州貴安新區，藉此深入發展西部地區，並擴大向西發展，以下茲依照陝西西咸新區、貴州貴安新區、青島西海岸新區和大連金普新區等國家級新區規劃範圍、發展現況及未來展望分述如下：

1. 陝西西咸新區

陝西西咸新區成立於 2014 年 1 月 6 日，為中國大陸首個主題以創新城市發展方式成立的國家級新區，期望藉由創新城市發展之方式，全面推進西咸新區建設，並希望藉由國家級新區之設立達成西咸一體化之目標。茲針對陝西西咸新區規劃範圍、發展現況與未來展望分述如下：

❶**規劃範圍**：陝西西咸新區規劃控制總面積為 882 平方公里，新區地處涉及西安與咸陽 2 市 7 縣（區），並為「關中至天水經濟區」之核心區域組成部分，涵蓋灃東新城、空港新城、灃西新城、秦漢新城、涇河新城等 5 個組團。

❷**發展現況**：陝西西咸新區 2013 年 GDP 達 400 億元人民幣，西咸新區為 2014 年中國大陸國務院新設之新區，當前發展戰略定位為創新城市發展方式試驗區、絲綢之路經濟帶重要支點、科技創新示範區、歷史文化傳承保護示範區與西北地方能源金融中心和物流中心，並重點發展節能環保、生物醫藥、新一代資訊技術及高端裝備製造等戰略性新興產業，期望將新區建造成為中國大陸重要戰略性新興產業基地。

❸**未來展望**：作為 2014 年新設立之國家級新區，西咸新區預計於 2015 年基本建成主要基礎設施、基本確立產業發展框架、明顯提高土地集約利用水準、進一步改善生態環境，並取得城鄉一體的基本公共服務建設之新進展，此外，2020 年更計劃將在西咸新區創新城市發展方式上取得明顯成效，使經濟綜合實力、創新發展能力及民生水準有大幅提升，並計劃在西咸一體化建設上取得重要進展，推動西咸新區對推動西部大開發、引領大西北發展及建設絲綢之路經濟帶，皆可發揮新區之重要作用。

2. 貴州貴安新區

貴州貴安新區由中國大陸國務院成立於 2014 年 1 月 6 日，為中國大陸西部大開發的重點新區，重點實施西部大開發戰略，加速發展內陸開放型經濟，並藉以推動貴州經濟社會的快速發展。茲針對貴州貴安新區規劃範圍、發展現況與未來展望分述如下：

❶**規劃範圍**：貴州貴安新區規劃控制總面積為 1,795 平方公里，地處貴州省貴陽市及安順市結合部地帶，新區全區範圍涉及貴陽與安順 2 市所轄之 4 縣（市、區）20 座城鎮。

❷**發展現況**：貴州貴安新區 2013 年 GDP 達 35 億元人民幣，貴州貴安新區同陝西西咸新區為中國大陸 2014 年新設之國家級新區，其戰略定位在發展成為內陸開放型經濟新高地、創新發展試驗區、高端服務業聚集區、國際休閒度假旅

遊區與生態文明建設引領區，當前貴安新區及貴陽市正極力推進大數據產業之建設，而貴安新區定位為發展大數據基地，貴安市則聚焦於大數據雲端服務及智慧終端等兩大高端產業集群，期望藉由大數據的發展，為貴州開啟快速發展的新道路。

❸**未來展望**：貴州貴安新區預計於 2015 年基本建成其城市主體框架與相關服務體系，並達到重點產業園區要素聚集能力顯著增強之目標，更期望核心區域之建設能夠初具規模，單位面積產出與單位面積常住人口能達貴陽平均之水準，而生態文明建設則能夠初具成效，使城鎮承載能力大幅提升，以初步形成城鄉統籌發展之特色山地城鎮化格局，2020 年則期望貴州貴安新區能基本建立起內陸開放型經濟體系，並全面確立其生態文明發展模式。

3. 青島西海岸新區

中國大陸國務院於 2014 年 6 月 9 日同意成立青島西海岸新區，其發展目標是成為中國大陸海洋經濟國際合作先導區、陸海統籌發展試驗區等，藉此為中國大陸「探索全國海洋經濟科學發展新路徑」戰略發揮示範功用。茲針對青島西海岸新區規劃範圍、發展現況與未來展望分述如下：

❶**規劃範圍**：青島西海岸新區位於中國大陸山東省膠州灣西岸，位於京津冀和長三角兩大經濟區之間，環渤海經濟圈南緣，山東半島藍色經濟區的核心區域，是黃河流域主要出海通道和亞歐大陸橋東部重要端點，與韓國隔海相望，其中包括青島市黃島區全部行政區域，陸域面積約 2,096 平方公里，海域面積約 5,000 平方公里。

❷**發展現況**：青島西海岸新區涵蓋區域在 2013 年 GDP 實現 2,266 億元人民幣，經濟表現亮眼，在中國大陸 10 大國家級新區中排名第 3 位，僅次於天津濱海新區與上海浦東新區，其擁有區位條件、科技人才、海洋資源、產業基礎、政策環境等眾多優勢與獨特條件。青島西海岸新區戰略定位以海洋經濟發展為主題，作為全面實施海洋戰略、發展海洋經濟之重要措施，包括改造提升海洋傳統產業、培育壯大海洋新興產業、海洋交通運輸業、積極發展海洋服務業、海洋旅遊業、海洋文化產業、海洋公共服務業等，促使東部沿海地區經濟率先轉型發展之新區。

❸**未來展望**：未來目標是成為海洋科技自主創新領航區、軍民融合創新示範區、、深遠海開發戰略保障基地海洋經濟國際合作先導區、陸海統籌發展試驗區，並且期望到 2020 年，青島西海岸新區 GDP 力爭達到 6,000 億元人民幣，將海洋科技對海洋經濟的貢獻率達到 70% 以上，海洋生產總值年均增長 18% 左右，

人口規模 280 萬，打造山東半島藍色經濟區之戰略支點與中國大陸海洋經濟發展的示範平台。

4. 大連金普新區

大連金普新區由中國大陸國務院成立於 2014 年 7 月 2 日，是中國大陸第 10 個國家級新區，亦是中國大陸東北地區目前唯一的國家級新區，為中國大陸振興東北地區的重點佈局，著重優化老工業基地產業和充分發揮區域核心樞紐能量，加速深化東北亞區域經貿開放合作。茲針對大連金普新區規劃範圍、發展現況與未來展望分述如下：

❶規劃範圍：大連金普新區位於中國大陸遼寧省大連市中南部，東西兩側瀕臨黃海和渤海，占地總面積為 2,299.8 平方公里，其範圍包含大連市金州區全部行政區域和普蘭店市部分區域，由大連市行政區重劃調整後的金州新區、保稅區、普灣新區所共同組成。

❷發展現況：大連金普新區具備地理區位優越、戰略地位突出、經濟基礎雄厚等條件，2013 年區域內 GDP 約為 2,751.17 億元人民幣，其戰略定位為全面振興東北地區之成長極區、老工業基地轉變發展方式之先導區、體制機制創新與自主創新之示範區、深化東北亞區域開放合作之戰略高地、新型城鎮化和城鄉統籌之先行區，現正推動普蘭店灣沿岸地區開發建設，以普灣城區與金洲區為「雙核」發展區，促進周邊區域優化發展，希冀使大連市成為東北亞國際航運以及物流中心，進而帶動遼寧沿海經濟帶加速發展。

❸未來展望：大連金普新區致力推動新區全面發展，完善區域基礎建設，強化產業集群國際競爭力，並希冀於生態文明建設有所斬獲，形成「雙核 7 區」協調發展格局，提升新區綜合經濟實力、輻射帶動能力以及區域影響力。預計於 2020 年基本完成與新區定位相符的基礎建設和運作管理體制，並初步形成與東北亞區域接軌開放合作、產業結構優化、提升城鎮化質量，最終成為具備現代化、智慧化、國際化和生態化的新區。

二、中國大陸區域經濟發展現況

中國大陸為促進經濟與區域協調發展，不斷藉由設立新區與經濟帶之方式為其注入成長新動力，2013 年至 2014 年中國大陸因上海自貿區的設立，使中國大陸國家級新區「廣州南沙新區」與特區之特的「橫琴新區」、「深圳前海深港現代服務業合作區」為設立粵港澳自貿區而簽署協定，而中國大陸主席習近平分別提出建設「絲綢之路經濟帶」、「海上絲綢之路」以及「京津冀一體化」的發展，國務院總理李克強先生則提出「長江經濟帶」的建設，希冀為國家發展增添動力以下茲依照橫琴新區、深圳前海深港現代服務業合作區、絲綢之路經濟帶、長江經濟帶、海上絲綢之路與京津冀一體化等 4 個中國大陸區域經濟，針對各區域經濟規劃範圍、發展現況及未來展望分述如下：

1. 橫琴新區

2009 年 8 月 14 日，中國大陸國務院批復《橫琴總體發展規劃》，使橫琴成為探索粵港澳緊密合作新模式之新載體，且於 2009 年 12 月 16 日正式成立橫琴新區，並在此施行較經濟特區更為特殊之政策，因此橫琴新區更可堪稱為「特區之特」，茲針對橫琴新區規劃範圍、發展現況與未來展望分述如下：

❶ **規劃範圍**：橫琴新區總面積為 106.46 平方公里，為珠海市最大的一座島嶼，島內設有 1 鎮、3 個社區居委會，並下轄 11 條自然村，此外，橫琴新區內更分為商務服務功能區、科教研發功能區以及休閒旅遊功能區。

❷ **發展現況**：橫琴新區以合作、創新與服務作為主體，充分發揮琴海地處粵港澳結合部之優勢，並正逐步將前海新區建設作為帶動珠三角、服務港澳與率先發展的粵港澳緊密合作示範區，此外，2012 年 5 月 7 日，珠海橫琴新區與廣州南沙新區、深圳前海合作區共同簽屬《南沙、前海、橫琴三地友好合作協定》，三地更極力完善其創新合作機制，以建立三方合作共贏、協調發展之區域合作關係，期望能攜手打造粵港澳合作新載體，並建立珠三角地區最具活力與競爭力的核心區域。

❸ **未來展望**：橫琴新區期望建成連通港澳與區域共建之「開放島」；經濟繁榮並移居宜業之「活力島」；知識密集及資訊發達之「智慧島」；資源節約且環境友好之「生態島」。此外，橫琴新區更預計在 2020 年，使第 3 產業增加值占地區生產總值之比重能超越 75%，達世界發達國家以服務業為主導之中心城市水準，此外根據廣東省省長朱小丹（2013）指出：「廣東已正式向中國大陸國務院申請設立南沙、前海、橫琴國家自貿區。」顯示橫琴新區未來發展更將粵港澳自貿區之目標前進。

2. 深圳前海深港現代服務業合作區

2010 年 8 月，中國大陸國務院正式批准深圳《前海深港現代服務業合作區總體發展規劃》，要求將前海建設為月港現代服務業創新合作之示範區，以在全面推進香港及內地服務業合作中發揮先導作用，深圳市前海管理局並於 2013 年 6 月 27 日正式發布《前海深港現代服務業合作區綜合規劃》，奠定其合作區的整體規劃，茲針對深圳前海深港現代服務業合作區規劃範圍、發展現況與未來展望分述如下：

❶**規劃範圍**：深圳前海深港現代服務業合作區為由雙界河、月亮灣大道、寶安大道、媽灣大道與西部岸線為合之地區，其土地總面積為 15 平方公里，可開發土地約占 10 平方公里。

❷**發展現況**：深圳前海深港現代服務業合作區以「創新、市場化與國際接軌」作為指導思想，其功能定位為現代服務業發展集聚區、現代服務業體制創新區、香港與內地緊密合作之先導區及珠三角產業升級的引領區，重點發展現代物流、金融、資訊服務、科技服務與其他專業服務等產業，且與珠海橫琴新區及廣州南沙新區簽訂三地的《南沙、前海、橫琴三地友好合作協定》，致力於與珠海橫琴新區及廣州南沙新區共同打造粵港澳合作之新載體。

❸**未來展望**：深圳前海深港現代服務業合作區預計於 2013 年至 2015 年期間，基本完成區內的基礎設施建設，初步建立資源節約、環境友好之生態城區，進一步建立起中國大陸國內一流的營商環境，並預計在 2016 年至 2020 年間，建成基礎設備完善和國際一流的現代服務業合作區，並成為亞太地區重要生產性服務業中心及世界貿易基地，而地區生產總值更預計將達到 1,500 億元人民幣之目標，另外，未來更期望與珠江橫琴新區、廣州南沙新區共同建設粵港澳自貿區，成為中國大陸繼上海自貿區後另一座國家自由貿易區。

3. 絲綢之路經濟帶

2013 年 9 月 7 日，中國大陸國家主席習近平於哈薩克納紮爾巴耶夫大學作重要演講之時，提出共同建設「絲綢之路經濟帶」之提議，而絲綢之路經濟帶體現的是經濟帶上各城市的集中協調發展思路，茲針對絲綢之路經濟帶規劃範圍、發展現況與未來展望分述如下：

❶**規劃範圍**：絲綢之路經濟帶區域東邊牽著亞太經濟圈，西邊則繫著歐洲經濟圈，其範圍包含西北 5 省區（新疆、寧夏、青海、甘肅與陝西）及西南 4 省區市（廣西、雲南、四川、重慶）。

❷**發展現況**：為使歐亞各國的經濟聯繫更加緊密、相互合作更為深入、發展空間能更為遼闊，中國大陸因而採行創新的合作方式以共同建設絲綢之路經濟帶，並以點帶面到從線至片，此種逐步建設的方式形成區域大合作，透過實現「5 通」：（1）加強政策溝通；（2）加強道路聯通；（3）加強貿易暢通；（4）加強貨幣流通；（5）加強民心相通等方式建設經濟帶。而絲綢之路經濟帶更是作為中國大陸向西開放與統籌東西部發展重大戰略，此經濟建設亦包含多個地區共同參與，因此各區更在能夠充分發揮各自優勢下，進一步增強西部地區持續發

展之原動力。

❸**未來展望**：絲綢之路經濟帶東西兩邊聯繫著亞太及經濟圈及歐洲經濟圈，因此被視為世界上最長且最具發展潛力之經濟大走廊，當前政府加緊規劃建設，期望能在世界經濟深度調整、中國大陸經濟轉型攻堅之背景下極力建設絲綢之路經濟帶，期望經濟帶能有利於中國大陸經濟結構調整及經濟協調發展，此外，更期望絲綢之路經濟帶能促進區域內經濟發展與文化之融合，進一步煥發中國大陸這條古老商道，使其充滿生機與活力。

4. 長江經濟帶

中國大陸更將培育新經濟帶作為其推動發展的戰略支撐，2014 年 3 月 5 日，中國大陸國務院總理李克強明確提出：「要依託黃金水道，建設出長江經濟帶」，茲針對長江經濟帶規劃範圍、發展現況與未來展望分述如下：

❶**規劃範圍**：長江經濟帶是由長江與其支流所匯集而成，東起上海、西至成都，其中涉及江蘇、浙江、安徽、江西、湖南、湖北、四川等 7 個省、上海與重慶等 2 個直轄市。

❷**發展現況**：長江經濟帶不僅為長江流域經濟最為發達且最繁華之地區，亦為中國大陸最為重要的高密度經濟走廊，此外長江經濟帶具備交通便捷、資源豐富、產業密集、人力資源充沛與城市密集等優勢，外加當前長江經濟帶更將逐步加強航道疏浚治理，進一步提高通航標準，並推廣標準化船型以增加運能，自長江經濟帶亦將統籌水運、公路、鐵路及航空等建設，以打造出立體的交通走廊，將長江經濟帶鑄造成為推動中國大陸快速發展的新動力。

❸**未來展望**：長江三角地區一直係為中國大陸經濟成長的重要一環，而中國大陸中西部則仍具有經濟發展最大的迴旋餘地，因此建設長江經濟帶是為建構沿海及中西部相互支撐與互動的新格局，並期望藉由長江經濟帶之建設，連接起長三角、長江中游城市與成渝經濟區等 3 大區塊產業的連結，且冀望未來能有效擴大內需、促進中國大陸經濟穩定成長，並更為有效快速的調整整體區域結構，為中國大陸整體發展帶來更大的突破。

5. 海上絲綢之路

中國大陸主席習近平於 2013 年 10 月 3 日在印尼國會演講時即提出：「中國大陸願同東盟國家加強海上之合作，並使用好中國大陸政府設立之中國 - 東盟海上合作基因，以發展好海洋合作夥伴關係，共建 21 世紀『海上絲綢之路』」。茲針對海上絲綢之路規劃範圍、發展現況與未來展望分述如下：

❶**規劃範圍**：中國大陸國家發改會及外交部於 2013 年 12 月 14 日舉行推進

絲綢之路經濟帶及海上絲綢之路建設座談會時，參與省市共有西北5省市，分別為新疆、寧夏、青海、甘肅與陝西；西南4省市，分別為廣西、雲南、四川與重慶；東部5省，分別為海南、福建、廣東、浙江與江蘇。

❷**發展現況**：2013年11月15日，由中國大陸第18屆中央委員會第3次全體會議通過的《中共中央關於全面深化改革若干重大問題的決定》正式發布，即指出中國大陸要擴大內陸沿邊開放，推進海上絲綢之路建設，此外中國大陸國務原總理李克強亦於2014年3月5日12屆全國人大第2次會議中指出，中國大陸應抓緊規劃建設21世紀海上絲綢之路。而海上絲綢之路之建設將成為中國大陸周邊外交戰略之重大決策，並為中國大陸與東盟乃至亞太地區之經貿合作開啟歷史新篇章，且更為有利的推動雙邊經貿關係的快速發展。

❸**未來展望**：21世紀「海上絲綢之路」之建設，將進一步的深化中國大陸與東盟甚至為整個亞洲地區的海上交流及合作，而海上絲綢之路的建設指的是貿易通道的建設，但21世紀的貿易通道更將超越經濟範疇，並涉及文化、人文、安全與政治等各方領域，中國社科院亞太與全球戰略研究院院長李向陽亦於2014年4月11日表示：「中國大陸新一屆領導層所倡議的21世紀『海上絲綢之路』，已涵蓋並超越以往的自由貿易協定（FTA）。」可知，海上絲綢之路的建設，未來將可為中國大陸打造出一條加速與周圍國家發展互動的新道路。

6. 京津冀一體化

2004年11月中國大陸發改委即啟動京津冀都市圈區域的發展規劃，然中國大陸主席習近平於2014年2月26日指出：「強調實現京津冀協同發展，為一個重大國家戰略。」使京津冀一體化的發展做為國家發展戰略再次被強調。茲針對京津冀一體化之規劃範圍、發展現況與未來展望分述如下：

❶**規劃範圍**：京津冀一體化的區域發展規劃依照「2加8」的模式制定，包含北京及天津2個直轄市，河北省的承德、張家口、滄州、保定、廊坊、唐山、秦皇島及石家莊等8地市。

❷**發展現況**：中國大陸國務院總理李克強於2014年3月5日指出：「加強環渤海與京津冀地區經濟的協作」。顯示出，作為帶動中國大陸區域經濟發展的重要戰略項目，京津冀一體化的發展建設正如火如荼規劃中，2014年4月23日中國大陸發改委發展規劃司司長徐林即表示：「目前發改委地區司正與國務院其他部門、京津冀三地政府共同完善京津冀發展規劃之文本，日後在經過一定程序後，應會按期出台。」可知，中國大陸政府期望藉由京津冀優勢互補的方式，促進環渤海經濟區之發展與北方腹地的加速發展。

❸**未來展望：**京津冀一體化的協同發展，目的是在於面向未來打造出新首都經濟圈，推進區域發展體制機制的創新，並探索出完善城市群的佈局及型態，進一步為優化開發區域發展提供樣板及示範，此外，京津冀一體化的發展亦為中國大陸探索生態文明建設的一條有效路徑，以促進人口經濟與資源環境的相互協調，而在交通規劃上，中國大陸更將在結合三省市實際發展狀況後，編製出更為長遠的一項交通規劃，預計至 2020 年形成京津冀 9,500 公里的鐵路網及主要城市一小時承繼鐵路的交通圈。

中國大陸中西部沿海長江區域在人口稠密、人力資源豐沛且市場較為遼闊的優勢下，將為擴大內需、穩定成長發揮更大作用，且國家級新區的設立亦逐步著重於中部至西部地區，未來更將為中國大陸區域發展帶來更大的發展潛力。而中國大陸國家發改委發展規劃司司長徐林則於 2014 年 4 月 23 日表示：「當前協調發展機制還未完全建立起來，『十三五』期間更面臨如何更健全做好區域協調發展機制的任務。」此外，除藉由建立區域經濟體的方式促進區域協同發展，2014 年 4 月 10 日，中國大陸國務院總理李克強更宣布建立起上海與香港股票市場交易之互聯互通機制（滬港通），進一步實現中國大陸股市、資金與國際市場之對接，而隨滬港通的啟動，關於推動滬台通的呼聲亦日益高漲，未來滬台通若將成功啟動，更將有利於推進人民幣國際化的進程，並為中國大陸整體發展帶來更大幫助。

第15章

中國大陸自貿區發展新引擎

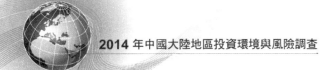

面對世界經濟局勢的快速變化，中國大陸在習李新政府的帶領下，全面深化改革開放決心十分明確，根據中國大陸國務院總理李克強於2013年9月11日表示：「推進改革必將釋出全新的制度活力，因此中國大陸的發展必須依靠改革亦離不開開放」，顯示出改革對中國大陸發展相當重要，因此，中國大陸政府不斷推出重大經濟改革政策方案，可發現習李新政改革企圖心更加強烈。伴隨著上海自由貿易試驗區的建立，其為習李新政下重大改革政策的試驗場，根據中國大陸商務部部長高虎城（2013）表示：「自貿區的成立即順應全球貿易發展，冀望自貿區能於2至3年內，建設成為具法律環境規範，且投資貿易便利、監管貿易高效的自貿試驗區」，此外，中國大陸對外經貿大學國際經濟研究院院長桑百川（2013）亦指出：「自貿區所帶來的更自由的貿易和投資規則都會使其經濟增長功能進一步釋放，並隨著貿易規模、投資規模擴大，對外聯繫更加便捷，必然會使整個區域內的企業尋找擴大投資和出口的機會。」綜上可知，中國大陸在習李體制的帶領下，可望隨著國家的發展與轉型，逐步加深其在世界經濟的影響力。

一、中國大陸推動自貿區原因

2013年以來，中國大陸外貿出口大幅回落，使內需成長緩慢、產能過剩等問題接連發生，因而對其經濟造成嚴重衝擊，是故中國大陸經濟迫切的面臨結構轉變，進而推進經濟復甦，邁向新一輪的階段。然而，自由貿易試驗區的建設，將在金融、稅收、貿易、政府管理等方面推出一系列的政策變革，因此，自貿區將變成中國大陸一場新的制度改革的起點，為經濟改革帶來巨大的示範效應，故中國大陸首先建立上海自由貿易試驗區，並在接軌國際的制度規則、法律規範、政府服務、運作模式等方面率先實踐，為深化改革開放提供可供借鑒的「制度試驗池」，以及適合推廣的嶄新模式，為中國大陸改革開放進入全新的歷史階段。茲針對中國大陸推動自由貿易區的原因分述如下：

原因 1：全球化貿易市場競爭激烈

當前，美國、歐洲、日本 3 大經濟體正透過跨太平洋經濟夥伴協定（TPP）、跨大西洋貿易與投資夥伴關係（TTIP）和多邊服務業協議（PSA）形成新一輪的全球國際經濟貿體系，而且這些協定的市場開放水平及對成員經濟體的約束力，皆高於世界貿易組織（WTO），截至目前，光參與 TPP 談判的國家和地區已經增至 12 個，已覆蓋全球 GDP 50% 以上。而 TPP 談判中並沒有邀請中國大陸參加，使得中國大陸即將面臨「2 次入世」的危機之中，因此，為避免在新一輪的國際經濟貿易格局中被邊緣化，中國大陸主動積極的開放措施，並參與新的國際貿易規則。

然而，新一輪的國際經濟貿易規則主要是由美國所制訂，若要整個國家加入難度較高，是故，中國大陸必須先透過局部的自貿區主動洞開門戶，讓所有國家都可自由投資和貿易，進而形成一個對接的小窗口，並適當的將其中的高商業標準映射到整個中國大陸製造和服務業。中國大陸商務部國際經貿關係司副司長孫元江（2013）表示：「上海自貿區的政策和經驗是可複製的，未來二到三年將在中國大陸推廣，而上海自貿區中的制度創新試驗，亦將為中國大陸的多邊自貿區談判鋪路。」可知，中國大陸將藉由自由貿易試驗區，進一步擴大推廣並全面對接整個中國大陸的經濟。

原因 2：中國大陸深化改革的需求

隨著全球經貿格局不斷改變，傳統粗放式經濟成長的模式逐漸走到盡頭，中國大陸歷經 30 多年的改革開放，社會主義市場經濟體制已初步成功建立，但依舊不夠完善，仍有許多攻堅克難的任務。另外，伴隨著中國大陸人口逐漸老齡化，人口紅利趨於消失，再加上勞動力成本及資源成本的快速上升，使得中國大陸發展優勢正逐漸削弱，因此，中國大陸政府必須進一步改革開放，以開放來促進改革，同時促進中國大陸貿易轉型升級。

由於改革的目標是市場化，而國際化只不過是範圍更大及層次更高的市場化而已，因此，中國大陸將藉由設立自貿區，力圖推動改革，作為打造中國大陸經濟「升級版」的重要舉措。根據中國大陸交通銀行首席經濟學家連平（2013）

表示：「自貿區的核心是自由貿易，因此，跨進自由貿易區等於走進國際市場，能夠為中國大陸經濟帶來更多活力，並對於推動中國大陸經濟改革會很有幫助。」顯示未來在中國大陸經濟結構調整及產業格局優化的背景下，自由貿易試驗區將成為推動中國大陸經濟升級版的重要推手。

原因 3：提升人民幣的國際化地位

中國大陸已是全球最大的生產國，亦是未來最大的消費國，但中國大陸目前在全球貨幣競爭格局中仍處於非常被動的地位，人民幣從 2009 年開始跨境使用，但使用對象主要以香港與台灣為主，然而，根據國際清算銀行（BIS）（2013）公布調查資料顯示，人民幣的日交易量約在 1,200 億美元，在全球外匯交易中所占的份額僅有 2.2%，可見，因貿易需求所釋放的人民幣在全球貨幣總量中比例很小，因此，人民幣國際化部份仍需努力。

過去中國大陸在沒有自貿區的建設下，外資的資金進入需要通過合格境外機構投資者（Qualified Foreign Institutional Investor；QFII）管道或借道貿易途徑才能獲取人民幣資產，然而，在自貿區的「金 10 條」和「上海配套 42 條」政策扶持之下，就可以為中國大陸經濟環境建立一個龐大的金融資產緩沖區和蓄水池。匯豐中國大陸工商金融服務部總經理趙民忠（2014）表示：「上海自貿區在跨境人民幣業務又在自貿區金融創新中扮演著先行者或先試者的角色，對於人民幣國際化進程具有推動作用。」可知透過自由貿易區的建設，能夠完善人民幣的全球循環路徑，並能夠在最終風險可控的條件下打通資本帳戶，藉以實現金融資源的全球優化配置，提升人民幣國際化。

原因 4：推動投資進入的便利化

隨伴著自貿區的設立，外資企業可直接以投資為目的，自由的兌換人民幣，方便資本跨境投融資，並加速人民幣自由兌換的整體進程，實現跨境融資更加自由化和便利化。另外，自貿區亦全面實施準入前國民待遇和負面清單管理，除負面清單明確的規定範圍之外，其他外資企業都能夠參與，並且在金融服務、航運服務、商貿服務、專業服務、社會服務、文化服務等六大領域全部開放，對外投資方面提供更大的便利。

投資便利化不僅鼓勵中國大陸資本從自貿區向海外直接投資，而未來自貿區可能對外投資亦只需要備案，另外，隨著自貿區的建立，亦進而鼓勵成立對外私募股權投資基金，探索發展並購投資基金、風險投資基金產品創新，逐步展開個人境外直接投資試點。根據上海市市委常委屠光紹（2014）表示：「自貿區人民幣跨境使用的擴大，是自貿區金融改革中的重要內容，對上海自貿區投資貿易便利化起到非常重要的支援作用。」顯示透過自貿區將成為中國大陸資本走向世界的平台，並大力推進「走出去」戰略。

二、中國大陸自貿區發展現況

上海自由貿易試驗區的建立，兼具落實中國大陸深化改革與加速地方經濟穩定發展的作用，而多項領域的改革創新方案，亦使得上海自貿區成為外界關注的焦點，此外，更令各地區的自貿區計畫相繼浮現，希冀成為上海自貿區後的第 2 座自貿區，由此更顯現出上海自貿區對改革創新的重要性。茲將上海自由貿易試驗區與未來有望成立之自由貿易試驗區分述如下：

1. 上海自由貿易試驗區

上海自由貿易試驗區於 2013 年 9 月 29 日正式掛牌，其整體方案內的各項改革項目，除為加速政府職能轉換外，更包括推進貿易發展方式轉變、擴大投資領域、完善法治領域制度的保障與深化金融開放創新等項目，儼然成為習李體制下深化經濟改革藍圖的縮影，更成為中國大陸政府打造中國大陸經濟升級版的聚焦點，不但完整符合中國大陸當前的國家發展戰略，更為中國大陸提升國際形象的一大著力點。

❶ **規劃範圍**：上海自由貿易試驗區坐落於上海東部，其總面積共為 28.78 平方公里，其中涵蓋範圍包含上海浦東機場綜合保稅區、洋山保稅港區、外高橋保稅物流園區及外高橋保稅區等四個海關特殊監管區域。

表 15-1　上海自由貿易試驗區改革「規劃範圍」

規劃範圍	內容
上海浦東機場綜合保稅區	於 2010 年 9 月 28 日正式運作，位於中國大陸東部沿海經濟帶與長江流域交匯點，緊鄰貨郵輸送量世界第 3 的浦東國際機場，且處於亞、歐、美三角航線上。
洋山保稅港區	2005 年 12 月 10 日正式啟用，為上海市和浙江省跨區域合作建設，實行海關封閉監管的特殊功能區域，也是中國大陸第一個保稅港區。
外高橋保稅物流園區	中國大陸國務院特批的中國大陸第一個保稅物流園區，亦是上海市「十一五」重點規劃的 3 大物流基地之一，與外高橋港區連成一體，距離外高橋保稅區僅有 3 公里。
外高橋保稅區	1990 年 9 月正式啟動，是中國大陸第一個保稅區，亦是目前中國大陸 15 個保稅區中經濟總量最大的一個。

資料來源：本研究整理

❷**區域功能**：根據上海自貿區的總體規劃方案所規劃的4塊功能區域，其各自擁有不同的功能與主要產業。

表15-2　上海自由貿易試驗區改革「區域功能」

規劃範圍	主要功能
上海浦東機場綜合保稅區	總面積為3.59平方公里，於2009年7月成為「浦東機場建設空港保稅物流園區」。其功能定位為倉儲、國際中轉、國際配送、快件中轉、研發、加工製造、檢測維修、展覽、分撥理貨、國際貿易，包括轉口貿易、國際商務、資訊服務等，並將逐步拓展相關功能。
洋山保稅港區	規劃面積8.14平方公里，由保稅區陸域部分、東海大橋和小洋山島港口區域三部分組成。作為上海建設「國際航運發展綜合試驗區」的核心功能區域，其集聚通信及電子產品、汽車及零部件、高檔食品、品牌服裝等分撥配送中心，成為面向歐美的分撥配送基地、大宗商品產業基地、面向國內的進口貿易基地以及航運龍頭企業集聚地。
外高橋保稅物流園區	位於保稅區旁，緊靠外高橋港區碼頭，封關運作面積1.03平方公里。設有14萬平方公尺集裝堆場和70萬平方公尺的現代化物流倉庫，實現貨櫃年綜合處理能力100萬20呎標準貨櫃。
外高橋保稅區	規劃面積為10平方公里，緊靠外高橋港區，主要產業有：國際貿易、現代物流和高端製造等。

資料來源：本研究整理

❸**開放領域**：上海自由貿易試驗區針對6大領域做出改革，分別為：（1）金融服務；（2）商貿服務；（3）航運服務；（4）專業服務；（5）社會服務；（6）文化服務。並針對各項領域提出詳細內容，期望在各方面放寬條件進行改革，使上海自貿區成為中國大陸重要的對外窗口。

表15-3　上海自由貿易試驗區改革「6大領域」

六大領域		內　容
1	金融服務	允許符合條件之外資金融機構設立外資銀行；設立外資專業的健康醫療保險機構；對融資租賃公司的單機與單船子公司將不設最低註冊的資本限制。
2	商貿服務	於保障網路訊息安全前提下，允許外企特定形式之部分增值電信業務；允許外企從事遊戲、遊藝設備之生產與銷售。
3	航運服務	放寬中外合資與中外合作的國際船舶運輸企業之外資股比限制；先行先試外貿進出口的集裝箱於上海港口與國內沿海港口間的沿海捎貨業務。

表 15-3　上海自由貿易試驗區改革「6 大領域」（續）

六大領域		內　容
4	專業服務	允許設立外商之投資資訊調查公司；允許設立中外合資的人才仲介機構；允許註冊符合條件之中外合資旅行社；允許設立股份制得外資投資性公司等。
5	社會服務	在教育與職業技能培訓面，允許舉辦中外合作的經營性教育培訓機構、職業技能培訓機構；在醫療服務面，允許設立外商的獨資醫療機構。
6	文化服務	取消外資演出的經紀機構股比限制，允許設立外商的獨資演出經紀機構，並為上海市提供服務；允許設立外商獨資之娛樂場所，並於試驗區內提供服務。

資料來源：本研究整理

❹未來展望：上海自貿區的建立在中國大陸掀起新的一輪改革創新，並充分體現中國大富政府以開放促發展的思維，根據中國大陸國務院發展研究中心金融所副所長巴曙松（2013）表示：「中國大陸為亞太主要經濟體中，獨未加入 TPP 談判的國家，借助自貿區此一窗口，使中國大陸可望獲得參與新一輪全球貿易自由化之機會，避免被邊緣化的危險」。可知自貿區在未來更可帶領中國大陸深入國際貿易與經濟環境，此外，上海社科院院長王戰更於 2013 年 10 月 24 日指出：「自貿區更側重投資的便利化，有別於過去的單向引進外資措施，如今在引資的同時更有利中國大陸的投資走出去。」是故，自貿區的建立更將成為中國大陸邁向國際化與自由化的重要踏腳石。

2. 未來有望成立之自由貿易試驗區

有鑑於上海自由貿易試驗區引起風潮，天津、廈門、重慶、舟山、廣東等各區皆紛紛加快自貿區申請步伐，期望能獲得更多且更大的優惠政策及發展機會，可見中國大陸在進行經濟體制改革及產業轉型的此刻，各地方政府無不希冀以自貿區作為驅動經濟的領頭羊。根據上海銀行行長金煜（2013）表示：「自貿區有望引領中國大陸經濟的全面轉型，並培育中國大陸面向全球競爭的新優勢，以此建構起與各國合作發展的新平台，進一步拓展中國大陸經濟成長的新空間，最終打造中國大陸經濟升級版。」可知自貿區的成立可為中國大陸的成長帶入新契機，而中國大陸未來更可望在各地區之自貿區相繼成立之下，強化落實習李新政下的發展戰略，確實達成打造中國大陸經濟升級版之企圖。

❶天津自貿區：天津在上海自貿區獲批後，加速其自貿區申報計畫，力爭

成為中國大陸第 2 座自貿區。天津自由貿易區內初部規劃區內將涵蓋天津港、天津臨空產業區、濱海新區中心商務區等 3 方面，而且，其中海關特殊監管區域還將包括天津東疆保税港區、天津港保税區和天津濱海新區綜合保税區，故天津自貿區無論在航運、物流、金融、現代服務業和航天航空、電子資訊、裝備制造等方面具備較好的產業基礎。根據天津濱海新區區長宗國英於 2013 年 10 月 22 日指出：「濱海新區已完成申報自貿區之所有文件，且將依照自貿區之標準對濱海新區進行改革，未來更將加速聚焦高端製造業與新興服務業，並做大做強航運及金融 2 大板塊。」顯示天津致力發展成為自貿區，使在天津的投資者能享有更多的優惠政策。

❷廣東自貿區（粵港澳自貿區）：廣東自由貿易區的初步方案已成形，其將以「面向全球，突出港澳」為主要定位，範圍擬包括廣州的南沙、深圳的前海、珠海的橫琴、廣州白雲空港等 4 大區塊，並打造國際製造、國際物流、國際貿易、國際維修、國際研發和國際結算等 6 大中心。根據廣東省省長朱小丹於 2014 年 4 月 30 日表示：「粵港澳自貿區將比港澳的國民待遇和負面清單更加充分、更短的清單來實施，同時，亦將推動廣東轉型升級，把准入機制降得更低，使企業能夠和在香港辦事一樣方便。」另外，上海自貿區研究協調中心秘書長徐明棋於 2014 年 3 月 9 日亦表示：「粵港澳自貿重點是在改革領域實驗方面，廣東將以貨物貿易方面的改革為基準，並以進一步推動內地與香港經濟一體化、服務業領域對外開放。」顯示廣東自貿區將以推動粵港澳服務貿易自由化，解決 CEPA 落地難的一些體制和機制障礙，藉以有助港澳服務業擴展發展空間，並進一步鞏固香港國際金融中心地位。

❸重慶自貿區：重慶是中國大陸中西部地區唯一直轄市、開放高地，具備較為健全的國際貿易大通道及完整的開放經濟平台與開放型的產業體系，再加上，重慶市內擁有西永綜保區、重慶兩路寸灘保税區、渝新歐鐵路等優勢，進而加速重慶打造自由貿易區的想法，根據重慶市長黃奇帆（2013）表示：「不同於上海的自由貿易區，重慶自貿區是個傳統意義上的貨物貿易的自由貿易區，是中國大陸保税區的升級版，我們希望在上海還沒有太多試驗的時候，把西部的事做好。」顯示出重慶市將以自身所擁有的良好優勢，不僅為投資者提供一個新的投資市場外，亦帶動重慶市的經濟發展。

❹舟山自貿區：舟山市工業經濟基礎較弱，使其高度依賴造船業、漁業加

工等傳統產業，根據浙江省商務廳研究院院長張漢東（2013）表示：「舟山的獨特優勢在於深海岸線和港口，可以著重發展大宗商品、國家戰略儲備商品、物流服務等，此外，舟山將利用綜合保稅區特有的政策優勢，大力發展以海洋經濟為主題的自貿區。」舟山將利用獨有的港口優勢，致力於建設大宗商品儲運中轉加工交易中心、現代海洋產業基地、海洋旅遊綜合改革試驗區、生態海島城市、陸海統籌發展先行區等海洋經濟為主的自貿區。

❺廈門自貿區：廈門自貿區以「立足綜改、借鑒上海、對接台灣、先行先試」為總體思路，並實施「6 區 1 港」，分為象嶼保稅區、大嶝對台小額商品交易市場、廈門出口加工區、象嶼保稅物流園區、海滄保稅港區、火炬（翔安）保稅物流中心 B 型和航空港。根據福建省政府發展研究中心副主任黃端（2013）表示：「廈門作為國家唯一對台的經濟特區，是當年中國大陸國務院最初成立的四大經濟特區中唯一特批『可以試行部分自由港』政策紅利的特區，但多年來一直未應用到實際當中，因此，自貿區對於廈門而言意義重大，一定要抓住這次契機。」可知廈門為中國大陸對台灣經貿的前沿，因此，未來自貿區將以此為最主要的特色發展。

❻杭州自貿區：上海自貿區的「示範」和「溢出」效應，對杭州自貿區發展產生良性帶動作用，杭州自貿區初步以「4 個體系和 2 個平台」為主要的基本框架，4 個體系分別為：資訊共用體系、金融服務體系、智慧物流體系、電商信用體系；2 個平台即為單一視窗平台、線下的綜合園區，並以建設實驗平台、加快電子商務發展、創新金融服務業態、提升文化創意產業、做大做強物流業等五個重點領域為主。杭州自貿區著重強調上海自貿區政策研究，及時將上海自貿區可複製、可推廣的經驗向杭州延伸。

❼曹妃甸自貿區：2014 年 3 月曹妃甸相關部門向中國大陸國務院提交《關於設立曹妃甸自由貿易試驗區的請示》內容指出，曹妃甸自貿區將致力於打造服務於環渤海地區的大宗進出口物資集散中心，為「空有漫長海岸線，實無對外開放平台」的河北新一輪產業轉型升級助力，而規劃範圍將以「四區三大」為主，分別為港區聯動管理模式創新試驗區、承接京津地區產業轉移的開放區、新型迴圈經濟示範區、現代服務貿易開放的先行區、歐亞大物流重要樞紐、環渤海國際經濟合作引領區、國際大宗商品交易大平台。曹妃甸自貿區以河北為腹地、京津為核心的跨省市自貿區，不僅有利於促進京津冀一體化，同時亦解決單一自貿區

體量不足的問題，顯示曹妃甸自貿區將透過地處於連接東亞、歐洲的特殊地理優勢，發展成連接東北亞與歐洲的樞紐作用，構建成大集散、大物流的自由港，成為重要的物流基地。

❽青島自貿區：2013 年 5 月山東省政府向中國大陸國務院正式呈報《山東省人民政府關於試點建設青島貿易自由港區的請示》中，青島自貿區主體規劃面積為 26.9 公里，以青島保稅港區為主體，涵蓋整個前灣港碼頭作業用地及後方物流用地，並以貨物貿易海關監管模式改革及貿易金融外匯改革為主要重點，此外，更透過青島經濟技術開發區作為投資便利化改革試點區域，而主要試點內容以投資體制機制改革以及服務領域和製造領域擴大開放為主，藉此突破發展轉口貿易，爭取試辦自由港的相關政策。

三、設立自貿區效益

2014 年被視為全面深化改革元年，中國大陸政府其透過成立上海自由貿易試驗區，以制度創新為核心，挖掘改革紅利，藉以激發市場活力，尋求經濟成長的動力，因此，各種創新措施的陸續出台，使得許多企業爭相入駐，希冀獲得自貿區的各種優惠以及紅利，此亦為中國大陸全面深化改革、促進經濟增長提供鮮活的範本。由於上海自貿區已獲得相當顯著的成效，故造成各城市爭相效仿，紛紛將申報自貿區定為 2014 年的工作重點，中國人民大學經濟學院副院長劉元春（2014）表示：「各城市現在如此積極的成立自貿區，主要是將上海自貿區的改革紅利，想像成政策紅利，希望藉此爭取政策和招商引資上的優勢。」由此可知，在中國大陸改革深化的背景之下，各城市正興起成立自貿區的風潮，希冀能夠藉此吸引各投資者、企業前往該城市發展，茲針對各城市推動自由貿易區的紅利分述如下：

1. 政府制度管理紅利

中國大陸自由貿易試驗區最主要的意義之一，其改變過去由政府主導的經濟轉型發展模式，放棄依靠產業振興計畫扶持經濟的方式，從而避免企業過度貸款，導致銀行不良資產、產能過剩等問題，故自貿區特別推出外商投資准入特別管理模式（即負面清單），主要目的是為劃清政府和市場的邊界，明確中國大陸政府需要管的事，進而改善行政審批制度的改革，以及提升事中、事後監管水準，使之能夠更好的發揮市場配置資源的功能，進而以簡政放權吸引企業投資。

對此，馮氏集團主席馮國經（2014）亦表示：「上海自貿區雖然只是一個試點區，但對於中國大陸有非常重要的影響，它最重視的不是貿易，而是審批行政管理的程式和規則，上海自貿區執行的政策是一種反向的要求，不是說你能做什麼，而是告訴你什麼不能做，提出負面清單，這是非常重要的轉變。」可知，透過自貿區能夠享受到制度紅利，進而更加快速吸引企業的投資與入駐。

2. 金融體制開放紅利

隨著中國大陸經濟的快速發展，社會經濟國際化程度亦日益提高，中國大陸政府將改革重點著重於推進金融體制改革，故在上海自貿區提出將以「人民幣為主導的資本項目開放」，意旨在上海自貿區區內試點內開放能以人民幣資本帳可兑換，其亦意味國際資本與中國大陸資本可在此自由的移動、人民幣可自由兑換，其將帶動轉口貿易、離岸貿易、跨境貿易的人民幣結算業務蓬勃發展，且將極為加快人民幣國際化進程，使之成為中國大陸人民幣國際化的突破口。上海泛亞金融信息服務有限公司總經理單九良（2013）表示：「自貿區未來將會幫助中國大陸金融服務走向國際市場，並成為境內、境外業務接軌銜接的橋梁。」匯豐亞太區行政總裁王冬勝（2013）亦表示：「中國大陸經濟日趨成熟，需要更成熟的金融服務以充分發揮其增長潛力，而上海自貿區的成立正展現這一大趨勢。將在產品創新、企業融資和投資等領域為外資銀行提供新的發展機遇。」顯示金融體制開放將是自貿區另一個極大優惠，其透過將金融與服務互相連接，進行解決企業在貿易、投資便利等問題，使得企業能夠更加便捷的加速投資。

3. 貿易業態創新紅利

中國大陸政府在自貿區貿易發展方面，將大力培育貿易新型業態及功能，並鼓勵跨國公司建立亞太地區總部、設立國際大宗商品交易以及資源配置平台，希冀能夠為中國大陸企業參與更高水準全球分工及競爭，進行新的探索和嘗試，是故，上海自貿區可謂是中國大陸對外貿易升級的必經之路。中國大陸商務部國際貿易經濟合作研究院研究員梅新育（2013）表示：「自貿區的立足基礎是貨物貿易，並且將積極培育貿易新型業態和功能，支援區內企業發展離岸業務，前景廣闊。」顯示中國大陸將透過自貿區的成立，使中國大陸由全球貿易大國逐漸轉向貿易強國轉變，使之成為世界貿易強國的催化劑，故在自貿區的優惠與開放程度都將比以往來的更高，而各地亦將可透過自貿區的成立，吸引更多的外資投入，進而提升自身的城市的競爭力。

綜觀上述，上海自貿區的獲批確實燃起各區對自貿區的熱情，更意味中國大陸將隨著自貿區試點的建立，使改革開放獲得更進一步的深化，中國大陸對外經濟貿易大學國際經濟研究院副院長莊芮（2013）亦表示：「中國大陸改革進入深水區後，此次設立上海自貿區，它的意義不亞於當年在深圳所設立特區，未來實驗區將透過一些制度上的創新，以開放促使改革，並將中國大陸往前推一步。」顯示透過自貿區所帶動投資風朝，將帶領中國大陸經濟再次騰飛，獲得更進一步的發展。

5

中國大陸城市新排名

第16章

2014 TEEMA 調查樣本結構剖析

一、2014 TEEMA 兩力兩度評估模式

2014《TEEMA 調查報告》為使研究具一致性和比較基礎，且能進行縱貫式分析（longitudinal analysis），故延續 2000 至 2013《TEEMA 調查報告》的基礎，以：（1）城市競爭力；（2）投資環境力；（3）投資風險度；（4）台商推薦度的「兩力兩度」模式建構最終「城市綜合實力」此一構念，茲將「兩力兩度」評估構面評述如下。

1. 城市競爭力：包含 8 大構面，分別為：「基礎條件（10%）」、「財政條件（10%）」、「投資條件（20%）」、「經濟條件（20%）」、「就業條件（10%）」、「永續條件（10%）」、「消費條件（10%）」、「人文條件（10%）」。

2. 投資環境力：2014《TEEMA 調查報告》延續 2013《TEEMA 調查報告》「投資環境力」10 個構面，即「生態環境（10%）」、「基建環境（10%）」、「社會環境」（10%）、「法制環境」（15%）、「經濟環境（10%）」、「經營環境（10%）」、「創新環境（10%）」、「網通環境（10%）」、「內需環境（10%）」、「文創環境（5%）」，總計 71 個細項指標。

3. 投資風險度：包含 5 大構面，分別為：「社會風險（10%）」、「法制風險（20%）」、「經濟風險（25%）」、「經營風險（30%）」、「轉型風險（15%）」5 個構面加以衡量，共計 38 個細項指標。

4. 台商推薦度：延續 2013《TEEMA 調查報告》的「城市競爭力（10%）」、「投資環境力（10%）」、「投資風險度（10%）」、「城市發展潛力（10%）」、「整體投資效益（10%）」、「國際接軌程度（10%）」、「台商權益保護（10%）」、「政府行政效率（10%）」、「內銷市場前景（10%）」、「整體生活品質（10%）」，共有 10 項指標。

二、2010 至 2014 TEEMA 樣本回收結構分析

2014《TEEMA 調查報告》使用之「兩力兩度」模式，「城市競爭力」構面資料來源為次級資料，其他 3 大構面「投資環境力」、「投資風險度」與「台商推薦度」則是經由蒐集初級資料（primary data）取得，即為關於蒐集資料的方式須透過問卷調查與訪問對象進行訪談的方式而得。2014《TEEMA 調查報告》問卷總回收數為 2,695 份，其中有效問卷共計 2,498 份，無效問卷數量計 197 份，將回收無效問卷數量分成 3 項為：（1）填答未完整者，為 45 份；（2）填答有違反邏輯者，為 82 份；（3）操弄填答回卷數目，共計有 70 份。此外，2014《TEEMA 調查報告》透過問卷回郵、人員親自訪談、傳真與中國大陸台商協會協助發放問卷填答之問卷回收數量計有 1,189 份，而透過固定樣本（panel）系統回收數量有 1,309 份，數量少於 2012 年的 1,368 份。有關 2014 年列入調查評比的城市數量為 115 個城市，多於 2013 年的 112 個城市，成長 2.68%。

2014《TEEMA 調查報告》回收問卷總計為 2,695 份，其中有效問卷為 2,498 份，占總回收問卷數 92.69%。根據表 16-1 樣本回收地區做為樣本分類基礎，7 大調查區域之回收問卷數依序為：（1）華東地區 1,024 份，40.99%；（2）華南地區 545 份，21.82%；（3）華北地區 296 份，11.85%；（4）華中地區 281 份，11.25%；（5）西南地區 229 份，9.17%；（6）東北地區 79 份，3.16%；（7）西北地區 44 份，1.76%。由 2010 至 2014 年《TEEMA 調查報告》之歷年回收問卷結構得知，華東地區與華南地區仍為主要問卷回收區域，占總比例之 62.81%，此外，7 大區域中回收數較少之區域依舊為東北與西北地區，可知台商仍青睞於 1、2 級城市佈局。

表 16-1 2010 至 2014 TEEMA 調查樣本回收地區別分析

區域	2010		2011		2012		2013		2014	
	回卷數	百分比	回卷數	百分比	回卷數	百分比	回卷數	百分比	回卷數	百分比
❶華東	1,088	41.56%	1,222	43.72%	1,213	45.74%	1,073	41.82%	1,024	40.99%
❷華南	710	27.12%	712	25.47%	610	23.00%	537	20.93%	545	21.82%
❸華北	299	11.42%	357	12.77%	295	11.12%	313	12.20%	296	11.85%
❹華中	238	9.09%	215	7.69%	236	8.90%	265	10.33%	281	11.25%
❺西南	174	6.65%	187	6.69%	196	7.39%	250	9.74%	229	9.17%
❻東北	76	2.90%	71	2.54%	70	2.64%	79	3.08%	79	3.16%
❼西北	33	1.26%	31	1.11%	32	1.21%	49	1.91%	44	1.76%
總和	2,618	100.00%	2,795	100.00%	2,652	100.00%	2,566	100.00%	2,498	100.00%

資料來源：本研究整理

三、2014 TEEMA 樣本回卷台商投資區位分析

由表 16-2 可知，2014《TEEMA 調查報告》台商回收問卷之區位仍是以經濟開發區為最主要來源（41.32%），次之為一般市區（34.08%），再者為高新技術區（11.36%），與 2010 至 2013 年《TEEMA 調查報告》差異不大，顯示台商投資區位主要以經濟開發區、一般市區與高新技術區為主。

表 16-2 2010 至 2014 TEEMA 報告調查受訪廠商經營現況：投資區位

投資區位	2010	2011	2012	2013	2014
	N=2,618	N=2,795	N=2,652	N=2,566	N=2,498
❶經濟開發區	42.51%	39.36%	42.31%	41.18%	41.32%
❷一般市區	33.19%	34.00%	31.49%	32.04%	34.08%
❸高新技術區	12.22%	11.62%	11.08%	12.46%	11.36%
❹經濟特區	3.82%	4.58%	4.64%	4.75%	4.83%
❺保稅區	2.52%	3.19%	3.15%	3.10%	3.04%
❻其他	5.73%	7.24%	7.31%	6.47%	5.37%

資料來源：本研究整理

四、2014 TEEMA 樣本回卷台商企業未來佈局規劃分析

2014《TEEMA 調查報告》關於企業未來佈局規劃之調查分析如表 16-3 所示，「台灣母公司繼續生產營運」所占比例最高，為 47.12%；第 2 為「擴大對大陸投資生產」，為 40.28%；「台灣關閉廠房僅保留業務」有 10.82%；「與陸資企業合資經營」，9.23%；「希望回台投資」，6.18%；「結束在台灣業務」則為 3.27%；而「希望回台上市融資」則為 6.29%。

分析 2010 至 2014《TEEMA 調查報告》歷年變化，可發現「擴大對大陸投資生產」由 2010 年的 50.32% 下降至 2013 年的 46.12%，到 2014 年更是往下降至 40.28%，顯示台商赴中國大陸投資設廠意願逐漸降低，乃因台商在中國大陸面臨困境不斷增加，諸如習李政策改革衝擊、經營成本上升、內資企業競爭等，2014 年 6 月 5 日，全國台灣同胞投資企業聯誼會副會長陳燕木於大陸台商端午節座談聯誼活動指出：「目前台商在中國大陸經營現況非常嚴峻，匯率、基本工資提高及材料成本提升 3 大問題，使往昔台商在中國大陸發展優勢逐漸喪失」。此外，值得注意的是「與陸資企業合資經營」之比例從 2012 年的 6.40% 提升至 2014 年的 9.23%。根據工業總會理事長許勝雄（2013）指出：「兩岸產業均面

臨國際經濟挑戰，全球市場中，各國對資源、市場和資金競爭日益加劇，兩岸應推動『兩岸合、贏天下』的產業合作模式，進而減少惡性競爭以促進雙贏。」顯示出面對劇烈變動的國際經濟局勢，兩岸企業應以更緊密合作模式減少惡性競爭，進而提升雙方實力，攜手拓展國際市場。

表 16-3 2010 至 2014 TEEMA 受訪廠商經營現況：企業未來佈局規劃

企業未來佈局規劃	2010	2011	2012	2013	2014
	N=2,618	N=2,795	N=2,652	N=2,566	N=2,498
❶台灣母公司繼續生產營運	37.20%	40.68%	44.49%	46.34%	47.12%
❷擴大對大陸投資生產	53.02%	50.95%	49.39%	46.12%	40.28%
❸台灣關閉廠房僅保留業務	19.25%	15.24%	13.22%	11.18%	10.82%
❹與陸資企業合資經營	6.42%	5.37%	6.40%	8.63%	9.23%
❺希望回台投資	6.57%	5.26%	5.90%	7.14%	6.18%
❻結束在台灣業務	9.47%	7.69%	6.60%	4.56%	3.27%
❼希望回台上市融資	1.41%	2.54%	2.92%	4.08%	6.29%
❽其他	6.57%	7.12%	7.92%	7.02%	5.76%

資料來源：本研究整理

五、2014 TEEMA 台商在中國大陸經營績效分析

根據表 16-4 顯示，2014《TEEMA 調查報告》回收的 2,498 份有效問卷，分析關於台商在中國大陸經營績效可知，2013 年中國大陸事業淨利成長，負成長占所有淨利成長中的 59.02%，遠超過於正成長的 29.13%；且 2013 年事業淨利負成長部分更是多於 2012 年的 12.18%，顯示台商在中國大陸投資獲利日益下降。根據中華徵信所（2014）公布《台灣地區中型集團企業研究》報告指出：「針對台灣中型集團在中國大陸投資的 665 家子公司調查，2012 年虧損家數達 309 家，占比 46.47%，反觀 320 家獲利的公司，獲利達 5,000 萬元以上的企業僅 74 家，可見 76% 獲利企業只賺取小利。」此外，根據台商對 2014 年中國大陸淨利成長預測，負成長部分占比為 60.10%，而正成長僅 23.60%，可知台商對 2014 年中國大陸整體經營環境仍持悲觀看法。

表 16-4 2014 TEEMA 台商在中國大陸經營績效分布

2013 大陸事業淨利成長	次數	百分比	2014 大陸淨利成長預測	次數	百分比
❶ -50% 以上	88	4.27%	❶ -50% 以上	72	3.50%
❷ -10% 至 -50%	513	24.90%	❷ -10% 至 -50%	527	25.58%
❸ -1% 至 -10%	615	29.85%	❸ -1% 至 -10%	639	31.02%
❹ 持平	244	11.84%	❹ 持平	336	16.31%
❺ +1% 至 +10%	261	12.67%	❺ +1% 至 +10%	240	11.65%
❻ +10% 至 +50%	178	8.64%	❻ +10% 至 +50%	165	8.01%
❼ +50% 至 +100%	152	7.38%	❼ +50% 至 +100%	72	3.50%
❽ +100% 以上	9	0.44%	❽ +100% 以上	9	0.44%

資料來源：本研究整理

六、2014 TEEMA 台商在中國大陸發生經貿糾紛分析

2014《TEEMA 調查報告》針對 2,498 份有效問卷，進行中國大陸各區域間經貿糾紛發生次數、解決途徑與滿意度進行剖析，如表 16-5 所示。在總樣本數 2,498 份中，發生糾紛次數總計為 3,513 次，乃是因此一部分在調查問卷中屬於「複選題」，因此台商可能發生糾紛情況為全部類型皆同時發生，抑或是台商於中國大陸經商時皆沒發生任何糾紛也是有可能。而有關地區發生糾紛次數依序為：（1）華東地區（35.53%）；（2）華南地區（25.56%）；（3）華北地區（14.03%）；（4）華中地區（12.38%）；（5）西南地區（7.66%）；（6）東北地區（3.76%）；（7）西北地區（1.08%）。

此外，根據各地區對於解決經貿糾紛滿意度之比例，排序為：（1）華東地區（61.08%）；（2）西南地區（60.35%）；（3）西北地區（58.32%）；（4）華南地區（56.54%）；（5）東北地區（56.01%）；（6）華北地區（55.16%）；（7）華中地區（52.68%）。然將 2014《TEEMA 調查報告》之各地區滿意度與 2013《TEEMA 調查報告》比較，可發現在此 7 個區域的台商對於中國大陸發生糾紛處理的滿意度均呈下滑，顯示台商對於經貿糾紛解決滿意度信心稍減。

表 16-5 2014 TEEMA 調查區域別經貿糾紛發生分布

地區	樣本次數	糾紛次數	發生糾紛比例	占糾紛比例	解決途徑					滿意度之比例
					司法途徑	當地政府	仲裁途徑	台商協會	私人管道	
❶華東	1,024	1,248	121.88%	35.53%	278	226	95	85	88	61.08%
❷華南	545	898	164.77%	25.56%	167	128	76	81	55	56.54%
❸華北	296	493	166.55%	14.03%	76	83	44	72	42	55.16%
❹華中	281	435	154.80%	12.38%	68	92	65	70	38	52.68%

表 16-5 2014 TEEMA 調查區域別經貿糾紛發生分布（續）

地區	樣本次數	糾紛次數	發生糾紛比例	占糾紛比例	解決途徑					滿意度之比例
					司法途徑	當地政府	仲裁途徑	台商協會	私人管道	
❺西南	229	269	117.47%	7.66%	42	55	30	35	32	60.35%
❻東北	79	132	167.09%	3.76%	18	21	8	12	15	56.01%
❼西北	44	38	86.36%	1.08%	8	5	3	4	1	58.32%
總和	2,498	3,513	140.63%	100.00%	657	610	321	359	271	57.16%

資料來源：本研究整理

根據表 16-6，台商在中國大陸投資經貿糾紛成長比例分析所示，糾紛類型共劃分為 12 項，依序為：勞動糾紛、合同糾紛、買賣糾紛、債務糾紛、土地廠房、知識產權、合營糾紛、稅務糾紛、關務糾紛、貿易糾紛、醫療保健與商標糾紛。而在此 12 項中以「勞動糾紛」件數最高（965 件），占比為 27.46%；次之為「合同糾紛」為 384 件，占 10.93%；而依據 2013 年到 2014 年台商在中國大陸投資遭遇各項糾紛類型中（因每年回收問卷數不盡相同，為能將兩年度做客觀比較，因此將 2013 年樣本數標準化後，再與 2014 年相互比較，並做成長百分比的計算），觀察 12 項經貿類型糾紛成長數最多的為「合營糾紛」排名第一（85.34%）；「知識產權」糾紛的成長數則名列第 2（49.31%）；排名第 3 的糾紛類型則屬「買賣糾紛」（15.97%）。可知勞動問題仍為台商於中國大陸經貿投資時遭遇的最大困擾境且其糾紛件數逐年攀升，為 12 項糾紛類型之首。

表 16-6 2013 至 2014 台商在中國大陸投資經貿糾紛成長比例分析

糾紛類型	2013 (N=2,566)	調整前成長百分比	2013 調整值	調整後成長百分比	2014 (N=2,498)	經貿糾紛數成長排名
❶勞動糾紛	841	14.74%	864	11.70%	965	5
❷合同糾紛	352	9.09%	362	6.20%	384	7
❸買賣糾紛	298	19.13%	306	15.97%	355	3
❹債務糾務	295	9.83%	303	6.92%	324	6
❺土地廠房	324	-6.48%	333	-8.96%	303	9
❻知識產權	163	53.37%	167	49.31%	250	2
❼合營糾紛	104	90.38%	107	85.34%	198	1
❽稅務糾紛	275	-32.73%	282	-34.51%	185	12
❾關務糾紛	233	-30.90%	239	-32.73%	161	11
❿貿易糾紛	168	-14.88%	173	-17.14%	143	10
⓫醫療保健	121	19.01%	124	15.85%	144	4
⓬商標糾紛	101	0.00%	104	-2.65%	101	8
糾紛總數	3,275	7.27%	3,364	4.42%	3,513	

資料來源：本研究整理

為瞭解台商在中國大陸面對經貿糾紛所採取之解決途徑與滿意度，因此 2014《TEEMA 調查報告》針對經貿糾紛解決滿意度與已解決途徑次數兩項進行剖析，如表 16-7 所示，關於台商在中國大陸遇到經貿糾紛所採取的解決途徑依序如下：（1）司法途徑；（2）當地政府；（3）台商協會；（4）仲裁；（5）私人管道。在此 5 項解決途徑中，台商選擇「司法途徑」之比例最高（31.42%）；第 2 高之比例為「當地政府」（29.00%）；再次之則為「台商協會」（16.15%），顯示「司法途徑」為台商遇到經貿糾紛時會優先採取的解決途徑。在「非常滿意」此一選項數據分析，將其排名由高到低依序如下所示：（1）台商協會（24.57%）；（2）私人管道（15.84%）；（3）仲裁（13.45%）；（4）當地政府（12.55%）；（5）司法途徑（12.46%），由此可知，在 5 項解決途徑中，台商對於「台商協會」之解決管道最為滿意；反之台商對於「司法途徑」管道最不滿意。

表 16-7 2014 TEEMA 台商經貿糾紛滿意度與解決途徑次數分配表

糾紛解決途徑	尚未解決	非常滿意	滿意	不滿意	非常不滿意	總和
❶ 司法途徑	115	71	143	133	108	570
	20.18%	12.46%	25.09%	23.33%	18.95%	31.42%
❷ 當地政府	86	66	112	147	115	526
	16.35%	12.55%	21.29%	27.95%	21.86%	29.00%
❸ 仲　　裁	35	30	68	52	38	223
	15.70%	13.45%	30.49%	23.32%	17.04%	12.29%
❹ 台商協會	53	72	112	40	16	293
	18.09%	24.57%	38.23%	13.65%	5.46%	16.15%
❺ 私人管道	35	32	69	45	21	202
	17.33%	15.84%	34.16%	22.28%	10.40%	11.14%
總　　和	324	271	504	417	298	1,814
	17.86%	14.94%	27.78%	22.99%	16.43%	100.00%

資料來源：本研究整理

此外，根據經濟部投資業務處（2014）指出：「台商在中國大陸發生投資糾紛，除可以透過現有機制如協調、協商及司法途徑解決外，在兩岸投資保障和促進協議簽署後，經濟部成立台商聯合服務中心作為與中國大陸國台辦協調之窗口，增加行政協處機制，統計至 2014 年 9 月底，行政協處案件共計 122 件，其中 46 件已獲解決」，可知兩岸投保協議不僅保障台商投資權益，亦為台商解決經貿糾紛提供新管道。

表 16-8 兩岸投保協議行政協處案件大陸各省市結案情形統計表

省 份	總件數	結案數	結案率	省 份	總件數	結案數	結案率
廣東省	17	7	41%	四川省	5	4	80%
上海市	11	4	36%	河北省	2	1	50%
江蘇省	14	4	29%	河南省	4	1	25%
福建省	11	2	18%	遼寧省	3	1	33%
山東省	10	4	40%	天津市	2	1	50%
浙江省	9	4	44%	湖南省	6	1	17%
北京市	6	4	66%	山西省	1	1	100%
海南省	6	2	33%	江西省	4	1	25%
廣西省	7	3	42%	內蒙古	1	0	0%
湖北省	3	1	33%	合 計	122	46	38%

資料來源：經濟部投資業務處（2014），統計期間：2012/8 至 2014/9

七、台商未來佈局中國大陸城市分析

關於 2014《TEEMA 調查報告》調查台商佈局的 2,006 個城市數中，對於未來佈局中國大陸城市調查項目，將分析結果排序前 10 名依序為：（1）上海（15.00%）、（2）成都（12.66%）、（3）廈門（10.52%）、（4）昆山（9.77%）、（5）西安（8.23%）、（6）蘇州（6.18%）、（7）北京（5.53%）、（8）南京（4.89%）、（9）杭州（4.29%）、（10）青島（4.04%）。再將 2010 至 2014 年《TEEMA 調查報告》針對台商未來佈局城市進行剖析，有 7 個城市連續 5 年皆上榜，分別為：昆山、上海、成都、北京、蘇州、杭州、廈門；其中上榜 4 次的城市名單為重慶、南京；而入榜 3 次的城市則為青島。

此外，越南 2008 年首次入榜排名第 5 名後，之後排名皆呈下滑趨勢，於 2011 年跌落前 10 名後，2014 年依舊未重返前 10 名之列，顯示越南雖有成本優勢，然因文化差異及當地法規複雜等限制障礙，加之 2014 年 5 月 13 日越南排華暴動事件，造成當地台商經營損失逾 10 億美元，進而降低佈局越南之意願。除越南占 2.10% 外，2014 年列入台商未來考慮佈局的東亞及東南亞國家，計有印度（2014 年 1.32%；2013 年為 1.04%；2012 年為 0.74%；2011 年為 0.57%）、印尼（2014 年 0.96%；2013 年為 0.52%；2012 年為 0.39%，2011 年為 0.29%）、泰國（2014 年 0.33%；2013 年為 0.47%；2012 年為 0.39%，2011 年為 0.14%）、馬來西亞（2014 年 0.24%；2013 年為 0.20%；2012 年為 0.20%，2011 年為 0.10%）、新加坡（2014 年 0.15%；2013 年、2012 年均為 0.10%）、柬埔寨（2014 年為 0.15%；2013 年為 0.10%），而緬甸 2014 年首次進入，占比 0.24%。南美洲國家則有巴西（2014 年為 0.32%；2013 年為 0.36%；2012 年為 0.25%；2011 年為 0.24%）、墨西哥（2014 年為 0.27%；2013 年為 0.20%；2012 年為 0.10%）。值得注意的是，印尼與印度占比逐年上升。根據聯合國（2013）指出：「印度及印尼之國家年齡中位數分別為25歲和28.2歲，具備年輕代工優勢，而年輕勞動人口背後即代表著生產力提升、消費力增加和都市化發展，雙印未來發展潛力不容小覷。」可見台商亦關注到雙印的年輕勞動力、低經營成本及高度消費力等優勢，逐漸提升佈局意願。

表 16-9 2010 至 2014 TEEMA 調查報告受訪廠商未來佈局城市分析

排名	2010（N=1,998）			2011（N=2,098）			2012（N=2,034）			2013（N=2,012）			2014（N=2,006）		
	佈局城市	次數	百分比	佈局城市	次數	百分比	佈局城市	次數	百分比	佈局城市	次數	百分比	佈局城市	次數	百分比
❶	昆山	391	19.57%	上海	378	13.25%	上海	367	18.04%	成都	268	13.32%	上海	301	15.00%
❷	上海	209	10.46%	成都	212	8.10%	昆山	257	12.64%	上海	253	12.57%	成都	254	12.66%
❸	成都	152	7.61%	重慶	184	6.10%	成都	189	9.29%	昆山	201	9.99%	廈門	211	10.52%
❹	北京	131	6.56%	昆山	170	5.34%	蘇州	175	8.60%	蘇州	186	9.24%	昆山	196	9.77%
❺	蘇州	108	5.41%	北京	138	4.96%	北京	146	7.18%	北京	125	6.21%	西安	165	8.23%
❻	杭州	98	4.90%	天津	122	4.00%	杭州	112	5.51%	廈門	104	5.17%	蘇州	124	6.18%
❼	廈門	89	4.45%	廈門	86	3.43%	青島	93	4.57%	重慶	98	4.87%	北京	111	5.53%
❽	南京	87	4.35%	蘇州	84	3.38%	廈門	85	4.18%	杭州	86	4.27%	南京	98	4.89%
❾	越南	75	3.75%	杭州	70	3.34%	重慶	73	3.59%	南京	77	3.83%	杭州	86	4.29%
❿	重慶	72	3.60%	南京	58	2.76%	天津	61	3.00%	青島	74	3.68%	青島	81	4.04%

資料來源：本研究整理

八、台商佈局中國大陸城市依產業別分析

2014《TEEMA 調查報告》除針對目前投資於中國大陸的台商未來之佈局城市調查，亦根據投資產業類型進行佈局城市剖析。

表 16-10 2014 TEEMA 調查報告受訪廠商產業別佈局城市分析

❶高科技產業（N=825）				❷傳統產業（N=712）				❸服務產業（N=469）			
排名	城市	樣本	百分比	排名	城市	樣本	百分比	排名	城市	樣本	百分比
❶	成都	114	13.82%	❶	西安	101	14.19%	❶	上海	72	15.35%
❷	蘇州	103	12.48%	❷	重慶	96	13.48%	❷	北京	64	13.65%
❸	昆山	96	11.64%	❸	成都	82	11.52%	❸	成都	53	11.30%
❹	上海	85	10.30%	❹	昆山	79	11.10%	❹	廣州	44	9.38%
❺	廈門	74	8.97%	❺	合肥	63	8.85%	❺	廈門	38	8.10%
❻	無錫	62	7.52%	❻	南通	58	8.15%	❻	深圳	32	6.82%
❼	杭州	50	6.06%	❼	廈門	55	7.72%	❼	南京	26	5.54%
❽	西安	41	4.97%	❽	蘇州	47	6.60%	❽	重慶	21	4.48%
❾	北京	39	4.73%	❾	寧波	41	5.76%	❾	杭州	19	4.05%
❿	重慶	35	4.24%	❿	瀋陽	38	5.34%	❿	武漢	16	3.41%

資料來源：本研究整理

第17章

2014 TEEMA 中國大陸城市競爭力

2014《TEEMA 調查報告》根據 8 項構面用以分析中國大陸各城市之總體競爭力，8 項構面分別為：（1）基礎條件；（2）財政條件；（3）投資條件；（4）經濟條件；（5）就業條件；（6）永續條件；（7）消費條件；（8）人文條件。有關列入的地級市、省會、副省級城市與直轄市共計 79 個，再根據加權分數之高低分成 A 至 D 共 4 個等級，整理如表 17-1 所示。

1. 以 A 級競爭力城市作探討：2014《TEEMA 調查報告》被列為 A 級競爭力城市計有 11 個，依序為：北京市、上海市、成都、廣州、深圳、天津市、武漢、杭州、蘇州、瀋陽、南京，與 2013 年的 A 級競爭力城市大致相同。其中南京總排名雖不變，但從 B01 上升至 A11。而北京市與成都排名皆大幅躍進，北京市（A08 上升至 A01）及成都（A10 上升至 A03）皆上升 7 名。

2. 以 B 級競爭力城市作探討：2014《TEEMA 調查報告》B 級競爭力城市由 2013 年的 29 個城市降為 28 個城市，因列為 B01 的南京進入 A 級競爭力城市之列，排序前 5 名分別是為青島、長沙、大連、重慶市、無錫。進一步分析此 28 個城市，變化幅度上升與下降最大的城市分別為南通、佛山與唐山，下降幅度最多的佛山（B10 下降至 B15）；反之為上升幅度最多的南通（由 B22 上升為 B17）與唐山（由 B27 上升為 B22），分別位列總排名第 28 名與 33 名。

3. 以 C 級競爭力城市作探討：從 2013 年的 31 個增加為 2014 年的 35 個城市，前 10 名為：（1）溫州、（2）太原、（3）揚州、（4）惠州、（5）貴陽、（6）洛陽、（7）南寧、（8）蕪湖、（9）中山、（10）鹽城。其中，溫州由 2013 年的 B 級競爭力城市下降至 C 級競爭力城市（由 B26 下滑至 C01），而宿遷、日照、莆田、德陽 4 城市，則由 2013 年為 D 級競爭力城市上升為 C 級城市。

4. 以 D 級競爭力城市作探討：D 級競爭力城市部分，計有 5 個城市，分別為：三亞、汕頭、北海、吉安、遂寧。其中三亞由 C 級競爭力城市下滑至 D 級競爭力，對於 D 級城市須針對較弱的基礎、財政、投資、人文條件進行改善，以利城市提升競爭力，並扭轉發展逆境。

表 17-1　2014 TEEMA 中國大陸城市競爭力排名分析

區域	城市	❶基礎條件		❷財政條件		❸投資條件		❹經濟條件		❺就業條件		❻永續條件		❼消費條件		❽人文條件		2014 城市競爭力			2013 城市競爭力			排名變化
		評分	排名	評分	排名	評分	排名	評分	排名	評分	排名	評分	排名	評分	排名	評分	排名	評分	排名	等級	評分	排名	等級	
華北	北京市	84.1025	4	98.7179	2	96.5811	2	67.8632	27	93.5897	2	66.3589	33	99.3161	1	99.3161	2	87.029	1	A01	81.740	8	A08	7
華東	上海市	83.9315	5	99.7435	1	96.5811	2	69.2307	22	91.2820	3	69.4358	22	88.376	4	99.6580	1	86.405	2	A02	87.240	1	A01	-1
西南	成　都	72.4786	20	92.3076	8	97.2649	1	79.4871	5	85.1281	9	79.2820	3	81.5384	10	86.3247	9	85.056	3	A03	80.896	10	A10	7
華南	廣　州	78.4615	11	94.3589	6	88.0341	7	80.1709	4	97.1794	1	53.6410	57	92.1367	2	84.6153	12	83.680	4	A04	84.121	2	A02	-2
華南	深　圳	86.8375	2	96.1538	4	81.5384	13	78.8033	7	87.1794	8	71.6922	15	85.6409	6	86.6666	8	83.485	5	A05	81.814	7	A07	2
華北	天津市	80.8546	10	96.9230	3	79.1452	17	95.5555	1	91.0256	5	68.2051	26	79.1452	16	64.1025	35	82.966	6	A06	82.986	3	A03	-3
華中	武　漢	85.9828	3	88.7179	12	87.6922	8	75.0427	13	90.2563	6	63.2820	43	81.5384	11	93.8461	4	82.909	7	A07	82.619	5	A05	-2
華東	杭　州	81.3674	8	91.5384	9	89.7435	5	68.2051	26	91.2820	3	75.5897	9	77.7777	18	94.1879	3	82.764	8	A08	82.926	4	A04	-4
華東	蘇　州	87.3503	1	94.3589	7	84.9572	10	79.4871	5	82.0512	14	71.0769	17	69.9145	23	90.4273	6	82.407	9	A09	82.217	6	A06	-3
東北	瀋　陽	72.8204	19	86.4102	14	92.4785	4	67.1794	28	79.7435	16	71.8974	14	89.0597	3	90.0854	7	80.933	10	A10	81.698	9	A09	-1
華東	南　京	82.0512	7	88.7179	12	78.1196	19	76.4102	10	89.9999	7	58.7692	46	83.9315	8	91.1110	5	80.364	11	A11	79.258	11	B01	0
華北	青　島	81.1965	9	85.6409	15	79.4871	16	77.4358	9	78.7179	18	83.7948	1	76.0683	20	79.4871	14	79.875	12	B01	77.916	14	B04	2
華中	長　沙	60.0000	41	81.2820	18	79.4871	15	88.0341	2	83.3333	12	68.6153	24	81.5384	11	78.8033	15	78.861	13	B02	76.095	16	B06	3
東北	大　連	70.5982	24	90.7691	10	86.6666	9	76.0683	11	77.6922	20	70.6666	18	76.4102	19	66.8375	30	77.844	14	B03	79.063	12	B02	-2
西南	重慶市	63.4187	35	95.3845	5	89.4016	6	74.7008	14	74.1025	24	66.1538	37	88.0341	5	57.9487	41	77.325	15	B04	78.281	13	B03	-2
華東	無　錫	75.3845	14	84.6153	16	80.1709	14	77.7777	8	69.2307	29	72.9230	12	68.5469	24	83.9315	13	77.053	16	B05	76.733	15	B05	-1
華東	寧　波	78.2905	12	89.4871	11	78.1196	18	65.4700	35	83.0768	13	62.4615	45	65.47	27	85.9828	10	75.195	17	B06	75.967	17	B07	0
西北	西　安	70.7692	23	71.7948	25	83.2478	11	62.0512	38	83.8461	11	72.3076	13	81.1965	13	65.8119	33	73.632	18	B07	73.760	18	B08	0
華中	鄭　州	64.4444	33	82.5640	17	81.8803	12	73.3333	16	74.8717	22	54.2564	56	67.5213	25	75.7264	19	72.981	19	B08	73.595	19	B09	0
華中	合　肥	59.8290	42	79.7435	19	72.3076	24	75.7264	12	78.7179	18	67.5897	30	61.0256	35	77.0939	17	72.007	20	B09	71.061	21	B11	1
華北	濟　南	76.5811	13	68.9743	32	66.1538	30	58.9743	43	84.8717	10	65.7435	39	79.1452	15	78.1196	16	70.369	21	B10	70.237	22	B12	1

表 17-1　2014 TEEMA 中國大陸城市競爭力排名分析（續）

區域	城市	❶ 基礎條件		❷ 財政條件		❸ 投資條件		❹ 經濟條件		❺ 就業條件		❻ 永續條件		❼ 消費條件		❽ 人文條件		2014 城市競爭力			2013 城市競爭力			排名變化
		評分	排名	評分	排名	評分	排名	評分	排名	評分	排名	評分	排名	評分	排名	評分	排名	評分	排名	等級	評分	排名	等級	
華東	常州	65.8119	29	69.9999	30	72.6495	21	71.2820	17	60.5128	39	79.0768	5	64.4444	28	72.6495	21	70.036	22	B11	68.325	24	B14	2
西南	昆明	74.3589	15	69.7435	31	74.7008	20	67.1794	28	74.6153	23	70.2563	20	71.282	22	55.8974	43	69.991	23	B12	69.265	23	B13	0
東北	長春	66.1538	28	65.3846	36	72.6495	21	68.8888	23	71.5384	27	49.3333	67	78.8033	17	71.6239	23	68.591	24	B13	68.065	25	B15	1
華南	福州	64.9572	31	66.1538	34	71.2820	25	66.8375	30	79.4871	17	54.8718	53	64.1025	29	70.2563	27	67.607	25	B14	67.430	27	B17	2
華南	佛山	73.3333	17	74.3589	23	72.6495	21	70.5982	19	52.8205	45	51.5897	62	66.8375	26	70.5982	26	67.603	26	B15	71.535	20	B10	-6
東北	哈爾濱	61.0256	38	76.6666	21	69.2307	26	51.4530	54	73.5897	25	51.5897	61	84.2734	7	85.6409	11	67.415	27	B16	66.674	29	B19	2
華東	南通	61.5384	37	77.9486	20	63.7606	34	70.2563	20	57.1794	41	75.3845	10	62.0512	31	66.8375	30	66.897	28	B17	65.039	32	B22	4
華南	廈門	73.5042	16	71.5384	26	68.2051	28	65.8119	34	81.7948	15	66.1538	37	47.0085	62	58.2906	40	66.632	29	B18	67.672	26	B16	-3
華北	煙台	67.1794	26	72.0512	24	62.7350	35	66.8375	30	62.8205	33	69.6410	21	61.0256	34	74.0170	20	66.588	30	B19	66.163	31	B21	1
華北	石家莊	72.3076	21	67.6922	33	64.1025	32	55.5555	45	59.7435	40	64.7179	41	80.5127	14	71.9657	22	65.626	31	B20	66.374	30	B20	-1
華南	東莞	83.5897	6	70.5128	29	68.5469	27	54.8718	47	53.5897	42	58.1538	47	82.564	9	54.8718	47	65.012	32	B21	67.012	28	B18	-4
華北	唐山	65.4700	30	70.5128	28	58.9743	39	86.6666	3	61.5384	38	49.3333	67	63.7606	30	45.6410	57	64.754	33	B22	60.679	37	B27	4
華南	泉州	64.7863	32	61.5384	37	57.6068	41	70.2563	20	68.4615	30	55.6923	51	52.4786	48	66.4957	32	62.518	34	B23	62.130	33	B23	-1
華中	南昌	51.9658	56	52.8205	47	62.0512	36	68.8888	23	70.2563	28	69.4358	22	53.5042	45	58.9743	39	61.884	35	B24	61.837	35	B25	0
華東	紹興	63.4187	35	60.7692	38	59.6581	38	63.4187	37	66.1538	32	66.7692	32	52.1367	49	55.2136	45	61.061	36	B25	60.316	39	B29	3
華東	嘉興	60.6837	40	56.4102	40	64.1025	32	54.1880	50	62.0512	37	68.4102	25	45.9829	64	77.0939	17	60.721	37	B26	61.984	34	B24	-3
華東	鎮江	58.2906	46	48.2051	54	54.1880	51	73.6751	15	52.8205	44	70.4615	19	49.0598	54	71.2820	25	60.585	38	B27	58.289	40	C01	2
華東	徐州	53.8461	51	74.8717	22	55.2136	45	71.2820	17	50.0000	53	48.5128	69	73.6751	21	50.7692	53	60.467	39	B28	60.644	38	B28	-1
華東	溫州	73.1623	18	66.1538	34	61.3675	37	41.8803	72	62.8205	33	52.8205	58	60.6837	36	71.6239	23	59.376	40	C01	61.149	36	B26	-4
華北	太原	68.2051	25	51.5384	49	54.8718	50	51.1111	57	77.6922	20	54.8718	52	57.9487	39	64.1025	34	58.632	41	C02	56.160	43	C04	2
華東	揚州	47.8632	59	53.0769	45	55.2136	45	64.4444	36	50.5128	51	78.0512	6	54.5299	42	52.8205	50	57.617	42	C03	57.535	42	C03	0

表 17-1 2014 TEEMA 中國大陸城市競爭力排名分析（續）

區域	城市	❶ 基礎條件		❷ 財政條件		❸ 投資條件		❹ 經濟條件		❺ 就業條件		❻ 永續條件		❼ 消費條件		❽ 人文條件		2014 城市競爭力			2013 城市競爭力			排名變化
		評分	排名	評分	排名	評分	排名	評分	排名	評分	排名	評分	排名	評分	排名	評分	排名	評分	排名	等級	評分	排名	等級	
華南	惠州	63.5897	34	47.6923	55	67.1794	29	62.0512	38	51.0256	48	71.4871	16	39.4872	72	42.9060	61	57.465	43	C04	54.537	46	C07	3
西南	貴陽	54.7008	48	55.8974	42	65.4700	31	53.8461	51	67.9487	31	49.5384	66	50.4273	52	55.5555	44	57.270	44	C05	55.996	44	C05	0
華中	洛陽	59.4871	44	55.8974	41	55.2136	45	51.7948	53	50.5128	51	48.1025	70	62.0512	31	68.8888	28	55.896	45	C06	-	-	-	-
西南	南寧	71.2820	22	54.8718	43	44.9572	60	48.0342	64	62.8205	33	46.4615	72	58.6324	38	68.8888	28	54.894	46	C07	58.191	41	C02	-5
華中	蕪湖	48.0342	58	54.3589	44	57.6068	41	65.8119	32	51.0256	50	66.3589	33	39.829	71	41.8803	64	54.832	47	C08	51.119	52	C13	5
華南	中山	59.8290	42	50.7692	50	55.2136	45	60.6837	41	51.7948	46	65.3333	40	48.376	55	40.1709	67	54.807	48	C09	53.254	48	C09	0
華東	鹽城	46.3248	61	71.2820	27	56.5812	43	61.0256	40	40.7692	65	40.7179	76	61.3675	33	51.4530	51	54.713	49	C10	54.003	47	C08	-2
華北	威海	53.5042	53	44.1025	57	55.2136	45	57.9487	44	48.9743	55	75.9999	8	42.5641	68	49.0598	55	54.053	50	C11	52.702	50	C11	0
華南	珠海	66.3247	27	42.5641	59	55.8974	44	51.1111	55	72.0512	26	79.2820	4	35.0427	78	27.5214	77	53.680	51	C12	54.909	45	C06	-6
華東	泰州	52.4786	55	52.3077	48	51.4530	52	65.8119	32	39.4872	67	64.1025	42	55.5555	40	36.7521	68	53.521	52	C13	51.549	51	C12	-1
華東	淮安	40.0000	72	57.1794	39	58.9743	39	55.2136	46	42.5641	62	52.6153	59	47.3504	61	55.2136	45	52.330	53	C14	49.591	54	C15	1
華北	保定	59.4871	44	49.2307	52	49.4017	54	44.2735	70	51.0256	48	54.6666	54	54.5299	42	64.1025	35	52.039	54	C15	53.007	49	C10	-5
華中	宜昌	47.6923	60	42.5641	59	36.4102	70	68.8888	23	45.8974	57	46.4615	73	58.9743	37	51.1111	52	50.330	55	C16	49.146	56	C17	1
華東	湖州	54.0171	50	34.3590	66	48.0342	57	45.6410	68	45.8974	58	81.7435	2	37.4359	76	49.7436	54	49.055	56	C17	49.681	53	C14	-3
西北	蘭州	55.7265	47	30.7692	71	37.0940	68	44.9572	69	62.8205	33	56.3076	49	54.8718	41	56.9230	42	48.152	57	C18	47.696	57	C18	0
華中	襄陽	37.9487	74	45.1282	56	39.1453	65	59.6581	42	44.6154	60	50.5641	65	48.376	55	44.6154	60	46.885	58	C19	49.432	55	C16	-3
華北	泰安	41.5384	69	39.4872	62	35.3846	71	48.0342	64	51.2820	47	77.6410	7	45.9829	64	42.5641	62	46.533	59	C20	46.221	61	C22	2
華中	馬鞍山	41.8803	68	33.0769	69	47.6923	58	54.8718	47	46.6666	56	67.5897	29	35.3846	77	34.7008	74	46.443	60	C21	42.167	68	C29	8
華南	漳州	43.4188	65	33.0769	70	48.7179	55	54.5299	49	44.8718	59	52.6153	60	40.5128	70	41.5384	65	46.253	61	C22	47.232	58	C19	-3
華北	廊坊	49.9145	57	43.5897	58	45.9829	59	40.5128	73	49.7436	54	51.5897	62	49.0598	53	36.7521	69	45.364	62	C23	46.368	60	C21	-2
華中	岳陽	38.6325	73	34.3590	67	29.9145	75	51.1111	57	34.1025	73	63.0769	44	54.5299	42	59.3162	38	44.607	63	C24	45.632	63	C24	0

表 17-1　2014 TEEMA 中國大陸城市競爭力排名分析（續）

區域	城市	❶ 基礎條件		❷ 財政條件		❸ 投資條件		❹ 經濟條件		❺ 就業條件		❻ 永續條件		❼ 消費條件		❽ 人文條件		2014 城市競爭力			2013 城市競爭力			排名變化
		評分	排名	評分	排名	評分	排名	評分	排名	評分	排名	評分	排名	評分	排名	評分	排名	評分	排名	等級	評分	排名	等級	
華東	連雲港	43.7607	63	53.0769	46	39.1453	65	48.3760	61	35.6410	72	39.2820	77	52.8205	47	45.6410	57	44.526	64	C25	43.089	66	C27	2
西南	桂　林	40.8547	71	37.1795	63	34.0171	72	47.3504	66	39.4872	67	47.8974	71	53.5042	45	62.7350	37	44.439	65	C26	42.903	67	C28	2
華中	九　江	43.0769	66	40.7692	61	37.0940	68	43.5897	71	36.1538	71	67.9999	27	38.4615	74	54.8718	47	44.270	66	C27	44.139	65	C26	-1
華南	海　口	53.6752	52	22.8205	77	48.7179	55	28.8889	79	53.5897	43	66.3589	36	52.1367	49	33.3333	75	43.713	67	C28	45.833	62	C23	-5
西南	綿　陽	43.7607	63	34.8718	65	33.3333	73	48.3760	61	43.8461	61	45.6410	74	47.3504	58	54.1880	49	43.308	68	C29	41.942	69	C30	1
華東	宿　遷	35.8974	76	48.9743	53	42.2222	62	48.3760	61	25.1282	77	41.7436	75	47.0085	62	44.6154	59	42.456	69	C30	39.788	73	D03	4
華南	江　門	60.8546	39	36.1538	64	39.8290	64	29.5726	78	40.2564	66	67.5897	28	43.5897	67	35.0427	72	42.229	70	C31	46.726	59	C20	-11
華北	日　照	42.2222	67	24.8718	75	29.5726	76	49.0598	60	28.7179	76	74.5640	11	47.3504	58	41.1966	66	41.619	71	C32	39.889	72	D02	1
華中	贛　州	41.0256	70	49.2307	51	42.5641	61	36.7521	74	36.1538	70	32.3077	79	51.1111	51	42.5641	62	41.103	72	C33	40.286	70	C31	-2
華南	莆　田	53.1624	54	26.4102	73	40.8547	63	51.1111	55	31.5384	74	56.3076	50	27.1795	79	29.2308	76	40.776	73	C34	38.642	74	D04	1
西南	德　陽	54.5299	49	25.6410	74	26.1538	78	51.1111	57	41.5384	63	54.6666	54	38.8034	73	35.3846	71	40.509	74	C35	36.993	75	D05	1
華南	三　亞	34.1880	77	23.8461	76	50.0854	53	34.3590	75	41.5384	63	57.9487	48	47.3504	58	25.4701	79	39.923	75	D01	45.079	64	C25	-11
華南	汕　頭	45.4701	62	30.5128	72	26.8376	77	30.9402	77	36.9231	69	66.3589	33	44.2735	66	36.7521	69	37.585	76	D02	39.982	71	D01	-5
西南	北　海	36.0684	75	21.7949	79	38.8034	67	53.5042	52	28.9743	75	35.1795	78	42.2222	69	26.4957	78	37.535	77	D03	36.667	77	D07	0
華中	吉　安	33.8461	78	33.3333	68	31.2820	74	33.6752	76	24.1026	78	50.9743	64	48.376	55	46.3248	56	36.687	78	D04	36.782	76	D06	-2
西南	遂　寧	26.3248	79	22.0513	78	25.1282	79	47.3504	66	23.8461	79	67.1794	31	38.1196	75	35.0427	72	35.752	79	D05	-	-	-	-

【註】：城市競爭力＝【基礎條件 ×10%】＋【財政條件 ×10%】＋【投資條件 ×20%】＋【經濟條件 ×20%】＋【就業條件 ×10%】＋【永續條件 ×10%】＋【消費條件 ×10%】＋【人文條件 ×10%】

資料來源：本研究整理

第18章

2014 TEEMA 中國大陸投資環境力

2014《TEEMA 調查報告》係以中國大陸投資環境力所建構的項目包含：（1）4 項生態環境構面指標；（2）7 項基建環境構面指標；（3）6 項社會環境構面指標；（4）13 項法制環境構面指標；（5）7 項經濟環境構面指標；（6）9 項經營環境構面指標；（7）7 項創新環境構面指標；（8）5 項網通環境構面指標；（9）6 項內需環境構面指標；（10）7 項文創環境構面指標，共由 10 大構面與 71 項指標進行評估分析。2014 年在經濟、經營環境兩構面中各新增一項指標，分別是「當地政府執行繳稅在地化的僵固程度」與「當地政府對台商動遷配合的程度」。表 18-1 即針對 115 個城市調查分析，進行投資環境力所作的各構面與細項指標之評分。

一、2014 TEEMA 中國大陸投資環境力評估指標分析

由表 18-2 可知，2014《TEEMA 調查報告》以 115 個評比基準城市所分析之投資環境力評分為 3.326 分，與 2013 年評分 3.462 分相比下降 0.136 分，且從 2010 年至 2014 年《TEEMA 調查報告》可發現，中國大陸的城市投資環境評分自 2010 年起呈現連年下降趨勢，根據全球頂級商學院瑞士洛桑國際管理發展學院（IMD）發布《2014 年全球競爭力排名》指出：「由於經濟增長和外國投資放緩及基礎設施仍有所不足，大多數大型新興經濟體 2014 年競爭力下滑。如中國大陸從 2013 年的 21 位下滑到 23 位，在一定程度上是由於對其商業環境的擔憂所造成。」此外，世界銀行（WB）於 2014 年發布《2014 經商環境報告》（Doing Business 2014）亦指出：「在『全球最佳經商環境』中國大陸排名自 2012 年起就連續 3 年逐年下滑，至 2014 年的排名甚至退居第 96 名。」顯示中國大陸對經商環境改善力道仍不足，使整體投資環境力與 2013 年相較呈下滑趨勢。由表 18-1、表 18-2 及表 18-3 的綜合分析顯示，2014《TEEMA 調查報告》投資環境力 10 大評估構面、71 個細項指標及平均觀點剖析中國大陸投資環境力之論述如下：

1. 生態環境構面而言：由 2014《TEEMA 調查報告》中，由表 18-2 可看出 2014 年生態環境評分為 3.393 分，較 2013 年評分 3.520 分下降 0.137 分，雖生態環境整體評分有下滑，但在投資環境力 71 項指標排名中，4 項生態環境指標排名提升，使生態環境構面從第 3 名上升至第 2 名的位置，亦可從表 18-1 得知，生態環境指標中「當地生態與地理環境符合企業發展的條件」排名第 3、「當地水電、燃料等能源充沛的程度」排名第 5、「當地政府獎勵企業進行綠色製程生產」排名第 23、「當地政府執行對節能、檢排、降耗」排名 52，相較於 2013 年的排名分別提升 2、1、6、4 名，可知中國大陸對於生態環境的保護意識的提升與重視。中國大陸 18 屆三中全會於 2013 年 11 月 12 日提出《中共中央關於全面深化改革若干重大問題的決定》提出：「建設生態文明，須建立系統完整生態文明製度體系，用制度保護生態環境向汙染宣戰，為『美麗中國大陸』的目標實現護航。」可見中國大陸政府極力改善生態環境的力度日益增強。

2. 基建環境構面而言：由 2014《TEEMA 調查報告》中，由表 18-2 可看出 2014 年基建環境的平均觀點評分為 3.402 分，較 2013 年下降 0.141 分，但仍在 10 大構面中排名第一。此外，從表 18-1 的細項指標分析可看出，「當地海、陸、空交通運輸便利程度」、「當地的汙水、廢棄物處理設備完善程度」、「學校、教育、研究機構的質與量完備程度」、「當地的企業運作商務環境完備程度」的分數皆較 2013 年略為下降，而「醫療、衛生、保健設施的質與量完備程度」、「未來總體發展及建設規劃完善程度」相較於 2013 年評分亦呈些許下降，但排名仍然與 2013 年保持持平。根據中國大陸省發展和改革委員會於 2014 年發布《十三五規劃》指出：「推動國家重點基礎設施建設向西部地區傾斜，加快完善鐵路、公路骨架網絡，繼續加快推進交通、水利等重點基礎設施建設。」顯示中國大陸關注交通運輸建設之重要性。此外，7 項基建環境指標唯獨「當地的物流、倉儲、流通相關商業設施」在 2014 年的評分與排名呈下降情況，根據中國大陸全國政協委員吳鴻（2014）表示：「中國大陸現有物流基礎設施建設缺乏統一規劃的物流倉儲基礎設施及高效的物流數據平台，致使資訊渠道不規範，全社會物流運行效率偏低。」可知中國大陸物流相關商業建設仍具許多進步空間，應深化流通體制改革，加強促進物流流通發展。

3. 社會環境構面而言：由 2014《TEEMA 調查報告》中，由表 18-2 可看出 2014 年社會環境的平均觀點評分為 3.380 分，相較 2013 年的 3.500 分相比下雖略微下滑 0.120 分，但在排名提升一個名額晉升為第 3 名。從表 18-1 可知，6 項社會環境指標評分分數皆略為下降，但可明顯觀察到 6 項社會環境構面指標名次除「當地的社會治安」、「民眾及政府歡迎台商投資態度」兩項指標持平之外，其餘皆為提升，其中「當地民眾的誠信與道德觀程度」（3.354）更從 2013 年的第

39 名躍升為第 28 名，提升 11 個名次，值得一提的是「民眾及政府歡迎台商投資態度」從 2012 至 2014 年連續 3 年列為 71 項細項指標排名之首。根據中國大陸國務院總理李克強（2014）表示：「加快部署建設社會信用體系、構築誠實守信的經濟社會環境，是完善社會主義市場經濟體制的基礎性工程。」可看出中國大陸信用缺失仍是發展中的阻礙，但中國大陸正積極改善此現況，朝向營造更具有信用的市場經濟之路邁進。

4. 法制環境構面而言：由 2014《TEEMA 調查報告》中，由表 18-2 可看出 2014 年法制環境的平均觀點評分為 3.352 分，較 2013 年的 3.496 下滑 0.144 分，仍維持在第 5 名的位置。從法制環境構面中的 13 項細項指標亦可知，「政府與執法機構秉持公正執法態度」、「當地解決糾紛的管道完善程度」、「勞工、工安、消防、衛生行政效率」、「當地的官員操守清廉程度」、「當地的地方政府對台商投資承諾實現程度」、「當地環保法規規定適切且合理程度」、「當地政府政策穩定性及透明度」、「當地政府對智慧財產權保護的態度」及「當地政府積極查處違劣仿冒品的力度」等 9 項細項指標，較 2013 年的評分與排名皆呈下降，值得注意的是「當地政府政策穩定性及透明度」，自 2012 年的 23 名就不斷下滑至 2014 年已退步 12 個名次下跌至第 35 名。根據 2014 年中國大陸中央銀行《金融穩定報告》指出：「中國大陸政策連續性及透明度較為不足，且可能隱含不可言明的『潛規則』。」而其餘 4 項法制環境構面「行政命令與國家法令的一致性程度」、「當地的政策優惠條件」、「當地的工商管理、稅務機關行政效率」、「當地的海關行政效率」皆小幅度上升幾個名次。依據中國大陸社會科學院法學研究所（2014）發行《法治藍皮書》指出：「回顧 2013 年度中國大陸法治發展，雖彰顯中國大陸法治建設的成效，卻也揭示法治進步過程中仍然存在的不足。」綜上可知中國大陸政府對法制環境仍有待加強。

5. 經濟環境構面而言：由 2014《TEEMA 調查報告》中，由表 18-2 可看出 2014 年經濟環境的平均觀點評分為 3.379 分，表現差強人意，從 2013 年之冠掉出前 3 名之外，排名第 4 位，由表 18-1 細項指標可知「當地的資金匯兌及利潤匯出便利程度」、「當地經濟環境促使台商經營獲利程度」、「該城市未來具有經濟發展潛力的程度」、「當地政府改善外商投資環境積極程度」，此 4 項細項指標評分分數可看出有明顯差異，且排名皆出現下跌的情況，而「金融體系完善的程度且貸款取得便利程度」與 2013 年名次保持持平，唯獨「當地的商業及經濟發展相較於一般水平」比 2013 年上升一個名次，最後一個是 2014 年新增設的一個細項「當地政府執行繳稅在地化的僵固程度」（3.279）排名第 46 名，明顯影響經濟環境構面排名，值得觀察其未來發展。根據美國前副國務卿 Richard Cooper（2014）表示：「中國大陸人口結構、整體出口增長率下降、大陸城市化進程之放緩，有很大的影響關係，使中國大陸經濟發展中不可逆轉的放緩的原因。」但根據中國大陸中央銀行發布《中國大陸人民銀行年報 2013》表示：「2014 年儘管面臨諸多風險和挑戰，但隨著各項改革措施的全面推進，未來一段時期中國大陸經濟仍有望繼續保持穩中向好態勢。」綜觀中國大陸經濟環境表現雖有放緩趨勢，其完善改革制度可望在日後穩中前進，追求更大幅進步。

6. 經營環境構面而言：由 2014《TEEMA 調查報告》中，由表 18-2 可看出 2014 年經營環境構面的平均觀點評分為 3.298 分，為 10 項構面中的第 7 名，依據表 18-1 所列的 9 項細項指標得知，除「經營成本、廠房與相關設施成本合理程度」與「同業、同行間公平且正當競爭的環境條件」兩項指標排名分別為 33 名、34 名不變之外，其餘 6 項為「當地的基層勞力供應充裕程度」、「當地的專業及技術人才供應充裕程度」、「台商企業在當地之勞資關係和諧程度」、「有利於形成上、下游產業供應鏈完整程度」、「環境適合台商作為製造業或生產基地移轉」、「環境適合台商發展自有品牌與精品城」評分分數與排名皆呈下滑情形。此外，而 2014 年新加入的細項之一「當地政府對台商動遷配合的程度」（3.211）評分分數偏低，且排名倒數 10 名排名第 62 名。根據富蘭德林證券董事長劉芳榮（2014）表示：「中小型台商資金來源相對受限，中國大陸開始擴大內需、金融改革等政策，而使資本與創新力已成台商永續經營的決戰關鍵。」顯見中國大陸經營環境面臨丕變，台商所面對的挑戰日益增加，台商經營策略須隨之改變，才能站穩中國大陸市場。

7. 創新環境構面而言：由 2014《TEEMA 調查報告》中，由表 18-2 可看出 2014 年創新環境構面的平均觀點評分為 3.283 分，為 10 大構面中排名倒數第 3 居於第 8 名，與 2013 年相較排名小幅上升 1 名，由表 18-1 的 7 項創新環境細項指標可見，除「當地政府協助台商轉型升級積極程度」、「當地政府鼓勵兩岸企業共同研發程度」、政府鼓勵兩岸企業共同開拓國際市場程度，3 項創新環境細項評分與排名有下降 2、3 名之外，其餘 4 項皆處於上升與持平的狀態，其中「當地政府積極推動產業、工業自動化程度」、「當地擁有自主創新產品和國家級新產品數」、「對外開放和國際科技合作程度」，此 3 項是從 2013 年才加入評估的細項，而其表現持平有上升的跡象。依據中國大陸學技術發展戰略研究院在 2014 發布《國家創新指數報告 2013》指出：「中國大陸創新能力穩步上升，國家創新指數排名在全球 40 個主要國家中升至第 19 位，比上年提高一位。」亦根據《卓越》雜誌董事長林定芃（2014）表示：「兩岸要自主創新，共創品牌，兩岸產業優勢上可以互補，建立兩岸企業合作平台等方面加強合作，加速兩岸共創品牌的速度。」顯示出兩岸政府對兩岸對產業合作與創新的重視程度。綜觀上述，可知中國大陸政府對創新環境應做出積極改善之道，進而提升中國大陸整體的投資環境力度。

8. 網通環境構面而言：由 2014《TEEMA 調查報告》中，由表 18-2 可看出 2014 年創新環境構面的平均觀點評分為 3.261 分，為 10 大構面中排名倒數第 2 名，另外，從表 18-1 可見「通訊設備、資訊設施、網路建設完善程度」、「寬頻通信網路建設完備」、「光纖資訊到戶的普及率」、「政府推動智慧城市的積極程度」評分分數與排名比 2013 年皆呈現下降的趨向，其中「寬頻通信網路建設完備」、「光纖資訊到戶的普及率」之排名分別是 71 項指標之 70 與 71 名壓在倒數 2 名，唯獨一項「政府法規對企業技術發展與應用支持」有小幅上升，因此導致中國大陸網通環境構面成績表現十分堪憂，根據中國大陸國務院於 2013 年發布《關於促進資訊消費擴大內需的若干意見》指出：「中國大陸寬頻網路存在公共基礎設施定位不明確、區域和城鄉發展不平衡、技術原創能力不足等問題。」顯見中國大陸的網通環境仍有巨大的進步空間，然建設智慧城市已是發展必然趨勢，亦將成為中國大陸未來發展所需列為重點建設的項目之一。

9. 內需環境構面而言：由 2014《TEEMA 調查報告》中，據表 18-2 可看出 2014 年內需環境構面的平均觀點評分為 3.300 分，較 2013 年評分略為下降，在 10 項投資環境力構面中排名排名居於第 6。由表 18-1 得知「適合台商發展內貿內銷市場的程度」、「政府採購過程對台資內資外資一視同仁」、「政府協助台商從製造轉向內需擴展」與「居民購買力與消費潛力」分別為第 15 名、第 63 名、第 67 名及第 61 名，此 4 項指標評分與排名皆相較於 2013 年下降，然「政府獎勵台商自創品牌措施的程度」、「市場未來發展潛力優異程度」相較於 2013 年具略微增長，根據中國大陸內需消費基金經理人馬磊（2014）表示：「新動力來源即提振中國大陸內需刺激經濟成長，取代以往靠基建投資、出口的舊經濟模式。」顯見中國大陸政府對於內需市場的注重，唯台商投資於中國大陸內需市場存在一定風險在，台商須審慎行動。

10. 文創環境構面而言：由 2014《TEEMA 調查報告》中，據表 18-2 可看出 2014 年文創環境構面的平均觀點評分為 3.211 分，位居 10 項投資環境力構面中的最後一名，由表 18-1 中，顯示出文創環境的 7 項細項指標中，除「對文化創意產權的重視及保護」、「居民對於文化創意商品購買程度」前者排名與 2013 年相比上升 2 名排名第 64 名，後者排名與 2013 年相比同樣維持在第 65 名，其餘細項「政府對文化創意產業政策推動與落實」、「文化活動推動及推廣程度」、「歷史古蹟、文物等文化資產豐沛」、「居民對外來遊客包容與接納」、「居民對於文化藝術表演消費潛力」分別排名於第 57 名、第 66 名、第 60 名、第 59 名、第 69 名，5 項指標都與 2013 年相比評分與排名皆呈下滑趨勢，顯示中國大陸政府應積極改善文創環境，根據中國大陸文化部文化產業司司長劉玉珠（2014）表示：「中國大陸積極推進文化創意和設計服務與相關產業融合發展，作為轉方式、調結構、實現由『中國大陸製造』向『中國大陸創造』的重大舉措，為文化產業帶來新的重要發展機遇。」是故，為文創提供廣闊發展空間，才能進一步提升中國大陸文創整體環境。

11. 就投資環境力而言：根據 2014《TEEMA 調查報告》中，由表 18-2 所示，針對 10 大投資環境力構面評價之順序依序為：（1）基建環境；（2）生態環境；（3）社會環境；（4）經濟環境；（5）法制環境；（6）內需環境；（7）經營環境；（8）創新環境；（9）網通環境；（10）文創環境。7 大投資環境力構面生態環境、基建環境、社會環境、法制環境、創新環境、內需環境、文創環境排名較 2013 年呈現小幅進步，但分數皆呈下降趨勢，因此中國大陸應對此繼續加以精進，然在經濟環境、經營環境與網通環境，其排名與分數皆較 2013 年下滑，值得關注的是經濟環境，在過去 2010 至 2012 年已連續 3 年平穩維持在第 3 名之位置，而 2014 年卻由去年 2013 年的第 1 名跌落至第 4 名，可看出中國大陸在經濟環境上有很大的起伏，與中國大陸在 2014 年臨諸多風險和挑戰有很大的關聯，綜觀上述，中國大陸對於經濟環境、經營環境與網通環境的建設與改善仍有待加強。

表 18-1 2014 TEEMA 中國大陸投資環境力指標評分與排名分析

投資環境力評估構面與指標	2010		2011		2012		2013		2014		2010 至 2014	
	評分	排名	評分	排名	評分	排名	評分	排名	評分	排名	排名平均	總排名
生態 -01）當地生態與地理環境符合企業發展的條件	3.790	4	3.758	6	3.727	4	3.617	5	3.482	3	3.675	5
生態 -02）當地水電、燃料等能源充沛的程度	3.778	7	3.731	11	3.655	13	3.605	6	3.468	5	3.647	7
生態 -03）當地政府獎勵企業進行綠色製程生產	-	-	-	-	-	-	3.496	29	3.365	23	3.431	43
生態 -04）當地政府執行對節能、檢排、降耗	-	-	-	-	-	-	3.360	56	3.259	52	3.310	55
基建 -01）當地海、陸、空交通運輸便利程度	3.834	3	3.813	2	3.747	3	3.626	4	3.482	2	3.700	3
基建 -02）當地的污水、廢棄物處理設備完善程度	3.622	34	3.618	31	3.559	35	3.464	37	3.335	36	3.520	34
基建 -03）當地的物流、倉儲、流通相關商業設施	3.748	10	3.738	7	3.666	10	3.572	10	3.424	12	3.630	10
基建 -04）醫療、衛生、保健設施的質與量完備程度	3.715	15	3.667	17	3.595	22	3.488	31	3.349	31	3.563	19
基建 -05）學校、教育、研究機構的質與量完備程度	3.627	31	3.631	27	3.588	27	3.513	22	3.366	21	3.545	27
基建 -06）當地的企業運作商務環境完備程度	3.703	16	3.703	13	3.633	16	3.536	17	3.399	16	3.595	16
基建 -07）未來總體發展及建設規劃完善程度	3.731	13	3.738	8	3.693	7	3.603	7	3.458	7	3.645	8
社會 -01）當地的社會治安	3.669	18	3.677	16	3.656	12	3.570	11	3.426	11	3.600	15
社會 -02）當地民眾生活素質及文化水準程度	3.561	43	3.547	42	3.498	41	3.416	44	3.307	42	3.466	41
社會 -03）當地社會風氣及民眾的價值觀程度	3.567	41	3.538	43	3.491	43	3.415	45	3.318	40	3.466	41
社會 -04）當地民眾的誠信與道德觀程度	3.565	42	3.552	41	3.524	40	3.451	39	3.354	28	3.489	39
社會 -05）民眾及政府歡迎台商投資態度	3.848	2	3.809	3	3.784	1	3.695	1	3.535	1	3.734	1
社會 -06）當地民眾感到幸福與快樂的程度	-	-	-	-	-	-	3.453	38	3.343	32	3.398	48
法制 -01）行政命令與國家法令的一致性程度	3.752	9	3.717	12	3.660	11	3.563	12	3.427	10	3.624	11
法制 -02）當地的政策優惠條件	3.735	11	3.694	14	3.636	15	3.539	16	3.420	13	3.605	13

表 18-1 2014 TEEMA 中國大陸投資環境力指標評分與排名分析（續）

投資環境力評估構面與指標	2010		2011		2012		2013		2014		2010 至 2014	
	評分	排名	評分	排名	評分	排名	評分	排名	評分	排名	排名平均	總排名
法制 -03）政府與執法機構秉持公正執法態度	3.669	18	3.640	23	3.608	19	3.511	23	3.360	26	3.558	20
法制 -04）當地解決糾紛的管道完善程度	3.628	29	3.606	34	3.566	33	3.476	36	3.325	39	3.520	33
法制 -05）當地的工商管理、稅務機關行政效率	3.637	26	3.635	25	3.606	20	3.519	20	3.372	19	3.554	22
法制 -06）當地的海關行政效率	3.623	32	3.641	22	3.592	26	3.500	28	3.365	22	3.544	28
法制 -07）勞工、工安、消防、衛生行政效率	3.602	37	3.599	35	3.559	36	3.476	35	3.333	37	3.514	36
法制 -08）當地的官員操守清廉程度	3.623	32	3.612	33	3.583	29	3.487	32	3.330	38	3.527	31
法制 -09）當地的地方政府對台商投資承諾實現程度	3.716	14	3.692	15	3.652	14	3.561	13	3.394	17	3.603	14
法制 -10）當地環保法規規定適切且合理程度	3.658	22	3.643	20	3.593	24	3.505	26	3.355	27	3.551	23
法制 -11）當地政府政策穩定性及透明度	3.633	27	3.635	26	3.594	23	3.495	30	3.341	35	3.540	30
法制 -12）當地政府對智慧財產權保護的態度	3.577	39	3.579	39	3.548	38	3.451	40	3.306	43	3.492	38
法制 -13）當地政府積極查處違劣仿冒品的力度	3.489	46	3.486	45	3.454	48	3.364	54	3.244	55	3.407	47
經濟 -01）當地的商業及經濟發展相較於一般水平	3.753	8	3.738	9	3.677	8	3.595	9	3.451	8	3.643	9
經濟 -02）金融體系完善的程度且貸款取得便利程度	3.593	38	3.597	37	3.532	39	3.448	41	3.316	41	3.497	37
經濟 -03）當地的資金匯兌及利潤匯出便利程度	3.645	25	3.630	28	3.574	31	3.505	25	3.353	29	3.541	29
經濟 -04）當地經濟環境促使台商經營獲利程度	3.656	23	3.643	21	3.587	28	3.506	24	3.351	30	3.549	25
經濟 -05）該城市未來具有經濟發展潛力的程度	3.789	6	3.796	4	3.725	5	3.628	3	3.468	4	3.681	4
經濟 -06）當地政府改善外商投資環境積極程度	3.790	4	3.764	5	3.713	6	3.597	8	3.436	9	3.660	6

表 18-1 2014 TEEMA 中國大陸投資環境力指標評分與排名分析（續）

投資環境力評估構面與指標	2010		2011		2012		2013		2014		2010 至 2014	
	評分	排名	評分	排名	評分	排名	評分	排名	評分	排名	排名平均	總排名
經濟 -07）當地政府執行繳稅在地化的僵固程度	-	-	-	-	-	-	-	-	3.279	46	3.279	59
經營 -01）當地的基層勞力供應充裕程度	3.575	40	3.554	40	3.497	42	3.447	42	3.305	44	3.476	40
經營 -02）當地的專業及技術人才供應充裕程度	3.529	44	3.507	44	3.443	50	3.387	52	3.241	56	3.421	45
經營 -03）台商企業在當地之勞資關係和諧程度	3.631	28	3.635	24	3.604	21	3.519	21	3.363	24	3.550	24
經營 -04）經營成本、廠房與相關設施成本合理程度	3.615	35	3.589	38	3.563	34	3.485	33	3.342	33	3.519	35
經營 -05）有利於形成上、下游產業供應鏈完整程度	3.675	17	3.656	19	3.620	18	3.526	18	3.369	20	3.569	18
經營 -06）同業、同行間公平且正當競爭的環境條件	3.606	36	3.616	32	3.571	32	3.485	34	3.341	34	3.524	32
經營 -07）環境適合台商作為製造業或生產基地移轉	-	-	3.442	49	3.474	46	3.393	49	3.254	54	3.391	50
經營 -08）環境適合台商發展自有品牌與精品城	-	-	3.428	51	3.452	49	3.402	47	3.260	51	3.386	51
經營 -09）當地政府對台商動遷配合的程度	-	-	-	-	-	-	-	-	3.211	62	3.211	70
創新 -01）當地台商享受政府自主創新獎勵的程度	3.654	24	3.628	30	3.592	25	3.519	19	3.376	18	3.554	21
創新 -02）當地擁有自主創新產品和國家級新產品數	-	-	-	-	-	-	3.341	58	3.235	58	3.288	58
創新 -03）當地政府協助台商轉型升級積極程度	3.493	45	3.453	48	3.478	45	3.412	46	3.262	48	3.420	46
創新 -04）當地政府鼓勵兩岸企業共同研發程度	3.458	47	3.477	46	3.490	44	3.428	43	3.287	45	3.428	44
創新 -05）政府鼓勵兩岸企業共同開拓國際市場程度	3.413	48	3.438	50	3.464	47	3.393	50	3.257	53	3.393	49
創新 -06）對外開放和國際科技合作程度	-	-	-	-	-	-	3.281	68	3.191	68	3.236	69
創新 -07）當地政府積極推動產業、工業自動化程度	-	-	-	-	-	-	3.369	53	3.262	49	3.316	54
網通 -01）通訊設備、資訊設施、網路建設完善程度	3.859	1	3.845	1	3.774	2	3.651	2	3.463	6	3.718	2

表 18-1 2014 TEEMA 中國大陸投資環境力指標評分與排名分析（續）

投資環境力評估構面與指標	2010		2011		2012		2013		2014		2010 至 2014	
	評分	排名	評分	排名	評分	排名	評分	排名	評分	排名	排名平均	總排名
網通 -02）寬頻通信網路建設完備	-	-	-	-	3.275	52	3.309	67	3.179	70	3.254	68
網通 -03）光纖資訊到戶的普及率	-	-	-	-	3.202	53	3.251	69	3.130	71	3.194	71
網通 -04）政府法規對企業技術發展與應用支持	-	-	-	-	3.425	51	3.389	51	3.274	47	3.363	52
網通 -05）政府推動智慧城市的積極程度	-	-	-	-	-	-	3.396	48	3.260	50	3.328	53
內需 -01）政府獎勵台商自創品牌措施的程度	3.664	20	3.629	29	3.582	30	3.504	27	3.360	25	3.548	26
內需 -02）適合台商發展內貿內銷市場的程度	3.662	21	3.665	18	3.627	17	3.549	14	3.402	15	3.581	17
內需 -03）市場未來發展潛力優異程度	3.735	11	3.734	10	3.675	9	3.544	15	3.411	14	3.620	12
內需 -04）政府採購過程對台資內資外資一視同仁	-	-	-	-	-	-	3.336	60	3.208	63	3.272	62
內需 -05）政府協助台商從製造轉向內需擴展	-	-	-	-	-	-	3.329	62	3.200	67	3.265	63
內需 -06）居民購買力與消費潛力	-	-	-	-	-	-	3.330	61	3.218	61	3.274	61
文創 -01）歷史古蹟、文物等文化資產豐沛	-	-	-	-	-	-	3.363	55	3.238	57	3.301	56
文創 -02）文化活動推動及推廣程度	-	-	-	-	-	-	3.321	64	3.201	66	3.261	64
文創 -03）政府對文化創意產業政策推動與落實	-	-	-	-	-	-	3.339	59	3.219	60	3.279	59
文創 -04）對文化創意產權的重視及保護	-	-	-	-	-	-	3.311	66	3.205	64	3.258	66
文創 -05）居民對外來遊客包容與接納	-	-	-	-	-	-	3.354	57	3.228	59	3.291	57
文創 -06）居民對於文化藝術表演消費潛力	-	-	-	-	-	-	3.326	63	3.184	69	3.255	67
文創 -07）居民對於文化創意商品購買程度	-	-	-	-	-	-	3.315	65	3.202	65	3.259	65

資料來源：本研究整理

表 18-2 2014 TEEMA 中國大陸投資環境力構面平均觀點評分與排名

投資環境力評估構面	2010		2011		2012		2013		2014		2010至2014	
	評分	排名	評分	排名	評分	排名	評分	排名	評分	排名	評分	排名
❶生態環境	3.732	1	3.696	2	3.644	1	3.520	3	3.393	2	3.597	2
❷基建環境	3.730	2	3.719	1	3.640	2	3.543	2	3.402	1	3.607	1
❸社會環境	3.642	4	3.597	5	3.591	4	3.500	4	3.380	3	3.542	4
❹法制環境	3.642	4	3.629	4	3.588	5	3.496	5	3.352	5	3.541	5
❺經濟環境	3.704	3	3.694	3	3.635	3	3.546	1	3.379	4	3.592	3
❻經營環境	3.629	6	3.583	6	3.553	6	3.456	6	3.298	7	3.504	6
❼創新環境	3.573	7	3.525	7	3.521	7	3.392	9	3.283	8	3.459	7
❽網通環境	-	-	-	-	3.419	8	3.399	8	3.261	9	3.360	9
❾內需環境	-	-	-	-	-	-	3.432	7	3.300	6	3.366	8
❿文創環境	-	-	-	-	-	-	3.333	10	3.211	10	3.272	10
平均值	3.655		3.632		3.574		3.462		3.326		3.484	

資料來源：本研究整理

二、2013 至 2014 TEEMA 中國大陸投資環境力比較分析

2013 至 2014《TEEMA 調查報告》針對中國大陸投資環境力指標比較如表 18-3 所示，而 2014《TEEMA 調查報告》亦是對中國大陸投資環境力之 10 大構面進行分析，並將此分析結果與排名變化以表 18-4 所示。據表 18-3 與表 18-4 可歸納下列評述：

1. 就 71 項評估指標而言：由 2014《TEEMA 調查報告》在投資環境力之評估指標評估結果如表 18-3 所示，2013 年與 2014 年相較之下可知，其中 2014 年 69 項指標評分均皆低於 2013 年的評分，其中包括：4 項基建環境、7 項生態環境、6 項社會環境、12 項經濟環境、7 項法制環境、9 項內需環境、6 項經營環境、5 項創新環境、6 項網通環境、7 項文創環境；此外，今（2014）年分別在經濟環境、經營環境構面新增一項指標，表現亦不盡理想。

2. 就 71 項評估指標差異分析而言：2014《TEEMA 調查報告》與 2013 年的評估指標進行差異分析如表 18-3 所示，顯示出除新增設的兩項細項外，近乎所有指標均呈下降趨勢，而 71 項評估指標差異分析下降幅度前 3 項指標分別是網通環境中的「通訊設備、資訊設施、網路建設完善程度」，由 2013 年的 3.651 分下降至 2014 年的 3.463 分，下降 0.188 分，成為 71 項指標中下降幅度最大的指標，其次是「當地的地方政府對台商投資承諾實現程度」由 2013 年的 3.561 分下降至 2014 年的 3.394 分，下降 0.167 分，再者以「當地政府改善外商投資

環境積極程度」，由 2013 年的 3.597 分下降至 2014 年的 3.436 分，下降 0.161 分，綜觀上述，可知網通設施成為中國大陸須更進一步改善的指標，加強建設完善的通訊、資訊、網路建設。

3. 就 71 項評估指標退步比例分析：表 18-4 顯示，依照 2014 年 71 項的細項評比指標相較於 2013 年的 69 項評估指標下降比例的 97.18%，可見在 2014 年新增 17 項評估指標下，其指標數的下降比例仍有所改善，根據中國大陸美國商會《2013 年度商務環境調查報告》（2013）指出：「外資企業許可審批程序較複雜，透明度較差，時間較長，許多企業對許可申請公平性表示擔憂。」此外，《華爾街日報》（2013）亦指出：「中國大陸在政治、經濟等方面不穩定因素，使得外資企業在中國大陸紛紛撤資、裁員，顯示中國大陸營運環境惡化嚴重，受歡迎程度不如以往。」由此可知，中國大陸投資環境已出現警訊，須營造更良好的投資環境挽留海外企業佈局。

4. 就 10 項評估構面而言：2014《TEEMA 調查報告》中，依據表 18-4 所示 2013 年與 2014 年間的差異變化可觀察到，在 10 項投資環境力評估構面中，10 項構面評分均呈下跌的窘境，且以經濟環境下滑幅度最高，評分由 2013 年的 3.546 分下滑至 2014 年的 3.379 分，以最大的差距下滑 0.167；其次為經營環境的評比，評分由 2013 年的 3.456 分下滑至 2014 年的 3.298 分，共下降 0.158 分，可看出 2013 年與 2014 年間的差異變化前兩名中，在 2014 年皆各新增一項評估指標，再者是法制環境下滑幅度排名第 3 名，評分由 2013 年的 3.496 分下滑至 2014 年的 3.352 分，下滑 0.144 分；基建環境評分由 2013 年的 3.543 分下滑至 2014 年的 3.402 分，下滑 0.141 分，排名第 4；網通環境則由 2013 年的 3.399 分下滑至 2014 年的 3.261 分，下滑 0.138 分，排名第 5；「內需環境」則由 2013 年的 3.432 分下滑至 2014 年的 3.300 分，下滑 0.132 分，排名第 6；前 6 項投資環境力評估構面皆出現明顯的下降幅度，其餘投資環境力細項指標變化皆下降其依序排名為，生態環境、文創環境、社會環境、創新環境，整體而言不盡理想，中國大陸政府在投資環境上須加強改善。

表 18-3 2013 至 2014 TEEMA 投資環境力差異與排名變化分析

投資環境力評估構面與指標	2013 評分	2014 評分	2013至2014 差異分析	差異變化排名 ▲	▼	新增
生態-01）當地生態與地理環境符合企業發展的條件	3.617	3.482	-0.135	-	42	-
生態-02）當地水電、燃料等能源充沛的程度	3.605	3.468	-0.137	-	37	-
生態-03）當地政府獎勵企業進行綠色製程生產	3.496	3.365	-0.131	-	46	-
生態-04）當地政府執行對節能、檢排、降耗	3.360	3.259	-0.101	-	66	-
基建-01）當地海、陸、空交通運輸便利程度	3.626	3.482	-0.144	-	25	-
基建-02）當地的汙水、廢棄物處理設備完善程度	3.464	3.335	-0.129	-	48	-
基建-03）當地的物流、倉儲、流通相關商業設施	3.572	3.424	-0.148	-	16	-
基建-04）醫療、衛生、保健設施的質與量完備程度	3.488	3.349	-0.139	-	35	-
基建-05）學校、教育、研究機構的質與量完備程度	3.513	3.366	-0.147	-	18	-
基建-06）當地的企業運作商務環境完備程度	3.536	3.399	-0.137	-	37	-
基建-07）未來總體發展及建設規劃完善程度	3.603	3.458	-0.145	-	21	-
社會-01）當地的社會治安	3.570	3.426	-0.144	-	25	-
社會-02）當地民眾生活素質及文化水準程度	3.416	3.307	-0.109	-	62	-
社會-03）當地社會風氣及民眾的價值觀程度	3.415	3.318	-0.097	-	67	-
社會-04）當地民眾的誠信與道德觀程度	3.451	3.354	-0.097	-	67	-
社會-05）民眾及政府歡迎台商投資態度	3.695	3.535	-0.160	-	5	-
社會-06）當地民眾感到幸福與快樂的程度	3.453	3.343	-0.110	-	61	-
法制-01）行政命令與國家法令的一致性程度	3.563	3.427	-0.136	-	39	-
法制-02）當地的政策優惠條件	3.539	3.42	-0.119	-	57	-
法制-03）政府與執法機構秉持公正執法態度	3.511	3.36	-0.151	-	12	-
法制-04）當地解決糾紛的管道完善程度	3.476	3.325	-0.151	-	13	-
法制-05）當地的工商管理、稅務機關行政效率	3.519	3.372	-0.147	-	17	-
法制-06）當地的海關行政效率	3.500	3.365	-0.135	-	42	-
法制-07）勞工、工安、消防、衛生行政效率	3.476	3.333	-0.143	-	29	-
法制-08）當地的官員操守清廉程度	3.487	3.330	-0.157	-	6	-
法制-09）當地的地方政府對台商投資承諾實現程度	3.561	3.394	-0.167	-	2	-
法制-10）當地環保法規規定適切且合理程度	3.505	3.355	-0.150	-	14	-
法制-11）當地政府政策穩定性及透明度	3.495	3.341	-0.154	-	10	-
法制-12）當地政府對智慧財產權保護的態度	3.451	3.306	-0.145	-	21	-
法制-13）當地政府積極查處違劣仿冒品的力度	3.364	3.244	-0.120	-	56	-

表 18-3 2013 至 2014 TEEMA 投資環境力差異與排名變化分析（續）

投資環境力評估構面與指標	2013 評分	2014 評分	2013至2014 差異分析	差異變化排名 ▲	差異變化排名 ▼	差異變化排名 新增
經濟-01）當地的商業及經濟發展相較於一般水平	3.595	3.451	-0.144	-	23	-
經濟-02）金融體系完善的程度且貸款取得便利程度	3.448	3.316	-0.132	-	45	-
經濟-03）當地的資金匯兑及利潤匯出便利程度	3.505	3.353	-0.152	-	11	-
經濟-04）當地經濟環境促使台商經營獲利程度	3.506	3.351	-0.155	-	9	-
經濟-05）該城市未來具有經濟發展潛力的程度	3.628	3.468	-0.160	-	4	-
經濟-06）當地政府改善外商投資環境積極程度	3.597	3.436	-0.161	-	3	-
經濟-07）當地政府執行繳稅在地化的僵固程度	-	3.279	-	-	-	1
經營-01）當地的基層勞力供應充裕程度	3.447	3.305	-0.142	-	32	-
經營-02）當地的專業及技術人才供應充裕程度	3.387	3.241	-0.146	-	20	-
經營-03）台商企業在當地之勞資關係和諧程度	3.519	3.363	-0.156	-	8	-
經營-04）經營成本、廠房與相關設施成本合理程度	3.485	3.342	-0.143	-	29	-
經營-05）有利於形成上、下游產業供應鏈完整程度	3.526	3.369	-0.157	-	7	-
經營-06）同業、同行間公平且正當競爭的環境條件	3.485	3.341	-0.144	-	25	-
經營-07）環境適合台商作為製造業或生產基地移轉	3.393	3.254	-0.139	-	35	-
經營-08）環境適合台商發展自有品牌與精品城	3.402	3.260	-0.142	-	31	-
經營-09）當地政府對台商動遷配合的程度	-	3.211	-	-	-	2
創新-01）當地台商享受政府自主創新獎勵的程度	3.519	3.376	-0.143	-	28	-
創新-02）當地擁有自主創新產品和國家級新產品數量	3.341	3.235	-0.106	-	64	-
創新-03）當地政府協助台商轉型升級積極程度	3.412	3.262	-0.150	-	14	-
創新-04）當地政府鼓勵兩岸企業共同研發程度	3.428	3.287	-0.141	-	34	-
創新-05）政府鼓勵兩岸企業共同開拓國際市場程度	3.393	3.257	-0.136	-	41	-
創新-06）對外開放和國際科技合作程度	3.281	3.191	-0.090	-	69	-
創新-07）當地政府積極推動產業、工業自動化程度	3.369	3.262	-0.107	-	63	-
網通-01）通訊設備、資訊設施、網路建設完善程度	3.651	3.463	-0.188	-	1	-
網通-02）寬頻通信網路建設完備	3.309	3.179	-0.130	-	47	-
網通-03）光纖資訊到戶的普及率	3.251	3.130	-0.121	-	53	-

表 18-3 2013 至 2014 TEEMA 投資環境力差異與排名變化分析（續）

投資環境力評估構面與指標	2013 評分	2014 評分	2013至2014 差異分析	差異變化排名 ▲	差異變化排名 ▼	差異變化排名 新增
網通-04）政府法規對企業技術發展與應用支持	3.389	3.274	-0.115	-	58	-
網通-05）政府推動智慧城市的積極程度	3.396	3.260	-0.136	-	39	-
內需-01）政府獎勵台商自創品牌措施的程度	3.504	3.360	-0.144	-	23	-
內需-02）適合台商發展內貿內銷市場的程度	3.549	3.402	-0.147	-	18	-
內需-03）市場未來發展潛力優異程度	3.544	3.411	-0.133	-	44	-
內需-04）政府採購過程對台資內資外資一視同仁	3.336	3.208	-0.128	-	50	-
內需-05）政府協助台商從製造轉向內需擴展	3.329	3.200	-0.129	-	48	-
內需-06）居民購買力與消費潛力	3.33	3.218	-0.112	-	60	-
文創-01）歷史古蹟、文物等文化資產豐沛	3.363	3.238	-0.125	-	52	-
文創-02）文化活動推動及推廣程度	3.321	3.201	-0.120	-	54	-
文創-03）政府對文化創意產業政策推動與落實	3.339	3.219	-0.120	-	54	-
文創-04）對文化創意產權的重視及保護	3.311	3.205	-0.106	-	65	-
文創-05）居民對外來遊客包容與接納	3.354	3.228	-0.126	-	51	-
文創-06）居民對於文化藝術表演消費潛力	3.326	3.184	-0.142	-	32	-
文創-07）居民對於文化創意商品購買程度	3.315	3.202	-0.113	-	59	-

資料來源：本研究整理

表 18-4 2013 至 2014 TEEMA 投資環境力細項指標變化排名分析

投資環境力構面	2013 評分	2014 評分	2013 至 2014 差異分析	名次	評估指標升降 指標數	評估指標升降 ▲	評估指標升降 ▼	評估指標升降 新增
❶生態環境	3.520	3.393	-0.127	❼	4	0	4	0
❷基建環境	3.543	3.402	-0.141	❹	7	0	7	0
❸社會環境	3.500	3.380	-0.120	❾	6	0	6	0
❹法制環境	3.496	3.352	-0.144	❸	13	0	13	0
❺經濟環境	3.546	3.379	-0.167	❶	7	0	6	1
❻經營環境	3.456	3.298	-0.158	❷	9	0	8	1
❼創新環境	3.392	3.283	-0.109	❿	7	0	7	0
❽網通環境	3.399	3.261	-0.138	❺	5	0	5	0
❾內需環境	3.432	3.300	-0.132	❻	6	0	6	0
❿文創環境	3.333	3.211	-0.122	❽	7	0	7	0
投資環境力平均	3.462	3.326	-0.136	-	71	0	69	2
百分比					100.00%	0.00%	97.18%	2.82%

資料來源：本研究整理

依據2014《TEEMA調查報告》的投資環境力評估結果如表18-5所示，2013年投資環境力排名前10名評估指標依序為：（1）民眾及政府歡迎台商投資態度；（2）當地生態與地理環境符合企業發展的條件、當地海、陸、空交通運輸便利程度；（4）當地水電、燃料等能源充沛的程度、該城市未來具有經濟發展潛力的程度；（6）通訊設備、資訊設施、網路建設完善程度；（7）未來總體發展及建設規劃完善程度；（8）當地的商業及經濟發展相較於一般水平；（9）當地政府改善外商投資環境積極程度；（10）行政命令與國家法令的一致性程度，其中社會環境的一項指標「民眾及政府歡迎台商投資態度」，在2013年及2014年連續兩年均獨占鰲頭，成為投資環境力中最優異的指標，此外，「當地生態與地理環境符合企業發展的條件」是投資環境力排名10大指進步最高的一項指標，可看出中國大陸對於全球所關注的重要議題生態環境之努力已有所成效。

表18-5 2014 TEEMA投資環境力排名10大最優指標

投資環境力排名10大最優指標	2013		2014	
	評分	排名	評分	排名
社會-05）民眾及政府歡迎台商投資態度	3.695	1	3.535	1
生態-01）當地生態與地理環境符合企業發展的條件	3.617	5	3.482	2
基建-01）當地海、陸、空交通運輸便利程度	3.626	4	3.482	2
生態-02）當地水電、燃料等能源充沛的程度	3.605	6	3.468	4
經濟-05）該城市未來具有經濟發展潛力的程度	3.628	3	3.468	4
網通-01）通訊設備、資訊設施、網路建設完善程度	3.651	2	3.463	6
基建-07）未來總體發展及建設規劃完善程度	3.603	7	3.458	7
經濟-01）當地的商業及經濟發展相較於一般水平	3.595	9	3.451	8
經濟-06）當地政府改善外商投資環境積極程度	3.597	8	3.436	9
法制-01）行政命令與國家法令的一致性程度	3.563	12	3.427	10

資料來源：本研究整理

2014《TEEMA調查報告》針對投資環境力71項指標排名中較差的10項指標加以剖析，根據表18-6所示，分別為：（1）光纖資訊到戶的普及率；（2）寬頻通信網路建設完備；（3）居民對於文化藝術表演消費潛力；（4）對外開放和國際科技合作程度；（5）政府協助台商從製造轉向內需擴展；（6）文化活動推動及推廣程度；（7）居民對於文化創意商品購買程度；（8）政府採購過程對台資內資外資一視同仁；（9）政府採購過程對台資內資外資一視同仁；

（10）當地政府對台商動遷配合的程度。依據上述之投資環境力排名 10 大劣勢指標，可看出，其前 3 名分別是以兩項網通環境與一項文創環境居於較差的環境評估，此外，「光纖資訊到戶的普及率」仍延續 2013 年成為 2014 年之 10 大劣勢指標之首，根據中國大陸光谷首席科學家趙梓森（2013）表示：「中國大陸寬頻光纖產業發展，網路建設資金有限，用戶月租費太高，仍需中國大陸政府大力度支援。」顯示中國大陸在光纖資訊普及率項目努力不足。此外，從表 18-6 可看出文創環境「居民對於文化藝術表演消費潛力」投資環境力排名 10 大劣勢指標自 2013 年的第 7 名提高其劣勢排名晉升至第 3 名，且文創環境構面更占據 4 項指標皆為劣勢指標，綜觀上述，可知中國大陸對推廣文化創新力度與民眾對於文化創意的認知仍嫌不足。

表 18-6 2014 TEEMA 投資環境力排名 10 大劣勢指標

投資環境力排名 10 大劣勢指標	2013		2014	
	評分	排名	評分	排名
網通 -03）光纖資訊到戶的普及率	3.251	1	3.130	1
網通 -02）寬頻通信網路建設完備	3.309	3	3.179	2
文創 -06）居民對於文化藝術表演消費潛力	3.326	7	3.184	3
創新 -06）對外開放和國際科技合作程度	3.281	2	3.191	4
內需 -05）政府協助台商從製造轉向內需擴展	3.329	8	3.200	5
文創 -02）文化活動推動及推廣程度	3.321	6	3.201	6
文創 -07）居民對於文化創意商品購買程度	3.315	5	3.202	7
文創 -04）對文化創意產權的重視及保護	3.311	4	3.205	8
內需 -04）政府採購過程對台資內資外資一視同仁	3.336	10	3.208	9
經營 -09）當地政府對台商動遷配合的程度	-	-	3.211	10

資料來源：本研究整理

2014《TEEMA 調查報告》針對 2013 年與 2014 年投資環境力調查指標之差異分析，評估指標下降幅度最多前 10 個指標整理如表 18-7 所示，分別為：（1）通訊設備、資訊設施、網路建設完善程度；（2）當地的地方政府對台商投資承諾實現程度；（3）當地政府改善外商投資環境積極程度；（4）該城市未來具有經濟發展潛力的程度；（5）民眾及政府歡迎台商投資態度；（6）當地的官員操守清廉程度；（7）有利於形成上、下游產業供應鏈完整程度；（8）台商企業在當地之勞資關係和諧程度；（9）當地經濟環境促使台商經營獲利程度；（10）當地政府政策穩定性及透明度。綜上可知，投資環境力指標下降前 10 名的指標為網通、法制、經濟、社會、經營等 5 個投資環境構面，其中下降幅度前 10 名的指標中就有 3 項皆為經濟環境之指標，顯示出中國大陸濟濟環境仍有待加強，中國大陸社科院在 2014 年 1 月 9 日在北京發布首部《全球環境競爭力報告（2013）》綠皮書指出：「中國大陸的環境競爭力在全球 133 個國家中僅排在第 87 位，意味著加強經濟轉型升級、提高環保能力已經刻不容緩。」由此可知，觀看 2013 年中國大陸經濟環境受全球環境低迷影響，亦衝擊中國大陸經濟環境表現。

表 18-7 2013 至 2014 TEEMA 投資環境力指標下降前 10 排名

投資環境力評分下降幅度前 10 指標	2013 至 2014 評分下降	2013 至 2014 下降排名
網通 -01）通訊設備、資訊設施、網路建設完善程度	-0.188	1
法制 -09）當地的地方政府對台商投資承諾實現程度	-0.167	2
經濟 -06）當地政府改善外商投資環境積極程度	-0.161	3
經濟 -05）該城市未來具有經濟發展潛力的程度	-0.160	4
社會 -05）民眾及政府歡迎台商投資態度	-0.160	4
法制 -08）當地的官員操守清廉程度	-0.157	6
經營 -05）有利於形成上、下游產業供應鏈完整程度	-0.157	6
經營 -03）台商企業在當地之勞資關係和諧程度	-0.156	8
經濟 -04）當地經濟環境促使台商經營獲利程度	-0.155	9
法制 -11）當地政府政策穩定性及透明度	-0.154	10

資料來源：本研究整理

三、2014 TEEMA 中國大陸城市投資環境力分析

2014《TEEMA 調查報告》針對列入評比的 115 個城市進行其投資環境力分析，彙整如表 18-8 所示，茲將投資環境力之重要內涵評述如下：

1. 就投資環境力 10 佳城市而言：依據 2014《TEEMA 調查報告》顯示，投資環境力前 10 佳的城市排名依序為：（1）蘇州昆山；（2）廈門島外；（3）蘇州工業區；（4）蘇州高新區；（5）南京江寧區；（6）蘇州市區；（7）杭州蕭山區；（8）南京市區；（9）廈門島內；（10）成都。其中，蘇州昆山、蘇州工業區、廈門島外、南京江寧、杭州蕭山與成都皆自 2012 年至 2014 年連續 3 年進入前 10 佳排名的城市；另外，南京市區自 2013 年的第 14 名到 2014 年上升至第 8 名，而廈門島內則是自 2013 年的第 18 名到 2014 年上升至第 9 名，

其中蘇州昆山在基建環境、社會環境、法制環境、經營環境、創新環境、內需環境皆排名第一，表現十分亮眼；其次廈門島外在 10 大構面指標中排名均在前 10 名內，以經濟環境表現優異位居第一；而蘇州工業區以生態環境與網通環境排名為居 115 個城市之首，使其名列投資環境力 10 佳城市的第 3 名，另外，南京市區在社會環境、法制環境表現相當搶眼，而廈門島內則是以基建環境、網通環境具有一定水平，使兩者皆以大幅度躍升為 2014 年投資環境力前 10 佳城市排名。

2. 就投資環境力 10 劣城市而言：依據 2014《TEEMA 調查報告》顯示投資環境力排名前 10 劣的城市依序為：（1）贛州；（2）北海；（3）東莞厚街；（4）九江；（5）吉安；（6）江門；（7）東莞長安；（8）東莞清溪；（9）惠州；（10）深圳龍崗。其中，前 10 劣城市中僅有江門是自 2012 年及 2014 年連續 3 年皆列在前 10 劣城市名單中，顯示江門的投資環境改善力度仍不足。然探究 10 劣城市之因，多半在於基礎建設缺乏、治安環境不佳、經濟環境欠佳、網路通訊落後與創新能力不足等，其中華南地區即占據 6 個城市，東莞更是囊括 3 個城市。根據東莞市中級人民法院院長陳國輝所作《東莞市中級人民法院工作報告》（2013）指出：「在 2013 年，東莞全市法院共判處罪犯 9,752 人，受理案件共高達 109,273 件。」顯示出東莞治安出現大漏洞，成為台商前往東莞投資的一大隱憂。期望東莞政府對於其作出積極的改善，打造具備優良風氣的經商城市，進而吸引台商前往投資。

四、2013 至 2014 TEEMA 中國大陸投資環境力差異分析

就 2014《TEEMA 調查報告》表 18-9 顯示，其為 2013 年及 2014 年調查共同的 112 個城市之投資環境力評分的差異表，可看出有 97 個城市的投資環境力評分下降，占 86.6%，而評分上升的城市則只有 15 個，占 13.4%，以下就上升與下降幅度較多的前 10 城市之重要內涵評述如下：

1. 就 2013 至 2014 投資環境力評分上升前 10 城市而言：

依據表 18-9 所示，2013 年及 2014 年投資環境力評分差異上升幅度前 10 名城市依序為：（1）貴陽；（2）海口；（3）東莞清溪；（4）廈門島外；（5）福州市區；（6）蘇州高新區；（7）昆明；（8）寧波慈溪；（9）東莞石碣；（10）上海浦東。其中，貴陽為 2014 年投資環境力評分上升幅度最大的城市，根據品牌聯盟諮詢股份公司董事長王永（2014）表示：「貴陽市政府正在加強軟環境建設和涉及民營經濟的社會管理，同時制定、實行各種優惠政策，以吸引多方投資。」由此可知，貴陽政府大力扶持貴陽開發與建設的作為，使貴陽成為 2014

表 18-8 2014 TEEMA 中國大陸城市投資環境力排名分析

排名	地區	城市	❶生態環境		❷基建環境		❸社會環境		❹法制環境		❺經濟環境		❻經營環境		❼創新環境		❽網通環境		❾內需環境		❿文創環境		投資環境力	
			評分	排名	評分	排名	評分	排名	評分	排名	評分	排名	評分	排名	評分	排名	評分	排名	評分	排名	評分	排名	評分	加權分數
1	華東	蘇州昆山	4.107	4	4.189	1	4.226	1	4.245	1	4.270	2	4.183	1	4.243	1	3.750	9	4.113	1	3.735	10	4.132	98.557
2	華南	廈門島外	4.193	2	4.182	2	4.114	5	4.238	2	4.292	1	4.035	3	4.091	2	3.918	2	3.886	5	3.857	4	4.100	98.514
3	華東	蘇州工業區	4.203	1	4.146	5	4.039	6	4.027	4	3.924	13	3.889	8	4.051	3	3.993	1	3.983	3	3.924	3	4.023	96.734
4	華東	蘇州高新區	3.992	8	4.133	6	4.122	4	4.021	6	4.081	3	4.015	5	3.973	4	3.813	5	4.039	2	3.795	7	4.010	96.560
5	華東	南京江寧區	4.105	5	4.180	3	3.930	10	3.866	18	4.045	6	4.018	4	3.842	8	3.800	6	3.737	16	3.474	40	3.919	91.741
6	華東	蘇州市區	3.933	11	4.016	9	4.038	7	3.967	10	3.989	8	4.038	2	3.854	7	3.485	35	3.769	10	3.467	41	3.881	90.048
7	華東	杭州蕭山區	4.018	7	3.964	11	3.804	17	3.973	9	3.918	14	3.651	22	3.714	16	3.693	14	3.744	14	3.673	20	3.830	88.832
8	華東	南京市區	3.760	17	3.893	18	4.167	2	4.083	3	3.875	17	3.833	10	3.708	17	3.600	22	3.729	17	3.488	39	3.843	88.354
9	華南	廈門島內	3.955	9	4.082	7	3.881	12	3.984	8	3.913	15	3.786	12	3.686	18	3.779	7	3.613	31	3.423	43	3.838	88.311
10	西南	成　都	3.587	42	3.731	29	3.942	9	3.912	13	4.007	7	3.984	6	3.926	5	3.674	16	3.837	7	3.664	21	3.839	87.747
11	華北	青　島	3.769	15	3.931	13	3.759	22	4.023	5	3.974	9	3.844	9	3.570	29	3.489	33	3.784	9	3.698	16	3.800	87.443
12	華東	寧波市區	4.109	3	4.031	8	3.739	26	3.883	15	3.876	16	3.729	15	3.600	23	3.730	10	3.717	20	3.547	29	3.813	87.139
13	華東	淮　安	3.859	14	3.768	27	3.974	8	3.791	22	3.668	32	3.580	30	3.800	9	3.838	3	3.922	4	3.643	22	3.792	86.010
14	華東	無錫江陰	3.760	18	3.926	14	3.827	15	3.997	7	4.051	5	3.680	19	3.720	15	3.672	18	3.547	40	3.331	55	3.784	85.055
15	華北	天津濱海	3.652	38	3.811	21	3.827	14	3.920	12	4.056	4	3.913	7	3.550	34	3.579	25	3.696	24	3.444	42	3.769	82.971
15	西北	西　安	3.955	9	4.148	4	4.131	3	3.852	19	3.541	44	3.706	17	3.671	19	3.464	36	3.708	23	3.408	45	3.781	82.971
17	華東	無錫市區	3.750	20	3.804	22	3.910	11	3.949	11	3.940	11	3.741	13	3.725	13	3.600	22	3.507	45	3.214	63	3.751	82.710
18	華東	南　通	3.675	33	3.481	54	3.772	20	3.795	20	3.938	12	3.830	11	3.667	20	3.600	22	3.883	6	3.719	12	3.740	82.276
19	華東	上海浦東	4.031	6	3.982	10	3.868	13	3.875	17	3.946	10	3.495	43	3.433	45	3.633	19	3.556	39	3.774	8	3.764	82.233
20	華東	寧波慈溪	3.571	44	3.769	26	3.770	21	3.897	14	3.816	22	3.624	26	3.638	22	3.829	4	3.738	15	3.565	28	3.738	82.189
21	華東	上海市區	3.929	12	3.913	16	3.673	33	3.665	32	3.755	23	3.639	24	3.521	36	3.729	11	3.726	19	4.026	2	3.739	81.495
22	東北	大　連	3.750	20	3.903	17	3.660	34	3.702	27	3.846	19	3.738	14	3.552	33	3.632	20	3.767	12	3.543	31	3.717	81.321
23	西南	重　慶	3.656	37	3.924	15	3.750	24	3.793	21	3.817	21	3.556	32	3.581	28	3.400	46	3.708	22	3.638	23	3.690	77.587

表 18-8 2014 TEEMA 中國大陸城市投資環境力排名分析（續）

排名	地區	城市	❶ 生態環境		❷ 基建環境		❸ 社會環境		❹ 法制環境		❺ 經濟環境		❻ 經營環境		❼ 創新環境		❽ 網通環境		❾ 內需環境		❿ 文創環境		投資環境力	
			評分	排名	評分	排名	評分	排名	評分	排名	評分	排名	評分	排名	評分	排名	評分	排名	評分	排名	評分	排名	評分	加權分數
24	華東	杭州市區	3.750	20	3.948	12	3.773	19	3.685	29	3.643	36	3.626	25	3.436	44	3.445	41	3.508	44	4.039	1	3.668	76.024
25	華中	合　肥	3.751	19	3.552	42	3.689	32	3.881	16	3.708	26	3.525	37	3.445	43	3.391	50	3.811	8	3.519	35	3.645	74.939
26	華東	寧波北侖區	3.677	32	3.673	34	3.538	44	3.615	37	3.498	47	3.584	28	3.639	21	3.716	12	3.710	21	3.604	25	3.626	74.201
27	華東	上海閔行	3.667	35	3.847	19	3.506	51	3.635	35	3.704	28	3.687	18	3.511	38	3.496	31	3.648	28	3.688	18	3.636	73.983
28	華東	連雲港	3.565	46	3.540	44	3.543	41	3.655	33	3.688	30	3.449	47	3.733	12	3.770	8	3.636	30	3.529	33	3.617	72.724
29	華東	揚　州	3.667	34	3.762	28	3.593	40	3.755	23	3.683	31	3.436	48	3.593	25	3.333	55	3.599	34	3.714	13	3.615	71.682
30	華東	蘇州張家港	3.458	53	3.825	20	3.824	16	3.701	28	3.595	40	3.457	45	3.389	53	3.333	54	3.769	11	3.579	27	3.599	70.684
31	華東	宿　遷	3.685	29	3.447	57	3.717	29	3.672	31	3.379	62	3.502	39	3.722	14	3.713	13	3.652	26	3.155	68	3.590	70.510
32	華中	蕪　湖	3.719	26	3.518	48	3.385	64	3.716	25	3.563	43	3.715	16	3.788	10	3.325	56	3.604	32	3.402	47	3.589	69.946
33	華中	馬鞍山市	3.906	13	3.411	64	3.729	27	3.452	53	3.536	45	3.465	44	3.513	37	3.563	26	3.729	18	3.625	24	3.584	69.121
34	華北	北京亦庄	3.681	30	3.730	30	3.741	25	3.718	24	3.706	27	3.568	31	3.156	75	3.489	33	3.343	62	3.492	37	3.574	68.947
35	西南	綿　陽	3.750	20	3.564	40	3.614	37	3.611	38	3.609	38	3.497	42	3.526	35	3.295	62	3.649	27	3.489	38	3.567	68.035
36	華北	廊　坊	3.636	40	3.487	53	3.523	46	3.636	34	3.649	34	3.500	40	3.855	6	3.509	30	3.462	50	3.273	57	3.571	67.992
37	西南	遂　寧	3.700	27	3.638	36	3.711	30	3.492	48	3.581	41	3.667	20	3.560	31	3.280	64	3.600	33	3.343	53	3.565	67.818
38	西南	德　陽	3.694	28	3.643	35	3.796	18	3.547	41	3.405	59	3.414	50	3.433	46	3.356	53	3.750	13	3.421	44	3.552	67.384
39	華東	寧波奉化	3.750	20	3.773	25	3.755	23	3.543	42	3.655	33	3.536	36	3.365	57	3.318	58	3.363	61	3.252	60	3.546	65.517
40	華北	北京市區	3.388	60	3.686	33	3.650	35	3.346	65	3.857	18	3.500	40	3.400	51	3.630	21	3.483	47	3.743	9	3.548	65.430
41	華東	寧波餘姚	3.452	55	3.701	31	3.437	59	3.608	39	3.837	20	3.545	33	3.733	11	3.524	29	3.135	76	2.864	87	3.521	64.736
42	華北	威　海	3.766	16	3.420	61	3.708	31	3.678	30	3.420	57	3.368	56	3.350	58	3.538	28	3.417	53	3.589	26	3.530	64.562
43	華東	無錫宜興	3.553	47	3.699	32	3.518	47	3.506	47	3.609	37	3.433	49	3.432	47	3.400	46	3.509	43	3.729	11	3.528	64.041
44	華東	常　州	3.680	31	3.480	55	3.613	38	3.474	51	3.646	35	3.516	38	3.592	26	3.256	65	3.527	41	3.389	50	3.521	63.477
45	華東	上海松江	3.475	51	3.800	23	3.442	57	3.435	55	3.436	53	3.328	63	3.340	60	3.680	15	3.642	29	3.836	5	3.521	62.999
46	華北	煙　台	3.662	36	3.529	46	3.510	49	3.529	45	3.697	29	3.641	23	3.565	30	3.118	78	3.500	46	3.109	73	3.507	62.565
47	華東	鹽　城	3.736	25	3.429	58	3.454	56	3.487	49	3.571	42	3.543	34	3.556	32	3.411	45	3.278	64	3.127	69	3.477	60.568

表 18-8 2014 TEEMA 中國大陸城市投資環境力排名分析（續）

排名	地區	城市	❶生態環境		❷基建環境		❸社會環境		❹法制環境		❺經濟環境		❻經營環境		❼創新環境		❽網通環境		❾內需環境		❿文創環境		投資環境力	
			評分	排名	評分	排名	評分	排名	評分	排名	評分	排名	評分	排名	評分	排名	評分	排名	評分	排名	評分	排名	評分	加權分數
48	華東	蘇州吳江區	3.642	39	3.552	41	3.517	48	3.274	72	3.414	58	3.215	72	3.453	42	3.447	40	3.683	25	3.805	6	3.474	59.526
49	華東	上海嘉定	3.452	55	3.782	24	3.540	42	3.374	61	3.721	25	3.413	51	3.381	55	3.219	70	3.468	49	3.408	45	3.474	58.744
50	華北	濟　南	3.435	58	3.590	37	3.457	55	3.538	44	3.596	39	3.594	27	3.374	56	3.452	39	3.174	73	2.950	84	3.445	58.136
51	華南	珠　海	3.587	43	3.547	43	3.217	81	3.398	59	3.335	65	3.343	60	3.461	41	3.461	37	3.587	35	3.714	14	3.449	57.398
52	華東	鎮　江	3.260	80	3.583	38	3.389	63	3.628	36	3.726	24	3.583	29	3.592	27	3.308	61	3.076	83	2.833	89	3.438	57.138
53	華中	洛　陽	3.469	52	3.429	59	3.438	58	3.702	26	3.490	49	3.653	21	3.600	23	3.250	66	2.740	103	3.045	78	3.414	56.660
54	華東	徐　州	3.568	45	3.513	49	3.462	54	3.465	52	3.519	46	3.348	58	3.345	59	3.400	46	3.386	57	3.364	51	3.442	55.922
55	華南	泉　州	3.368	62	3.511	50	3.728	28	3.356	63	3.226	79	3.339	61	3.400	51	3.242	67	3.412	54	3.248	61	3.389	50.756
56	華中	鄭　州	3.310	71	3.401	66	3.349	65	3.542	43	3.313	68	3.540	35	3.476	40	3.457	38	2.881	92	3.014	79	3.355	50.582
57	華中	南　昌	3.489	50	3.429	60	3.538	43	3.437	54	3.403	60	3.384	54	3.245	66	2.945	93	3.242	67	3.364	51	3.351	48.802
58	華東	蘇州太倉	3.326	68	3.298	73	3.333	67	3.301	69	3.429	55	3.213	73	3.383	54	3.435	43	3.558	38	3.255	59	3.355	48.411
59	華東	泰　州	3.370	61	3.259	77	3.407	62	3.427	57	3.497	48	3.325	65	3.207	69	3.222	69	3.444	51	3.524	34	3.364	48.368
60	華東	嘉興市區	3.275	78	3.343	69	3.508	50	3.250	74	3.221	80	3.172	78	3.420	49	3.320	57	3.583	36	3.679	19	3.356	47.239
61	華東	杭州余杭區	3.422	59	3.571	39	3.479	53	3.332	66	3.259	74	3.215	71	3.175	71	3.388	51	3.208	69	3.116	71	3.327	46.891
62	華北	日　照	3.597	41	3.468	56	3.324	71	3.415	58	3.437	52	3.364	57	3.244	67	3.056	84	3.287	63	2.849	88	3.332	46.848
63	華東	蘇州常熟	3.500	49	3.323	70	3.342	66	3.178	77	3.293	69	3.158	81	3.095	82	3.674	17	3.377	60	3.504	36	3.328	46.370
64	華北	保　定	3.353	64	3.286	74	3.412	61	3.172	78	3.319	67	3.373	55	3.318	63	3.294	63	3.471	48	3.395	49	3.328	45.589
65	華南	廣州市區	3.261	79	3.260	76	3.318	72	3.147	80	3.091	88	3.318	66	3.255	65	3.491	32	3.576	37	3.701	15	3.314	45.068
66	華北	唐山市	3.281	76	3.375	67	3.302	73	3.327	67	3.357	64	3.389	53	3.425	48	3.313	60	3.208	69	3.116	71	3.320	44.764
67	華南	福州市區	3.200	85	3.521	47	3.633	36	3.435	56	3.364	63	3.256	70	3.130	79	3.080	79	3.142	75	3.057	77	3.301	43.852
68	東北	瀋　陽	3.170	87	3.351	68	3.249	78	3.294	70	3.435	54	3.308	68	3.173	72	3.236	68	3.523	42	3.545	30	3.316	43.809
69	華南	東莞松山湖	3.333	66	3.198	83	3.278	74	3.359	62	3.476	51	3.265	69	3.500	39	3.189	75	3.148	74	3.127	69	3.299	43.679
70	華南	福州馬尾區	3.542	48	3.532	45	3.537	45	3.521	46	3.484	50	3.198	76	2.933	95	2.633	109	3.093	81	2.587	105	3.253	42.637
71	西南	桂　林	3.333	66	3.503	52	3.437	59	3.549	40	3.286	70	3.328	62	2.962	91	3.143	77	2.833	97	2.680	101	3.249	41.421

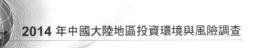

表 18-8 2014 TEEMA 中國大陸城市投資環境力排名分析（續）

排名	地區	城市	❶ 生態環境		❷ 基建環境		❸ 社會環境		❹ 法制環境		❺ 經濟環境		❻ 經營環境		❼ 創新環境		❽ 網通環境		❾ 內需環境		❿ 文創環境		投資環境力	
			評分	排名	評分	排名	評分	排名	評分	排名	評分	排名	評分	排名	評分	排名	評分	排名	評分	排名	評分	排名	評分	加權分數
72	華南	深圳市區	3.345	65	3.170	85	2.960	96	3.033	89	3.245	76	3.159	80	3.324	62	3.552	27	3.437	52	3.531	32	3.251	40.726
73	華南	莆　田	2.929	96	3.102	87	3.254	76	3.187	76	3.388	61	3.180	77	3.324	61	3.438	42	3.381	58	3.401	48	3.248	40.422
74	西南	南　寧	3.354	63	3.417	62	3.611	39	3.474	50	3.238	78	3.130	83	3.042	86	2.975	89	2.806	99	2.696	98	3.213	38.078
75	華南	漳　州	3.315	69	3.267	75	3.326	69	3.271	73	3.267	72	2.923	91	3.026	87	3.217	72	3.181	72	3.205	64	3.203	35.864
76	華南	廣州天河區	3.286	75	3.299	72	3.230	80	3.161	79	3.422	56	3.063	86	2.819	101	3.219	70	3.262	66	3.197	66	3.194	35.082
77	西南	昆　明	3.182	86	3.234	78	3.326	70	3.280	71	3.266	73	3.455	46	3.091	83	3.009	87	3.068	84	2.630	103	3.186	34.431
78	華北	泰　安	3.300	72	3.057	89	3.333	67	3.395	60	3.171	86	3.348	59	3.133	77	2.907	96	2.944	90	3.000	81	3.179	34.301
79	華東	湖　州	3.300	72	3.186	84	3.242	79	3.062	85	3.057	92	3.172	79	3.170	73	3.050	85	3.392	56	3.336	54	3.183	33.606
80	華南	三　亞	3.217	83	3.410	65	3.489	52	3.354	64	3.257	75	3.311	67	3.133	77	2.720	105	2.767	102	2.505	106	3.159	33.563
81	華南	海　口	3.313	70	3.509	51	3.271	75	3.139	81	3.188	84	3.069	85	3.000	89	3.200	73	3.000	87	2.955	83	3.174	33.389
82	東北	長　春	2.926	97	2.882	99	3.049	91	2.701	104	3.000	94	2.922	92	3.412	50	3.400	46	3.412	55	3.689	17	3.090	32.390
83	華中	長　沙	3.278	77	3.048	91	3.065	90	3.009	92	3.087	90	3.049	87	3.278	64	3.378	52	3.231	68	3.198	65	3.153	32.303
84	華北	石家莊	3.050	92	3.305	71	3.022	93	2.969	93	3.324	66	3.148	82	3.107	80	3.147	76	3.378	59	3.190	67	3.153	32.086
85	華南	汕　頭	3.444	57	3.063	88	3.250	77	3.308	68	3.278	71	3.395	52	2.878	98	2.789	100	2.713	106	2.810	90	3.118	31.739
86	華南	中　山	3.456	54	3.412	63	3.157	85	3.036	87	3.042	93	2.895	95	2.976	90	3.318	59	3.000	87	3.008	80	3.131	31.696
87	華北	天津市區	3.217	82	3.211	82	3.109	86	3.097	82	3.217	82	3.208	75	3.009	88	3.078	80	3.109	79	2.714	97	3.116	29.177
88	華東	嘉興嘉善	3.119	89	3.218	80	3.167	84	3.037	86	3.088	89	3.116	84	2.952	93	3.067	81	3.079	82	3.068	76	3.090	27.137
89	華中	武漢武昌	3.208	84	3.214	81	3.213	82	3.235	75	3.159	87	3.000	89	2.900	96	3.056	83	2.815	98	2.690	99	3.076	26.008
90	華東	紹　興	3.222	81	3.056	90	3.000	94	3.017	90	3.190	83	3.327	64	3.078	85	2.889	98	2.963	89	2.373	110	3.044	24.966
91	東北	哈爾濱	2.917	99	2.676	109	2.878	98	2.697	105	2.581	110	2.867	98	3.160	74	3.427	44	3.200	71	3.257	58	2.938	23.620
92	西北	蘭　州	2.781	106	2.768	105	2.792	102	2.894	95	3.188	84	3.208	74	3.225	68	2.775	103	3.125	78	3.277	56	2.984	23.533
93	華中	武漢漢口	3.150	88	3.010	94	2.833	100	3.015	91	3.238	77	2.822	100	3.200	70	2.960	90	3.033	86	2.590	104	3.006	23.273
94	西南	貴　陽	3.065	91	3.218	79	3.098	88	3.090	83	2.924	96	2.869	97	3.082	84	2.753	104	3.059	85	2.739	96	3.007	23.012
95	華中	武漢漢陽	2.618	111	3.168	86	3.176	83	2.905	94	3.218	81	3.039	88	2.871	99	3.012	86	2.853	95	2.437	108	2.953	20.624

表 18-8 2014 TEEMA 中國大陸城市投資環境力排名分析（續）

排名	地區	城市	❶生態環境		❷基建環境		❸社會環境		❹法制環境		❺經濟環境		❻經營環境		❼創新環境		❽網通環境		❾內需環境		❿文創環境		投資環境力	
			評分	排名	評分	排名	評分	排名	評分	排名	評分	排名	評分	排名	評分	排名	評分	排名	評分	排名	評分	排名	評分	加權分數
96	華南	東莞市區	3.025	93	2.950	95	2.717	105	2.854	97	2.914	97	2.911	93	3.100	81	2.990	88	3.108	80	2.743	95	2.937	20.538
97	華南	東莞石碣	2.700	109	2.703	106	2.740	104	3.034	88	3.057	91	2.636	107	3.144	76	2.896	97	2.913	91	3.086	75	2.888	18.323
98	華中	宜　昌	2.625	110	2.679	108	2.927	97	2.837	98	2.804	101	2.757	101	2.763	104	2.950	91	3.271	65	3.232	62	2.865	17.933
99	華南	佛　山	2.859	104	2.848	103	2.833	100	3.063	84	2.795	102	2.854	99	2.950	94	2.925	94	2.865	93	2.750	94	2.890	17.325
100	華中	襄　陽	3.288	74	3.029	93	3.025	92	2.769	100	2.836	98	2.872	96	2.790	103	2.640	107	2.667	108	2.793	92	2.870	16.891
100	華中	岳　陽	2.933	95	3.038	92	3.067	89	2.831	99	2.810	100	2.904	94	2.880	97	2.693	106	2.789	100	2.800	91	2.876	16.891
102	華東	溫　州	2.875	102	2.864	100	3.100	87	2.615	107	2.664	107	2.389	112	2.320	111	3.060	82	3.133	77	3.107	74	2.788	16.152
103	華南	東莞虎門	2.967	94	2.801	104	2.964	95	2.866	96	2.826	99	2.691	103	2.870	100	2.626	110	2.848	96	2.994	82	2.839	15.241
104	華北	太　原	2.857	105	2.687	107	2.690	107	2.718	102	2.932	95	2.942	90	2.819	102	2.914	95	2.778	101	2.925	85	2.816	14.242
105	華南	深圳寶安	2.727	108	2.922	98	2.652	108	2.738	101	2.727	103	2.424	109	2.736	106	3.191	74	2.856	94	2.630	102	2.766	13.808
106	華南	深圳龍崗	2.875	102	2.863	101	2.410	112	2.526	109	2.690	104	2.736	102	2.625	108	2.950	91	2.729	105	2.875	86	2.710	11.290
107	華南	惠　州	2.891	101	2.946	97	2.875	99	2.716	103	2.643	108	2.667	105	2.750	105	2.863	99	2.479	110	2.313	112	2.734	11.029
108	華南	東莞清溪	3.066	90	2.947	96	2.711	106	2.648	106	2.617	109	2.626	108	2.653	107	2.611	111	2.693	107	2.414	109	2.710	9.900
109	華南	東莞長安	2.742	107	2.851	102	2.530	111	2.584	108	2.669	106	2.682	104	2.955	92	2.782	102	2.614	109	2.351	111	2.687	9.640
110	華南	江　門	2.917	99	2.505	112	2.578	109	2.503	110	2.676	105	2.644	106	2.560	109	2.787	101	2.333	113	2.790	93	2.615	8.337
111	華中	吉　安	2.922	98	2.625	110	2.792	102	2.486	111	2.429	113	2.410	111	2.238	112	2.638	108	2.740	103	2.688	100	2.586	7.643
112	華中	九　江	2.368	112	2.252	114	2.569	110	2.434	112	2.555	111	2.412	110	2.224	114	2.247	113	2.471	111	2.462	107	2.398	3.909
113	華南	東莞厚街	2.345	113	2.565	111	2.397	113	2.245	114	2.449	112	2.280	114	2.352	110	2.448	112	2.437	112	1.993	115	2.364	3.127
114	西南	北　海	2.333	114	2.246	115	2.250	114	2.252	113	2.278	114	2.191	115	2.156	115	2.144	114	2.213	115	2.262	113	2.232	1.695
115	華中	贛　州	2.281	115	2.348	113	2.188	115	2.101	115	2.277	115	2.313	113	2.225	113	2.113	115	2.219	114	2.107	114	2.217	1.651

資料來源：本研究整理

年評分上升幅度第一名的城市；而海口政府已在 2013 年時正式啟動「城市管理年」專項活動，針對該市違法建築、道路交通秩序、生態環境保護等方面綜合整治，致力解決城市管理中存在的突出問題，顯示出海口政府正對其大刀闊斧進行問題改善，以提升其投資環境的競爭力。

2. 就 2013 至 2014 投資環境力評分下降前 10 城市而言：

2013 年及 2014 年投資環境力評分差異降幅前 10 名的城市依序為：（1）北海；（2）岳陽；（3）九江；（4）贛州；（5）武漢漢陽；（6）東莞厚街；（7）武漢漢口；（8）吉安；（9）杭州蕭山區；（10）湖州。其中，北海投資環境力評分差異由2013年的2.848分至2014年的2.232分，大幅的下滑0.616分；而岳陽投資環境力評分差異由 2013 年的 3.405 分至 2014 年的 2.876 分， 下滑 0.529 分；九江由 2013 年的 2.907 分至 2014 年的 2.398 分，大幅的下滑 0.509 分，投資環境力評分下降差異最大的前 3 大城市，均以 0.5 以上的分數差距下降。

表 18-9 2013 至 2014 TEEMA 中國大陸城市投資環境力評分差異

城　市	2013 評分	2014 評分	2013 至 2014 評分差異	城　市	2013 評分	2014 評分	2013 至 2014 評分差異
貴　陽	2.569	3.007	0.438	莆　田	3.321	3.248	-0.074
海　口	3.052	3.174	0.122	蘇州昆山	4.221	4.132	-0.089
東莞清溪	2.604	2.710	0.106	淮　安	3.881	3.792	-0.090
廈門島外	4.005	4.100	0.094	合　肥	3.736	3.645	-0.090
福州市區	3.243	3.301	0.058	蘇州市區	3.971	3.881	-0.091
蘇州高新區	3.953	4.010	0.056	連雲港	3.708	3.617	-0.091
昆　明	3.136	3.186	0.050	福州馬尾區	3.345	3.253	-0.092
寧波慈溪	3.695	3.738	0.044	無錫市區	3.844	3.751	-0.093
東莞石碣	2.845	2.888	0.043	廊　坊	3.667	3.571	-0.096
上海浦東	3.726	3.764	0.039	無錫江陰	3.882	3.784	-0.097
嘉興市區	3.327	3.356	0.029	南京江寧區	4.019	3.919	-0.099
長　春	3.062	3.090	0.028	深圳市區	3.352	3.251	-0.102
天津市區	3.098	3.116	0.018	武漢武昌	3.187	3.076	-0.111
蘭　州	2.974	2.984	0.010	上海嘉定	3.586	3.474	-0.112
深圳龍崗	2.708	2.710	0.002	唐山市	3.433	3.320	-0.113
蘇州工業區	4.208	4.203	-0.005	青　島	3.922	3.800	-0.122
上海市區	3.746	3.739	-0.007	東莞長安	2.810	2.687	-0.122
宿　遷	3.605	3.590	-0.015	蘇州常熟	3.451	3.328	-0.122
廈門島內	3.855	3.838	-0.016	杭州余杭區	3.450	3.327	-0.123

城市	2013 評分	2014 評分	2013至2014 評分差異	城市	2013 評分	2014 評分	2013至2014 評分差異
馬鞍山市	3.602	3.584	-0.018	泉州	3.515	3.389	-0.126
寧波市區	3.836	3.813	-0.024	宜昌	2.994	2.865	-0.130
三亞	3.187	3.159	-0.028	哈爾濱	3.068	2.938	-0.130
西安	3.811	3.781	-0.030	瀋陽	3.446	3.316	-0.130
東莞虎門	2.870	2.839	-0.032	北京市區	3.681	3.548	-0.133
珠海	3.483	3.449	-0.034	揚州	3.758	3.615	-0.143
煙台	3.544	3.507	-0.037	泰州	3.506	3.364	-0.143
常州	3.564	3.521	-0.043	濟南	3.592	3.445	-0.147
寧波奉化	3.592	3.546	-0.047	鹽城	3.625	3.477	-0.148
南通	3.792	3.740	-0.052	太原	2.964	2.816	-0.148
日照	3.389	3.332	-0.057	北京亦庄	3.725	3.574	-0.152
廣州市區	3.373	3.314	-0.059	上海松江	3.679	3.521	-0.158
鄭州	3.421	3.355	-0.066	成都	4.001	3.839	-0.162
南京市區	3.910	3.843	-0.066	保定	3.491	3.328	-0.163
寧波餘姚	3.589	3.521	-0.068	紹興	3.207	3.044	-0.163
石家莊	3.222	3.153	-0.069	漳州	3.367	3.203	-0.164
蕪湖	3.661	3.589	-0.072	鎮江	3.605	3.438	-0.167
威海	3.602	3.530	-0.072	杭州市區	3.835	3.668	-0.167
徐州	3.623	3.442	-0.181	惠州	2.999	2.734	-0.265
綿陽	3.748	3.567	-0.181	寧波北侖區	3.911	3.626	-0.285
天津濱海	3.951	3.769	-0.183	江門	2.903	2.615	-0.288
蘇州太倉	3.544	3.355	-0.189	桂林	3.539	3.249	-0.290
德陽	3.747	3.552	-0.194	廣州天河區	3.502	3.194	-0.308
蘇州吳江區	3.677	3.474	-0.203	深圳寶安	3.081	2.766	-0.316
大連	3.922	3.717	-0.204	長沙	3.483	3.153	-0.331
蘇州張家港	3.807	3.599	-0.208	襄陽	3.219	2.870	-0.349
佛山	3.101	2.890	-0.211	南昌	3.702	3.351	-0.350
溫州	3.001	2.788	-0.212	湖州	3.543	3.183	-0.360
重慶	3.907	3.690	-0.216	杭州蕭山區	4.195	3.830	-0.365
無錫宜興	3.746	3.528	-0.219	吉安	2.958	2.586	-0.371
嘉興嘉善	3.315	3.090	-0.225	武漢漢口	3.380	3.006	-0.374
汕頭	3.345	3.118	-0.227	東莞厚街	2.791	2.364	-0.427
泰安	3.407	3.179	-0.228	武漢漢陽	3.422	2.953	-0.469
南寧	3.444	3.213	-0.231	贛州	2.700	2.217	-0.483
中山	3.368	3.131	-0.236	九江	2.907	2.398	-0.509
東莞市區	3.177	2.937	-0.240	岳陽	3.405	2.876	-0.529
上海閔行	3.890	3.636	-0.254	北海	2.848	2.232	-0.616

資料來源：本研究整理

五、2014 TEEMA 中國大陸區域投資環境力分析

依據表 18-10 所示，2014《TEEMA 調查報告》針對中國大陸區域投資環境力排名分析依序為：（1）華東地區；（2）華北地區；（3）西北地區；（4）西南地區；（5）東北地區；（6）華南地區；（7）華中地區。其中，華東地區出色之投資環境力評分在 7 大經濟區域居冠，在 10 構面中擁有 9 項皆高於其他經濟區域，唯獨文創環境評分稍嫌不足；而華北地區平均分數以生態環境、法制環境、經濟環境表現出色，而位居第 2；後西北地區因網通環境表現不佳，以 0.08 分些許差距落後，以第 3 的姿態緊追在後；而西南地區則因社會環境、法制環境表現較佳位居第 4 名；東北地區以文創環境的較佳表現排名在第 5，最後，華中與華南地區在 2013 年、2014 年表現黯淡，占據倒數兩名，雖華南地區暫居落後，但政府若能擬定合適政策並協助改善當地投資環境，華南地區未來投資吸引力仍然具有很大的成長性。

表 18-10 2014 TEEMA 中國大陸區域投資環境力排名分析

環境力構面	華南	華東	華北	華中	東北	西南	西北
❶生態環境	3.180	3.640	3.443	3.145	3.191	3.366	3.368
❷基建環境	3.184	3.675	3.438	3.072	3.203	3.412	3.458
❸社會環境	3.113	3.635	3.424	3.124	3.209	3.453	3.461
❹法制環境	3.100	3.604	3.432	3.085	3.099	3.400	3.373
❺經濟環境	3.123	3.637	3.514	3.089	3.215	3.341	3.364
❻經營環境	3.025	3.518	3.447	3.054	3.209	3.309	3.457
❼創新環境	3.060	3.515	3.325	3.027	3.324	3.236	3.448
❽網通環境	3.086	3.503	3.301	2.976	3.424	3.103	3.120
❾內需環境	3.040	3.562	3.336	3.006	3.475	3.252	3.417
❿文創環境	2.973	3.470	3.233	2.935	3.509	3.056	3.342
環境力評分	3.088	3.576	3.389	3.051	3.286	3.293	3.381
環境力排名	6	1	2	7	5	4	3

資料來源：本研究整理

第19章

2014 TEEMA 中國大陸投資風險度

2014《TEEMA 調查報告》投資風險度之衡量乃是由 5 個構面及 38 個指標所構成，分別為：（1）社會風險有 3 項指標；（2）法制風險有 8 項指標；（3）經濟風險有 8 項指標；（4）經營風險有 15 項指標，（5）轉型風險有 4 項指標，並由 5 個構面的每項指標之結果給予評分和排名。

一、2014 TEEMA 中國大陸投資風險度評估指標分析

根據 2014《TEEMA 調查報告》針對 115 個城市被列入風險度之評估，評分結果如表 19-1 所示，就各構面平均觀點評分與排名之結果，如表 19-2 所示，顯示綜合 5 項構面的投資風險度平均分數，2014 年為 2.508 分，較 2013 年 2.351 分上升 0.157 分，且增加幅度亦比 2012 年至 2013 年的增加幅度 0.085 分要高，顯示 2014 年中國大陸投資風險度呈上升趨勢。自 2011 年起，調查之各項風險構面的分數結果顯示，其中 4 項投資風險度構面社會風險、法制風險、經濟風險、經營風險的評分皆呈持續上升的態勢，且上升幅度逐年提高，其中又以社會風險分數的成長幅度最大，而從 2013 年開始加入評比的轉型風險構面之評分亦呈現上升，顯示台商認為中國大陸存在的投資風險除呈現上升態勢外，其風險成長幅度亦持續增加，顯示台商在中國大陸面臨更加嚴峻的挑戰。茲針對 2014《TEEMA 調查報告》投資風險度 5 大評估構面、38 個指標，剖析重要內涵如下：

1. 就社會風險構面而言：根據 2014《TEEMA 調查報告》表 19-2 顯示，社會風險構面評價觀點為 2.525 分，相較於 2013 年 2.340 分的評分上升 0.185 分，其排名從 2013 年第 2 名下降至 2014 年第 4 名，顯示台商認為中國大陸的社會風險較 2013 年提升，且與其他風險相比問題較為嚴重。根據表 19-1，社會風險構面 3 個指標，風險最高的順序分別為：（1）「當地發生勞資或經貿糾紛不易排解的風險（2.572）」；（2）「當地發生員工抗議、抗爭事件頻繁的風險

（2.525）」；（3）「當地人身財產安全受到威脅的風險（2.476）」，此 3 項指標的風險分數皆較 2013 年增加，可知台商赴中國大陸投資所面臨的社會風險，正全面大幅提升。

2. 就法制風險構面而言：2014《TEEMA 調查報告》表 19-2 顯示，法制風險構面評價觀點為 2.466 分，相較於 2013 年 2.291 分評分上升 0.175 分，顯示台商認為在中國大陸投資的法制風險呈上升趨勢，但此風險相較其他 4 項風險，卻是連續 5 年表現最好之風險構面。從表 19-1 可見，此構面包含 8 項指標，其中風險最高的 3 項指標依序為：（1）「當地政府行政命令經常變動的風險（2.522）」；（2）「與當地政府協商過程難以掌控的風險（2.507）」；（3）「機構無法有效執行司法及仲裁結果的風險（2.484）」。法制風險中的指標，「當地政府行政命令經常變動的風險」連續 5 年風險程度皆為法制風險的指標中最差之指標，且其在 2014 年的總細項排名大幅下滑。另外，法制風險的指標中風險最低的前 3 項為：（1）「當地常以刑事方式處理經濟案件的風險（2.402）」；（2）「當地政府以不當方式要求台商回饋的風險（2.412）」；（3）「政府調解、仲裁糾紛對台商不公平程度風險（2.459）」，其中「當地常以刑事方式處理經濟案件的風險」的整體構面排名，重新奪得總細項排名冠軍。中國大陸地方政府行政命令常受上級影響，除較難以掌握、預測外，在與當地政府進行協商時，仍不易掌握過程，以致仍會發生法令的臨時變動、相關作為執行不落實以及與政府協商過程困難等風險。

3. 就經濟風險構面而言：2014《TEEMA 調查報告》表 19-2 顯示，經濟風險構面評價觀點為 2.497 分，相較於 2013 年 2.351 的評分上升 0.146 分，顯示台商認為在中國大陸投資的經濟風險有上升的趨勢。而由表 19-1 所示，經濟風險構面的 8 個細項指標中，風險最高的前 3 項為：（1）「台商藉由當地銀行體系籌措與取得資金困難（2.551）」；（2）「當地政府刪減優惠政策導致喪失投資優勢的風險（2.512）」；（3）「當地外匯嚴格管制及利潤匯出不易的風險（2.511）」。反之，經濟風險的指標中表現最好的前 3 項分別為：（1）「當地政府對台商優惠政策無法兌現的風險（2.471）」；（2）「台商企業在當地發生經貿糾紛頻繁的風險（2.471）」；（3）「當地政府保護主義濃厚影響企業獲利的風險（2.482）」。由表現較劣的細項指標分析可知，資金取得不易、銀行融資不易等問題是台商在中國大陸投資常遭遇的困境，易導致台商資金斷流，進而陷入營運困境。

4. 就經營風險構面而言：2014《TEEMA 調查報告》較 2013 年新增「環保

要求日益嚴峻造成經營成本增加風險」此一指標，由表 19-2 顯示，經營風險構面評價觀點為 2.518 分，相較於 2013 年 2.369 分的評分上升 0.149 分，顯示整體經濟風險評價有略升趨勢，然不同於近 4 年，2014 年台商對於中國大陸之經營風險從第 4 名上升為第 3 名，顯示雖然經營風險仍是重要考量問題，其風險程度相較其他問題略微降低。而由表 19-1，經營風險構面的 15 個細項指標中，風險最高的前 3 項為：（1）「勞工成本上升幅度與速度高於企業可負擔風險（2.606）」；（2）「員工缺乏忠誠度造成人員流動率頻繁的風險（2.598）」；（3）「當地適任人才及員工招募不易的風險（2.593）」，其中「勞工成本上升幅度與速度高於企業可負擔風險」自新增此項指標後，連續 4 年皆為所有投資風險指標中排名最末位者，顯示勞動成本成長之幅度與速度已成為近年來台商投資中國大陸之最重要考量要素，根據日經新聞（2013）報導指出：「中國勞動成本在過去 3 年內漲幅超過 6 成，撼動中國大陸世界工廠的優勢地位，使得諸多跨國企業紛紛勞工成本更低廉的東南亞轉移。」而波士頓諮詢集團（BCG）（2014）亦指出：「過去 10 年，中國大陸勞動成本暴衝 187%，製造成本優勢逐漸喪失，預計到 2018 年，美國將超越中國大陸成為最具製造競爭力的國家。」而風險較低前 5 項指標分別為：（1）「當地政府干預台商企業經營運作的風險（2.414）」；（2）「當地台商因經貿、稅務糾紛被羈押的風險（2.421）」；（3）「當地物流、運輸、通路狀況不易掌握的風險（2.460）」；（4）「當地配套廠商供應不穩定的風險（2.463）」；（5）「貨物通關時，受當地海關行政阻擾的風險（2.503）」，其風險程度皆較 2013 年呈上升態勢。

5. 就轉型風險構面而言：2014《TEEMA 調查報告》表 19-2 顯示，轉型風險構面評價觀點為 2.534，相較於 2013 年 2.403 分的評分上升 0.131 分，自新增此項風險構面後皆列位末位，顯示台商認為轉型風險仍高於其他風險，為台商在中國大陸投資佈局所面臨重要風險。轉型風險構面的 4 個指標中，風險最高的前 3 項為：（1）「台商進行轉型升級過程當地政府政策阻礙或限制（2.552）」；（2）「政府協助台商轉型升級政策落實不到位（2.551）」；（3）「當地投資結束營運所造成的退出障礙風險（2.538）」，其中「台商進行轉型升級過程當地政府政策阻礙或限制」在所有細項構面中，從 2013 年的第 29 名滑落至 34 名，且「政府協助台商轉型升級政策落實不到位」亦位列 33 名，顯示台商在中國大陸進行轉型升級的過程中，除易受當地政府政策阻礙或限制，亦難獲得當地政府協助，台商在面臨轉型升級時應審慎評估其中風險。然轉型風險構面的細項指標中，風險較低的「台商因轉型升級造成企業供應鏈整合不到位（2.494）」在總細項排名中，向前躍進 9 名，顯示台商企業轉型升級時，其供應鏈整合之風險較其他風險指標逐漸降低。

6. 就整體投資風險度而言：2014《TEEMA 調查報告》表 19-2 所示，綜合 5 項構面的投資風險度整體評價為 2.508 分，相較 2013 年分數 2.351 分上升 0.157 分，2011 年至 2012 年增加幅度為 0.014，2012 至 2013 年為 0.085 分，顯示台商認為中國大陸投資風險度自 2011 年起，持續呈上升趨勢。2014 年 5 大投資風險度評估構面排名依序為：（1）法制風險（2.466）；（2）經濟風險（2.497）；（3）經營風險（2.518）；（4）社會風險（2.525）；（5）轉型風險（2.534），細看整體投資風險度表現最差的 10 項細項指標，其中經營風險就占 5 項，而轉型風險占 3 項，經濟風險占 1 項，社會風險占 1 項。2014 年 4 月 10 日，中華經濟研究院經濟展望中心主任劉孟俊指出：「隨著中國大陸經濟轉型與資金環境較為緊俏下，台商經營環境呈現惡化傾向。一般而言，規模較大的台商其經營應變能力較中小型台商為強。中國大陸經營成本不斷升高，出口成長減緩，中小型台商取得出口訂單的機會隨之減少。近年來部份台商縱然轉型開拓大陸內需市場，亦面臨中國大陸國有企業壟斷，內銷障礙依然面臨重重挑戰。」顯示中國大陸整體投資風險有上升趨勢，雖部份台商欲透過轉型升級和深化內銷佈局等方式應對，但仍面臨艱困挑戰。

7. 就投資風險度歷年排名變化而言：2014《TEEMA 調查報告》表 19-1 所示，針對 2010 年至 2014 年投資風險度評估指標進行排名比較分析，經營風險中有 5 項細項指標淪為表現最差的前 10 名指標，包括「勞工成本上升幅度與速度高於企業可負擔風險」、「當地適任人才及員工招募不易的風險」、「原工缺乏忠誠度造成人員流動率頻繁的風險」、「員工道德操守造成台商企業營運損失的風險」及「原物料成本上升幅度過高造成企業虧損風險」，值得注意的是，社會風險中的「當地發生勞資或經貿糾紛不易排解的風險」5 年來首次進入最差的 10 名指標，顯示中國大陸勞動相關問題現已成為台商首要解決之務，適任人才相對匱乏、員工忠誠度低、勞資雙方爆發糾紛等，增加台商在中國大陸經營的風險。

表 19-1 2010 至 2014 TEEMA 中國大陸投資風險度指標評分與排名分析

投資風險度評估構面與指標	2010		2011		2012		2013		2014		2010 至 2014	
	評分	排名	評分	排名	評分	排名	評分	排名	評分	排名	排名平均	總排名
社會-01）當地發生員工抗議、抗爭事件頻繁的風險	2.291	23	2.283	22	2.301	23	2.364	22	2.525	25	23.000	24
社會-02）當地發生勞資或經貿糾紛不易排解的風險	2.307	25	2.302	25	2.315	25	2.384	27	2.572	35	27.400	29
社會-03）當地人身財產安全受到威脅的風險	2.240	15	2.209	12	2.206	7	2.270	5	2.476	11	10.000	10
法制-01）當地政府行政命令經常變動的風險	2.251	18	2.251	18	2.255	16	2.311	12	2.522	24	17.600	18
法制-02）違反對台商合法取得土地使用權承諾風險	2.205	7	2.193	6	2.189	6	2.290	6	2.481	12	7.400	7
法制-03）官員對法令、合同、規範執行不一致的風險	2.213	9	2.208	11	2.220	11	2.301	10	2.463	7	9.600	9
法制-04）與當地政府協商過程難以掌控的風險	2.226	13	2.228	17	2.237	14	2.336	16	2.507	20	16.000	15
法制-05）政府調解、仲裁糾紛對台商不公平程度風險	2.205	6	2.196	7	2.212	9	2.291	7	2.459	5	6.800	6
法制-06）機構無法有效執行司法及仲裁結果的風險	2.210	8	2.205	10	2.218	10	2.306	11	2.484	14	10.600	11
法制-07）當地政府以不當方式要求台商回饋的風險	2.182	3	2.144	3	2.174	3	2.246	2	2.412	2	2.600	3
法制-08）當地常以刑事方式處理經濟案件的風險	2.166	2	2.143	1	2.170	2	2.250	3	2.402	1	1.800	2
經濟-01）當地外匯嚴格管制及利潤匯出不易的風險	2.287	22	2.278	21	2.289	21	2.366	23	2.511	21	21.600	22
經濟-02）當地的地方稅賦政策變動頻繁的風險	2.270	19	2.262	20	2.279	18	2.348	18	2.492	16	18.200	19
經濟-03）台商藉由當地銀行體系籌措與取得資金困難	2.320	27	2.314	26	2.332	29	2.414	32	2.551	32	29.200	32
經濟-04）當地政府對台商優惠政策無法兌現的風險	2.225	12	2.199	8	2.208	8	2.299	9	2.471	9	9.200	8
經濟-05）台商企業在當地發生經貿糾紛頻繁的風險	2.241	16	2.211	13	2.227	12	2.323	14	2.471	10	13.000	13
經濟-06）當地政府保護主義濃厚影響企業獲利的風險	2.230	14	2.226	16	2.242	15	2.341	17	2.482	13	15.000	14
經濟-07）當地政府收費、攤派、罰款項目繁多的風險	2.282	21	2.259	19	2.286	20	2.363	21	2.489	15	19.200	20
經濟-08）當地政府刪減優惠政策導致喪失投資優勢的風險	-	-	2.325	28	2.284	19	2.354	19	2.512	22	22.000	23
經營-01）當地水電、燃氣、能源供應不穩定的風險	2.242	17	2.211	14	2.265	17	2.333	15	2.504	19	16.400	16

表 19-1 2010 至 2014 TEEMA 中國大陸投資風險度指標評分與排名分析（續）

投資風險度評估構面與指標	2010		2011		2012		2013		2014		2010 至 2014	
	評分	排名	評分	排名	評分	排名	評分	排名	評分	排名	排名平均	總排名
經營-02）當地物流、運輸、通路狀況不易掌握的風險	2.203	5	2.160	4	2.177	4	2.293	8	2.460	6	5.400	5
經營-03）當地配套廠商供應不穩定的風險	2.217	11	2.204	9	2.229	13	2.315	13	2.463	8	10.800	12
經營-04）當地企業信用不佳欠債追索不易的風險	2.314	26	2.298	24	2.323	26	2.412	31	2.536	27	26.800	27
經營-05）員工道德操守造成台商企業營運損失的風險	2.303	24	2.318	27	2.33	28	2.417	33	2.547	31	28.600	31
經營-06）當地適任人才及員工招募不易的風險	2.345	28	2.356	30	2.379	30	2.448	36	2.593	36	32.000	35
經營-07）員工缺乏忠誠度造成人員流動率頻繁的風險	2.354	29	2.358	31	2.382	31	2.443	35	2.598	37	32.600	36
經營-08）當地經營企業維持人際網絡成本過高的風險	2.281	20	2.296	23	2.304	24	2.374	24	2.539	30	24.200	25
經營-09）當地政府干預台商企業經營運作的風險	2.164	1	2.143	2	2.149	1	2.241	1	2.414	3	1.600	1
經營-10）當地台商因經貿、稅務糾紛被羈押的風險	2.194	4	2.166	5	2.183	5	2.268	4	2.421	4	4.400	4
經營-11）貨物通關時，受當地海關行政阻擾的風險	2.214	10	2.224	15	2.293	22	2.362	20	2.503	18	17.000	17
經營-12）政府對內資與台資企業不公平待遇	2.447	30	2.331	29	2.328	27	2.378	25	2.521	23	26.800	27
經營-13）勞工成本上升幅度與速度高於企業可負擔風險	-	-	2.511	33	2.524	33	2.477	37	2.606	38	35.250	38
經營-14）原物料成本上升幅度過高造成企業虧損風險	-	-	2.462	32	2.492	32	2.402	30	2.537	28	30.500	33
經營-15）環保要求日益嚴酸造成經營成本增加風險	-	-	-	-	-	-	-	-	2.533	26	26.000	26
轉型-01）當地投資結束營運所造成的退出障礙風險	-	-	-	-	-	-	2.398	28	2.538	29	28.500	30
轉型-02）台商進行轉型升級過程當地政府政策阻礙或限制	-	-	-	-	-	-	2.399	29	2.552	34	31.500	34
轉型-03）政府協助台商轉型升級政策落實不到位	-	-	-	-	-	-	2.430	34	2.551	33	33.500	37
轉型-04）台商因轉型升級造成企業供應鏈整合不到位	-	-	-	-	-	-	2.383	26	2.494	17	21.500	21

資料來源：本研究整理

表 19-2 2014 TEEMA 中國大陸投資風險度構面平均觀點評分與排名

投資風險度評估構面	2010		2011		2012		2013		2014		2010至2014	
	評分	排名	評分	排名	評分	排名	評分	排名	評分	排名	評分	排名
❶社會風險	2.279	4	2.265	3	2.274	3	2.340	2	2.525	4	2.337	3
❷法制風險	2.207	1	2.196	1	2.209	1	2.291	1	2.466	1	2.274	1
❸經濟風險	2.265	2	2.259	2	2.268	2	2.351	3	2.497	2	2.328	2
❹經營風險	2.273	3	2.288	4	2.311	4	2.369	4	2.518	3	2.352	4
❺轉型風險	-	-	-	-	-	-	2.403	5	2.534	5	2.469	5
平均值	2.256		2.252		2.266		2.351		2.508		2.352	

資料來源：本研究室整理

二、2013 至 2014 TEEMA 中國大陸投資風險度比較分析

2014《TEEMA 調查報告》之 2013 至 2014 中國大陸投資風險度比較分析結果，如表 19-2 顯示，2014 年的問卷對投資風險透過 38 項評估指標，探討 TEEMA 2013 至 2014 中國大陸投資風險度 5 大構面，並對 5 大構面進行差異分析，其結果以及排名變化如表 19-3 所示。

1. 就 38 項評估指標而言：根據 2014《TEEMA 調查報告》表 19-3 所示，在投資風險度的 38 項評估指標排名中，除 2014 年新增之「環保要求日益嚴峻造成經營成本增加風險」細項指標外，其餘風險評分皆呈現上升態勢，顯示中國大陸 2014 年的投資風險度相較 2013 年惡化，中國大陸整體投資環境較 2013 年更不利於台商投資佈局。

2. 就 38 項評估指標差異分析而言：從 2014《TEEMA 調查報告》表 19-3 顯示，評估指標與 2013 年進行差異分析，其中分數增加最多的是法制風險中的「當地政府行政命令經常變動的風險」指標，風險評分上升達 0.211 分，而社會風險中的「當地人身財產安全受到威脅的風險」風險評分亦上升 0.206 分，顯示台商於中國大陸投資，極易受當地政府行整命令經常變動所影響，且人身安全較無保障。

3. 就 10 項最優指標排名變化分析而言：根據 2014《TEEMA 調查報告》表 19-1 所示，投資風險度排名第一的是法制風險的「當地常以刑事方式處理經濟案件的風險（2.402）」，為 38 個指標之首，從 2013 年的第 3 名重回榜首；其次為法制風險的「當地政府以不當方式要求台商回饋的風險（2.412）」，排名延續 2013 年第 2 名；而第 3 名是經營風險的「當地常以刑事方式處理經濟案件的風險（2.414）」，從 2013 年的第一名下滑。

4. 就 10 項最劣指標排名變化分析而言：根據 2014《TEEMA 調查報告》表 19-1 所示，投資風險度排名位在最後的 3 個指標，皆落在經營風險，依序為：「勞

工成本上升幅度與速度高於企業可負擔風險（2.606）」、「員工缺乏忠誠度造成人員流動率頻繁的風險（2.598）」、「當地適任人才及員工招募不易的風險（2.593）」，顯示台商所面臨的經營風險，其中以缺乏合適人才及高流動率方面較為嚴重，使此 3 項指標被列入排名最後。

5. 就 5 項評估構面而言：根據 2014《TEEMA 調查報告》表 19-2 顯示，在 5 項投資風險度評估構面排名依序為：（1）法制風險；（2）經濟風險；（3）社會風險；（4）經營風險；（5）轉型風險。相較於 2013 年，社會風險排名從第 2 名下滑至第 4 名，顯示企業對社會風險較 2013 年更為擔憂；而經濟風險與經營風險則分別往前挺進 1 名；唯有轉型風險連續兩年皆被企業評比為最具風險之構面；值得注意的是，2014 年較 2013 年相比，除整體風險構面全面呈現上升趨勢，其風險上升幅度亦呈上升態勢。2014 年 6 月 7 日台灣象王集團董事長黃進能表示：「大陸台商以中小企業居多，要錢沒錢，要人沒人，更別説是提升技術，打自有品牌。而且台商還面臨貸款利息高，融資困難的瓶頸，根本無力談轉型升級。」道出中小企業台商在中國大陸因缺乏資金與人才，導致在企業轉型議題上面臨嚴重的困境。

表 19-3 2013 至 2014 TEEMA 投資風險度差異與排名變化分析

投資風險度評估構面與指標	2013 評分	2014 評分	2013至2014 差異分析	排名 ▲	排名 ▼	排名 —
社會-01）當地發生員工抗議、抗爭事件頻繁的風險	2.364	2.525	+0.161	15	-	-
社會-02）當地發生勞資或經貿糾紛不易排解的風險	2.384	2.572	+0.188	4	-	-
社會-03）當地人身財產安全受到威脅的風險	2.270	2.476	+0.206	2	-	-
法制-01）當地政府行政命令經常變動的風險	2.311	2.522	+0.211	1	-	-
法制-02）違反對台商合法取得土地使用權承諾風險	2.290	2.481	+0.191	3	-	-
法制-03）官員對法令、合同、規範執行不一致的風險	2.301	2.463	+0.162	14	-	-
法制-04）與當地政府協商過程難以掌控的風險	2.336	2.507	+0.171	8	-	-
法制-05）政府調解、仲裁糾紛對台商不公平程度風險	2.291	2.459	+0.168	10	-	-
法制-06）機構無法有效執行司法及仲裁結果的風險	2.306	2.484	+0.178	5	-	-
法制-07）當地政府以不當方式要求台商回饋的風險	2.246	2.412	+0.166	12	-	-
法制-08）當地常以刑事方式處理經濟案件的風險	2.250	2.402	+0.152	20	-	-

表 19-3 2013 至 2014 TEEMA 投資風險度差異與排名變化分析（續）

投資風險度評估構面與指標	2013評分	2014評分	2013至2014差異分析	排名		
				▲	▼	—
經濟-01）當地外匯嚴格管制及利潤匯出不易的風險	2.366	2.511	+0.145	23	-	-
經濟-02）當地的地方稅賦政策變動頻繁的風險	2.348	2.492	+0.144	25	-	-
經濟-03）台商藉由當地銀行體系籌措與取得資金困難	2.414	2.551	+0.137	30	-	-
經濟-04）當地政府對台商優惠政策無法兌現的風險	2.299	2.471	+0.172	7	-	-
經濟-05）台商企業在當地發生經貿糾紛頻繁的風險	2.323	2.471	+0.148	21	-	-
經濟-06）當地政府保護主義濃厚影響企業獲利的風險	2.341	2.482	+0.141	27	-	-
經濟-07）當地政府收費、攤派、罰款項目繁多的風險	2.363	2.489	+0.126	34	-	-
經濟-08）當地政府刪減優惠政策導致喪失投資優勢的風險	2.354	2.512	+0.158	16	-	-
經營-01）當地水電、燃氣、能源供應不穩定的風險	2.333	2.504	+0.171	9	-	-
經營-02）當地物流、運輸、通路狀況不易掌握的風險	2.293	2.46	+0.167	11	-	-
經營-03）當地配套廠商供應不穩定的風險	2.315	2.463	+0.148	21	-	-
經營-04）當地企業信用不佳欠債追索不易的風險	2.412	2.536	+0.124	35	-	-
經營-05）員工道德操守造成台商企業營運損失的風險	2.417	2.547	+0.130	32	-	-
經營-06）當地適任人才及員工招募不易的風險	2.448	2.593	+0.145	23	-	-
經營-07）員工缺乏忠誠度造成人員流動率頻繁的風險	2.443	2.598	+0.155	17	-	-
經營-08）當地經營企業維持人際網絡成本過高的風險	2.374	2.539	+0.165	13	-	-
經營-09）當地政府干預台商企業經營運作的風險	2.241	2.414	+0.173	6	-	-
經營-10）當地台商因經貿、稅務糾紛被羈押的風險	2.268	2.421	+0.153	18	-	-
經營-11）貨物通關時，受當地海關行政阻擾的風險	2.362	2.503	+0.141	27	-	-
經營-12）政府對內資與台資企業不公平待遇	2.378	2.521	+0.143	26	-	-
經營-13）勞工成本上升幅度與速度高於企業可負擔風險	2.477	2.606	+0.129	33	-	-
經營-14）原物料成本上升幅度過高造成企業虧損風險	2.402	2.537	+0.135	31	-	-
經營-15）環保要求日益嚴峻造成經營成本增加風險	-	2.533	-	-	-	1

表 19-3 2013 至 2014 TEEMA 投資風險度差異與排名變化分析（續）

投資風險度評估構面與指標	2013 評分	2014 評分	2013至2014 差異分析	排名 ▲	▼	—
轉型-01）當地投資結束營運所造成的退出障礙風險	2.398	2.538	+0.140	29	-	-
轉型-02）台商進行轉型升級過程當地政府政策阻礙或限制	2.399	2.552	+0.153	18	-	-
轉型-03）政府協助台商轉型升級政策落實不到位	2.430	2.551	+0.121	36	-	-
轉型-04）台商因轉型升級造成企業供應鏈整合不到位	2.383	2.494	+0.111	37	-	-

資料來源：本研究整理

表 19-4 2013 至 2014 TEEMA 投資風險度細項指標變化排名分析

投資風險度構面	2013 評分	2014 評分	2013 至 2014 差異分析	名次	細項指標 指標數	▲	▼	新增
❶ 社會風險	2.340	2.525	+0.185	1	3	3	0	0
❷ 法制風險	2.291	2.466	+0.175	2	8	8	0	0
❸ 經濟風險	2.351	2.497	+0.146	4	8	8	0	0
❹ 經營風險	2.369	2.518	+0.149	3	15	14	0	1
❺ 轉型風險	2.403	2.534	+0.131	5	4	4	0	0
投資風險度平均	2.351	2.508	+0.185	-	38	37	0	1
百分比					100.00%	97.37%	0.00%	2.63%

資料來源：本研究整理

表 19-5 為 2014《TEEMA 調查報告》投資風險度的前 10 佳細項指標，分別為：（1）當地常以刑事方式處理經濟案件的風險；（2）當地政府以不當方式要求台商回饋的風險；（3）當地政府干預台商企業經營運作的風險；（4）當地台商因經貿、稅務糾紛被羈押的風險；（5）政府調解、仲裁糾紛對台商不公平程度風險；（6）當地物流、運輸、通路狀況不易掌握的風險；（7）官員對法令、合同、規範執行不一致的風險；（7）當地配套廠商供應不穩定的風險；（9）當地政府對台商優惠政策無法兑現的風險；（9）台商企業在當地發生經貿糾紛頻繁的風險。表 19-5 統計分析結果，投資風險度排名最優 10 大指標中就有 8 項細項指標與 2013 年投資風險度排名最優 10 大指標相同，而新進榜的「當地配套廠商供應不穩定的風險」與「台商企業在當地發生經貿糾紛頻繁的風險」兩項細項指標，顯示中國大陸當地之供應商供貨呈現穩定態勢以及經貿糾紛次數漸趨減少，將有助於台商在中國大陸穩健投資佈局。

表 19-5 2014 TEEMA 投資風險度排名 10 大最優指標

投資風險度排名 10 大最優指標	2013		2014	
	評分	排名	評分	排名
法制 -08）當地常以刑事方式處理經濟案件的風險	2.250	3	2.402	1
法制 -07）當地政府以不當方式要求台商回饋的風險	2.246	2	2.412	2
經營 -09）當地政府干預台商企業經營運作的風險	2.241	1	2.414	3
經營 -10）當地台商因經貿、稅務糾紛被羈押的風險	2.268	4	2.421	4
法制 -05）政府調解、仲裁糾紛對台商不公平程度風險	2.291	7	2.459	5
經營 -02）當地物流、運輸、通路狀況不易掌握的風險	2.293	8	2.460	6
法制 -03）官員對法令、合同、規範執行不一致的風險	2.301	10	2.463	7
經營 -03）當地配套廠商供應不穩定的風險	2.315	13	2.463	7
經濟 -04）當地政府對台商優惠政策無法兌現的風險	2.299	9	2.471	9
經濟 -05）台商企業在當地發生經貿糾紛頻繁的風險	2.323	14	2.471	9

資料來源：本研究整理

2014 年投資風險度的前 10 劣指標由表 19-6 所示，其為 2013 年評估風險指標的排名與分數結果，最劣指標順序分別為：（1）勞工成本上升幅度與速度高於企業可負擔風險；（2）員工缺乏忠誠度造成人員流動率頻繁的風險；（3）當地適任人才及員工招募不易的風險；（4）當地發生勞資或經貿糾紛不易排解的風險；（5）台商進行轉型升級過程當地政府政策阻礙或限制；（6）台商藉由當地銀行體系籌措與取得資金困難；（7）政府協助台商轉型升級政策落實不到位；（8）員工道德操守造成台商企業營運損失的風險；（9）當地經營企業維持人際網絡成本過高的風險；（10）當地投資結束營運所造成的退出障礙風險。2014 年投資風險度排名最劣 10 大指標中，共有 8 項指標在 2013 年已被列入，而「當地發生勞資或經貿糾紛不易排解的風險」和「當地經營企業維持人際網絡成本過高的風險」為 2014 年新進投資風險度前 10 劣指標。隨著中國大陸面臨缺工和勞動成本逐年增高等困境，台商對於排名最劣前 3 項指標的評價較低，根據亞洲開發銀行（ADB）（2014）指出：「中國不斷上漲的工資和其他成本會逐漸削弱其在國際間競爭力，亦使得越南及墨西哥等具低廉勞動成本的競爭對手在吸引外資投資取得優勢」。此外，2014 年 6 月 3 日中國大陸全國台灣同胞投資企業聯誼會總會長郭山輝指出：「台商製造業勞資成本占總成本大約都不會超過 20%，否則很難在大陸生存，且會造成資金外移，但現在勞資間的對立，造成留才困難，效率不彰，這是最大的問題。」顯示勞工問題已成為中國大陸台商目前最需考量的風險之一，台商前往中國大陸投資前須謹慎考慮相關議題。

表 19-6 2014 TEEMA 投資風險度排名 10 大劣勢指標

投資風險度排名 10 大劣勢指標	2013		2014	
	評分	排名	評分	排名
經營 -13）勞工成本上升幅度與速度高於企業可負擔風險	2.477	1	2.606	1
經營 -07）員工缺乏忠誠度造成人員流動率頻繁的風險	2.443	3	2.598	2
經營 -06）當地適任人才及員工招募不易的風險	2.448	2	2.593	3
社會 -02）當地發生勞資或經貿糾紛不易排解的風險	2.384	11	2.572	4
轉型 -02）台商進行轉型升級過程當地政府政策阻礙或限制	2.399	9	2.552	5
經濟 -03）台商藉由當地銀行體系籌措與取得資金困難	2.414	6	2.551	6
轉型 -03）政府協助台商轉型升級政策落實不到位	2.430	4	2.551	7
經營 -05）員工道德操守造成台商企業營運損失的風險	2.417	5	2.547	8
經營 -08）當地經營企業維持人際網絡成本過高的風險	2.374	14	2.539	9
轉型 -01）當地投資結束營運所造成的退出障礙風險	2.398	10	2.538	10

資料來源：本研究整理

2014《TEEMA 調查報告》針對 2014 年所有投資風險度調查細項指標與 2013 年進行比較分析，列出成長幅度最多的前 10 項細項指標，整理如表 19-7 所示。風險成長幅度最多的前 10 項指標依序分別為：（1）當地政府行政命令經常變動的風險（增加 0.211 分）；（2）當地人身財產安全受到威脅的風險（增加 0.206 分）；（3）違反對台商合法取得土地使用權承諾風險（增加 0.191 分）；（4）當地發生勞資或經貿糾紛不易排解的風險（增加 0.188 分）；（5）機構無法有效執行司法及仲裁結果的風險（增加 0.178 分）；（6）當地政府干預台商企業經營運作的風險（增加 0.173 分）（7）當地政府對台商優惠政策無法兌現的風險（增加 0.172 分）；（8）與當地政府協商過程難以掌控的風險（增加 0.171 分）；（8）當地水電、燃氣、能源供應不穩定的風險（增加 0.171 分）；（10）政府調解、仲裁糾紛對台商不公平程度風險（增加 0.168 分）。

表 19-7 2013 至 2014 TEEMA 投資風險度指標變化排名

投資風險度細項指標	2013 至 2014 差異分數	風險上升
法制 -01）當地政府行政命令經常變動的風險	+0.211	1
社會 -03）當地人身財產安全受到威脅的風險	+0.206	2
法制 -02）違反對台商合法取得土地使用權承諾風險	+0.191	3
社會 -02）當地發生勞資或經貿糾紛不易排解的風險	+0.188	4
法制 -06）機構無法有效執行司法及仲裁結果的風險	+0.178	5

表 19-7 2013 至 2014 TEEMA 投資風險度指標變化排名（續）

投資風險度細項指標	2013 至 2014 差異分數	風險上升
經營 -09）當地政府干預台商企業經營運作的風險	+0.173	6
經濟 -04）當地政府對台商優惠政策無法兌現的風險	+0.172	7
法制 -04）與當地政府協商過程難以掌控的風險	+0.171	8
經營 -01）當地水電、燃氣、能源供應不穩定的風險	+0.171	8
法制 -05）政府調解、仲裁糾紛對台商不公平程度風險	+0.168	10

資料來源：本研究整理

三、2014 TEEMA 中國大陸城市投資風險度分析

2014《TEEMA 調查報告》表 19-8 為被列入評估的 115 個城市進行投資風險調查統計排名，茲針對 5 大投資風險構面城市進行排名，有關投資風險度之總結評論如下：

1. 就投資風險度 10 佳城市而言：2014《TEEMA 調查報告》投資風險度排名前 10 名的城市依序為：（1）廈門島外；（2）蘇州昆山；（3）南京江寧區；（4）蘇州工業區；（5）成都；（6）蘇州高新區；（7）蘇州市區；（8）無錫江陰；（9）廈門島內；（10）杭州蕭山區。其中 2014 年與 2013 年同時被列入投資風險度前 10 佳的城市分別為：廈門島外、蘇州工業區、南京江寧、蘇州昆山、成都、無錫江陰以及杭州蕭山 7 個城市，且蘇州高新區、蘇州市區及廈門島 3 個城市 2013 年排名亦相當靠前，分別位列 12 名、11 名以及 13 名，顯示 2014 年城市風險排名前段班僅有微度變化。前 10 佳城市中，蘇州高新區排名上升幅度最大，其 5 項投資風險評比構面之排名皆往前挺進，而位居 2014 年投資風險排名榜首的廈門島外在 5 項投資風險評比構面中，皆較 2013 年有所進步，然相對於此，廈門島內雖整體投資風險度排名有所上升，然其社會風險、法治風險以及經濟風險排名卻呈現下滑態勢。

2. 就投資風險度 10 劣城市而言：2014《TEEMA 調查報告》顯示投資風險度排名前 10 劣的城市，依序為：（1）贛州；（2）吉安；（3）東莞厚街；（4）九江；（5）北海；（6）太原；（7）江門；（8）溫州；（9）東莞清溪；（10）襄陽。2014 年與 2013 年同時被列入投資風險度前 10 劣名的城市，分別為：贛州、吉安、東莞厚街、九江、北海及東莞清溪 6 個城市，顯示 2014 年城市風險排名之最劣城市成員變動不大。投資風險度下降幅度最大為溫州，由 2013 年第 89 名滑落至 2014 年第 108 名，其投資風險度 5 大構面排名皆大幅衰退，其中又以衰退 20 名的經濟風險構面衰退幅度最大。

表 19-8 2014 TEEMA 中國大陸城市投資風險度排名分析

排名	地區	城市	❶ 社會風險		❷ 法制風險		❸ 經濟風險		❹ 經營風險		❺ 轉型風險		投資風險度	
			評分	排名	評分	排名	評分	排名	評分	排名	評分	排名	評分	加權分數
1	華南	廈門島外	1.667	1	1.608	1	1.756	2	1.867	2	1.841	3	1.763	99.252
2	華東	蘇州昆山	1.821	2	1.679	2	1.741	1	1.900	3	1.893	5	1.807	98.688
3	華東	南京江寧區	1.930	6	1.862	5	1.809	3	1.916	4	2.000	9	1.892	96.604
4	華東	蘇州工業區	1.957	8	1.815	4	1.991	11	1.843	1	1.840	2	1.885	96.560
5	西南	成　都	1.876	3	1.930	7	1.907	7	1.986	8	2.093	16	1.960	93.695
6	華東	蘇州高新區	1.889	4	1.788	3	1.975	10	1.951	7	2.150	22	1.948	93.130
7	華東	蘇州市區	1.949	7	1.894	6	1.870	4	1.931	6	2.240	30	1.957	92.870
8	華東	無錫江陰	2.040	9	2.070	20	1.960	9	2.040	10	1.790	1	1.989	91.828
9	華南	廈門島內	2.226	33	2.058	19	1.933	8	1.919	5	1.946	6	1.985	90.873
10	華東	杭州蕭山區	2.083	16	1.978	8	2.009	13	2.043	11	2.161	24	2.043	89.266
11	華北	青　島	2.160	26	2.093	23	1.870	5	2.007	9	2.148	20	2.027	88.571
12	華東	上海浦東	2.139	23	2.078	21	2.016	14	2.061	13	1.885	4	2.035	88.268
13	華東	上海市區	1.929	5	2.089	22	2.004	12	2.060	12	2.223	27	2.063	87.356
14	華東	杭州市區	2.091	20	2.023	13	2.074	17	2.270	33	1.966	7	2.108	83.665
15	華東	南　通	2.067	14	2.017	12	2.200	26	2.227	28	2.042	12	2.134	83.058
15	華北	天津濱海	2.048	12	1.978	9	2.031	16	2.169	20	2.411	50	2.120	83.058
17	華東	寧波市區	2.246	35	2.049	17	1.897	6	2.128	15	2.457	57	2.115	82.233
18	華東	上海閔行	2.222	32	2.148	27	2.019	15	2.212	23	2.148	20	2.142	81.538
19	華東	南京市區	2.042	11	2.031	14	2.177	24	2.322	37	2.083	14	2.164	80.800
20	西北	西　安	2.083	16	2.156	29	2.116	20	2.143	18	2.348	44	2.164	79.671
21	西南	重　慶	2.333	42	2.156	29	2.246	32	2.138	16	2.031	11	2.172	79.628
22	華東	淮　安	2.083	16	2.035	15	2.152	23	2.231	29	2.289	37	2.166	79.497
23	華中	蕪　湖	2.083	16	2.125	25	2.281	33	2.246	31	1.984	8	2.175	78.846
24	華東	無錫市區	2.194	29	2.219	35	2.151	22	2.142	17	2.271	34	2.184	78.629
25	華東	揚　州	2.148	24	2.236	38	2.310	37	2.096	14	2.222	26	2.202	77.109

表 19-8 2014 TEEMA 中國大陸城市投資風險度排名分析（續）

排名	地區	城市	❶社會風險		❷法制風險		❸經濟風險		❹經營風險		❺轉型風險		投資風險度	
			評分	排名	評分	排名	評分	排名	評分	排名	評分	排名	評分	加權分數
26	華中	合 肥	2.273	39	2.000	11	2.239	30	2.218	26	2.341	40	2.204	77.066
27	華東	蘇州張家港	2.333	42	2.278	43	2.243	31	2.159	19	2.000	9	2.197	76.762
28	東北	大 連	2.360	47	2.110	24	2.195	25	2.221	27	2.230	29	2.208	76.371
29	華東	寧波慈溪	2.302	40	2.167	33	2.220	27	2.235	30	2.143	18	2.210	75.633
30	華東	寧波北侖區	2.108	22	2.157	31	2.113	19	2.202	21	2.581	65	2.218	75.503
31	華北	北京市區	2.150	25	2.288	44	2.313	38	2.203	22	2.100	17	2.227	74.852
32	華東	無錫宜興	2.105	21	2.421	64	2.086	18	2.214	24	2.342	41	2.232	72.420
33	華東	寧波奉化	2.078	15	1.985	10	2.331	41	2.427	51	2.294	39	2.260	70.554
34	西南	綿 陽	2.263	37	2.257	40	2.316	40	2.214	25	2.408	49	2.282	69.121
35	華中	馬鞍山	2.354	46	2.047	16	2.125	21	2.454	58	2.391	48	2.271	68.166
36	華東	連雲港	2.506	62	2.403	61	2.287	34	2.252	32	2.083	14	2.291	67.341
37	華北	廊 坊	2.242	34	2.057	18	2.415	53	2.288	35	2.432	54	2.290	67.124
38	西南	德 陽	2.204	31	2.222	37	2.299	36	2.344	41	2.417	51	2.305	66.603
39	華東	上海松江	2.067	13	2.219	35	2.350	44	2.550	69	2.063	13	2.312	64.432
40	華北	北京亦庄	2.333	42	2.347	52	2.236	29	2.426	50	2.292	38	2.333	63.911
41	西南	遂 寧	2.267	38	2.300	45	2.425	54	2.271	34	2.350	45	2.327	63.303
42	華東	宿 遷	2.261	36	2.266	42	2.234	28	2.429	52	2.467	58	2.337	63.260
43	華東	蘇州吳江區	2.200	30	2.354	53	2.404	51	2.356	42	2.250	31	2.336	62.739
44	華東	常 州	2.040	9	2.165	32	2.345	43	2.408	47	2.760	83	2.360	62.131
45	華東	寧波餘姚	2.460	57	2.137	26	2.298	35	2.460	61	2.500	60	2.361	60.090
46	華東	徐 州	2.409	53	2.256	39	2.364	46	2.373	44	2.523	62	2.373	59.960
47	華北	濟 南	2.522	66	2.386	56	2.315	39	2.325	38	2.511	61	2.382	59.092
48	華南	珠 海	2.188	27	2.326	49	2.380	48	2.522	66	2.250	31	2.373	58.353
49	華東	蘇州太倉	2.319	41	2.424	65	2.511	66	2.336	40	2.196	25	2.375	58.006

表 19-8 2014 TEEMA 中國大陸城市投資風險度排名分析（續）

排名	地區	城市	❶ 社會風險		❷ 法制風險		❸ 經濟風險		❹ 經營風險		❺ 轉型風險		投資風險度	
			評分	排名	評分	排名	評分	排名	評分	排名	評分	排名	評分	加權分數
50	華東	蘇州常熟	2.509	64	2.368	55	2.428	55	2.418	48	2.224	28	2.390	57.659
51	華東	上海嘉定	2.508	63	2.530	72	2.440	57	2.419	49	2.143	18	2.414	55.401
52	華中	南　昌	2.485	60	2.392	59	2.460	61	2.333	39	2.455	56	2.410	54.706
53	華南	泉　州	2.193	28	2.322	48	2.474	64	2.393	46	2.684	75	2.423	54.446
54	華北	煙　台	2.902	89	2.412	63	2.522	67	2.322	36	2.279	36	2.441	53.578
55	華東	泰　州	2.481	58	2.310	46	2.356	45	2.575	73	2.352	46	2.425	53.057
56	華東	鹽　城	2.426	54	2.215	34	2.389	49	2.559	71	2.681	73	2.453	51.624
57	華南	三　亞	2.533	69	2.150	28	2.450	59	2.458	59	2.717	79	2.441	51.537
58	華東	湖　州	2.450	56	2.344	51	2.375	47	2.463	62	2.675	72	2.448	51.407
59	華北	威　海	2.396	51	2.320	47	2.445	58	2.458	60	2.672	71	2.453	50.799
60	華中	鄭　州	2.540	70	2.530	73	2.524	68	2.390	45	2.345	43	2.460	50.017
61	華南	漳　州	2.377	49	2.337	50	2.408	52	2.542	68	2.663	69	2.469	49.931
62	華南	廣州市區	2.530	68	2.557	78	2.455	60	2.439	54	2.273	35	2.451	49.757
63	華南	東莞松山湖	2.481	58	2.389	58	2.403	50	2.504	64	2.597	66	2.467	49.627
64	東北	瀋　陽	2.348	45	2.398	60	2.489	65	2.606	77	2.159	23	2.442	49.366
65	華北	唐山市	2.688	78	2.266	41	2.469	62	2.438	53	2.750	82	2.483	49.019
66	華東	鎮　江	2.542	71	2.406	62	2.438	56	2.467	63	2.448	55	2.452	48.194
67	華東	杭州余杭區	2.583	73	2.367	54	2.797	86	2.446	56	2.250	31	2.502	47.716
68	華中	洛　陽	2.625	74	2.453	68	2.555	74	2.358	43	2.703	77	2.505	45.328
69	華北	保　定	3.118	104	2.537	75	2.331	41	2.443	55	2.882	92	2.567	43.592
70	華南	深圳市區	2.429	55	2.506	69	2.792	84	2.575	72	2.345	42	2.566	41.638
71	華南	莆　田	2.841	87	2.685	80	2.560	75	2.448	57	2.429	53	2.559	41.378
72	華北	泰　安	2.489	61	2.733	83	2.542	72	2.511	65	2.483	59	2.557	40.900
73	華南	福州馬尾區	2.389	50	2.451	67	2.472	63	2.778	90	2.625	68	2.574	38.903

表 19-8 2014 TEEMA 中國大陸城市投資風險度排名分析（續）

排名	地區	城市	❶社會風險		❷法制風險		❸經濟風險		❹經營風險		❺轉型風險		投資風險度	
			評分	排名	評分	排名	評分	排名	評分	排名	評分	排名	評分	加權分數
74	華北	日　照	2.796	85	2.451	66	2.549	73	2.600	75	2.556	63	2.570	38.425
75	華南	福州市區	2.400	52	2.531	74	2.538	70	2.530	67	2.963	99	2.584	37.948
76	華東	嘉興市區	2.367	48	2.388	57	2.538	70	2.693	83	2.938	97	2.597	37.340
77	華南	海　口	2.792	83	2.734	84	2.586	76	2.642	80	2.422	52	2.628	34.952
78	華北	天津市區	2.667	76	2.538	76	2.533	69	2.707	84	2.717	80	2.627	33.780
79	華南	廣州天河區	2.746	82	2.512	71	2.631	81	2.587	74	2.786	84	2.629	33.606
80	西南	昆　明	2.697	79	2.511	70	2.631	80	2.639	78	2.818	87	2.644	32.824
81	華中	武漢漢陽	2.667	75	2.838	90	2.699	82	2.710	85	2.353	47	2.675	32.651
82	西南	南　寧	2.528	67	2.755	85	2.714	83	2.606	76	2.688	76	2.667	32.564
83	西南	桂　林	2.714	80	2.762	86	2.589	77	2.679	82	2.607	67	2.666	32.173
84	華中	長　沙	2.667	76	2.694	81	2.854	90	2.648	81	2.569	64	2.699	31.218
85	東北	哈爾濱	2.733	81	2.667	79	2.600	78	2.640	79	2.850	89	2.676	31.001
86	華南	東莞市區	3.033	96	2.763	87	2.613	79	2.550	69	2.788	85	2.692	30.958
87	西南	貴　陽	2.510	65	2.551	77	2.794	85	2.722	86	2.926	96	2.715	28.483
88	東北	長　春	2.922	90	2.926	95	2.846	89	2.757	88	2.721	81	2.824	23.750
89	華北	石家莊	3.022	94	2.867	91	2.858	91	2.947	95	2.667	70	2.874	23.273
90	華中	武漢武昌	2.944	92	2.792	88	2.813	87	2.807	91	2.861	91	2.827	23.143
91	華南	東莞長安	2.576	72	2.722	82	2.938	94	2.945	94	2.966	100	2.865	22.448
92	華東	嘉興嘉善	2.794	84	2.940	98	2.863	92	2.749	87	2.905	93	2.844	21.797
93	華南	汕　頭	3.148	105	2.931	97	2.840	88	2.774	89	2.806	86	2.864	21.406
94	華中	武漢漢口	2.867	88	2.833	89	3.008	97	3.040	100	2.917	94	2.955	18.410
95	華南	惠　州	2.833	86	2.930	96	2.930	93	3.054	102	3.000	101	2.968	16.804
96	華東	紹　興	3.167	106	3.257	110	3.056	104	2.904	92	2.681	73	3.005	16.500
97	西北	蘭　州	2.979	93	3.031	104	3.086	107	2.958	96	2.703	77	2.969	16.456

表 19-8 2014 TEEMA 中國大陸城市投資風險度排名分析（續）

排名	地區	城市	❶ 社會風險		❷ 法制風險		❸ 經濟風險		❹ 經營風險		❺ 轉型風險		投資風險度	
			評分	排名	評分	排名	評分	排名	評分	排名	評分	排名	評分	加權分數
98	華南	佛　山	3.063	97	2.906	93	3.000	96	3.158	107	2.828	88	3.009	16.109
99	華南	東莞石碣	3.067	98	3.000	101	2.995	95	2.995	98	3.200	109	3.034	14.459
100	華南	中　山	3.098	101	2.985	100	3.037	101	3.133	105	2.941	98	3.047	12.679
101	華南	東莞虎門	3.188	109	2.924	94	3.022	98	3.101	104	3.283	110	3.082	12.375
102	華南	深圳龍崗	3.319	113	3.026	102	3.026	99	3.047	101	3.135	106	3.078	11.724
103	華中	宜　昌	3.188	107	3.258	111	3.094	108	3.025	99	2.859	90	3.080	11.333
104	華中	岳　陽	3.022	94	2.875	92	3.067	106	3.227	111	3.133	105	3.082	11.116
105	華南	深圳寶安	3.242	110	3.040	105	3.222	113	2.982	97	2.920	95	3.070	10.899
106	華中	襄　陽	3.117	103	3.069	106	3.169	110	2.943	93	3.313	112	3.097	10.812
107	華南	東莞清溪	3.281	111	3.026	103	3.053	103	3.186	108	3.066	102	3.112	9.553
108	華東	溫　州	3.067	98	3.344	113	3.056	105	3.187	109	3.088	104	3.159	7.990
109	華南	江　門	2.933	91	2.975	99	3.108	109	3.289	114	3.467	114	3.172	7.556
110	華北	太　原	3.079	100	3.196	109	3.202	112	3.156	106	3.179	107	3.171	7.382
111	西南	北　海	3.574	115	3.139	107	3.035	100	3.285	113	3.181	108	3.207	7.078
112	華中	九　江	3.392	114	3.184	108	3.044	102	3.220	110	3.309	111	3.199	6.948
113	華南	東莞厚街	3.317	112	3.411	115	3.274	114	3.063	103	3.071	103	3.212	6.167
114	華中	吉　安	3.104	102	3.297	112	3.195	111	3.267	112	3.328	113	3.248	4.560
115	華中	贛　州	3.188	107	3.367	114	3.375	115	3.375	115	3.672	115	3.399	1.868

資料來源：本研究整理

四、2013至2014 TEEMA中國大陸投資風險度差異分析

2014《TEEMA調查報告》表19-9顯示，針對2013年與2014年所列入評估的共112個城市，進行投資風險調查之差異分析，其中，有102個城市的投資風險度呈上升趨勢，占91.07%，而投資風險度呈下降趨勢的城市有9個，占8.04%，而持平的城市有1個，占0.09%，茲將投資風險度差異分析總結評論如下：

1. 就2013至2014投資風險度評分上升前10城市而言：根據表19-9針對2014投資風險度調查城市與2013進行差異分析，其投資風險度評分上升前10名的城市依序為：（1）岳陽（增加0.573分）；（2）中山（增加0.510分）；（3）溫州（增加0.444分）；（4）長沙（增加0.387分）；（5）贛州（增加0.369分）；（6）武漢漢口（增加0.353分）；（7）北京亦庄（增加0.331分）；（8）日照（增加0.312分）；（9）鎮江（增加0.309分）；（10）蘭州（增加0.301分）。投資風險度評分上升最多的是岳陽，由整體風險評分從2013年2.509分升至2014年3.082分，上升0.573分，從5大風險構面切入分析，其經營風險由2013年2.543分已大幅攀升至2014年3.227分，其排名亦從78名衰退至111名，由於岳陽面臨企業融資困難、諸多生產要素成本上揚且面臨產業結構性基礎問題，導致台商在岳陽經營風險大幅升高。

2. 就2013至2014投資風險度評分下降前9城市而言：根據2014《TEEMA調查報告》表19-9針對2014投資風險度調查城市與2013進行差異分析，其投資風險度評分下降前9的城市依序為：（1）貴陽（下降0.441分）；（2）哈爾濱（下降0.214分）；（3）東莞長安（下降0.138分）；（4）福州市區（下降0.098分）；（5）天津市區（下降0.062分）；（6）長春（下降0.046分）；（7）東莞清溪（下降0.027分）；（8）廈門島外（下降0.020分）；（9）東莞石碣（下降0.015分）；投資風險度評分下降最多的是貴陽，其5大風險構面較2013年皆有顯著下降，其下降幅度最大之風險構面為經營風險，由2013年3.273分降至2014年2.722分，下降幅度為0.551分。

表19-9 2013至2014 TEEMA中國大陸城市投資風險度評分差異

城　市	2013 評分	2014 評分	2013至2014 評分差異	城　市	2013 評分	2014 評分	2013至2014 評分差異
貴　陽	3.156	2.715	-0.441	珠　海	2.266	2.373	0.107
哈爾濱	2.890	2.676	-0.214	寧波北侖區	2.110	2.218	0.108
東莞長安	3.003	2.865	-0.138	杭州市區	1.999	2.108	0.109
福州市區	2.682	2.584	-0.098	蘇州太倉	2.264	2.375	0.110

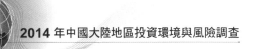

表 19-9 2013 至 2014 TEEMA 中國大陸城市投資風險度評分差異（續）

城市	2013 評分	2014 評分	2013 至 2014 評分差異	城市	2013 評分	2014 評分	2013 至 2014 評分差異
天津市區	2.690	2.627	-0.062	石家莊	2.758	2.874	0.116
長春	2.870	2.824	-0.046	淮安	2.050	2.166	0.116
東莞清溪	3.139	3.112	-0.027	無錫江陰	1.871	1.989	0.118
廈門島外	1.783	1.763	-0.020	南通	2.015	2.134	0.119
東莞石碣	3.049	3.034	-0.015	蘇州張家港	2.071	2.197	0.127
海口	2.629	2.628	0.000	廣州市區	2.324	2.451	0.127
上海市區	2.053	2.063	0.010	馬鞍山	2.142	2.271	0.128
青島	2.016	2.027	0.011	南京江寧區	1.763	1.892	0.129
三亞	2.424	2.441	0.017	東莞虎門	2.949	3.082	0.133
東莞市區	2.666	2.692	0.026	蘇州常熟	2.255	2.390	0.135
上海浦東	1.999	2.035	0.035	成都	1.821	1.960	0.139
保定	2.528	2.567	0.039	北海	3.067	3.207	0.139
寧波奉化	2.213	2.260	0.047	深圳市區	2.423	2.566	0.143
瀋陽	2.393	2.442	0.049	東莞厚街	3.066	3.212	0.146
廊坊	2.236	2.290	0.054	鄭州	2.314	2.460	0.146
蘇州高新區	1.893	1.948	0.055	宿遷	2.190	2.337	0.147
蘇州市區	1.899	1.957	0.058	惠州	2.820	2.968	0.148
昆明	2.579	2.644	0.065	寧波餘姚	2.206	2.361	0.155
蕪湖	2.108	2.175	0.067	蘇州工業區	1.727	1.885	0.158
寧波慈溪	2.143	2.210	0.067	濟南	2.220	2.382	0.162
北京市區	2.159	2.227	0.067	宜昌	2.914	3.080	0.166
泰安	2.488	2.557	0.069	蘇州昆山	1.641	1.807	0.166
寧波市區	2.035	2.115	0.080	綿陽	2.109	2.282	0.173
無錫市區	2.100	2.184	0.084	唐山市	2.308	2.483	0.175
合肥	2.118	2.204	0.085	杭州余杭區	2.322	2.502	0.180
廈門島內	1.899	1.985	0.087	無錫宜興	2.047	2.232	0.184
西安	2.073	2.164	0.091	蘇州吳江區	2.151	2.336	0.185
紹興	2.911	3.005	0.094	煙台	2.256	2.441	0.186
泉州	2.324	2.423	0.099	漳州	2.282	2.469	0.187
嘉興嘉善	2.656	2.844	0.187	九江	2.943	3.199	0.256
常州	2.172	2.360	0.188	天津濱海	1.864	2.120	0.256
上海松江	2.123	2.312	0.189	武漢武昌	2.565	2.827	0.263
南京市區	1.973	2.164	0.191	襄陽	2.828	3.097	0.269
嘉興市區	2.404	2.597	0.193	杭州蕭山區	1.768	2.043	0.275
桂林	2.470	2.666	0.196	大連	1.932	2.208	0.275
泰州	2.226	2.425	0.198	南寧	2.382	2.667	0.285
徐州	2.168	2.373	0.205	南昌	2.124	2.410	0.286
連雲港	2.083	2.291	0.208	武漢漢陽	2.386	2.675	0.289

表 19-9 2013 至 2014 TEEMA 中國大陸城市投資風險度評分差異（續）

城市	2013 評分	2014 評分	2013 至 2014 評分差異	城市	2013 評分	2014 評分	2013 至 2014 評分差異
德 陽	2.097	2.305	0.208	吉 安	2.958	3.248	0.290
湖 州	2.237	2.448	0.211	鹽 城	2.161	2.453	0.291
廣州天河區	2.417	2.629	0.212	重 慶	1.874	2.172	0.298
江 門	2.958	3.172	0.215	汕 頭	2.566	2.864	0.298
深圳龍崗	2.861	3.078	0.217	蘭 州	2.668	2.969	0.301
揚 州	1.985	2.202	0.217	鎮 江	2.143	2.452	0.309
威 海	2.234	2.453	0.219	日 照	2.259	2.570	0.312
佛 山	2.785	3.009	0.224	北京亦庄	2.002	2.333	0.331
深圳寶安	2.837	3.070	0.233	武漢漢口	2.602	2.955	0.353
莆 田	2.326	2.559	0.234	贛 州	3.030	3.399	0.369
上海閔行	1.898	2.142	0.244	長 沙	2.312	2.699	0.387
福州馬尾區	2.327	2.574	0.247	溫 州	2.714	3.159	0.444
太 原	2.920	3.171	0.252	中 山	2.537	3.047	0.510
上海嘉定	2.159	2.414	0.255	岳 陽	2.509	3.082	0.573

資料來源：本研究整理

五、2014 TEEMA 中國大陸區域投資風險度分析

2014《TEEMA 調查報告》針對中國大陸 7 大經濟區域進行投資風險度排行分析，根據表 19-10 所示，2014 年投資風險度評估綜合排名依次為：（1）華東地區；（2）華北地區；（3）西南地區；（4）東北地區；（5）西北地區；（6）華南地區；（7）華中地區。

表 19-10 2014 TEEMA 中國大陸區域投資風險度排名分析

風險度構面	華南	華東	華北	華中	東北	西南	西北
❶ 社會風險	2.737	2.266	2.574	2.782	2.591	2.497	2.531
❷ 法制風險	2.659	2.237	2.431	2.735	2.525	2.458	2.594
❸ 經濟風險	2.700	2.265	2.442	2.781	2.532	2.495	2.601
❹ 經營風險	2.722	2.309	2.467	2.766	2.556	2.488	2.551
❺ 轉型風險	2.741	2.299	2.539	2.783	2.490	2.552	2.526
風險度評分	2.712	2.275	2.491	2.770	2.539	2.498	2.560
風險度排名	6	1	2	7	4	3	5

資料來源：本研究整理

第20章

2014 TEEMA 中國大陸台商推薦度

2014《TEEMA 調查報告》延續既有之「兩力兩度」研究評估模式，針對城市競爭力、投資環境力、投資風險度及台商推薦度進行分析，藉由調查台商對於中國大陸各地 115 個城市之觀點，進行城市綜合實力評估。其針對「台商推薦度」的部分，衡量的標準係針對前往中國大陸的企業作為研究調查之母體，透過台商對該城市投資的相關經驗做為評選基準，藉以提供企業未來前赴中國大陸投資之參考依據。其細項衡量指標係依據 2006《TEEMA 調查報告》，以 10 衡量指標衡量「台商推薦度」，其中包括：（1）城市競爭力；（2）投資環境力；（3）投資風險度；（4）城市發展潛力；（5）城市投資效益；（6）國際接軌程度；（7）台商權益保護；（8）政府行政效率；（9）內銷市場前景；（10）整體生活品質。2014《TEEMA 調查報告》為完整呈現各項重要指標的變化趨勢，茲以 10 衡量指標為比較基準，進行中國大陸 115 個城市台商推薦度排名。

一、2014TEEMA 中國大陸台商推薦度分析

2014《TEEMA 調查報告》依據對已在中國大陸投資的 2,498 台商企業調查結果分析，2014 年台商推薦度與細項指標的城市排名順序，如表 20-1 所示，有關調查重要內涵分述如下：

1. 就推薦度前 10 城市而言：依 2014《TEEMA 調查報告》顯示，台商推薦度前 10 的城市依序為：（1）廈門島外；（2）南京江寧區；（3）蘇州昆山；（4）蘇州工業區；（5）杭州蕭山區；（6）蘇州高新區；（7）蘇州市區；（8）成都；（9）無錫江陰；（10）上海市區。綜觀 2014 年台商推薦度結果，廈門島外從 2013 年的第 6 名躍升為 2014 年榜首，而 2012 年的榜首南京江寧亦從 2013 年的第 9 名回升到 2014 年第 2 名，此外，2013 年榜首的成都卻下滑到 2014 年的第 8 名；其中成都海關發言人倪藻（2014）表示：「2013 年成都與歐美日等已

開發經濟體之雙邊貿易規模下滑，雖成都以506億美元的進出口額占據四川全省之首，占全省外貿比重的78.3%，然其比重卻較2012年下降，成長速度也低於四川省平均成長速度，且雖一般貿易比重上升，其加工貿易卻呈萎縮態勢」，是以，雖中國大陸政策投入西部大開發，且相關對外交通網迅速擴張，台商對成都之投資信心仍受影響。南京江寧區2013年雖受生產要素價格不斷上揚，導致台商對其投資之吸引力迅速下滑，然因推動「零投資創業」和「寬進嚴管」，在進行創業改革鬆綁同時仍不鬆懈監管，且其政府亦給予廠商、創意者金額不等的資助，使南京江寧區成為大量人才湧入的聚集地，帶動許多新興產業廠商成立、前沿技術開發和創投公司駐足，使其投資環境獲得改善，從「價格」轉變為「價值」，重拾其對台商之投資吸引力。

2. 就不推薦度前10城市而言：2014《TEEMA調查報告》台商推薦度之結果顯示，最不推薦的10城市依序為：（1）北海；（2）太原；（3）贛州；（4）溫州；（5）岳陽；（6）吉安；（7）東莞厚街；（8）東莞清溪；（9）襄陽；（10）深圳寶安。其中北海連續4年皆位列末位，探究其主要原因：（1）其整體投資風險過高；（2）地理區位投資環境不佳；（3）周邊缺乏優良的投資環境；（4）部分大型建設項目進程緩慢甚至停擺；（5）政府忽視基本的法律風險和市場風險的防範。

3. 台商推薦度10項指標分析而言：透過2014《TEEMA調查報告》台商推薦度的10項指標顯示，廈門島外較2013年顯著成長，在台商推薦度中整體推薦度（4.332）位居榜首，其中城市競爭力（4.455）、投資環境力（4.500）、城市發展潛力（4.682）、權益保護程度（4.364）等4項皆為115個列入評估城市之首，可看出其優良投資環境備受台商青睞。經過多年發展，2010年2月廈門市政府啟動「島內外一體化」戰略，除解決廈門島內外長期形成的城鄉二元結構問題，亦是城市轉型與經濟轉型的結合。透過整合拓展廈門發展空間、提升中心城市功能，且廈門島內土地日漸稀缺，島內人口超過土地負載上限，土地成本日益提高，為提高土地利用效率，2014年3月5日廈門市政府提出《美麗廈門戰略規劃》，鼓勵工業企業把生產環節遷往島外區域，使島外區域的工業總產值規模不斷擴大，2013年已占廈門全市工業總產值的62.7%，而島內則側重發展高科技產業和現代服務業，且島內將不再新建大型綜合項目，並把部分重要單位移至島外區域，以形成「山海一體、江海連城」「城在海上、海在城中」的「大海灣灣帶城市」，致力將廈門打造成國際知名的花園城市，進而成為閩南地區的中心城市，且隨廈漳泉大都市區同城化互相呼應，廈門的城市承載輻射功能將日益

表 20-1 2014 TEEMA 中國大陸城市台商推薦度細項指標排名分析

排名	城 市	地區	❶ 競爭力	❸ 環境力	❸ 風險度	❹ 發展潛力	❺ 投資效益	❻ 國際接軌	❼ 權益保護	❽ 行政效率	❾ 內銷市場	❿ 生活品質	台商推薦度	
1	廈門島外	華南	4.455	4.500	4.273	4.682	4.273	4.273	4.364	4.182	4.000	4.318	4.332	97.732
2	南京江寧區	華東	4.105	4.263	4.105	4.263	4.368	4.105	4.316	4.421	4.105	4.368	4.242	96.604
3	蘇州昆山	華東	4.140	4.314	4.140	4.302	4.128	4.221	4.244	4.326	4.140	4.244	4.229	95.127
4	蘇州工業區	華東	4.321	4.393	4.393	4.107	4.250	4.107	4.357	4.286	3.786	4.286	4.220	96.343
5	杭州蕭山區	華東	4.179	4.143	4.286	4.321	3.893	4.107	4.143	4.143	4.107	4.250	4.157	94.520
6	蘇州高新區	華東	4.100	4.333	4.167	4.233	4.267	4.067	4.333	4.200	3.867	4.233	4.180	94.433
7	蘇州市區	華東	4.269	4.154	4.308	4.115	4.192	3.885	4.077	4.308	4.231	4.077	4.162	94.259
8	成 都	西南	4.163	4.000	3.860	4.256	4.302	3.674	4.233	4.256	4.047	3.977	4.077	91.046
9	無錫江陰	華東	4.080	4.000	4.080	4.400	4.280	4.080	3.880	4.000	3.920	3.880	4.060	90.699
10	上海市區	華東	4.036	3.929	3.964	3.929	3.857	4.464	4.036	3.929	3.679	4.143	3.996	86.531
11	青 島	華北	4.000	3.889	3.704	3.889	3.630	4.185	4.370	4.037	3.852	4.519	4.007	86.097
12	廈門島內	華南	3.714	3.821	3.893	4.036	4.071	4.143	4.071	3.964	3.929	3.857	3.950	86.010
13	上海浦東	華東	3.875	4.000	3.792	4.208	3.875	4.208	3.833	3.958	3.750	3.833	3.933	85.228
14	南 通	華東	3.867	4.100	4.100	4.067	3.900	3.767	4.067	4.067	3.667	3.733	3.933	84.707
15	南京市區	華東	3.750	3.875	3.792	4.208	3.875	4.000	4.125	4.167	3.625	3.958	3.938	83.839
16	重 慶	西南	3.844	3.750	3.500	3.938	3.969	3.969	3.969	4.094	3.938	3.750	3.872	81.842
17	杭州市區	華東	3.955	4.136	3.727	3.864	3.682	3.545	3.727	3.864	3.909	4.045	3.845	80.887
18	西 安	西北	3.500	3.714	3.679	4.214	4.071	3.964	3.786	3.857	4.321	3.929	3.904	80.366
19	蘇州張家港	華東	3.722	4.056	3.889	4.056	4.000	4.056	4.278	3.833	3.278	3.611	3.878	80.018
20	淮 安	華東	3.844	4.000	3.906	3.906	4.500	3.281	4.313	4.344	3.031	3.969	3.909	79.497
21	上海閔行	華東	4.111	3.963	3.704	3.593	3.963	3.926	3.704	3.704	3.852	3.852	3.837	79.411
22	寧波北侖區	華東	3.806	3.839	3.839	3.839	3.935	3.839	3.774	3.710	3.839	3.742	3.816	79.324
23	揚 州	華東	3.963	3.815	3.852	3.889	3.889	3.704	3.667	3.704	3.741	3.889	3.811	78.803
24	寧波市區	華東	3.826	3.870	3.739	4.000	3.739	3.826	3.826	3.652	3.652	3.696	3.783	76.719

表 20-1 2014 TEEMA 中國大陸城市台商推薦度細項指標排名分析（續）

排名	城　市	地區	❶ 競爭力	❸ 環境力	❸ 風險度	❹ 發展潛力	❺ 投資效益	❻ 國際接軌	❼ 權益保護	❽ 行政效率	❾ 內銷市場	❿ 生活品質	台商推薦度	
25	無錫宜興	華東	4.000	4.053	4.000	3.842	3.789	3.526	3.526	3.526	3.632	3.947	3.784	76.458
26	天津濱海	華北	3.679	3.750	3.929	3.893	3.750	3.786	3.786	4.000	3.357	3.893	3.782	76.371
27	無錫市區	華東	3.792	3.833	3.792	3.917	3.875	3.667	3.875	3.708	3.333	4.000	3.779	76.111
28	合　肥	華中	3.409	3.909	3.773	3.955	3.864	3.409	4.000	3.909	3.864	3.591	3.768	75.329
29	北京亦庄	華北	3.833	3.667	3.833	3.667	3.667	3.778	3.722	3.778	3.722	3.778	3.744	74.287
30	寧波慈溪	華東	3.762	3.762	3.810	3.524	3.571	3.810	3.905	3.952	3.619	3.667	3.738	73.419
31	大　連	東北	3.640	3.760	3.840	3.800	4.040	3.680	3.720	3.520	3.600	3.640	3.724	72.551
32	廊　坊	華北	3.500	3.818	3.727	3.773	3.682	3.682	3.727	3.682	3.773	3.818	3.718	72.203
33	連雲港	華東	4.037	3.704	3.815	3.852	3.667	3.481	3.815	3.741	3.667	3.370	3.715	71.943
34	馬鞍山	華中	3.563	3.938	3.688	4.063	4.000	3.438	3.688	3.688	3.688	3.250	3.700	70.554
35	北京市區	華北	3.700	3.800	3.900	3.650	3.650	3.900	3.600	3.500	3.800	3.250	3.675	69.425
36	綿　陽	西南	3.947	3.737	3.684	3.842	3.421	3.579	3.579	3.842	3.789	3.368	3.679	69.338
37	德　陽	西南	3.444	3.556	3.167	3.444	3.500	3.556	4.000	3.889	4.056	3.944	3.656	66.993
38	威　海	華北	3.688	3.750	3.438	3.625	3.813	3.938	3.563	3.313	3.563	3.500	3.619	65.083
39	宿　遷	華東	3.522	3.696	3.478	3.826	3.522	3.304	3.565	3.870	3.783	3.522	3.609	64.562
40	蕪　湖	華中	3.500	3.188	3.563	3.750	3.688	3.313	3.938	3.625	4.063	3.313	3.594	63.607
41	遂　寧	西南	3.667	3.667	3.467	3.733	3.400	3.467	3.667	3.733	3.733	3.333	3.587	62.912
42	常　州	華東	3.600	3.840	3.800	3.760	3.600	3.520	3.360	3.360	3.440	3.440	3.572	62.739
43	上海松江	華東	3.850	3.950	3.600	3.600	3.450	3.800	3.350	3.250	3.200	3.700	3.575	62.478
44	寧波奉化	華東	3.294	3.412	3.529	3.706	3.824	3.765	3.412	3.529	3.882	3.412	3.576	62.218
45	寧波餘姚	華東	3.762	3.524	3.429	3.667	3.667	3.333	3.571	3.571	3.381	3.571	3.548	61.436
46	鎮　江	華東	3.500	3.375	3.458	3.708	3.750	3.417	3.458	3.750	3.542	3.583	3.554	61.262
47	濟　南	華北	3.739	3.826	3.696	3.913	3.435	3.348	3.435	3.565	3.261	3.435	3.565	61.002

表 20-1 2014 TEEMA 中國大陸城市台商推薦度細項指標排名分析（續）

排名	城 市	地區	❶ 競爭力	❸ 環境力	❸ 風險度	❹ 發展潛力	❺ 投資效益	❻ 國際接軌	❼ 權益保護	❽ 行政效率	❾ 內銷市場	❿ 生活品質	台商推薦度	
48	上海嘉定	華東	3.810	3.667	3.429	3.571	3.381	3.714	3.333	3.333	3.524	3.810	3.557	59.526
49	東莞松山湖	華南	3.556	3.556	3.611	3.611	3.444	3.556	3.444	3.667	3.333	3.444	3.522	58.744
50	泰 州	華東	3.296	3.519	3.556	3.593	3.333	3.296	3.630	3.593	3.519	3.778	3.511	57.181
51	珠 海	華南	3.609	3.522	3.435	3.478	3.609	3.478	3.348	3.391	3.348	3.522	3.474	55.097
52	泉 州	華南	3.579	3.474	3.263	3.632	3.316	3.474	3.526	3.368	3.421	3.474	3.453	54.576
53	煙 台	華北	3.412	3.471	3.529	3.529	3.353	3.294	3.471	3.294	3.765	3.529	3.465	54.403
54	唐 山	華北	3.500	3.333	3.563	3.625	3.563	3.438	3.375	3.438	3.375	3.333	3.454	53.398
55	保 定	華北	3.118	3.471	3.294	3.235	3.353	3.529	3.588	3.588	3.529	3.529	3.424	53.361
56	蘇州吳江區	華東	3.533	3.400	3.500	3.467	3.433	3.300	3.467	3.400	3.433	3.467	3.440	53.274
57	蘇州太倉	華東	3.565	3.739	3.391	3.348	3.391	3.478	3.391	3.435	3.348	3.435	3.452	53.100
58	廣州市區	華南	3.273	2.955	3.409	3.227	3.409	3.545	3.409	3.455	3.818	3.545	3.405	51.884
59	徐 州	華東	3.545	3.727	3.500	3.636	3.409	3.000	3.455	3.318	3.409	3.273	3.427	51.450
60	嘉興市區	華東	3.200	3.300	3.100	3.600	3.450	3.250	3.650	3.400	3.600	3.400	3.395	50.235
61	湖 州	華東	3.350	3.400	3.200	3.350	3.450	3.400	3.550	3.300	3.300	3.450	3.375	49.279
62	泰 安	華北	3.067	3.200	3.467	3.200	3.733	3.800	3.400	3.133	3.533	3.200	3.373	49.106
63	鹽 城	華東	3.611	3.722	3.389	3.278	3.389	3.333	3.500	3.222	3.278	3.222	3.394	48.411
64	日 照	華北	3.056	3.667	3.556	3.222	3.333	2.944	3.333	3.944	3.278	3.444	3.378	47.630
65	漳 州	華南	3.304	3.217	3.130	3.435	3.217	3.261	3.478	3.348	3.391	3.522	3.330	45.806
66	南 昌	華中	3.636	3.545	3.455	3.227	3.091	2.955	3.273	3.227	3.682	3.182	3.327	45.372
67	鄭 州	華中	3.286	2.857	3.143	3.476	3.476	3.143	3.476	3.571	3.333	3.429	3.319	45.025
68	洛 陽	華中	2.938	2.813	3.063	2.938	3.500	3.063	3.500	3.625	3.438	3.750	3.263	42.680
69	莆 田	華南	3.476	3.381	3.190	3.476	3.238	3.333	3.333	3.333	3.190	3.048	3.300	42.333
70	杭州余杭區	華東	3.188	3.375	3.250	3.188	3.313	3.063	3.500	3.250	3.375	3.250	3.275	41.464
71	蘇州常熟	華東	3.737	3.474	3.421	3.474	3.368	3.158	3.053	2.895	3.105	3.000	3.268	41.291

表 20-1 2014 TEEMA 中國大陸城市台商推薦度細項指標排名分析（續）

排名	城　市	地區	❶ 競爭力	❸ 環境力	❸ 風險度	❹ 發展潛力	❺ 投資效益	❻ 國際接軌	❼ 權益保護	❽ 行政效率	❾ 內銷市場	❿ 生活品質	台商推薦度	
71	天津市區	華北	3.130	3.217	3.391	3.391	3.478	3.435	3.304	3.130	3.174	3.000	3.265	41.291
73	瀋　陽	東北	3.000	3.227	3.318	3.364	3.273	3.091	3.136	2.864	3.682	3.182	3.214	39.211
74	深圳市區	華南	3.333	3.000	2.952	3.095	3.143	3.286	3.238	3.190	3.429	3.333	3.200	37.210
75	武漢武昌	華中	3.611	3.444	3.389	3.222	3.000	3.056	3.056	3.000	3.111	3.167	3.206	37.123
76	廣州天河區	華南	3.381	3.238	3.238	3.048	3.524	3.000	3.048	2.905	3.238	3.190	3.181	36.168
77	桂　林	西南	3.286	3.571	3.190	3.048	3.048	3.333	3.095	3.095	3.095	3.190	3.195	35.994
78	海　口	華南	3.063	2.875	3.000	2.750	2.875	3.438	3.188	3.375	3.313	3.375	3.125	34.084
79	三　亞	華南	3.467	2.867	3.200	3.200	3.267	3.333	3.067	3.067	2.667	3.267	3.140	33.823
80	福州市區	華南	3.000	2.800	3.100	3.100	2.900	3.200	3.500	3.250	3.150	3.300	3.130	33.042
80	嘉興嘉善	華東	2.857	3.048	2.905	3.095	3.095	3.381	3.381	3.048	3.286	3.286	3.138	33.042
82	南　寧	西南	2.958	2.958	2.875	3.292	3.250	2.583	3.042	3.208	3.458	3.375	3.100	31.826
83	福州馬尾區	華南	3.333	3.111	2.833	3.389	3.056	3.056	3.000	3.056	2.611	3.278	3.072	30.523
84	貴　陽	西南	2.824	3.059	3.000	3.647	3.412	3.000	3.000	2.765	3.176	2.824	3.071	30.176
85	武漢漢陽	華中	2.941	2.941	3.118	2.882	2.765	3.000	3.471	3.176	3.412	3.000	3.071	29.742
86	昆　明	西南	3.318	3.364	2.909	3.045	3.045	2.864	3.182	3.000	2.818	3.136	3.068	28.266
87	紹　興	華東	3.111	2.944	3.000	3.111	3.167	2.833	2.833	2.889	2.833	3.389	3.011	27.137
88	長　沙	華中	3.000	2.944	2.944	2.778	3.056	3.167	3.056	3.111	2.944	2.944	2.994	25.661
89	東莞市區	華南	3.150	2.850	2.900	3.150	2.700	3.050	2.800	3.050	3.100	3.000	2.975	24.532
90	東莞虎門	華南	3.000	2.957	2.826	3.000	2.913	3.087	2.913	3.130	3.000	3.000	2.983	24.271
91	武漢漢口	華中	3.000	3.000	2.800	2.933	3.000	2.600	3.267	3.133	3.067	2.867	2.967	23.924
92	蘭　州	西北	2.875	2.875	2.875	3.188	3.063	2.688	2.688	2.688	3.375	3.063	2.938	23.229
93	中　山	華南	3.118	3.118	3.176	3.000	2.765	2.647	2.882	2.706	2.529	3.000	2.894	22.274
94	長　春	東北	3.000	2.824	2.824	3.294	2.824	2.765	2.824	2.824	2.882	2.882	2.894	21.406
95	汕　頭	華南	3.056	3.056	3.278	3.000	3.000	2.833	2.278	2.944	2.500	2.444	2.839	21.232

表 20-1 2014 TEEMA 中國大陸城市台商推薦度細項指標排名分析（續）

排名	城　市	地區	❶ 競爭力	❸ 環境力	❸ 風險度	❹ 發展潛力	❺ 投資效益	❻ 國際接軌	❼ 權益保護	❽ 行政效率	❾ 內銷市場	❿ 生活品質	台商推薦度	
96	哈爾濱	東北	3.000	3.067	2.933	3.067	3.067	2.733	2.733	2.800	2.733	2.667	2.880	21.145
97	宜　昌	華中	3.000	2.875	3.125	3.125	2.875	2.688	2.875	2.750	2.625	2.813	2.875	20.364
98	石家莊	華北	2.733	3.133	2.867	3.067	3.000	2.733	3.200	2.533	2.800	2.800	2.887	19.843
99	惠　州	華南	2.938	3.000	3.125	2.875	2.688	2.875	2.688	2.750	2.875	2.875	2.869	19.843
100	江　門	華南	2.467	3.000	3.067	3.200	2.667	2.533	2.333	2.467	2.867	2.600	2.720	15.588
101	東莞長安	華南	3.000	2.727	2.636	2.727	2.773	2.818	2.682	2.818	2.864	2.636	2.768	15.328
102	東莞石碣	華南	2.840	2.760	2.600	2.720	2.600	3.000	2.680	2.920	2.880	2.840	2.784	15.067
103	佛　山	華南	2.938	2.813	3.063	3.125	2.688	2.625	2.188	2.688	2.750	2.563	2.744	14.720
104	深圳龍崗	華南	3.000	2.583	2.583	2.792	2.708	2.833	2.375	2.542	2.583	2.750	2.675	12.983
105	九　江	華中	2.588	3.000	2.765	2.412	2.647	2.412	2.765	2.529	2.882	2.824	2.682	12.636
106	深圳寶安	華南	2.818	2.682	2.455	2.682	2.636	2.864	2.545	2.591	3.000	2.682	2.695	12.115
107	襄　陽	華中	2.800	2.650	2.600	2.800	2.500	2.600	2.850	2.700	2.850	2.700	2.705	11.854
108	東莞清溪	華南	2.579	2.368	2.632	2.842	2.684	2.737	2.632	2.474	2.526	2.526	2.600	9.336
109	東莞厚街	華南	2.857	3.000	2.667	2.667	2.476	2.571	2.143	2.381	2.381	2.571	2.571	8.989
110	吉　安	華中	2.313	2.500	2.500	2.563	3.000	2.375	2.375	2.438	2.438	2.500	2.500	7.252
111	岳　陽	華中	2.533	2.400	2.267	2.400	2.467	2.333	2.400	2.467	2.667	2.400	2.433	5.081
112	溫　州	華東	2.500	2.450	2.450	2.600	2.650	2.300	2.100	2.100	2.400	2.600	2.415	4.734
113	贛　州	華中	2.625	2.250	2.375	2.438	2.500	2.625	2.063	2.375	2.438	2.125	2.381	4.473
114	太　原	華北	2.381	2.190	2.381	2.476	2.571	2.238	2.238	2.238	2.000	1.857	2.257	2.737
115	北　海	西南	2.000	1.889	1.889	1.944	2.333	2.278	2.278	2.278	2.167	2.222	2.128	2.042

註：【1】問卷評分轉換：「非常同意＝5分」、「同意＝4分」、「沒意見＝3分」、「不同意＝2分」、「非常不同意＝1分」

【2】台商推薦度＝【城市競爭力 ×10%】＋【投資環境力 ×10%】＋【投資風險度 ×10%】＋【城市發展潛力 ×10%】＋【整體投資效益 ×10%】＋【國際接軌程度 ×10%】＋【台商權益保護 ×10%】＋【政府行政效率 ×10%】＋【內銷市場前景 ×10%】＋【整體生活品質 ×10%】

【3】台商推薦度評分越高，代表台商對該城市願意推薦給下一個來投資的台商之意願強度越高，換言之，也代表這個城市的台商推薦程度越高。

資料來源：本研究整理

增強，將大幅增加台商投資效益，此外，若廈門市政府自 2013 年起便積極推動面向台灣的《廈門自由貿易園區總體方案》終獲許可，則將更加強化其作為兩岸交流窗口城市之作用。綜上所見，隨廈門都市規劃調整、島外投資環境日漸改善以及日益增強的中心城市輻射功能，島外區域的海滄、杏林、集美 3 個中國大陸國家級台商投資區現已成為台商投資重點區域。南京江寧近年來因其產業佈局以及相關政策，現已成為華東地區對人才極具吸引力的人才聚集中心，匯集大量海外人才以及新興技術，搭配其既有便捷完善的交通設備、健全的金融環境，遂再次成為台商欲爭投資之地。

表 20-2 2014 TEEMA 中國大陸台商推薦度構面平均觀點評分與排名

台商推薦度評估構面	2010		2011		2012		2013		2014		2010至2014	
	評分	排名	評分	排名	評分	排名	評分	排名	評分	排名	評分	排名
❶城市競爭力	3.772	9	3.606	9	3.614	9	3.506	9	3.392	4	3.578	9
❷投資環境力	3.886	2	3.700	2	3.686	2	3.552	4	3.398	2	3.644	2
❸投資風險度	3.878	4	3.681	5	3.658	5	3.529	5	3.356	8	3.620	5
❹發展潛力	3.903	1	3.737	1	3.740	1	3.616	1	3.445	1	3.688	1
❺投資效益	3.855	5	3.685	4	3.663	4	3.553	3	3.393	3	3.630	4
❻國際接軌	3.754	10	3.599	10	3.598	10	3.495	10	3.327	10	3.555	10
❼權益保護	3.879	3	3.688	3	3.674	3	3.563	2	3.371	5	3.635	3
❽行政效率	3.850	6	3.650	8	3.627	8	3.527	6	3.359	6	3.603	6
❾內銷市場	3.831	7	3.667	6	3.648	7	3.509	8	3.347	9	3.600	8
❿生活品質	3.810	8	3.663	7	3.658	5	3.521	7	3.357	7	3.602	7
平均值	3.842		3.667		3.657		3.537		3.374		3.616	

資料來源：本研究整理

二、2013 至 2014 TEEMA 中國大陸台商推薦度差異分析

2014《TEEMA 調查報告》延續 2013《TEEMA 調查報告》針對台商推薦度評分加以探討，但由於 2014 年加入洛陽、遂寧與東莞松山湖等 3 個新城市，因此，本研究為調查其差異程度，而將此 3 個城市剔除，不列入分析之內。因此，本研究將 2013 年與 2014 年同樣列入調查的 112 個城市，進行台商推薦度比較差異分析，結果顯示 2014 年較 2013 相比，有 15 個城市之台商推薦度呈上升趨勢，占 112 個城市的 13.39%，而下滑的城市總共有 97 個，占整體 86.61%，顯示呈現下降態勢之城市所占比例較 2013 年的 81.37% 多，茲將台商推薦度評分差異，相關分析結果之重要內涵分述如下：

1. 就 2013 至 2014 台商推薦度評分上升城市而言：2014《TEEMA 調查報告》之結果顯示，在台商推薦度評分上，其上升最多的前 10 城市依序為：（1）貴陽（2.518 上升至 3.071）；（2）嘉興市區（3.135 上升至 3.395）；（3）泰安（3.140 上升至 3.373）；（4）嘉興嘉善（2.952 上升至 3.138）；（5）東莞虎門（2.832 上升至 2.983）；（6）東莞石碣（2.640 上升至 2.784）；（7）廊坊（3.596 上升至 3.718）；（8）三亞（3.033 上升至 3.140）；（9）東莞長安（2.686 上升至 2.768）；（10）廈門島外（4.250 上升至 4.332）。其中，評分上升幅度超過 0.5 分僅有貴陽（2.518 上升至 3.071），從 2013 年的 3 個城市下降至 1 個城市。2014 年貴陽評價分數迅速上升，由於地處中國大陸西南中心城市，亦為西南地區連結珠三角、長三角的重要交通通信樞紐、物流集散地和知名旅遊城市，對內可連結中國大陸西南各省，對外則可輻射至東南亞鄰近各國，其氣候宜人且貴陽政府致力於各項交通建設，並擁有素質完整的勞動力、基礎人才以及豐富的自然資源，適合許多產業進駐，如生物科技產業、電子商務、旅遊觀光業，漸成為中外知名企業投資熱土，並於 2013 年 9 月與位於北京的中關村達成戰略合作協議，通過合作吸引更多的高科技公司進入貴陽，貴陽市政府亦確定了「一帶兩翼三體系」的物流空間佈局，擬著力打造 5 大市級物流園，除將有助於傳統物流乃至商貿批發業產業結構轉型升級，亦能從側面強化貴陽電子商務廠商向周邊區域、國家輻射之能力。

2. 就 2013 至 2014 台商推薦度評分下降城市而言：依 2014《TEEMA 調查報告》顯示，在台商推薦度評分上，下降最多的前 10 個城市依序為：（1）太原（2.952 下降至 2.257）；（2）岳陽（3.107 下降至 2.433）；（3）汕頭（3.422 下降至 2.839）；（4）桂林（3.758 下降至 3.195）；（5）南昌（3.873 下降至 3.327）；（6）哈爾濱（3.420 下降至 2.880）；（7）溫州（2.915 下降至 2.415）；（8）長沙（3.478 下降至 2.994）；（9）重慶（4.302 下降至 3.872）；（10）湖州（3.792 下降至 3.375）。其中，評分下降幅度超過 0.5 的城市共有 7 個，較 2013 年增加兩個。綜觀太原台商推薦度評分下滑，主要因為山西煤炭工業面臨困境，導致相關企業效益明顯下降，工業發展後勁不足，使太原經濟成長速度總體放緩，整體產業面臨轉型瓶頸，消費需求亦待提高，而使太原的投資吸引力大幅下滑。

表 20-3 2013 至 2014 TEEMA 中國大陸城市台商推薦度評分差異

城　市	2013 評分	2014 評分	2013 至 2014 評分差異	城　市	2013 評分	2014 評分	2013 至 2014 評分差異
貴　陽	2.518	3.071	+0.553	唐　山	3.550	3.454	-0.096
嘉興市區	3.135	3.395	+0.260	煙　台	3.565	3.465	-0.100
泰　安	3.140	3.373	+0.233	泉　州	3.553	3.453	-0.100
嘉興嘉善	2.952	3.138	+0.186	濟　南	3.665	3.565	-0.100
東莞虎門	2.835	2.983	+0.148	宜　昌	2.981	2.875	-0.106
東莞石碣	2.640	2.784	+0.144	鎮　江	3.663	3.554	-0.108
廊　坊	3.596	3.718	+0.122	廣州市區	3.518	3.405	-0.114
三　亞	3.033	3.140	+0.107	蘇州工業區	4.321	4.220	-0.121
東莞長安	2.686	2.768	+0.082	昆　明	3.193	3.068	-0.125
廈門島外	4.250	4.332	+0.082	合　肥	3.895	3.768	-0.127
南京江寧區	4.189	4.242	+0.053	蘇州昆山	4.358	4.229	-0.129
上海浦東	3.889	3.933	+0.044	寧波慈溪	3.867	3.738	-0.129
深圳市區	3.171	3.200	+0.029	連雲港	3.852	3.715	-0.137
蘇州高新區	4.163	4.180	+0.017	莆　田	3.438	3.300	-0.138
上海市區	3.987	3.996	+0.009	北京亦庄	3.883	3.744	-0.139
北　海	2.144	2.128	-0.017	福州馬尾區	3.217	3.072	-0.144
泰　州	3.530	3.511	-0.019	北京市區	3.820	3.675	-0.145
漳　州	3.352	3.330	-0.022	無錫江陰	4.207	4.060	-0.147
南　通	3.957	3.933	-0.023	德　陽	3.811	3.656	-0.156
海　口	3.150	3.125	-0.025	杭州余杭區	3.431	3.275	-0.156
東莞清溪	2.637	2.600	-0.037	威　海	3.775	3.619	-0.156
蕪　湖	3.631	3.594	-0.038	寧波奉化	3.735	3.576	-0.159
蘇州市區	4.200	4.162	-0.038	九　江	2.841	2.682	-0.159
天津市區	3.304	3.265	-0.039	常　州	3.731	3.572	-0.159
青　島	4.047	4.007	-0.040	珠　海	3.635	3.474	-0.161
馬鞍山	3.744	3.700	-0.044	深圳龍崗	2.838	2.675	-0.163
西　安	3.952	3.904	-0.048	杭州市區	4.009	3.845	-0.164
蘇州張家港	3.928	3.878	-0.050	中　山	3.059	2.894	-0.165
日　照	3.433	3.378	-0.056	無錫宜興	3.953	3.784	-0.168
宿　遷	3.665	3.609	-0.057	吉　安	2.669	2.500	-0.169
長　春	2.959	2.894	-0.065	保　定	3.612	3.424	-0.188
上海嘉定	3.629	3.557	-0.071	東莞市區	3.165	2.975	-0.190
淮　安	3.984	3.909	-0.075	無錫市區	3.975	3.779	-0.196
寧波餘姚	3.624	3.548	-0.076	寧波市區	3.983	3.783	-0.200
廈門島內	4.032	3.950	-0.082	杭州蕭山區	4.357	4.157	-0.200

表 20-3 2013 至 2014 TEEMA 中國大陸城市台商推薦度評分差異（續）

城　市	2013 評分	2014 評分	2013 至 2014 評分差異	城　市	2013 評分	2014 評分	2013 至 2014 評分差異
江　門	2.807	2.720	-0.087	綿　陽	3.879	3.679	-0.200
鄭　州	3.410	3.319	-0.090	南京市區	4.140	3.938	-0.203
石家莊	2.980	2.887	-0.093	蘭　州	3.056	2.850	-0.206
蘇州太倉	3.665	3.452	-0.213	武漢漢陽	3.429	3.071	-0.359
福州市區	3.350	3.130	-0.220	贛　州	2.744	2.381	-0.363
惠　州	3.094	2.869	-0.225	成　都	4.457	4.077	-0.380
揚　州	4.059	3.811	-0.248	襄　陽	3.090	2.705	-0.385
深圳寶安	2.950	2.695	-0.255	徐　州	3.816	3.427	-0.388
寧波北侖區	4.071	3.816	-0.255	紹　興	3.406	3.011	-0.394
蘇州常熟	3.526	3.268	-0.258	佛　山	3.144	2.744	-0.400
東莞厚街	2.839	2.571	-0.267	大　連	4.132	3.724	-0.408
上海閔行	4.107	3.837	-0.270	湖　州	3.792	3.375	-0.417
上海松江	3.865	3.575	-0.290	重　慶	4.302	3.872	-0.431
蘇州吳江區	3.739	3.440	-0.299	長　沙	3.478	2.994	-0.483
武漢漢口	3.267	2.967	-0.300	溫　州	2.915	2.415	-0.500
瀋　陽	3.523	3.214	-0.309	哈爾濱	3.420	2.880	-0.540
武漢武昌	3.522	3.206	-0.317	南　昌	3.873	3.327	-0.545
廣州天河區	3.519	3.181	-0.338	桂　林	3.758	3.195	-0.562
鹽　城	3.733	3.394	-0.339	汕　頭	3.422	2.839	-0.583
天津濱海	4.129	3.782	-0.346	岳　陽	3.107	2.433	-0.673
南　寧	3.459	3.100	-0.359	太　原	2.952	2.257	-0.695

資料來源：本研究整理

第21章

2014 TEEMA 中國大陸城市綜合實力

2014《TEEMA 調查報告》城市綜合實力計算方式延續過去《TEEMA 調查報告》調查報告所評估之「兩力兩度」模式，構面如下：（1）城市競爭力；（2）投資環境力；（3）投資風險度；（4）台商推薦度等 4 個構面，並根據 2013 年原有的 112 個城市再加上 2014 年所增加的 3 個城市分別為遂寧、東莞松山湖、洛陽於此 4 個構面所獲得之原始分數，將原始分數的高低經過排列順序後，透過百分位數轉換後計算其加權分數，除城市競爭力以 20.00 到 99.99 為百分位數加權計算外，其餘 3 個構面則以 1.00 到 99.99 為百分位數加權計算，再各別乘上構面的權重後，將 4 個構面之加總分數並予以排名，最後將獲得每一個城市的「城市綜合實力」綜合評分與排名。鑒於「兩力兩度」構面之權重分配，分別為：（1）城市競爭力（15%）；（2）投資環境力（40%）；（3）投資風險度（30%）；（4）台商推薦度（15%）。

一、2014 TEEMA 中國大陸城市綜合實力排名

2014《TEEMA 調查報告》調查中國大陸 115 個城市之城市綜合實力排名，如表 21-1 所示，依據「城市綜合實力」分數之結果，以 25 分為區隔，分為【A】、【B】、【C】、【D】4 項「城市推薦等級」如下：（1）75 分以上城市為【A】級城市，稱之為「極力推薦」等級之城市；（2）50 分到 75 分（含）城市為【B】級城市，歸屬於「值得推薦」等級之城市；（3）25 分到 50 分（含）之城市為【C】級城市，歸類於「勉予推薦」等級之城市；（4）25 分（含）以下之城市則為【D】級城市，則規劃在「暫不推薦」等級之城市。依據 2014《TEEMA 調查報告》城市綜合實力評估結果如表 21-1，顯示出 2014 年前 10 佳城市排名如下：（1）蘇州昆山；（2）蘇州工業區；（3）廈門島外；（4）蘇州高新區；（5）南京江寧區；（6）蘇州市區；（7）成都；（8）杭州蕭山區；（9）無錫江陰；（10）青島。有關

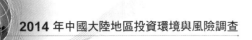

2014 年中國大陸「城市綜合實力」最佳 10 名城市與 2013 年調查結果相比，可觀察得知青島由 2013 年的第 15 名擠進 2014 年前 10 名，進步 5 個名次；而位列第 4 名的蘇州高新區表現亦較 2013 年優秀，進步 4 個名次。另一方面，2014 年「城市綜合實力」排名最後 10 名則分別為：（1）贛州；（2）北海；（3）吉安；（4）九江；（5）東莞厚街；（6）江門；（7）太原；（8）岳陽；（9）東莞清溪；（10）溫州。

中國大陸東南沿海地區長期為中國大陸對外貿易之重要窗口，蘇杭一帶更是中國大陸現今最具經濟發展優勢之區域，其不斷優化、調整的投資環境和產業結構，持續吸引各方資金、人才以及技術的進入。是以，2014《TEEMA 調查報告》將針對蘇州昆山、蘇州工業區、廈門島外、蘇州高新區、南京江寧等城市綜合實力前 5 名進行深入探究，以幫助讀者瞭解各城市之優勢所在。

1. 蘇州昆山：昆山坐落於蘇滬邊界，概略介於蘇州與上海中間，有京滬鐵路橫貫，交通、經濟發達，自改革開放以來，昆山從一農業縣茁壯成一開放型經濟為主導的新興工商城市，透過各項政策、合作，調整、優化投資環境，吸引台商爭相進駐。2013 年 2 月 3 日中國大陸政府批准設立「昆山深化兩岸產業合作試驗區」，瞄準「兩岸產業合作轉型升級的先行先試區」、「兩岸中小企業深度合作的重要載體」、「兩岸交流合作模式創新的示範平台」3 大方向進行建設，顯示昆山在兩岸企業交流上仍有指標性的地位。根據 2014《TEEMA 調查報告》顯示，蘇州昆山已連續 6 年位列中國大陸城市綜合實力排行榜第一名，其投資環境優越之理由茲列如下：

❶ 理由 1【明確政策規劃】：自 2013 年 2 月 3 日中國大陸國務院正式批複同意設立昆山深化兩岸產業合作試驗區起，兩岸經貿交流合作即進入新的領域、層次，逐漸吸引的許多台資服務業企業前往昆山投資。對此，昆山市委書記管愛國（2014）表示：「當前昆山最大的機遇，就是昆山深化兩岸產業合作試驗區。要圍繞打造投資貿易便利、金融服務完善、監管高效便捷、兩岸特色鮮明的改革開放新的戰略平台，通過下好『先手牌』謀劃好『再出發』的戰略戰術。」昆山政府一面輔導製造業轉型升級，通過科技創新加快生產技術更新周期，推動兩岸產業轉型升級；另一面是強力推動服務業兩岸相互滲透，利用兩岸互有所長之資源進行配置，並與上海錯位發展，使服務業發展要緊緊圍繞製造業，提高發揮區域內經濟體的綜效，加快資本和產業的融合，為兩岸合作創造更大的市場空間。顯示昆山政府希望藉由連結、整合兩岸互補的產業，並藉上海自由貿易區發展之勢頭，提高企業前往當地投資的競爭優勢。

❷ 理由 2【協助產業轉型】：早期昆山的台商多以出口加工企業為主，然近年因為出口退稅率調整、環保意識高漲、生產要素成本上升，台商經營壓力和風險增大，傳統的代工模式急需改變。自昆山深化兩岸產業合作試驗區成立後，在昆山市政府主導下，藉由深化兩岸科技創新交流，聯合組建技術研發平台，合作開展核心關鍵技術研發，借助台商在科技成果商品化方面的優勢，互利共生創造雙贏，協助昆山台資企業轉型升級。昆山市委書記管愛國 2014 年 3 月 28 日指出：「轉變經濟發展方式、推動產業轉型升級已經成為兩岸經濟發展的共同選擇，也是昆山發展的必由之路，更是破解瓶頸制約的必然選擇。」2014 年 4 月 14 日中國大陸國家發改委外資司副司長王東亦表示：「透過昆山試驗區的建設將進一步促進兩岸產業鏈的延伸、推動產業轉型發展。」顯示昆山因台商而繁榮，如今台商陷入競爭優勢正逐漸流失之際，反過來協助台商進行轉型升級，營造對台商有利且互助共生的投資環境。

❸ 理由 3【跨境人民幣業務】：自昆山試驗區設立後，中國大陸人民銀行於 2013 年 8 月 12 日發布《昆山深化兩岸產業合作實驗區跨境人民幣業務試點暫行辦法實施細則》，同意在試驗區內開展跨境人民幣業務試點，使昆山的台商可直接以人民幣匯回台灣，減少過往須轉匯為美元中間的不便和匯率風險，且中國大陸國務院亦賦予昆山試驗區內設籍登記的台商可進行企業集團內部人民幣跨境雙向借貸業務，意味著昆山台商可以透過母公司從境外借入不占外債額度的人民幣資金，進而減少換匯風險和利息支出；亦可先由母公司在台灣借入人民幣，再借給在昆山台資企業，進而為昆山台商的日常經營提供一重要的資金保障通道。雖然仍有地域性、資金使用目的以及金額上限的限制，對於台商而言仍是難以抗拒的誘因，大幅度增加台商前往昆山投資設點的意願。

❹ 理由 4【台商群聚效應】：自改革開放起，常駐昆山經商、工作的台灣人人數眾多，全盛時期有至少 20 萬台灣人在昆山工作，藉由高度文化交流、滲透，昆山漸成為台商前往中國大陸投資的「灘頭堡」，昆山甚至因此獲得「小台北」之稱，如今昆山擁有 4,400 多家台資企業，約有 10 萬名台灣人，台資企業員工總數近 70 萬人。2014 年 5 月《天下》雜誌公布台灣 2013 年度製造業企業排行榜，其中在「綜合排名 50 強」內就有 19 家企業在昆山投資興辦企業，占總比例近 4 成，顯示多年來昆山與台商的關係緊密，不但吸引眾多台商投資設廠，亦使許多台商之經營實力成長茁壯。

❺ 理由 5【絕佳地理位置】：長江經濟帶建設是帶動中國大陸全國重大戰略連動的「發動機」，亦是長江沿線城市得天獨厚的機遇，而昆山恰處於滬寧經

濟走廊和長江流域經濟帶的黃金交會區域，其優越的區位優勢、發達的開放型經濟使得昆山能充分利用長江經濟帶諸多的政策優惠、人才資源、資金優勢和廣大腹地，不但能在有限的土地充分利用佈局高端創新型產業，促進資源的有效配置，亦使昆山成為華東地區台商投資首選區域。

2. 蘇州工業區：蘇州工業區係中國大陸和新加坡兩國政府間的重要國際合作項目，其位於蘇州市區東部，行政區上隸屬於姑蘇區，東面與昆山市接鄰，是蘇州市的商業、金融中心以及未來的城市中心，並於 2013 年繳出地區生產總值 1,910 億元人民幣的亮眼成績。值得一提的是，蘇州工業區獲選為 2014 年「中國大陸 100 強產業園區」排名第 2 名，顯示蘇州工業區強悍的競爭實力。據 2014《TEEMA 調查報告》顯示，蘇州工業區除連續 8 年均列城市綜合實力排行榜上的【A】級「極力推薦」城市外，2014 年仍蟬聯第 2 名寶座，其投資環境優越之理由茲列如下：

❶ 理由 1【塑造綜合商城】：按照蘇州中心城市「一核四城」發展定位，借鑒國外市鎮的成功經驗，加快城市建設，促進城市繁榮。透過不斷完善城市功能，堅持以高規格開發金融商貿區、科教創新區、國際商務區、旅遊度假區等重點區域，蘇州工業區現已吸引超過 500 家的金融和準金融機構，且國際商務區亦獲准開展跨境電子商務試點，透過大量設立學校、醫院、社會住宅等民生工程提升園區內民生水準，並藉由不斷提升資訊化能力和設施，致力將蘇州工業區塑造成一綜合商務城，進而吸引各方企業前來投資。

❷ 理由 2【構築人才高地】：2014 年 5 月蘇州工業區管理委員會劉小玫表示：「在發展服務業上重點需要的是人才驅動，也需要創業的環境和條件。」道出蘇州工業區對吸引人才的重視，以及相關環境的重要性。是以，蘇州工業區積極落實「科教興區」戰略，投入巨資成立獨墅湖科教創新區，與中國大陸及國際名校合作，結合區域產業之發展，藉由合作辦學、協同創新，確保人才培養管道。另外，蘇州工業園區於 2011 年 7 月已在東沙湖成立「千人計畫創投中心」，引進大量創投資本，藉此吸引大量優秀創業人才，其各類創投基金現已超過 300 多家，管理基金規模已超過 600 億元人民幣。同時，為方便企業實行員工訓練，蘇州工業區內設有 12 處涵蓋多種產業的公用實訓基地，並為中小企業專業服務業專門成立了中小企業服務中心和培訓管理中心，重點加強對創新創業型企業和人才的服務，進而將蘇州工業區打造成人才高地。

❸ 理由 3【優化生態環境】：蘇州工業區注重生態環境保護，其園區貫徹綠色招商理念，即以生態文明理念合理、深度的利用土地資源，12 年間因環

保因素已否決 200 多個項目，累計超過 11 億美元。自開發以來，園區充分利用零碎之地，透過累積而逐漸擴大園區內綠地面積，其整體區域環境現已通過 ISO14000 認證，且園區整體綠化覆蓋率亦已超過 45%。在環境綠化初具雛形後，又建起以濕地公園、濕地保護區域、重要濕地為主的濕地資源保護網絡體系，並在重要水體周邊建設商貿旅遊景點和商住區時，皆充分利用原先閒置或利用率偏低的邊角地、沼澤地、濱水灘地等，不惜成本打造大面積敞開式綠化景觀帶和森林公園，並結合水體改造，成功地使全境生態環境持續優化，如今，蘇州工業區漸形成一兼具高產出、低耗能且環境綠化的新型工業化之路。顯示蘇州工業區除維護園區環境綠化之決心，在維護園區內環境之綠化與工業區土地利用亦間取得良好平衡，吸引各企業進駐投資。

❹ 理由 4【聚焦產業優化】：蘇州工業區以提高經濟增長質量效益為主旨，以「穩中求進、轉中求好」為堅持，園方管理階層及觀察全球產業佈局調整，從而謹慎篩選進駐廠商、產業，進而加快轉變經濟發展方式，致力提高發展之品質和效率。藉由吸引投資挹注，致力提升蘇州工業區內電子資訊、機械製造等主要產業集群的生產技術以及規模量產能力，同時，針對生物醫藥、奈米技術應用、雲端計算等具備戰略性新興產業，亦積極推動相關發展計畫，其新興產業產值於 2013 年已達 2,213 億元人民幣，亦成為全中國大陸唯一的「國家納米高新技術產業化基地」，顯示新興產業已成為蘇州工業區極為重要的發展領域。另外，蘇州工業區亦以其園區內諸多金融服務業、休閒旅遊業、風險創投業以及相關園區為依托，服務其園區內廠商之際，致力將園區打造成區域性的金融服務集聚。

❺ 理由 5【成熟管理制度】：蘇州工業區為中國大陸與新加坡之間的重要合作項目，是以蘇州工業區在管理上大量借鑒新加坡經驗，亦因新加坡而獲得許多國際上的資金和目光。因此，蘇州工業區亦師法新加坡，在世界各國設置招商辦事處，收集各國的經濟發展情勢，進而瞭解各企業項目發展趨勢，幾經評估後派遣專人前往招募廠商進駐。且園區亦借鑒新加坡經驗，藉由不斷修正園區內相關細則，致力於創造出公開、公正、公平和具備透明規範的市場競爭環境，並藉由派人前往新加坡學習、培訓，致力提供「一站式」服務，除能降低廠商進駐疑慮，進而吸引海外廠商進駐，亦能藉此汰弱扶強，強化蘇州工業區本身的競爭力，進而形成企業與園區共同成長之良性循環。

3. 廈門島外：廈門位於中國大陸福建省東南端，南接漳州，北鄰泉州，是中國大陸改革開放政策推行的 4 個經濟特區之一，亦為中國大陸 12 個國家綜合配套改革試驗區（新特區）之一，而廈門島外可概略分為翔安、集美、海滄、同安。根據 2014《TEEMA 調查報告》顯示，2014 年廈門島外之城市綜合實力較 2013 年進步 3 個名次，排名第 3，其投資環境優越之理由茲列如下：

❶ **理由 1【城市佈局規劃】**：有鑑於廈門島內開發面臨飽和，自 2010 年 2 月廈門市政府啟動「島內外一體化」，輔導、鼓勵企業將生產環節從將廈門島內往廈門島外擴散，將島內騰出給高科技與產業與現代服務業，並帶動島外發展，形成「山海一體、江海連城」之「灣帶城市」雛形，廈門市政府於 2014 年 3 月 5 日提出《美麗廈門戰略規劃》，更加確立整合廈門島內島外之決心，最終形成「大海灣灣帶城市」，強化廈門城市承載輻射功能以及閩南地區中心城市和樞紐地位。其中位於廈門島外的海滄、杏林、集美 3 個中國大陸國家級台商投資區內的台商將能因此受惠，是以，廈門島外對台商之吸引力大幅上升。

❷ **理由 2【便捷交通網絡】**：廈門市為閩南地區之中心城市，且各項路上交通網路基礎建設完備，其中廈門島外掌握「廈漳泉」中心城市的輻射功能，除擁有設備完善的機場外，廈門港亦是一天然的條件優越深水不凍港。隨《美麗廈門戰略規劃》提出，將進一步深化廈門成為「廈漳泉」的交通樞紐，將原本集中於廈門島內的重大交通設施相繼轉移至廈門島外，將東渡港口西移至海滄港區、航空港東移至翔安機場、鐵路客貨運站北移至集美，現正加快建設廈門翔安機場，以打造中國大陸東南沿海重要國際幹線機場和區域性航空樞紐港為目標，並加快龍廈、廈深鐵路及其站場樞紐建設，規劃建設廈門對外區域通道，引入城際軌道交通，將原有的國鐵、城際軌道、地鐵、旅遊輕軌、城市航站樓、水上交通、停車換乘等多種交通功能串聯，形成綜合交通樞紐，實現各種交通工具間「零距離換乘、無縫化銜接」的要求，進而使廈門成為中國大陸全國性的綜合交通樞紐。

❸ **理由 3【兩岸交流窗口】**：由於地理位置使然，以及廈門與金門間的小三通，且廈門與台灣風俗民情相近，使廈門注定成為兩岸交流間重要的窗口。憑藉得天獨厚的區位優勢，隨著一系列便利兩岸直接往來政策的實施和多項出入境對台政策先行先試，廈門已成為全中國大陸對台灣政策最齊全、運行效率最高、台灣人出入境最多的中國大陸口岸。為強化此優勢，2012 年《廈門市深化兩岸交流合作綜合配套改革試驗總體方案》中提出深入推進「屬地申報，口岸驗放」通關模式，簡化、便利兩岸通關措施，廈門政府亦在《美麗廈門戰略規劃》中提出深化兩岸合作體制機制，勇當先頭部隊，欲把廈門更進一步建成兩岸交流的窗口城市，成為兩岸交流直接往來最便捷通道。

❹ **理由 4【具高度發展性】**：相較於已經開發成熟、飽和的廈門島內，廈門島外擁有高度的可開發性，且配合《美麗廈門戰略規劃》，廈門政府除積極鼓

勵、輔導企業向廈門島外遷移外，亦積極加速建設島外各項基礎建設，且致力改善廈門島內與島外之交通問題，藉由產業發展和新城建設雙輪驅動，使產業加快集聚發展，並逐漸加深與漳、泉地區的交互影響，進而形成範圍更廣卻更緊密的產業區域合作與分工，其腹地範圍將延伸到粵湘贛等區域。此外，藉由「一島一帶多中心」使城市空間佈局拉開既有框架，預計將形成廈門島、島外新城、小城鎮 3 個層次功能互補、佈局合理、特色鮮明的城鎮化發展新框架，進而引發對於不同層次間不同需求的商機。

❺ 理由 5【建立智慧城市】：廈門正致力推廣鋪設光纖網路，建設光網城市，亦加快無線寬頻網絡建設，以便推進下一代廣播電視網絡建設，完善三網融合發展體系，亦加快培育智慧物流、智慧旅遊、智慧金融、智慧貿易等戰略性極高的智慧產業，發展移動網際網路、物聯網、雲端計算、大數據與電子商務等新興資訊服務業態，除促進廈門整體經濟轉型升級，亦將帶動廈門島外的工業企業智慧化，進而強化企業競爭力。值得一提的是，自 2011 年以降，廈門的軟體和資訊服務業產值已達 1,000 億元人民幣，且在此基礎上不斷強化。是以，隨電子商務、資訊產業在中國大陸蓬勃發展，具備一定基礎、優勢、環境和人才的廈門遂成為許多台商進入中國大陸市場的跳板。

4. 蘇州高新區：東接蘇州古城，西濱太湖湖畔，鄰近京杭大運河，交通十分便利，通過周邊發達的高速公路、鐵路、水路及航空網與中國大陸各主要城市相連。蘇州高新區開發之初，即堅持環境保護與開發建設同步發展的原則，在各項開發過程中以環保規劃為龍頭，以優化產業結構為導向，以改善和提高新區環境質量為目標。蘇州高新區在 2014《TEEMA 調查報告》中位列第 4，其投資環境優越之理由茲列如下：

❶ 理由 1【城市交通便利】：蘇州高新區周四周交通十分便利，半徑 160 公里內即有上海虹橋國際機場、上海浦東國際機場、南京祿口國際機場、杭州蕭山國際機場和蘇南碩放國際機場 5 座機場，鄰近京杭大運河則串連中國大陸境內重要水運航路，其半徑 100 公里內亦有上海港、張家港、太倉港、常熟港 4 座海港。陸運方面，除有京滬鐵路、京滬高速鐵路和滬寧城際鐵路穿越境內，周遭亦有密集便利之公路網。顯示蘇州高新區對外交通十分便利，不僅有助於商業行為拓展，亦有助物流能量之提升，對台商投資佈局有正面影響。

❷ 理由 2【人才引領戰略】：蘇州高新區以成為科技興區、人才強區為目標，全面實施人才引領戰略，主要希望能藉由相關優惠措施、補貼政策吸引招募有關新能源、生物醫藥、醫療器械、資訊技術、高端裝備製造、軟體與服務外包、材

料和節能環保、金融等產業領域中，具備技術、計畫項目、實作經驗、資金且欲創業的高層次人才與團隊進駐蘇州高新區，進而帶動相關產業人才匯集和相關產業發展，成為蘇州高新區的成長動能來源。

❸ **理由 3【發展綠色產業】**：有鑑於綠色產業逐漸興起，蘇州高新區致力推進城鎮綠色建築規模化發展，2014 年 4 月蘇州高新區管委會發布《蘇州高新區綠色建築管理辦法》，指示區域內所有城鎮新建之民用建築項目將全面執行綠色建築標準，積極創建「江蘇省綠色建築示範區」和國家級「綠色生態城區」，積極整合中國大陸節能相關綠色建築資源，以期藉此推動科技照明、餐廚垃圾處理、風光互補能源利用、雨水回收系統等綠色、低碳技術有機嫁接等綠色建築技術的產業化，並在蘇州高新區培育相關的工程機械、電子裝備等製造產業，以及設計、測評、諮詢等服務產業，使蘇州高新區在綠色產業佈局上取得領先位置，從而吸引更多企業、創投前往蘇州高新區投資設點。

❹ **理由 4【生態文明園區】**：位於蘇州高新區西部的蘇州西部生態城被稱為「蘇州最後的一塊淨土」，自 2013 年 5 月 24 日《蘇州高新區生態文明建設規劃（綱要）》通過審議，即明確了蘇州高新區生態文明的建設目標，並提出生態意識文明、生態行為文明、生態環境和人居環境、生態制度文明 4 大體系建設規劃，企圖塑造「科技」和「生態」兩大品牌，並以建設國家生態文明建設示範區為目標。為此，蘇州高新區致力發揮附近自然資源和農業資源優勢，引導生態休閒農業發展，將生態農業、濕地環境、休閒旅遊、區位優勢和科技有機結合，以「綠色、生態、健康」整合優質農業資源，輔以自然生態環境，提升生態旅遊業品質，進而加快地方經濟發展。2014 年 4 月 26 日蘇州西部生態城管委會黨工委書記宋長寶表示：「生態投入就是對我們自己的未來最大的投資，要捨得下血本。」顯示江蘇新城區西部正以生態文明為發展目標，致力成為「山水城區」，除改善日益嚴峻的生態環境吸引人才駐足，藉由串聯附近自然環境、生態農場進而帶動周遭休閒觀光之商機，亦為蘇州高新區綠色產業提供最佳的產品試驗場和展示場。

❺ **理由 5【提升城市機能】**：2013 年初，蘇州高新區規劃建設投資約 17 億人民幣，意圖在城市內打造 250 萬平方公尺的綠地，而這些由城市線狀公園改建、開放式濱河景觀帶綠地新建、城市山體公園建設、城市主幹道景觀綠地提升後完工的大片綠地漸成為蘇州高新區的綠色名片。蘇州高新區近年來亦不斷加大城鄉社區公共服務供給力度，形成包括民政優撫、社會福利、醫療衛生、計劃生育、法律維權、文體娛樂等 8 大類服務體系，並透過積極在城市內部鋪設交通

建設，使居民在城市內穿梭更為便捷，亦新增許多優質學校、醫院、文藝體育中心，提升蘇州高新區生活機能。顯示，蘇州高新區隨經濟蓬勃發展，正逐漸提升城市生活機能，提升居民生活素質，藉以留住人才外，亦能吸引夠多企業進駐。

5. 南京江寧區：南京是江蘇省省會，亦是長江三角洲經濟核心區重要城市和長江流域 4 大中心城市之一，是中國大陸全國綜合性交通和通訊之樞紐城市，亦是江蘇省的政治、經濟、科教、文化、資訊中心，而江寧開發區地處南京市南部，是南京的新市區。近年以降，南京致力打造泛長三角地區的門戶城市、綜合交通樞紐、區域科技創新中心。根據 2014《TEEMA 調查報告》顯示，南京江寧已連續 8 年榮獲中國大陸城市綜合實力【A】級「極力推薦」城市，其投資環境優越之理由茲列如下：

❶ 理由 1【匯集優秀人才】：自「十二五」以降，南京江寧致力加快產業轉型升級步伐，其所構築具地域特性的「二 + 二 + 二」現代產業佈局，較傳統的「重金招攬」更受高端人才看中。為吸引人才，江寧設立科創投集團、科技金融中心和創投中心等科技金融服務平台，為海外人才提供投資、保險等科技金融服務，期以降低人才對於江寧的不適應。是以，江寧對於高層次人才具有高度吸引力，其集聚度居南京首位、全江蘇省前列，其高層次人才總量年成長率連續 3 年達 20%，更連續 4 次榮獲江蘇省「人才工作先進區」稱號。

❷ 理由 2【交通建設便利】：南京為中國大陸華東地區中心城市，因其地理區位以及基礎交通建設完備，成為中國大陸全國性立體綜合交通樞紐中心。且隨著 2013 年寧杭高鐵和杭甬高鐵相繼通車，大幅縮短南京到周遭大小城市間的時間，強化南京對外輻射的能力和影響範圍。南京市交通規劃研究所副總工程師孫俊認為：「隨著寧杭高鐵的開通，長三角『一小時都市圈』才真正形成。它不僅是加強南京和杭州之間的聯繫，亦加強南北大區域的聯繫。」而除高鐵線路之外，南京將新增 7 條城際線路，進而相繼串聯周遭各城市群和遠郊區縣，除鞏固南京作為長三角龍頭城市的作用和樞紐地位，亦使長三角各城鎮間得以更緊密的連結，進而推動整體區域發展和城鎮化之推動。因此，隨著各項快捷交通建設成形，以及城際間線路的舖設，不但強化廠商對於南京的投資誘因，亦帶動周邊地區商機的興起。

❸ 理由 3【金融環境成熟】：南京市擁有銀行營業機構 1,300 多家，渣打銀行、富士銀行和比利時聯合信貸等均已在南京設立分支機構；南京市場發達、商貿流通活躍，各類商業服務單位高達 7 萬多個，社會消費品零售額居中國大陸全國 10 大城市之列，是中國大陸全國金融、商貿、流通中心城市之一。南京市金

融辦副主任劉永輝表示：「作為六朝古都的南京，具有豐富的科技創新資源，同時具有獨特的金融優勢和堅實的產業基礎，客觀上具有促進科技與金融結合的特殊良好條件。」顯示南京不但金融機構覆蓋率以及金融環境發展相當成熟，亦具有豐富的科技資源，透過科技與金融結合，將更利於企業順利維持營運。

❹ **理由 4【打造創智矽谷】**：江蘇軟體園區坐落於南京江寧區，擁有良好的自然生態環境，是南京重點打造的中國大陸軟體名城的「特色南翼」，園區內現已聚集微軟、惠普、甲骨文、中國電信、中興通訊等頂尖企業進駐，其中包含資訊類、研發類和營運類軟體企業。江蘇軟體園區以「智慧創新綠色生態」為發展理念，確立智慧應用、行動網路、資訊安全和雲端計算中心「三加一」的特色產業集群，實現以專業集聚塑造產業發展的獨特競爭力，最終形成園區爆發增長的後發優勢，緊扣「名園、名企、名品、名人」4 大核心，以高標準、高起點、高速度、高質量地打造一個創業成本最低、創業服務最好、創業環境最優的「創智矽谷」。是以，此軟體集群將會吸引諸多上、下游企業前來合作，進而衍伸創造更多商機。

❺ **理由 5【服務外包發達】**：南京是中國大陸「全國服務外包示範城市」之一，在國際服務外包平台方面，南京擁有 5 個國家級示範區、2 個省級示範區，南京市相關部門正致力在示範區建立特色和品牌，以利打造外包企業集聚區和產業鏈相關配套區，並積極投入新興服務外包領域所需之專業技術平台建設，使南京更吸引具備特色化、專業化的服務外包企業進駐，且中國大陸南京軟體園區 2014 年獲得「2013 年中國服務外包園區 10 強」第 7 名。根據南京市政府 2014 年 3 月公布數據顯示，2013 年南京市共簽訂服務外包合約金額達 100.6 億美元，同比成長 40.9%。其中，離岸外包合約金額達 39.1 億美元，同比成長 32.8%；服務外包執行金額約達 86.6 億美元，同比成長 35.9%，雖整體成長幅度較 2013 年公布的數據低，仍是令人羨慕的成績。因此，因南京在國際服務外包產業領域蓬勃發展，以電子資訊產業等高科龍頭專案和研發中心為重點的江寧將因新興服務外包領域所需之專業技術而從中獲利，連帶為江寧的台商創造優勢。

為瞭解 TEEMA 2010 年至 2014 年中國大陸城市之綜合實力排行及台商推薦投資等級之變化，2014《TEEMA 調查報告》將 2010 年至 2014 年之結果整理如表 21-2。由表可知，【A】、【B】、【C】、【D】4 等級城市數分布，2014 年列入【A】級的城市共有 28 個，占總受評城市數比例的 24.35%；列入【B】級的城市共有 37 個，其占總受評城市數比例為 32.17%；【C】級的城市共有 31 個，其占總受評城市數比例為 26.96%；至於列入【D】級的城市僅有 19 個，所占比例最小，占16.52%。與2013年相比，【A】級「極力推薦」之城市數量比例小幅下滑，而【B】級「值得推薦」之城市數量比例略微上升，【C】級「勉予推薦」之城市數量比例則明顯減少，【D】級「暫不推薦」的城市數比例略微上升。結果顯示，【A】等級之城市與2013年結果相比，「極力推薦」的城市成員無大幅改變，仍以中國大陸沿海地區為主，因該區域已累積雄厚的發展基礎，其發展成熟度遠高於中國大陸其他區域，而2014年新加入評測的3個城市皆落於【B】級「值得推薦」，然2013年被評為【C】級「勉予推薦」之城市卻有5個在2014年落入【D】級「暫不推薦」等級。

2014《TEEMA調查報告》亦以調查城市所在區域進行區隔，將其城市綜合實力推薦等級與該城市所屬之7大經濟區域分布進行比較，結果整理如表21-3。中國大陸7大經濟區域內，2014年台商「極力推薦」城市排名依序為：(1)華東地區19個(17%)；(2)華北、華南、西南地區各2個(2%)；(3)華中、西北、東北地區各1個(1%)。由此可知，華東地區依然是台商較喜愛之主要投資環境區域，值得注意的是，華中區域於2014年「極力推薦」城市排名中進榜1個，擺脫2013年無城市進榜之窘境。

二、2013至2014 TEEMA城市推薦等級變遷分析

根據2014《TEEMA調查報告》2013年與2014年城市綜合實力及城市綜合實力推薦等級綜合比較結果，根據圖21-1至圖21-4可看出重要資訊如下述：

1. 2014調查評估城市的區域劃分：2014《TEEMA調查報告》城市劃分如下：(1)「蘇州市」：分成蘇州昆山、蘇州工業區、蘇州市區、蘇州高新區、蘇州張家港、蘇州吳江、蘇州太倉、蘇州常熟8區；(2)「上海市」：分成上海閔行、上海市區、上海浦東、上海嘉定、上海松江5區；(3)「東莞市」：分成東莞長安、東莞市區、東莞虎門、東莞清溪、東莞石碣、東莞厚街、東莞松山湖7區；(4)「寧波市」：分成寧波市區、寧波北侖區、寧波慈溪、寧波奉化、寧波餘姚5區；(5)「深圳市」：分成深圳龍崗、深圳市區、深圳寶安3區；(6)「無錫市」：分成無錫江陰、無錫市區、無錫宜興3區；(7)「武漢市」：分成武漢漢口、武漢漢陽、武漢武昌3區；(8)「杭州市」：分成杭州蕭山區、杭州市區、杭州余杭區3區；(9)「福州市」：分成福州市區、福州馬尾區2區；(10)「廈門市」：分成廈門島內、廈門島外2區；(11)「南京市」：分成南京市區、南京江寧區2區；(12)「北京市」：分成北京市區、北京亦庄2區；(13)「天津市」：分成天津市區、天津濱海區2區；(14)「嘉興市」：分為嘉興市區

表 21-1 2014 TEEMA 中國大陸城市綜合實力排名分析

排名	城市	省市	區域	❶城市競爭力		❷投資環境力			❸投資風險度			❹台商推薦度			2014 城市綜合實力			2013 城市綜合實力			2013 至 2014 排名差異
				加權評分	排名	加權評分	百分位	排名	加權評分	百分位	排名	加權評分	百分位	排名	綜合評分	等級		綜合評分	等級	排名	
1	蘇州昆山	江蘇省	華東	82.407	9	4.132	98.557	1	1.807	98.688	2	4.229	95.127	4	95.659	A01	極力推薦	95.888	A01	1	0
2	蘇州工業區	江蘇省	華東	82.407	9	4.023	96.734	3	1.885	96.560	4	4.220	96.343	3	94.474	A02		95.095	A02	2	0
3	廈門島外	福建省	華南	66.632	29	4.100	98.514	2	1.763	99.252	1	4.332	97.732	1	93.836	A03		89.729	A06	6	3↑
4	蘇州高新區	江蘇省	華東	82.407	9	4.010	96.560	4	1.948	93.130	6	4.180	94.433	6	93.089	A04		88.214	A08	8	4↑
5	南京江寧區	江蘇省	華東	80.364	11	3.919	91.741	5	1.892	96.604	3	4.242	96.604	2	92.223	A05		90.620	A05	5	0
6	蘇州市區	江蘇省	華東	82.407	9	3.881	90.048	6	1.957	92.870	7	4.162	94.259	7	90.380	A06		88.451	A07	7	1↑
7	成　都	四川省	西南	85.056	3	3.839	87.747	10	1.960	93.695	5	4.077	91.046	8	89.622	A07		90.736	A04	4	3↓
8	杭州蕭山區	浙江省	華東	82.764	8	3.830	88.832	7	2.043	89.266	10	4.157	94.520	5	88.905	A08		94.759	A03	3	5↓
9	無錫江陰	江蘇省	華東	77.053	16	3.784	85.055	14	1.989	91.828	8	4.060	90.699	9	86.733	A09		86.223	A12	12	3↑
10	青　島	山東省	華北	79.875	12	3.800	87.443	11	2.027	88.571	11	4.007	86.097	11	86.444	A10		82.312	A15	15	5↑
11	廈門島內	福建省	華南	66.632	29	3.838	88.311	9	1.985	90.873	9	3.950	86.010	12	85.482	A11		81.988	A16	16	5↑
12	上海浦東	上海市	華東	86.405	2	3.764	82.233	19	2.035	88.268	12	3.933	85.228	13	85.118	A12		76.371	A23	23	11↑
13	上海市區	上海市	華東	86.405	2	3.739	81.495	21	2.063	87.356	13	3.996	86.531	10	84.745	A13		76.933	A20	20	7↑
14	南京市區	江蘇省	華東	80.364	11	3.843	88.354	8	2.164	80.800	19	3.938	83.839	15	84.212	A14		84.404	A14	14	0
15	寧波市區	浙江省	華東	75.195	17	3.813	87.139	12	2.115	82.233	17	3.783	76.719	24	82.312	A15		78.519	A19	19	4↑
16	天津濱海	天津市	華北	82.966	6	3.769	82.971	15	2.120	83.058	15	3.782	76.371	26	82.006	A16		87.955	A09	9	7↓
17	南　通	江蘇省	華東	66.897	28	3.740	82.276	18	2.134	83.058	16	3.933	84.707	14	80.568	A17		76.501	A22	22	5↑
18	西　安	陝西	西北	73.632	18	3.781	82.971	15	2.164	79.671	20	3.904	80.366	18	80.189	A18		75.468	A27	27	9↑
19	杭州市區	浙江省	華東	82.764	8	3.668	76.024	24	2.108	83.665	14	3.845	80.887	17	80.057	A19		81.003	A17	17	2↓
20	無錫市區	江蘇省	華東	77.053	16	3.751	82.710	17	2.184	78.629	24	3.779	76.111	27	79.647	A20		76.868	A21	21	1↑
21	上海閔行	上海市	華東	86.405	2	3.636	73.983	27	2.142	81.538	18	3.837	79.411	21	78.927	A21		86.671	A11	11	10↓
22	重　慶	重慶市	西南	77.325	15	3.690	77.587	23	2.172	79.628	21	3.872	81.842	16	78.798	A22		87.040	A10	10	12↓

表 21-1 2014 TEEMA 中國大陸城市綜合實力排名分析（續）

排名	城市	省市	區域	❶城市競爭力		❷投資環境力			❸投資風險度			❹台商推薦度			2014 城市綜合實力			2013 城市綜合實力			2013 至 2014 排名差異
				加權評分	排名	加權評分	百分位	排名	加權評分	百分位	排名	加權評分	百分位	排名	綜合評分	等級		綜合評分	等級	排名	
23	淮 安	江蘇省	華東	52.330	53	3.792	86.010	13	2.166	79.497	22	3.909	79.497	20	78.027	A23	值得推薦	75.825	A26	26	3↑
24	大 連	遼寧省	東北	77.844	14	3.717	81.321	22	2.208	76.371	28	3.724	72.551	31	77.999	A24		85.909	A13	13	11↓
25	寧波慈溪	浙江省	華東	75.195	17	3.738	82.189	20	2.210	75.633	29	3.738	73.419	30	77.858	A25		68.776	B04	32	7↑
26	蘇州張家港	江蘇省	華東	82.407	9	3.599	70.684	30	2.197	76.762	27	3.878	80.018	19	75.666	A26		75.983	A25	25	1↓
27	寧波北侖區	浙江省	華東	75.195	17	3.626	74.201	26	2.218	75.503	30	3.816	79.324	22	75.509	A27		80.040	A18	18	9↓
28	合 肥	安徽省	華中	72.007	20	3.645	74.939	25	2.204	77.066	26	3.768	75.329	28	75.196	A28		70.065	B02	30	2↑
29	揚 州	江蘇省	華東	57.617	42	3.615	71.682	29	2.202	77.109	25	3.811	78.803	23	72.269	B01		75.228	A28	28	1↓
30	北京市區	北京市	華北	87.029	1	3.548	65.430	40	2.227	74.852	31	3.675	69.425	35	72.096	B02		67.845	B05	33	3↑
31	北京亦庄	北京市	華北	87.029	1	3.574	68.947	34	2.333	63.911	40	3.744	74.287	29	70.950	B03		76.268	A24	24	7↓
32	無錫宜興	江蘇省	華東	77.053	16	3.528	64.041	43	2.232	72.420	32	3.784	76.458	25	70.369	B04		74.875	B01	29	3↓
33	蕪 湖	安徽省	華中	54.832	47	3.589	69.946	32	2.175	78.846	23	3.594	63.607	40	69.398	B05		62.191	B13	41	8↑
34	寧波奉化	浙江省	華東	75.195	17	3.546	65.517	39	2.260	70.554	33	3.576	62.218	44	67.985	B06		61.200	B16	44	10↑
35	上海松江	上海市	華東	86.405	2	3.521	62.999	45	2.312	64.432	39	3.575	62.478	43	66.862	B07		68.867	B03	31	4↓
36	連雲港	江蘇省	華東	44.526	64	3.617	72.724	28	2.291	67.341	36	3.715	71.943	33	66.762	B08		66.168	B10	38	2↑
37	馬鞍山	安徽省	華中	46.443	60	3.584	69.121	33	2.271	68.166	35	3.700	70.554	34	65.647	B09		59.791	B19	47	10↑
38	廊 坊	河北省	華北	45.364	62	3.571	67.992	36	2.290	67.124	37	3.718	72.203	32	64.969	B10		58.232	B22	50	12↑
39	綿 陽	四川省	西南	43.308	68	3.567	68.035	35	2.282	69.121	34	3.679	69.338	36	64.847	B11		67.030	B08	36	3↓
40	寧波餘姚	浙江省	華東	75.195	17	3.521	64.736	41	2.361	60.090	45	3.548	61.436	45	64.416	B12		60.264	B18	46	6↑
41	常 州	江蘇省	華東	70.036	22	3.521	63.477	44	2.360	62.131	44	3.572	62.739	42	63.946	B13		61.093	B17	45	4↑
42	宿 遷	江蘇省	華東	42.456	69	3.590	70.510	31	2.337	63.260	42	3.609	64.562	39	63.235	B14		56.179	B24	52	10↑
43	德 陽	四川省	西南	40.509	74	3.552	67.384	38	2.305	66.603	38	3.656	66.993	37	63.060	B15		66.382	B09	37	6↓

表 21-1 2014 TEEMA 中國大陸城市綜合實力排名分析（續）

排名	城市	省市	區域	❶城市競爭力		❷投資環境力			❸投資風險度			❹台商推薦度			2014 城市綜合實力			2013 城市綜合實力			2013 至 2014 排名差異
				加權評分	排名	加權評分	百分位	排名	加權評分	百分位	排名	加權評分	百分位	排名	綜合評分	等級		綜合評分	等級	排名	
44	蘇州吳江區	江蘇省	華東	82.407	9	3.474	59.526	48	2.336	62.739	43	3.440	53.274	56	62.984	B16	值得推薦	67.284	B07	35	9↓
45	上海嘉定	上海市	華東	86.405	2	3.474	58.744	49	2.414	55.401	51	3.557	59.526	48	62.008	B17		62.686	B12	40	5↓
46	遂　寧	四川省	西南	35.752	79	3.565	67.818	37	2.327	63.303	41	3.587	62.912	41	60.918	B18		-	-	-	-
47	濟　南	山東省	華北	70.369	21	3.445	58.136	50	2.382	59.092	47	3.565	61.002	47	60.688	B19		59.770	B20	48	1↑
48	煙　台	山東省	華北	66.588	30	3.507	62.565	46	2.441	53.578	54	3.465	54.403	53	59.248	B20		55.472	B26	54	6↑
49	威　海	山東省	華北	54.053	50	3.530	64.562	42	2.453	50.799	59	3.619	65.083	38	58.935	B21		58.304	B21	49	0
50	徐　州	江蘇省	華東	60.467	39	3.442	55.922	54	2.373	59.960	46	3.427	51.450	59	57.144	B22		63.053	B11	39	11↓
51	蘇州太倉	江蘇省	華東	82.407	9	3.355	48.411	58	2.375	58.006	49	3.452	53.100	57	57.092	B23		57.305	B23	51	0
52	珠　海	廣東省	華南	53.680	51	3.449	57.398	51	2.373	58.353	48	3.474	55.097	51	56.782	B24		51.117	B30	58	6↑
53	鎮　江	江蘇省	華東	60.585	38	3.438	57.138	52	2.452	48.194	66	3.554	61.262	46	55.590	B25		61.456	B15	43	10↓
54	鹽　城	江蘇省	華東	54.713	49	3.477	60.568	47	2.453	51.624	56	3.394	48.411	63	55.183	B26		61.585	B14	42	12↓
55	蘇州常熟	江蘇省	華東	82.407	9	3.328	46.370	63	2.390	57.659	50	3.268	41.291	71	54.400	B27		52.921	B27	55	0
56	泉　州	福建省	華南	62.518	34	3.389	50.756	55	2.423	54.446	53	3.453	54.576	52	54.200	B28		50.938	B32	60	4↑
57	廣州市區	廣東省	華南	83.680	4	3.314	45.068	65	2.451	49.757	62	3.405	51.884	58	53.289	B29		50.005	B34	62	5↑
58	鄭　州	河南省	華中	72.981	19	3.355	50.582	56	2.460	50.017	60	3.319	45.025	67	52.939	B30		49.875	C01	63	5↑
59	南　昌	江西省	華中	61.884	35	3.351	48.802	57	2.410	54.706	52	3.327	45.372	66	52.021	B31		67.696	B06	34	25↓
60	泰　州	江蘇省	華東	53.521	52	3.364	48.368	59	2.425	53.057	55	3.511	57.181	50	51.869	B32		51.402	B29	57	3↓
61	杭州余杭區	浙江省	華東	82.764	8	3.327	46.891	61	2.502	47.716	67	3.275	41.464	70	51.706	B33		50.348	B33	61	0
62	洛　陽	河南省	華中	55.896	45	3.414	56.660	53	2.505	45.328	68	3.263	42.680	68	51.049	B34		-	-	-	-
63	東莞松山湖	廣東省	華南	65.012	32	3.299	43.679	69	2.467	49.627	63	3.522	58.744	49	50.923	B35		-	-	-	-
64	瀋　陽	遼寧省	東北	80.933	10	3.316	43.809	68	2.442	49.366	64	3.214	39.211	73	50.355	B36		49.299	C03	65	1↑

表 21-1 2014 TEEMA 中國大陸城市綜合實力排名分析（續）

排名	城市	省市	區域	❶城市競爭力		❷投資環境力			❸投資風險度			❹台商推薦度			2014 城市綜合實力			2013 城市綜合實力			2013 至 2014 排名差異
				加權評分	排名	加權評分	百分位	排名	加權評分	百分位	排名	加權評分	百分位	排名	綜合評分	等級		綜合評分	等級	排名	
65	唐山	河北省	華北	64.754	33	3.320	44.764	66	2.483	49.019	65	3.454	53.398	54	50.334	B37		49.312	C02	64	1↓
66	保定	河北省	華北	52.039	54	3.328	45.589	64	2.567	43.592	69	3.424	53.361	55	47.123	C01	勉予推薦	45.637	C06	68	2↑
67	深圳市區	廣東省	華南	83.485	5	3.251	40.726	72	2.566	41.638	70	3.200	37.210	74	46.886	C02		44.201	C08	70	3↑
68	嘉興市區	浙江省	華東	60.721	37	3.356	47.239	60	2.597	37.340	76	3.395	50.235	60	46.741	C03		38.641	C15	77	9↑
69	福州市區	福建省	華南	67.607	25	3.301	43.852	67	2.584	37.948	75	3.130	33.042	80	44.022	C04		33.255	C20	82	13↑
70	日照	山東省	華北	41.619	71	3.332	46.848	62	2.570	38.425	74	3.378	47.630	64	43.654	C05		43.165	C10	72	2↑
71	湖州	浙江省	華東	49.055	56	3.183	33.606	79	2.448	51.407	58	3.375	49.279	61	43.614	C06		55.750	B25	53	18↓
72	福州馬尾區	福建省	華南	67.607	25	3.253	42.637	70	2.574	38.903	73	3.072	30.523	83	43.445	C07		43.234	C09	71	1↓
73	漳州	福建省	華南	46.253	61	3.203	35.864	75	2.469	49.931	61	3.330	45.806	65	43.133	C08		41.828	C11	73	0
74	廣州天河區	廣東省	華南	83.680	4	3.194	35.082	76	2.629	33.606	79	3.181	36.168	76	42.092	C09		51.075	B31	59	15↓
75	莆田	福建省	華南	40.776	73	3.248	40.422	73	2.559	41.378	71	3.300	42.333	69	41.048	C10		39.482	C13	75	0
76	天津市區	天津市	華北	82.966	6	3.116	29.177	87	2.627	33.780	78	3.265	41.291	71	40.443	C11		31.740	C23	85	9↑
77	泰安	山東省	華北	46.533	59	3.179	34.301	78	2.557	40.900	72	3.373	49.106	62	40.336	C12		37.346	C16	78	1↑
78	三亞	海南省	華南	39.923	75	3.159	33.563	80	2.441	51.537	57	3.140	33.823	79	39.948	C13		31.606	C24	86	8↑
79	昆明	雲南省	西南	69.991	23	3.186	34.431	77	2.644	32.824	80	3.068	28.266	86	38.358	C14		31.773	C22	84	5↑
80	桂林	廣西	西南	44.439	65	3.249	41.421	71	2.666	32.173	83	3.195	35.994	77	38.285	C15		48.415	C05	67	13↓
81	南寧	廣西	西南	54.894	46	3.213	38.078	74	2.667	32.564	82	3.100	31.826	82	38.008	C16		45.139	C07	69	12↓
82	長沙	湖南省	華中	78.861	13	3.153	32.303	83	2.699	31.218	84	2.994	25.661	88	37.965	C17		51.508	B28	56	26↓
83	海口	海南省	華南	43.713	67	3.174	33.389	81	2.628	34.952	77	3.125	34.084	78	35.511	C18		26.167	C32	94	11↑
84	武漢武昌	湖北省	華中	82.909	7	3.076	26.008	89	2.827	23.143	90	3.206	37.123	75	35.351	C19		38.789	C14	76	8↓
85	武漢漢陽	湖北省	華中	82.909	7	2.953	20.624	95	2.675	32.651	81	3.071	29.742	85	34.943	C20		48.844	C04	66	19↓

表 21-1 2014 TEEMA 中國大陸城市綜合實力排名分析（續）

排名	城市	省市	區域	❶ 城市競爭力		❷ 投資環境力			❸ 投資風險度			❹ 台商推薦度			2014 城市綜合實力			2013 城市綜合實力			2013 至 2014 排名差異
				加權評分	排名	加權評分	百分位	排名	加權評分	百分位	排名	加權評分	百分位	排名	綜合評分	等級		綜合評分	等級	排名	
86	長春	吉林省	東北	68.591	24	3.090	32.390	82	2.824	23.750	88	2.894	21.406	94	33.581	C21	勉予推薦	26.260	C31	93	7↑
87	石家莊	河北省	華北	65.626	31	3.153	32.086	84	2.874	23.273	89	2.887	19.843	98	32.637	C22		29.400	C26	88	1↑
88	哈爾濱	黑龍江	東北	67.415	27	2.938	23.620	91	2.676	31.001	85	2.880	21.145	96	32.032	C23		28.527	C29	91	3↑
89	嘉興嘉善	浙江省	華東	60.721	37	3.090	27.137	88	2.844	21.797	92	3.138	33.042	80	31.458	C24		32.242	C21	83	6↓
90	東莞市區	廣東省	華南	65.012	32	2.937	20.538	96	2.692	30.958	86	2.975	24.532	89	30.934	C25		30.838	C25	87	3↓
91	貴陽	貴州省	西南	57.270	44	3.007	23.012	94	2.715	28.483	87	3.071	30.176	84	30.867	C26		11.131	D15	112	21↑
92	武漢漢口	湖北省	華中	82.909	7	3.006	23.273	93	2.955	18.410	94	2.967	23.924	91	30.857	C27		41.344	C12	74	18↓
93	紹興	浙江省	華東	61.061	36	3.044	24.966	90	3.005	16.500	96	3.011	27.137	87	28.166	C28		29.236	C27	89	4↓
94	中山	廣東省	華南	54.807	48	3.131	31.696	86	3.047	12.679	100	2.894	22.274	93	28.044	C29		35.891	C19	81	13↓
95	汕頭	廣東省	華南	37.585	76	3.118	31.739	85	2.864	21.406	93	2.839	21.232	95	27.940	C30		36.535	C17	79	16↓
96	蘭州	甘肅省	西北	48.152	57	2.984	23.533	92	2.969	16.456	97	2.938	23.229	92	25.057	C31		25.096	C35	97	1↑
97	佛山	廣東省	華南	67.603	26	2.890	17.325	99	3.009	16.109	98	2.744	14.720	103	24.111	D01	暫不推薦	29.149	C28	90	7↓
98	東莞石碣	廣東省	華南	65.012	32	2.888	18.323	97	3.034	14.459	99	2.784	15.067	102	23.679	D02		16.627	D08	105	7↑
99	東莞虎門	廣東省	華南	65.012	32	2.839	15.241	103	3.082	12.375	101	2.983	24.271	90	23.201	D03		18.879	D05	102	3↑
100	深圳寶安	廣東省	華南	83.485	5	2.766	13.808	105	3.070	10.899	105	2.695	12.115	106	23.133	D04		27.783	C30	92	8↓
101	東莞長安	廣東省	華南	65.012	32	2.687	9.640	109	2.865	22.448	91	2.768	15.328	101	22.641	D05		16.373	D09	106	5↑
102	深圳龍崗	廣東省	華南	83.485	5	2.710	11.290	106	3.078	11.724	102	2.675	12.983	104	22.503	D06		21.117	D02	99	3↓
103	宜昌	湖北省	華中	50.330	55	2.865	17.933	98	3.080	11.333	103	2.875	20.364	97	21.177	D07		20.493	D03	100	3↓
104	惠州	廣東省	華南	57.465	43	2.734	11.029	107	2.968	16.804	95	2.869	19.843	99	21.049	D08		23.027	D01	98	6↓
105	襄陽	湖北省	華中	46.885	58	2.870	16.891	100	3.097	10.812	106	2.705	11.854	107	18.811	D09		26.141	C33	95	10↓

表 21-1 2014 TEEMA 中國大陸城市綜合實力排名分析（續）

排名	城市	省市	區域	❶ 城市競爭力		❷ 投資環境力			❸ 投資風險度			❹ 台商推薦度			2014 城市綜合實力			2013 城市綜合實力			2013至2014排名差異
				加權評分	排名	加權評分	百分位	排名	加權評分	百分位	排名	加權評分	百分位	排名	綜合評分	等級		綜合評分	等級	排名	
106	溫　州	浙江省	華東	59.376	40	2.788	16.152	102	3.159	7.990	108	2.415	4.734	112	18.474	D10	暫不推薦	25.397	C34	96	10↓
107	東莞清溪	廣東省	華南	65.012	32	2.710	9.900	108	3.112	9.553	107	2.600	9.336	108	17.978	D11		13.042	D12	109	2↑
108	岳　陽	湖南省	華中	44.607	63	2.876	16.891	100	3.082	11.116	104	2.433	5.081	111	17.544	D12		36.264	C18	80	28↓
109	太　原	山西省	華北	58.632	41	2.816	14.242	104	3.171	7.382	110	2.257	2.737	114	17.117	D13		20.310	D04	101	8↓
110	江　門	廣東省	華南	42.229	70	2.615	8.337	110	3.172	7.556	109	2.720	15.588	100	14.274	D14		17.187	D06	103	7↓
111	東莞厚街	廣東省	華南	65.012	32	2.364	3.127	113	3.212	6.167	113	2.571	8.989	109	14.201	D15		15.954	D10	107	4↓
112	九　江	江西省	華中	44.270	66	2.398	3.909	112	3.199	6.948	112	2.682	12.636	105	12.184	D16		16.732	D07	104	8↓
113	吉　安	江西省	華中	36.687	78	2.586	7.643	111	3.248	4.560	114	2.500	7.252	110	11.016	D17		15.103	D11	108	5↓
114	北　海	廣　西	西南	37.535	77	2.232	1.695	114	3.207	7.078	111	2.128	2.042	115	8.738	D18		11.206	D14	111	3↓
115	贛　州	江西省	華中	41.103	72	2.217	1.651	115	3.399	1.868	115	2.381	4.473	113	8.057	D19		11.428	D13	110	5↓

註：2013年列入評選城市112個，A級極力推薦城市為「28個」、B級值得推薦為「34個」、C級勉予推薦為「35個」、D級暫不推薦為「15個」；2014年列入評選城市115個，A級極力推薦城市為「28個」、B級值得推薦為「37個」、C級勉予推薦為「31個」、D級暫不推薦為「19個」。

資料來源：本研究整理

表 21-2 2010 至 2014 TEEMA 中國大陸城市綜合實力推薦等級彙總表

年度	2010	2011	2012	2013	2014
【A】極力推薦	蘇州昆山、南京江寧、上海閔行、杭州蕭山、青島、蘇州市區、無錫江陰、南京市區、濟南、寧波北侖、大連、杭州市區、天津濱海、南昌、蘇州工業區、重慶、廈門島外、成都、寧波市區、上海市區、揚州、北京亦莊、蘇州新區、廈門島內。	蘇州昆山、蘇州市區、天津濱海、無錫江陰、成都、蘇州新區、南昌、揚州、寧波市區、濟南、蘇州工業區、南京江寧、重慶、青島、上海閔行、杭州蕭山、大連、南京市區、廈門島內、杭州市區。	蘇州昆山、天津濱海、杭州蕭山、廈門島外、蘇州新區、無錫江陰、大連、南京市區、廈門島內、杭州市區、揚州、蘇州張家港、寧波慈溪、淮安、南京江寧、蘇州工業區、成都、青島、蘇州市區、寧波市區、上海閔行、寧波北侖、重慶、南昌、上海市區、南通、無錫市區、連雲港。	蘇州昆山、杭州蕭山、南京江寧、蘇州市區、天津濱海、上海閔行、大連、青島、杭州市區、寧波市區、無錫市區、上海浦東、蘇州張家港、西安、蘇州工業區、成都、廈門島外、蘇州新區、重慶、無錫江陰、南京市區、廈門島內、寧波北侖、上海市區、南通、北京亦莊、淮安、揚州。	蘇州昆山、廈門島外、南京江寧區、成都、無錫江陰、廈門島內、上海市區、寧波市區、南通、杭州市區、上海閔行、淮安、寧波慈溪、寧波北侖區、蘇州工業區、蘇州高新區、蘇州市區、杭州蕭山區、青島、上海浦東、南京市區、天津濱海、西安、無錫市區、重慶、大連、蘇州張家港、合肥。
比率	24/100（24.00%）	20/104（19.23%）	28/109（25.68%）	28/112（25.00%）	28/115（24.35%）
【B】值得推薦	威海、徐州、無錫市區、鎮江、日照、蘇州太倉、泰安、合肥、北京市區、廣州天河、保定、上海松江、嘉興市區、無錫宜興、武漢漢口、武漢武昌、泰州、煙台、淮安、蘇州吳江、南通、上海浦東、蘇州張家港、寧波慈溪、廊坊、連雲港、寧波奉化、常州、杭州餘杭、上海嘉定、石家莊、武漢漢陽、嘉興嘉善、鄭州。	淮安、連雲港、上海市區、北京亦莊、南通、合肥、鎮江、蘇州張家港、福州市區、廊坊、煙台、蘇州吳江、鹽城、泉州、蘇州太倉、廣州天河、嘉興市區、泰州、武漢漢口、廈門島外、徐州、無錫市區、寧波北侖、西安、威海、上海浦東、常州、寧波慈溪、福州馬尾、寧波奉化、寧波餘姚、上海嘉定、日照、北京市區、杭州餘杭、泰安、保定。	西安、合肥、徐州、上海浦東、蘇州吳江、廊坊、威海、寧波奉化、北京市區、煙台、常州、泉州、宿遷、杭州余杭、南寧、武漢漢口、濟南、鎮江、寧波餘姚、綿陽、無錫宜興、德陽、北京亦莊、鹽城、蕪湖、湖州、上海嘉定、鄭州、長沙、上海松江、武漢漢陽、桂林。	無錫宜興、上海松江、北京市區、蘇州吳江、德陽、徐州、蕪湖、鎮江、常州、馬鞍山、威海、蘇州太倉、湖州、蘇州常熟、泰州、廣州天河、杭州余杭、合肥、寧波慈溪、南昌、綿陽、連雲港、上海嘉定、鹽城、寧波奉化、寧波餘姚、濟南、廊坊、宿遷、煙台、長沙、珠海、泉州、廣州市區。	揚州、北京亦庄、蕪湖、上海松江、馬鞍山、綿陽、常州、德陽、上海嘉定、濟南、威海、蘇州太倉、鎮江、蘇州常熟、廣州市區、南昌、杭州余杭區、東莞松山湖、唐山、北京市區、無錫宜興、寧波奉化、連雲港、廊坊、寧波餘姚、宿遷、蘇州吳江區、遂寧、煙台、徐州、珠海、鹽城、泉州、鄭州、泰州、洛陽、瀋陽。
比率	34/100（34.00%）	37/104（35.58%）	32/109（29.36%）	34/112（30.36%）	37/115（32.17%）

表 21-2 2010 至 2014 TEEMA 中國大陸城市綜合實力推薦等級彙總表（續）

年度	2010	2011	2012	2013	2014
【C】勉予推薦	福州市區、紹興、泉州、東莞虎門、南寧、天津市區、漳州、溫州、中山、昆明、廣州市區、長沙、瀋陽、贛州、東莞厚街、寧波餘姚、蘇州常熟、桂林、東莞長安、珠海、福州馬尾、東莞市區、佛山、汕頭、東莞石碣、西安、九江、深圳市區、襄陽、莆田。	天津市區、武漢漢陽、莆田、南寧、武漢武昌、桂林、東莞長安、東莞市區、嘉興嘉善、鄭州、東莞清溪、長沙、襄陽、中山、東莞厚街、昆明、石家莊、無錫宜興、上海松江、紹興、常州、漳州、珠海、溫州、佛山、東莞虎門、瀋陽、東莞石碣、東莞樟木頭、東莞塘廈、廣州市區。	泰州、福州市區、漳州、保定、泰安、蘇州太倉、天津市區、嶽陽、廣州市區、紹興、昆明、石家莊、襄陽、瀋陽、海口、東莞虎門、武漢武昌、日照、廣州天河、福州馬尾、嘉興市區、蘇州常熟、嘉興嘉善、汕頭、溫州、中山、珠海、深圳市區、東莞市區、莆田、佛山、東莞厚街。	鄭州、瀋陽、桂林、南寧、福州馬尾、漳州、莆田、嘉興市區、汕頭、中山、嘉興嘉善、天津市區、東莞市區、紹興、哈爾濱、長春、襄陽、蘭州、唐山、武漢漢陽、保定、深圳市區、日照、武漢漢口、武漢武昌、泰安、嶽陽、福州市區、昆明、三亞、石家莊、佛山、深圳寶安、海口、溫州。	保定、嘉興市區、日照、福州馬尾、廣州天河、天津市區、三亞、桂林、長沙、武漢武昌、長春、哈爾濱、東莞市區、武漢漢口、中山、蘭州、深圳市區、福州市區、湖州、漳州、莆田、泰安、昆明、南寧、海口、武漢漢陽、石家莊、嘉興嘉善、貴陽、紹興、汕頭。
比率	30/100（30.00%）	31/104（29.81%）	32/109（29.36%）	35/112（31.25%）	31/115（26.96%）
【D】暫不推薦	吉安、深圳寶安、江門、長春、北海、宜昌、惠州、深圳龍崗、太原、貴陽、哈爾濱、蘭州。	汕頭、贛州、吉安、深圳寶安、江門、太原、長春、蘭州、九江、深圳龍崗、深圳市區、惠州、貴陽、北海、哈爾濱、宜昌。	九江、東莞長安、深圳龍崗、東莞清溪、深圳寶安、江門、贛州、北海、蘭州、東莞石碣、太原、惠州、宜昌、吉安、哈爾濱、長春、貴陽。	惠州、宜昌、東莞虎門、九江、東莞長安、吉安、贛州、貴陽、深圳龍崗、太原、江門、東莞石碣、東莞厚街、東莞清溪、北海。	佛山、東莞虎門、東莞長安、宜昌、襄陽、東莞清溪、太原、東莞厚街、吉安、贛州、東莞石碣、深圳寶安、深圳龍崗、惠州、溫州、岳陽、江門、九江、北海。
比率	12/100（12.00%）	16/104（15.38%）	17/109（15.60%）	15/112（13.39%）	19/115（16.52%）

資料來源：本研究整理

表 21-3 2005 至 2014 TEEMA 中國大陸 7 大經濟區域之城市推薦等級百分比彙總表

地區	❶華南地區				❷華東地區				❸華中地區				❹華北地區				❺西南地區				❻西北地區				❼東北地區			
推薦等級 / 年度	A 極力推薦	B 值得推薦	C 勉予推薦	D 暫不推薦	A 極力推薦	B 值得推薦	C 勉予推薦	D 暫不推薦	A 極力推薦	B 值得推薦	C 勉予推薦	D 暫不推薦	A 極力推薦	B 值得推薦	C 勉予推薦	D 暫不推薦	A 極力推薦	B 值得推薦	C 勉予推薦	D 暫不推薦	A 極力推薦	B 值得推薦	C 勉予推薦	D 暫不推薦	A 極力推薦	B 值得推薦	C 勉予推薦	D 暫不推薦
2005	2	8	7	7	10	13	5	0	1	5	3	0	4	2	1	0	1	2	2	1	0	0	0	0	0	0	1	0
	3%	11%	9%	9%	13%	18%	7%	0%	1%	7%	4%	0%	5%	3%	1%	0%	1%	3%	3%	1%	0%	0%	0%	0%	0%	0%	1%	0%
2006	2	8	10	0	12	16	3	0	1	2	3	0	3	6	1	5	1	2	1	0	0	0	1	0	1	0	2	0
	3%	8%	10%	11%	15%	18%	5%	1%	1%	3%	4%	0%	4%	8%	1%	0%	1%	0%	4%	0%	0%	0%	1%	0%	1%	0%	3%	0%
2007	0	6	12	6	13	15	5	0	1	0	6	2	5	3	2	0	1	3	0	2	0	0	0	2	1	0	1	2
	0%	7%	14%	7%	15%	17%	6%	0%	1%	0%	7%	2%	6%	3%	2%	0%	1%	3%	0%	2%	0%	0%	0%	2%	1%	0%	1%	2%
2008	0	4	10	9	14	18	1	1	1	0	7	1	6	3	3	0	1	0	3	2	0	0	0	2	1	0	1	2
	0%	4%	11%	10%	16%	20%	1%	1%	1%	0%	8%	1%	7%	3%	3%	0%	1%	0%	3%	2%	0%	0%	0%	2%	1%	0%	1%	2%
2009	2	2	11	8	14	18	4	0	1	1	7	1	3	5	3	1	1	1	3	1	0	0	1	1	1	0	1	2
	2%	2%	12%	9%	15%	19%	4%	0%	1%	1%	8%	1%	3%	5%	3%	1%	1%	1%	3%	1%	0%	0%	1%	1%	1%	0%	1%	2%
2010	2	1	16	4	14	20	4	0	1	5	4	2	4	8	1	1	2	0	3	2	0	0	1	1	1	0	1	2
	2%	1%	16%	4%	14%	20%	4%	0%	1%	5%	4%	2%	4%	8%	1%	1%	2%	0%	3%	2%	0%	0%	1%	1%	1%	0%	1%	2%
2011	1	5	14	6	12	21	6	0	1	2	5	4	3	8	2	1	2	0	3	2	0	1	0	1	1	0	1	2
	1%	5%	13%	6%	12%	20%	6%	0%	1%	2%	5%	4%	3%	8%	2%	1%	2%	0%	3%	2%	0%	1%	0%	1%	1%	0%	1%	2%
2012	2	1	15	7	20	14	7	0	1	6	3	4	2	6	5	1	2	4	1	2	0	1	0	1	1	0	1	2
	2%	1%	14%	6%	18%	13%	6%	0%	1%	6%	3%	4%	2%	6%	5%	1%	2%	4%	1%	2%	0%	1%	0%	1%	1%	0%	1%	2%
2013	2	4	12	8	19	18	4	0	0	5	6	4	3	5	6	1	2	2	3	2	1	0	1	0	1	0	3	0
	2%	4%	11%	7%	17%	16%	4%	0%	0%	4%	5%	4%	3%	4%	5%	1%	2%	2%	3%	2%	1%	0%	1%	0%	1%	0%	3%	0%
2014	2	4	11	10	19	17	4	1	1	5	4	6	2	7	5	1	2	3	4	1	1	0	1	0	1	1	2	0
	2%	3%	10%	9%	17%	15%	3%	1%	1%	4%	3%	5%	2%	6%	4%	1%	2%	3%	3%	1%	1%	0%	1%	0%	1%	1%	2%	0%

表 21-4 2000 至 2014 TEEMA 中國大陸推薦城市排名變化

排名	城 市	省 市	區域	2000	2001	2002	2003	2004	2005	2006	2007	2008	2009	2010	2011	2012	2013	2014
01	蘇州昆山	江蘇省	華東	--	A02	A04	B14	A08	A03	A03	A02	A02	A01	A01	A01	A01	A01	A01
02	蘇州工業區	江蘇省	華東	A01	A01	--	--	B01	A18	A01	A01	A01	A03	A06	A02	A04	A02	A02
03	廈門島外	福建省	華南	B07	B10	B10	B03	B19	A16	A13	B06	B06	A12	A10	B02	A07	A06	A03
04	蘇州高新區	江蘇省	華東	A01	A01	--	--	B01	A18	A11	A07	A04	A19	A22	A11	A09	A08	A04
05	南京江寧區	江蘇省	華東	B14	B17	B15	B23	B02	B04	B16	A10	A07	A02	A03	A04	A02	A05	A05
06	蘇州市區	江蘇省	華東	A01	A01	A01	A07	B01	A18	A06	A14	A19	A14	A11	A03	A10	A07	A06
07	成 都	四川省	西南	B05	B13	B07	A08	A03	A04	A16	A09	A09	A11	A12	A09	A06	A04	A07
08	杭州蕭山區	浙江省	華東	A07	B21	A07	A01	A01	A02	A18	A03	A06	A07	A07	A12	A05	A03	A08
09	無錫江陰	江蘇省	華東	B17	A06	A02	A03	A06	A05	A05	A04	A05	A10	A13	A07	A11	A12	A09
10	青 島	山東省	華北	B09	B12	A08	A02	A14	A12	B01	A11	A22	A18	A09	A08	A08	A15	A10
11	廈門島內	福建省	華南	B07	B10	B10	B03	B19	A16	B12	B08	B11	A20	A24	A18	A17	A16	A11
12	上海浦東	上海市	華東	B13	B14	B05	B07	B12	A08	A14	B24	B24	B11	B10	B14	B07	A23	A12
13	上海市區	上海市	華東	B13	B14	B06	A04	B16	B01	B21	B26	B17	B10	A16	B05	A22	A20	A13
14	南京市區	江蘇省	華東	B14	B17	B15	B23	B02	A15	A08	B02	A13	B14	A15	A16	A15	A14	A14
15	寧波市區	浙江省	華東	A03	A05	A03	A05	B04	A13	B08	A21	B13	A15	A14	A17	A12	A19	A15
16	天津濱海	天津市	華北	B21	B05	B08	B24	A07	A07	A07	A05	A03	A04	A02	A05	A03	A09	A16
17	南 通	江蘇省	華東	--	--	--	--	B13	B19	D03	C23	C06	B16	B08	B09	A24	A22	A17
18	西 安	陝西省	西北	C03	B32	D04	--	--	B08	C21	D10	D11	C29	C22	B10	B01	A27	A18
19	杭州市區	浙江省	華東	B10	B16	A05	A09	C02	B10	A04	A16	A23	A13	A23	A20	A19	A17	A19
20	無錫市區	江蘇省	華東	B17	A06	A02	A03	C01	B05	C07	B07	A11	A21	B05	B06	A26	A21	A20
21	上海閔行	上海市	華東	B13	B14	B06	B08	A01	A01	A12	A08	A12	A06	A05	A10	A14	A11	A21
22	重 慶	重慶市	西南	--	B19	C17	B16	B14	B11	C03	B25	C13	B01	A08	A06	A18	A10	A22
23	淮 安	江蘇省	華東	--	--	--	--	--	--	--	--	B12	B08	B04	B01	A27	A26	A23
24	大 連	遼寧省	東北	B04	B22	B09	A06	A10	A14	A19	A15	A14	A16	A21	A14	A13	A13	A24
25	寧波慈溪	浙江省	華東	A03	--	--	--	--	--	--	--	--	B22	B14	B18	A25	B04	A25

表 21-4 2000 至 2014 TEEMA 中國大陸推薦城市排名變化（續）

排名	城 市	省 市	區域	2000	2001	2002	2003	2004	2005	2006	2007	2008	2009	2010	2011	2012	2013	2014
26	蘇州張家港	江蘇省	華東	A01	A01	--	--	--	C04	B24	B11	B05	B02	B12	B15	A23	A25	A26
27	寧波北侖區	浙江省	華東	--	--	--	--	B04	A13	A02	A06	A15	A05	A19	B08	A16	A18	A27
28	合 肥	安徽省	華中	--	--	--	--	--	B09	C12	C22	C02	B19	B15	B11	B03	B02	A28
29	揚 州	江蘇省	華東	B03	B07	A06	A10	A04	A09	A09	A20	A08	A17	A18	A15	A21	A28	B01
30	北京市區	北京市	華北	B06	B20	C02	B19	B17	B02	B18	C06	C04	C13	B17	B30	B17	B05	B02
31	北京亦庄	北京市	華北	B06	B20	C02	B19	C04	B20	A10	A19	A17	A09	A20	B07	B14	A24	B03
32	無錫宜興	江蘇省	華東	B17	A06	A02	A03	--	--	B13	A18	A18	B05	B27	C04	B10	B01	B04
33	蕪 湖	安徽省	華中	--	--	--	--	--	--	--	--	--	--	--	--	B18	B13	B05
34	寧波奉化	浙江省	華東	A06	B26	B01	B01	B20	B14	B22	B20	B02	B12	B20	B22	B15	B16	B06
35	上海松江	上海市	華東	B13	B14	B06	B05	B09	B03	B28	B22	B08	C08	B23	C06	B28	B03	B07
36	連雲港	江蘇省	華東	--	--	--	--	--	--	--	--	--	B07	B18	B03	A28	B10	B08
37	馬鞍山	安徽省	華中	--	--	--	--	--	--	--	--	--	--	--	--	--	B19	B09
38	廊 坊	河北省	華北	--	--	--	--	--	--	B05	A13	A16	B04	B16	B19	B11	B22	B10
39	綿 陽	四川省	西南	--	--	--	--	--	--	--	--	--	--	--	--	B08	B08	B11
40	寧波餘姚	浙江省	華東	A04	A04	C07	C09	B08	B23	B19	B05	B15	C04	C02	B24	B06	B18	B12
41	常 州	江蘇省	華東	B22	B06	C08	B11	B10	B17	B07	B15	B21	B03	B22	B16	B21	B17	B13
42	宿 遷	江蘇省	華東	--	--	--	--	--	--	--	--	--	--	--	--	B25	B24	B14
43	德 陽	四川省	西南	--	--	--	--	--	--	--	--	--	--	--	--	B12	B09	B15
44	蘇州吳江區	江蘇省	華東	A05	A03	B03	B25	B22	C03	C09	C03	B09	B25	B06	B23	B09	B07	B16
45	上海嘉定	上海市	華東	A02	B14	B06	B18	C07	B25	C02	B23	B25	C17	B26	B26	B22	B12	B17
46	遂 寧	四川省	西南	--	--	--	--	--	--	--	--	--	--	--	--	--	--	B18
47	濟 南	山東省	華北	--	B25	C04	B15	A13	A11	A15	B04	B07	B09	A17	A19	B02	B20	B19
48	煙 台	山東省	華北	--	--	--	--	--	C14	B11	B10	A20	B06	B02	B21	B19	B26	B20
49	威 海	山東省	華北	--	--	--	--	--	--	B06	A17	A21	B20	B01	B12	B13	B21	B21
50	徐 州	江蘇省	華東	--	--	--	--	A05	A06	C08	B09	B04	B13	B03	B04	B05	B11	B22
51	蘇州太倉	江蘇省	華東	A01	A01	--	--	B03	C05	B25	B21	B01	B18	B11	B29	C11	B23	B23

表 21-4 2000 至 2014 TEEMA 中國大陸推薦城市排名變化（續）

排名	城市	省市	區域	2000	2001	2002	2003	2004	2005	2006	2007	2008	2009	2010	2011	2012	2013	2014
52	珠 海	廣東省	華南	B15	B24	B20	B06	B07	B29	B15	C05	B22	C05	C10	C14	C22	B30	B24
53	鎮 江	江蘇省	華東	--	B18	C05	C04	--	--	--	C18	B03	A22	B07	B13	B04	B15	B25
54	鹽 城	江蘇省	華東	--	--	--	--	--	--	--	--	--	--	--	B25	B16	B14	B26
55	蘇州常熟	江蘇省	華東	--	--	--	--	--	B30	B02	B27	B14	B24	C04	C10	C12	B27	B27
56	泉 州	福建省	華南	--	--	D03	D02	D05	B06	B04	B19	C17	C11	C05	B27	B23	B32	B28
57	廣州市區	廣東省	華南	B11	B28	C12	B26	C11	C10	B17	C20	C20	C20	C21	C30	C17	B34	B29
58	鄭 州	河南省	華中	--	B04	B11	B12	--	--	--	C24	--	--	B34	C19	B24	C01	B30
59	南 昌	江西省	華中	--	B31	D05	--	A11	A10	A17	A12	A10	A08	A04	A13	A20	B06	B31
60	泰 州	江蘇省	華東	--	--	--	D08	D07	C06	B23	C19	D13	B15	B33	B35	C01	B29	B32
61	杭州余杭區	浙江省	華東	--	--	--	--	--	--	--	--	--	--	B24	B32	B27	B33	B33
62	洛 陽	河南省	華中	--	--	--	--	--	--	--	--	--	--	--	--	--	--	B34
63	東莞松山湖	廣東省	華南	--	--	--	--	--	--	--	--	--	--	--	--	--	--	B35
64	瀋 陽	遼寧省	東北	B16	--	B19	B17	--	C01	C15	D03	C05	C09	C25	C22	C27	C03	B36
65	唐 山	河北省	華北	--	--	--	--	--	--	--	--	--	--	--	--	--	C02	B37
66	保 定	河北省	華北	--	--	--	--	--	--	--	--	--	--	B21	B36	C07	C06	C01
67	深圳市區	廣東省	華南	B20	B23	C14	C01	C20	C09	D01	C21	C18	D01	C26	D06	C24	C08	C02
68	嘉興市區	浙江省	華東	--	--	--	--	A09	B07	B10	B12	B18	B17	B25	B33	C10	C15	C03
69	福州市區	福建省	華南	C01	B01	C06	B09	C16	C07	C06	C16	C14	B26	C01	B17	C03	C20	C04
70	日 照	山東省	華北	--	--	--	--	--	--	--	--	--	--	B09	B28	C04	C10	C05
71	湖 州	浙江省	華東	--	--	--	--	--	--	--	--	--	--	--	--	B20	B25	C06
72	福州馬尾區	福建省	華南	C01	B01	B01	B09	--	B24	C04	C13	C15	C15	C12	B20	C08	C09	C07
73	漳 州	福建省	華南	--	--	B14	B13	B05	--	C10	C02	D08	C23	C13	C12	C05	C11	C08
74	廣州天河區	廣東省	華南	B11	B28	C12	--	C11	C10	A20	B01	C03	B23	B19	B31	C06	B31	C09
75	莆 田	福建省	華南	--	--	D06	C07	B11	B12	--	B18	C25	C01	C30	C05	C28	C13	C10
76	天津市區	天津市	華北	B21	B05	B08	B24	A07	A07	B09	B03	B19	C03	C11	C01	C13	C23	C11
77	泰 安	山東省	華北	--	B11	--	--	--	--	--	--	B10	B21	B13	B34	C09	C16	C12

表 21-4 2000 至 2014 TEEMA 中國大陸推薦城市排名變化（續）

排名	城 市	省 市	區域	2000	2001	2002	2003	2004	2005	2006	2007	2008	2009	2010	2011	2012	2013	2014
78	三 亞	海南省	華南	--	--	--	--	--	--	--	--	--	--	--	--	--	C24	C13
79	昆 明	雲南省	西南	--	B27	C09	--	C10	C16	C05	B14	C10	C10	C19	C31	C21	C22	C14
80	桂 林	廣 西	西南	--	B29	B16	--	C03	C12	C17	B13	D05	C19	C06	C11	B32	C05	C15
81	南 寧	廣 西	西南	--	B30	D01	C03	C08	--	--	D09	C22	C07	C09	C07	B29	C07	C16
82	長 沙	湖南省	華中	--	B33	B13	--	C15	B21	C13	C01	C19	C26	C23	C23	B26	B28	C17
83	海 口	海南省	華南	--	--	--	--	--	--	--	--	--	--	--	--	C29	C32	C18
84	武漢武昌	湖北省	華中	B12	B09	C01	B21	B23	B13	B20	C10	C07	C25	B31	C09	C02	C14	C19
85	武漢漢陽	湖北省	華中	B12	B09	C01	--	B23	B27	C14	C11	C11	C22	B30	C03	B30	C04	C20
86	長 春	吉林省	東北	--	--	--	--	--	--	--	C14	D09	D12	D07	D13	D14	C31	C21
87	石家莊	河北省	華北	--	B35	B17	--	--	--	C11	C07	C23	C28	B28	C02	C23	C26	C22
88	哈爾濱	黑龍江	東北	D02	--	--	--	--	--	C20	D08	D14	D13	D10	D14	D12	C29	C23
89	嘉興嘉善	浙江省	華東	--	--	--	--	A09	B07	B10	B12	B18	B17	B32	C17	C14	C21	C24
90	東莞市區	廣東省	華南	B18	C03	D04	D05	D02	D05	D05	D05	D02	C30	C14	C15	C26	C25	C25
91	貴 陽	貴州省	西南	--	--	--	--	--	--	--	--	--	--	D08	D10	D16	D15	C26
92	武漢漢口	湖北省	華中	B12	B09	C01	--	B23	B22	B27	C09	C21	C27	B29	B37	B31	C12	C27
93	紹 興	浙江省	華東	--	--	--	--	B06	--	--	B17	B23	B27	C03	C08	C19	C27	C28
94	中 山	廣東省	華南	B23	B08	B02	B01	B18	B18	B26	B16	B16	C06	C17	C27	C20	C19	C29
95	汕 頭	廣東省	華南	C01	C01	B18	B02	A12	A17	B03	C26	D03	C14	C18	D01	C16	C17	C30
96	蘭 州	甘肅省	西北	--	--	--	--	--	--	--	D13	D15	D14	D12	D15	D17	C35	C31
97	佛 山	廣東省	華南	B02	--	C03	D01	C14	--	--	C04	C01	C12	C16	C18	C30	C28	D01
98	東莞石碣	廣東省	華南	B18	C03	D04	D03	C09	C15	D02	D02	D07	D07	C20	C24	D02	D08	D02
99	東莞虎門	廣東省	華南	B18	C03	D04	C06	D03	D04	C19	C12	D04	D06	C07	C20	C31	D05	D03
100	深圳寶安	廣東省	華南	B20	B23	--	C05	C06	D03	C18	C17	C16	D02	D03	D07	D09	C30	D04
101	東莞長安	廣東省	華南	B18	C03	D04		C18	C17	D06	D11	D12	C24	C08	C13	D03	D09	D05
102	深圳龍崗	廣東省	華南	B20	B23	C13	B27	C05	D02	C16	D06	D01	D04	D04	D04	D05	D02	D06
103	宜 昌	湖北省	華中	--	--	--	--	--	--	--	D04	D16	D11	D11	D16	D08	D03	D07

表 21-4 2000 至 2014 TEEMA 中國大陸推薦城市排名變化（續）

排名	城 市	省 市	區域	2000	2001	2002	2003	2004	2005	2006	2007	2008	2009	2010	2011	2012	2013	2014
104	惠 州	廣東省	華南	B19	B03	B12	B20	D01	D01	D04	D12	D10	D03	D02	D08	D06	D01	D08
105	襄 陽	湖北省	華中	--	--	--	--	--	--	--	--	--	--	C28	C29	C25	C33	D09
106	溫 州	浙江省	華東	--	B15	C10	D04	--	--	--	C15	B20	C16	C15	C16	C18	C34	D10
107	東莞清溪	廣東省	華南	--	--	--	--	--	--	--	--	--	--	--	C21	D07	D12	D11
108	岳 陽	湖南省	華中	--	--	--	--	--	--	--	--	--	--	--	--	C15	C18	D12
109	太 原	山西省	華北	--	--	--	--	--	--	--	--	C24	D09	D06	D11	D04	D04	D13
110	江 門	廣東省	華南	--	--	--	--	B15	B15	C01	C08	C08	D05	D05	D09	D11	D06	D14
111	東莞厚街	廣東省	華南	B18	C03	D04	C12	B21	B28	D07	D01	D06	D08	C28	D05	C32	D10	D15
112	九 江	江西省	華中	--	--	--	--	--	--	--	--	C12	C02	C24	D02	D01	D07	D16
113	吉 安	江西省	華中	--	--	--	--	--	--	--	--	C09	C21	D01	C25	D10	D11	D17
114	北 海	廣 西	西南	--	--	--	--	--	D08	--	D14	D17	D10	D09	D12	D15	D14	D18
115	贛 州	江西省	華中	--	--	--	--	--	--	--	--	--	C18	C27	D03	D13	D13	D19

資料來源：本研究整理

註：【1】由於 2005 年「廣州市區」於 2006、2007、2008、2009、2010 年細分為「廣州天河」與「廣州市區」，因此 2006、2007、2008、2009、2010「廣州天河」與「廣州市區」對比的城市是 2005 的「廣州市區」。

【2】由於 2005 年「北京其他」於 2006 重新命名為「北京亦莊」，因此 2006、2007、2008、2009、2010「北京亦莊」對比的城市是 2005 的「北京其他」。

【3】由於 2005 年「天津」於 2006、2007、2008、2009、2010 年細分為「天津市區」與「天津濱海區」，因此 2006、2007、2008、2009、2010「天津市區」與「天津濱海區」對比的城市是 2005 的「天津」。

【4】由於 2005 年「廈門」於 2006 細分為「廈門島內」與「廈門島外」，因此 2006、2007、2008、2009、2010 年「廈門島內」與「廈門島外」對比的城市是 2005 的「廈門」。

【5】由於 2005 年「蘇州市區」於 2006 年細分為「蘇州市區」、「蘇州新區」與「蘇州工業區」，因此 2006、2007、2008、2009、2010「蘇州市區」、「蘇州新區」與「蘇州工業區」對比的城市是 2005 的「蘇州市區」。

【6】由於 2005 年「寧波市區」於 2006 年細分為「寧波市區」與「寧波北侖區」，因此 2006、2007、2008、2009、2010「寧波市區」與「寧波北侖區」對比的城市是 2005 的「寧波市區」。

【7】由於 2003 年「南京」於 2004 年細分為「南京市區」與「南京江寧」，因此 2004、2005、2006、2007、2008、2009、2010「南京市區」與「南京江寧」對比的城市是 2003 的「南京」。

【8】由於 2003 年「無錫」於 2004 年細分為「無錫市區」、「無錫江陰」、「無錫宜興」，因此 2004、2005、2006、2007、2008、2009、2010「無錫市區」、「無錫江陰」、「無錫宜興」對比的城市是 2003 的「無錫」。

【9】由於 2009 年「嘉興」於 2010 年細分為「嘉興市區」與「嘉興嘉善」，因此 2010「嘉興市區」與「嘉興嘉善」對比城市是 2009 的「嘉興」。

與嘉興嘉善 2 區；（15）「廣州市」：分為廣州天河區與廣州市區 2 區。

2. 2013 至 2014 調查評估城市的投資環境變動：2014 年列入《TEEMA 調查報告》分析 115 個城市，計有 3 個新增城市，分別為：（1）西南地區遂寧；（2）華南地區東莞松山湖；（3）華中地區洛陽，可發現 2014 年新增的 3 個城市，皆屬於台商推薦投資列入【B】級「值得推薦」等級，尤其以B18的遂寧表現較佳，根據四川省政府副省長王寧（2014）表示：「遂寧市正積極構建成都經濟區一體化綜合交通網路，確保農村公路建設協調可持續推進。」可看出其本身對交通建設的積極改善，希冀提高其投資環境的競爭力，對此發展的前景台商抱有高的期望。

3. 2013 至 2014 城市綜合實力推薦的投資環境變動：茲以 2014 年《TEEMA 調查報告》列入【A】級「極力推薦」等級的城市共有 28 個，其中 2013 年、2014 年兩年皆列入【A】級「極力推薦」等級之城市共 26 個，所占的比例達 92.85%，高於 2013 年的 89.29%，可知排名與變化趨於穩定，而 2013 年、2014 兩年均列入【B】級「值得推薦」的城市共有 29 個，占 2014 年【B】級城市的 78.37%，較 2013 年的 70.59% 來的高，可知以小幅度上升趨勢，再者，兩年度共有 24 個城市皆列入【C】級「勉予推薦」，占 2014 年【C】級城市 87.09%，較 2013 年所占的比例 68.57% 有較大幅度的上升情況，最後兩年度皆列入【D】級「暫不推薦」的城市則有 13 個，占 2014 年【D】級城市 73.68%，較 2013 年所占的比例 86.67% 來的低，由此可知，【A】、【B】等級其今年變動幅度小於【C】、【D】等級之變動幅度。

4. 2013 至 2014【A】級「極力推薦」城市投資環境變動：觀看 2013 年至 2014 年《TEEMA 調查報告》中列入【A】級「極力推薦」前 10 名城市，依序為：（1）蘇州昆山（A01）；（2）蘇州工業區（A02）；（3）廈門島外（A03）；（4）蘇州高新區（A04）；（5）南京江寧區（A05）；（6）蘇州市區（A06）；（7）成都（A07）；（8）杭州蕭山區（A08）；（9）無錫江陰（A09）；（10）青島（A10）。且在 2014 年【A】級「極力推薦」城市新增設兩個城市為：寧波慈溪（B04 → A25）；合肥（B02 → A28），此外，在 2013 年屬於【A】級「極力推薦」城市，但 2014 年滑落至【B】級「值得推薦」等級者有：揚州（A28 → B01）；北京亦莊（A24 → B03）。

5. 2013 至 2014【D】級「暫不推薦」城市投資環境變動：2013 年至 2014 年《TEEMA 調查報告》研究結果顯示，兩年度均列入【D】級「暫不推薦」的城市共有 14 個，位居【D】級「暫不推薦」的倒數 10 名城市分別為：（1）

贛州（D19）；（2）北海（D18）；（3）吉安（D17）；（4）九江（D16）；（5）東莞厚街（D15）；（6）江門（D14）；（7）太原（D13）；（8）岳陽（D12）；（9）東莞清溪（D11）；（10）溫州（D10）。其中以岳陽（C18→D12）下降幅度最高，自 2013 年的第 80 名至 2014 年降到第 108 名，落差高達 28 名，可看出岳陽的投資力備受考驗。然而值得一提的是，2013《TEEMA 調查報告》被列入【D】級「暫不推薦」的城市，僅貴陽（D15→C26）進步到「C」級「勉予推薦」等級之列，此外，其自 2013 年的第 112 名晉升至 2014 年的第 91 名，進步幅度高達 21 名，拿下城市綜合實力推薦排名進步最大幅度城市，根據中航工業總經理助理譚衛東（2014）表示：「通過『創意經濟與綠色航空』論壇，中國大陸國際國內航空工業界將探求中國大陸綠色航空發展的方向和路徑，同時為推動貴州省發揮生態資源和產業優勢，推動貴州工業轉型升級。」可知在環境保護意識日益增強、能源日趨緊張的情況下，綠色產業發展亦成為貴陽所關注的議題之一。

圖 21-1 2013 至 2014 TEEMA「極力推薦」等級城市變遷圖

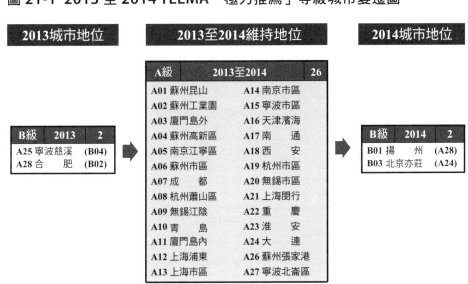

2013城市地位

B級	2013	2
A25 寧波慈溪		(B04)
A28 合　肥		(B02)

2013至2014維持地位

A級	2013至2014	26
A01 蘇州昆山	A14 南京市區	
A02 蘇州工業園	A15 寧波市區	
A03 廈門島外	A16 天津濱海	
A04 蘇州高新區	A17 南　通	
A05 南京江寧區	A18 西　安	
A06 蘇州市區	A19 杭州市區	
A07 成　都	A20 無錫市區	
A08 杭州蕭山區	A21 上海閔行	
A09 無錫江陰	A22 重　慶	
A10 青　島	A23 淮　安	
A11 廈門島內	A24 大　連	
A12 上海浦東	A26 蘇州張家港	
A13 上海市區	A27 寧波北崙區	

2014城市地位

B級	2014	2
B01 揚　州		(A28)
B03 北京亦莊		(A24)

圖 21-2 2013 至 2014 TEEMA「值得推薦」等級城市變遷圖

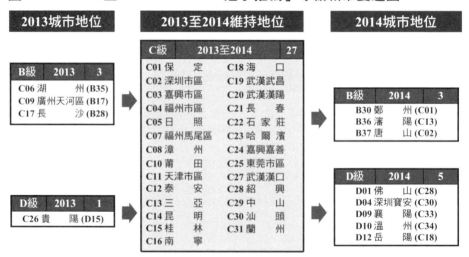

2013城市地位

A級	2013	2
B01 揚　州 (A28)		
B03 北京亦莊 (A24)		

C級	2013	3
B30 鄭　州 (C01)		
B36 瀋　陽 (C03)		
B37 唐　山 (C02)		

2013至2014維持地位

B級	2013至2014	29
B02 北京市區	B19 濟　南	
B04 無錫宜興	B20 煙　台	
B05 蕪　湖	B21 威　海	
B06 寧波奉化	B22 徐　州	
B07 上海松江	B23 蘇州太倉	
B08 連 雲 港	B24 珠　海	
B09 馬 鞍 山	B25 鎮　江	
B10 廊　坊	B26 鹽　城	
B11 綿　陽	B27 蘇州常熟	
B12 寧波餘姚	B28 泉　州	
B13 常　州	B29 廣州市區	
B14 宿　遷	B31 南　昌	
B15 德　陽	B32 泰　州	
B16 蘇州吳江區	B33 杭州余杭區	
B17 上海嘉定		

B級	2014新增評估城市	3
B18 遂　寧	B18 洛　陽	
B34 東莞松山湖		

2014城市地位

A級	2014	2
A25 寧波慈溪 (B04)		
A28 合　肥 (B02)		

C級	2014	3
C06 湖　州(B25)		
C09 廣州天河區(B31)		
C17 長　沙(B28)		

圖 21-3 2013 至 2014 TEEMA「勉予推薦」等級城市變遷圖

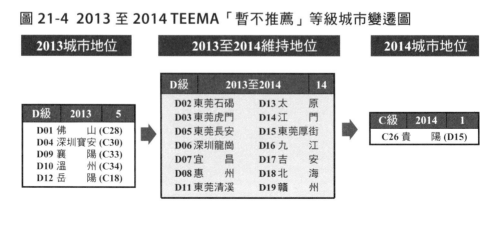

2013城市地位

B級	2013	3
C06 湖　州 (B35)		
C09 廣州天河區 (B17)		
C17 長　沙 (B28)		

D級	2013	1
C26 貴　陽 (D15)		

2013至2014維持地位

C級	2013至2014	27
C01 保　定	C18 海　口	
C02 深圳市區	C19 武漢武昌	
C03 嘉興市區	C20 武漢漢陽	
C04 福州市區	C21 長　春	
C05 日　照	C22 石 家 莊	
C07 福州馬尾區	C23 哈 爾 濱	
C08 漳　州	C24 嘉興嘉善	
C10 莆　田	C25 東莞市區	
C11 天津市區	C27 武漢漢口	
C12 泰　安	C28 紹　興	
C13 三　亞	C29 中　山	
C14 昆　明	C30 汕　頭	
C15 桂　林	C31 蘭　州	
C16 南　寧		

2014城市地位

B級	2014	3
B30 鄭　州 (C01)		
B36 瀋　陽 (C13)		
B37 唐　山 (C02)		

D級	2014	5
D01 佛　山 (C28)		
D04 深圳寶安 (C30)		
D09 襄　陽 (C33)		
D10 溫　州 (C34)		
D12 岳　陽 (C18)		

圖 21-4 2013 至 2014 TEEMA「暫不推薦」等級城市變遷圖

2013城市地位

D級	2013	5
D01 佛　山 (C28)		
D04 深圳寶安 (C30)		
D09 襄　陽 (C33)		
D10 溫　州 (C34)		
D12 岳　陽 (C18)		

2013至2014維持地位

D級	2013至2014	14
D02 東莞石碣	D13 太　原	
D03 東莞虎門	D14 江　門	
D05 東莞長安	D15 東莞厚街	
D06 深圳龍崗	D16 九　江	
D07 宜　昌	D17 吉　安	
D08 惠　州	D18 北　海	
D11 東莞清溪	D19 贛　州	

2014城市地位

C級	2014	1
C26 貴　陽 (D15)		

三、2014 TEEMA 中國大陸 11 大經濟區城市綜合實力排名

2014《TEEMA 調查報告》研究分析中國大陸 115 個城市之其城市綜合實力，歸納為 11 個經濟區域，並針對經濟區域內各別城市之「兩力兩度」分數加權平均後，所得之各經濟區域的區域綜合實力排名，如圖 21-17 所示。

根據圖 21-17 所示，可看出「西三角經濟區」經加權後在中國大陸 11 大經濟區域的城市綜合實力排名中獨占鰲頭，加權總分為 72.906，且如圖 21-6 所示西三角經濟區域共計有 6 個城市納入評比，較 2013 年新增一個城市遂寧，評比等級皆維持不變，但除西安與今年新增的遂寧外排名上卻是呈現下滑的情形，而有 3 個城市列入成都、西安、重慶台商極力推薦的【A】等級評比中，在城市綜合實力分數依序為 89.622、80.259、78.798 分，西安是西三角經濟區唯一排名表現上成長 9 名的城市，三星電子代表理事權五鉉（2014）表示：「三星電子西安半導體工廠投入生產後，將有助於中國大陸迅速提升在半導體市場的地位，並在西安逐漸形成規模過千億元的半導體產業集群」，由此可見隨著三星的落戶，將可望帶動多家配套企業相繼入駐，直接或間接增加萬餘就業職缺，有助於大力幫助西安投資環境力的提升，而四川省社科院區域經濟所所長劉世慶（2014）則表示：「成都跨入『衛星城模式』，衛星城與中心城區間實現快速通道，未來發展衛星城將使成都更加宜居、宜業及宜商，綜合競爭力進一步提高。」綜觀上述，藉以通過都市圈規劃引導城市間功能的有效分工與合作，提高區域間的城市進行高效能的商業行為。

由圖 21-17 可知，「長三角經濟區」經加權後得分為 68.692 分，在中國大陸 11 大經濟區域的綜合實力中排名位居第 2，根據圖 21-7 可知，長三角經濟區此次共有 41 個城市納入評比，並與 2013 年相比依舊共計 19 個城市列入極為推薦的【A】級評比城市中，其中排名在前 5 名分別為蘇州昆山、蘇州工業區、蘇州高新區、南京江寧及蘇州市區，其中蘇州昆山蟬聯綜合實力排行第一位，且根據無錫市統計局（2014）公布資料顯示，2013 年長三角地區經濟全年 GDP 總量逼近 10 萬億元人民幣，占中國大陸全國 17.2%，達到 97,760 億元人民幣，比上年增加 7,809 億元人民幣，增速平均值為 9.7%。由上述報告內容可知「長三角經濟區」之地位日漸重要，且長三角區域經濟總體表現亮眼，亦呈現保持平穩增長發展態勢。

由圖 21-17 可知，「黃三角經濟區」經加權後在中國大陸 11 大經濟區域的綜合實力中位列第 3，加權分數為 58.217 分，根據圖 21-8 可知，本次評比中黃三角經濟區計有 6 個城市納入評比，其中，相比 2013 年依舊僅有青島被列入極

為推薦的【A】級評比解有進步的趨勢，城市綜合實力為 86.444 分，且濟南、煙台、日照、泰安 4 個城市亦呈上升態勢，僅有威海呈現持平態勢，整體而言，黃三角經濟區域城市評比呈現上升趨勢。此外，青島為中國大陸東部重要海濱城市之一，並在第 18 屆中國大陸國際軟體博覽會上，被授予「2014 年中國軟體園區最佳投資環境獎」，可知青島擁有優良的產業服務環境，且以持續不斷的創新服務發揮其經濟發展潛力，創造良好投資環境的成果，藉此提升黃三角經濟區域的整體環境競爭力。

由圖 21-17 可知，「環渤海經濟區」經加權後在中國大陸 11 大經濟區域的綜合實力中位列第 4 名，加權分數為 56.196 分，相較於 2013 年 55.193 分，呈現小幅提升 1.003 分，由圖 21-9 可知環渤海經濟區內計有 17 個城市納入評比，其中被列為極力推薦之【A】級評比城市分別為天津濱海、大連及青島，其綜合實力加權分數依序為 82.006 分、77.999 分及 86.444 分，其中 2013 年進榜「極力推薦」之【A】級評比城市北京亦庄，卻掉落到【B】級評比城市，下降 7 個名次表現不理想，雖在環渤海經濟區有部分城市呈下滑的態勢，但仍有多數城市呈現穩定成長，2014 年整體表現依然可觀，對此，中國大陸國務院總理李克強（2014）表示：「實現京津冀協同發展是一個重大國家戰略，要堅持優勢互補、互利共贏、紮實推進，加快走出一條科學持續的協同發展之路」，由此可知中國大陸政府正積極打造更具競爭力的經濟區。此外，中國大陸國家發改委國土開發與地區經濟研究所所長肖金成（2014）亦表示：「環渤海面積廣闊，規劃成效有限，認為其最為發揮的最大作用，應著重於對生態保護」，顯示出生態保育已成為競爭力的重要條件，期望環渤海經濟區可做出一番成績，有助於提升其優勢。

由圖 21-17 可知，「西部地區」經加權後在中國大陸 11 大經濟區域的綜合實力中位列第 5，加權分數為 51.396 分，相較於 2013 年 50.856 分，上升 0.54 分，且由圖 21-11 可知，2014 年西部地區新增一個城市遂寧，共計有 12 個城市列入評比，列入極力推薦之【A】級評比的城市分別為成都、西安及重慶，綜合實力分別為 89.622 分、80.189 分以及 78.798 分，且除蘭州、貴陽、西安、昆明和遂寧 5 個城市外，其餘區域內城市的綜合實力皆出現下滑的情況，然西安綜合實力分數與排名皆呈上升，西安市副市長韓松（2013）指出：「西安擁有文化、旅遊、創新等優質資源的西安，現代服務業發展一直走在中西部城市前列」，因此，西安將可望成為西部地區經濟一大亮點，此外，為因應中國大陸政府西進政策之下，西部地區漸受投資者青睞，越來越多的外資企業進入西部地區，如：三星、英特爾、惠普等，可看出「西部地區」十分具有發展潛力，將可望帶動整體區域的經濟成長。

由圖 21-17 可知，「東北地區」經加權後在中國大陸 11 大經濟區域的綜合實力中位列第 6 名，加權分數為 48.492 分，相較於 2013 年 47.499 分，上升 0.993 分，且由圖 21-15 可知本次東北地區共計有 4 座城市納入評選之中，而其中「東北地區」唯獨大連被列於極力推薦的【A】級評選城市，且大連在 2014 年的表現不佳，由 2013 年的 A13 跌落至 A24，共下降 11 個名次，此外其餘城市瀋陽、哈爾濱及長春，雖是【C】級城市但觀看 2013 年、2014 年其表現排名皆有上升，以持續穩定成長的趨勢發展，根據中國大陸發改委東北振興司副司長王化江（2013）表示：「擴大開放與推進新型城鎮化相結合，建設中心城市通達沿邊地區的交通設施，推進互聯互通，提升東北外貿規模水平，尤是大宗貿易發展」，故藉此打造東北地區開放合作軟環境，提升東北地區吸引外資的能力。

由圖 21-17 顯示，「海西經濟帶」經加權過後，於中國大陸 11 大經濟區域的綜合實力中位列第 7，加權統計分數為 45.964 分，相較於 2013 年 45.382 分上升 0.582 分，且由圖 21-12 可看出海西經濟帶於報告評比中共計有 10 個城市納入評比，其中僅有廈門島外及廈門島內被列入極力推薦的【A】級評比之城市，此外，10 個城市中有 5 個城市屬於【C】級「勉予推薦」評比之城市，而 2014 年海西經濟帶排名表現上除福州市區（B04 → A25）有明顯進步 13 名之外，其餘海西經濟帶之城市在綜合實力排名上表現參差不齊，不但溫州從 2013 年的 C34 下滑到 2014 年的 D10 外，汕頭亦從 2013 年的 C17 退步到 C30，導致整體海西經濟帶綜合實力的排名不佳，成為 2014 年中國大陸 11 大經濟區區域綜合實力排名的後段。

由圖 21-17 顯示，「中三角經濟區」經加權後在中國大陸 11 大經濟區域的綜合實力排名中位列第 8 名，加權統計分數為 40.193 分，相較於 2013 年 39.535 分上升 0.658 分，且由圖 21-10 看出，中三角經濟區本次研究共有 11 座城市被納入評比，其中皆無「極力推薦」的【A】級評比城市，且岳陽、長沙及南昌 3 個城市綜合實力排名皆呈大幅下降的趨勢，分別下滑 28 名、26 名及 25 名，拖累整體中三角經濟區綜合實力排名，然整體區域雖表現不盡理想，相較於 2013 年排名卻上升一名，且根據中國大陸國務院（2014）公布《洞庭湖生態經濟區規劃》指出：「將著力推進生態系統、產業體系、民生保障和基礎設施建設，打造『美麗洞庭』，力爭到 2015 年地區生產總值突破一兆元人民幣，2020 年達 1.7 兆元人民幣」，顯然是對中三角經濟區的發展目標奠定的基礎支援，未來將可大力提升其綜合實力。

由圖 21-17 顯示，「中部地區」經加權過後，於中國大陸 11 大經濟區域的綜合實力中排名倒數第 3 位居第 9，加權統計分數為 35.957 分，相較於 2013 年 39.786 分，下降幅度達 3.829 分，且由圖 21-13 看出，中部地區本次研究較去年 2013 年新增一座城市洛陽，計有 17 座城市納入評比，根據中國大陸發改委在 2014 年發布《2013 年促進中部地區崛起工作總結和 2014 年工作要點》，提出針對中部地區加強重大基礎設施建設，加快發展第 4 代移動通信，推進下一代互聯網建設，顯示出中部地區仍有許多基礎設施建設不足的問題，而中國大陸政府正積極改革投資環境，提升其整體環境綜合實力。

由圖 21-17 顯示，「珠三角經濟區」經加權過後，於中國大陸 11 大經濟區域的綜合實力中排名倒數第 2 位居第 10，加權統計分數為 30.203 分，相較於 2013 年 29.341 分上升 0.862 分，且由圖 21-16 可知，珠三角經濟區較 2013 年新增一座城市東莞松山湖，共計 18 座城市納入評比分析，其中以廣州天河區與汕頭下降幅大最大，分別下滑 15、16 個名次，18 座城市中有 10 座城市之城市綜合實力排名呈現下滑的態勢，且 18 個城市中皆無被列為「極力推薦」的【A】級評比之城市，然其中表現最好為珠海（B24），根據珠海市統計局在 2014 年 4 月 23 日表示：「珠海經濟運行品質較好，於 2014 年第一季度全市實現公共財政預算收入 53.24 億元，同比增幅達 30.6%，居珠三角九市首位。」綜觀上述，可知雖珠海表現平穩成長，但仍有許多珠三角經濟區之城市表現不盡理想，導致經濟區域的綜合實力不強。

觀看圖 21-17 顯示，「泛北部灣」經加權過後，於中國大陸 11 大經濟區域的綜合實力中排名倒數第一位居第 11，加權統計分數為 28.344 分，相較於 2013 年 34.920 分，呈大下滑的趨勢落差高達 6.576 分，是中國大陸 11 大經濟區域下降最多的經濟區，且由圖 21-14 可知，泛北部灣評比分析的 3 座城市中表現十分不佳，且 3 個城市在等級上分別落在「勉予推薦」的【C】級的桂林、南寧與「暫不推薦」的【D】級評比的北海，相較於 2013 年在名次上亦呈下降趨勢，廣西壯族自治區統計局在 2014 年指出：「廣西 GDP 增速已連續 3 年回落，且 2013 年成長速度為近 10 年來最低」，可看出北部灣經濟區總體經濟實力仍不強，加上地區、行業間發展不平衡，導致在 2014 年泛北部灣整體表現不如以往，中國大陸政府應擬定合適政策，進而改善其整體表現。

此外，圖 21-6 至圖 21-17 經濟區綜合實力排名示意方式，如圖 21-5 說明如下述：（1）第一欄位為 2014《TEEMA 調查報告》列入該經濟區評比城市之排名；（2）第 2 欄位則 2014 年被列入評比城市之名稱；（3）第 3 欄位是該城市在 2014《TEEMA 調查報告》之城市綜合實力分數；（4）第 4 欄位則為 2013 至 2014《TEEMA 調查報告》推薦等級變化；（5）第 5 欄位是 2013 至 2014《TEEMA 調查報告》排名之變化。

圖 21-5 2014 TEEMA 經濟區城市綜合實力排名示意圖

該區域經濟城市排名	列入評估城市名稱	2014城市綜合實力	2013至2014推薦等級變化	2013至2014排名變化
01	蘇州昆山	95.659	A01→ A01	持平

圖 21-6 2014 TEEMA 西三角經濟區城市綜合實力排名

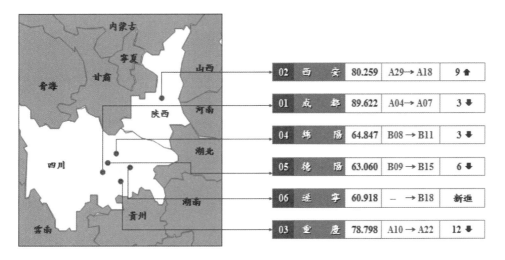

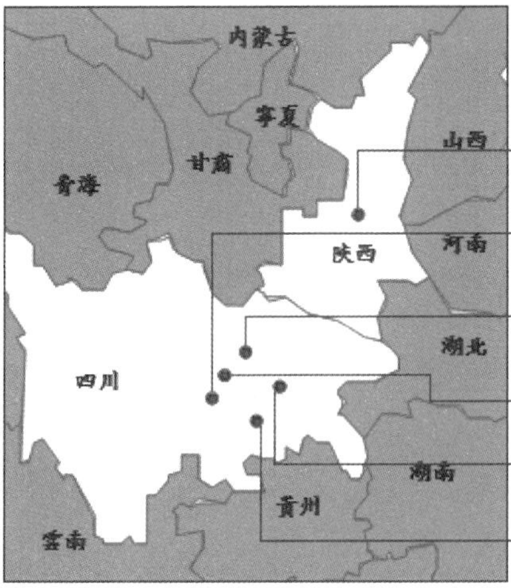

02	西安	80.259	A29→A18	9↑
01	成都	89.622	A04→A07	3↓
04	綿陽	64.847	B08→B11	3↓
05	德陽	63.060	B09→B15	6↓
06	遂寧	60.918	– →B18	新進
03	重慶	78.798	A10→A22	12↓

圖 21-7 2014 TEEMA 長三角經濟區城市綜合實力排名

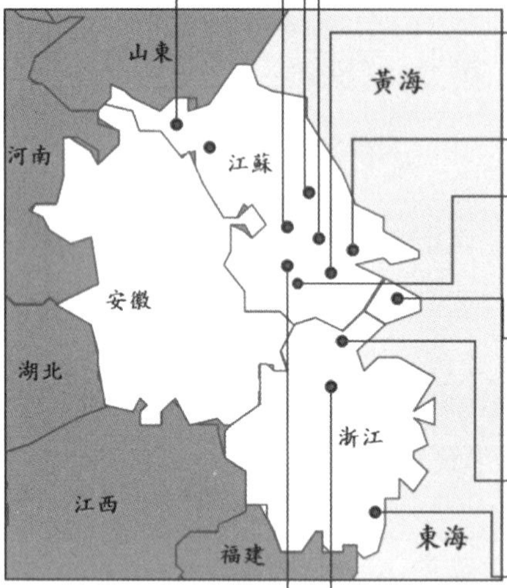

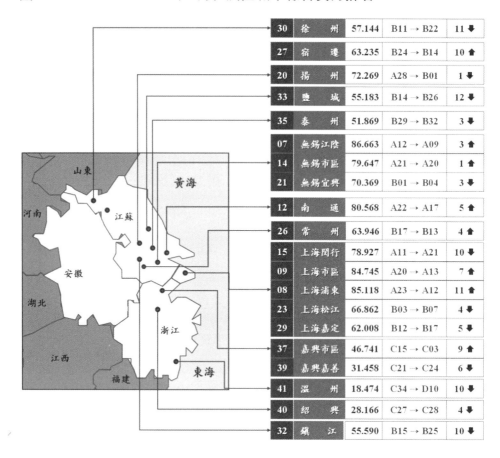

30	徐　州	57.144	B11 → B22	11 ⬇
27	宿　遷	63.235	B24 → B14	10 ⬆
20	揚　州	72.269	A28 → B01	1 ⬇
33	鹽　城	55.183	B14 → B26	12 ⬇
35	泰　州	51.869	B29 → B32	3 ⬇
07	無錫江陰	86.663	A12 → A09	3 ⬆
14	無錫市區	79.647	A21 → A20	1 ⬆
21	無錫宜興	70.369	B01 → B04	3 ⬇
12	南　通	80.568	A22 → A17	5 ⬆
26	常　州	63.946	B17 → B13	4 ⬆
15	上海閔行	78.927	A11 → A21	10 ⬇
09	上海市區	84.745	A20 → A13	7 ⬆
08	上海浦東	85.118	A23 → A12	11 ⬆
23	上海松江	66.862	B03 → B07	4 ⬇
29	上海嘉定	62.008	B12 → B17	5 ⬇
37	嘉興市區	46.741	C15 → C03	9 ⬆
39	嘉興嘉善	31.458	C21 → C24	6 ⬇
41	溫　州	18.474	C34 → D10	10 ⬇
40	紹　興	28.166	C27 → C28	4 ⬇
32	鎮　江	55.590	B15 → B25	10 ⬇

圖 21-7 2014 TEEMA 長三角經濟區城市綜合實力排名（續）

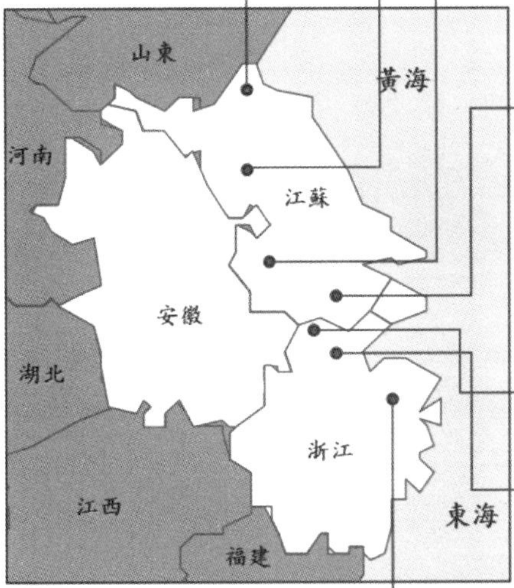

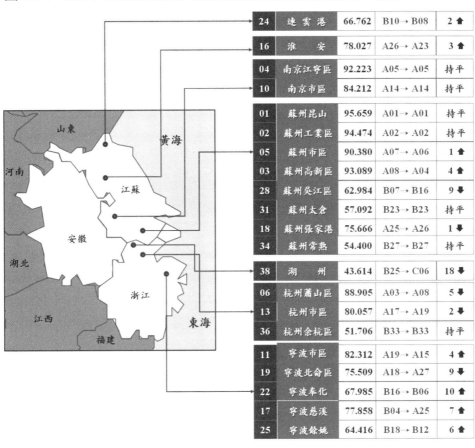

24	連雲港	66.762	B10→B08	2 ↑
16	淮安	78.027	A26→A23	3 ↑
04	南京江寧區	92.223	A05→A05	持平
10	南京市區	84.212	A14→A14	持平
01	蘇州昆山	95.659	A01→A01	持平
02	蘇州工業區	94.474	A02→A02	持平
05	蘇州市區	90.380	A07→A06	1 ↑
03	蘇州高新區	93.089	A08→A04	4 ↑
28	蘇州吳江區	62.984	B07→B16	9 ↓
31	蘇州太倉	57.092	B23→B23	持平
18	蘇州張家港	75.666	A25→A26	1 ↓
34	蘇州常熟	54.400	B27→B27	持平
38	湖州	43.614	B25→C06	18 ↓
06	杭州蕭山區	88.905	A03→A08	5 ↓
13	杭州市區	80.057	A17→A19	2 ↓
36	杭州余杭區	51.706	B33→B33	持平
11	寧波市區	82.312	A19→A15	4 ↑
19	寧波北侖區	75.509	A18→A27	9 ↓
22	寧波奉化	67.985	B16→B06	10 ↑
17	寧波慈溪	77.858	B04→A25	7 ↑
25	寧波餘姚	64.416	B18→B12	6 ↑

圖 21-8 2014 TEEMA 黃三角經濟區城市綜合實力排名

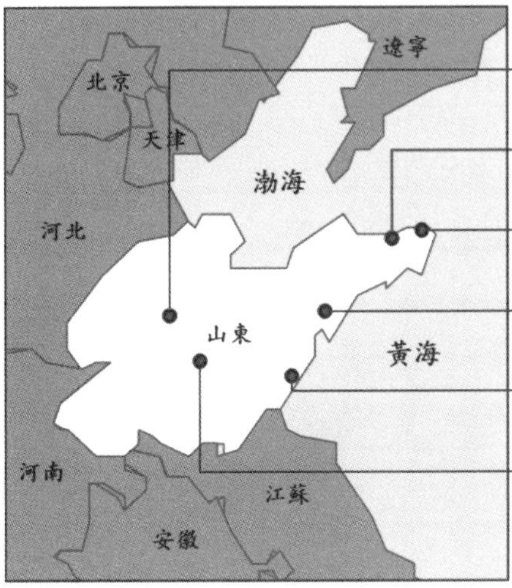

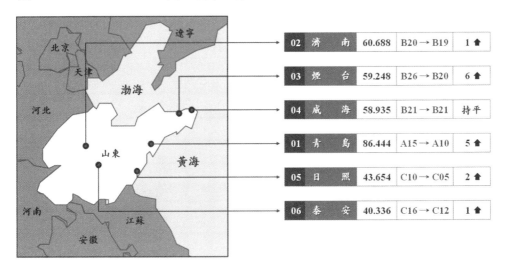

02	濟南	60.688	B20→B19	1 ↑
03	煙台	59.248	B26→B20	6 ↑
04	威海	58.935	B21→B21	持平
01	青島	86.444	A15→A10	5 ↑
05	日照	43.654	C10→C05	2 ↑
06	泰安	40.336	C16→C12	1 ↑

圖 21-9 2014 TEEMA 環渤海經濟區城市綜合實力排名

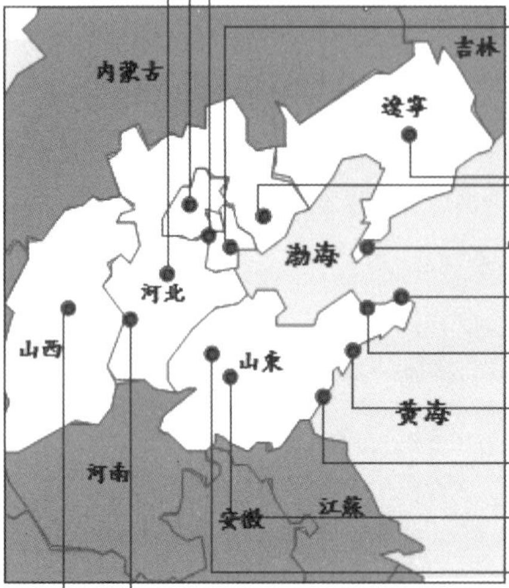

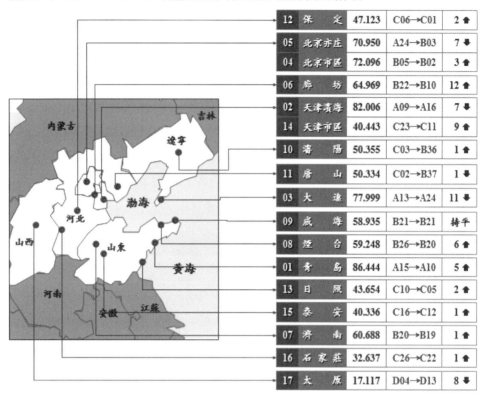

12	保定	47.123	C06→C01	2 ↑
05	北京亦庄	70.950	A24→B03	7 ↓
04	北京市區	72.096	B05→B02	3 ↑
06	廊坊	64.969	B22→B10	12 ↑
02	天津濱海	82.006	A09→A16	7 ↓
14	天津市區	40.443	C23→C11	9 ↑
10	瀋陽	50.355	C03→B36	1 ↑
11	唐山	50.334	C02→B37	1 ↓
03	大連	77.999	A13→A24	11 ↓
09	威海	58.935	B21→B21	持平
08	煙台	59.248	B26→B20	6 ↑
01	青島	86.444	A15→A10	5 ↑
13	日照	43.654	C10→C05	2 ↑
15	泰安	40.336	C16→C12	1 ↑
07	濟南	60.688	B20→B19	1 ↑
16	石家莊	32.637	C26→C22	1 ↑
17	太原	17.117	D04→D13	8 ↓

圖 21-10 2014 TEEMA 中三角經濟區城市綜合實力排名

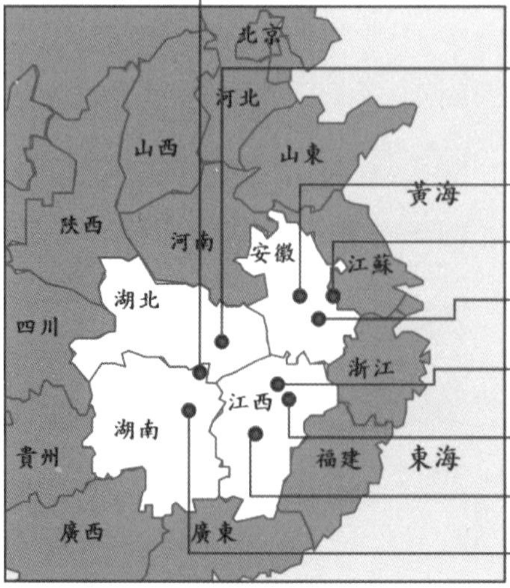

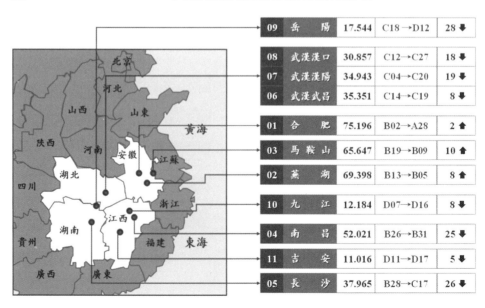

09	岳陽	17.544	C18→D12	28 ↓
08	武漢漢口	30.857	C12→C27	18 ↓
07	武漢漢陽	34.943	C04→C20	19 ↓
06	武漢武昌	35.351	C14→C19	8 ↓
01	合肥	75.196	B02→A28	2 ↑
03	馬鞍山	65.647	B19→B09	10 ↑
02	蕪湖	69.398	B13→B05	8 ↑
10	九江	12.184	D07→D16	8 ↓
04	南昌	52.021	B26→B31	25 ↓
11	吉安	11.016	D11→D17	5 ↓
05	長沙	37.965	B28→C17	26 ↓

圖 21-11 2014 TEEMA 西部地區城市綜合實力排名

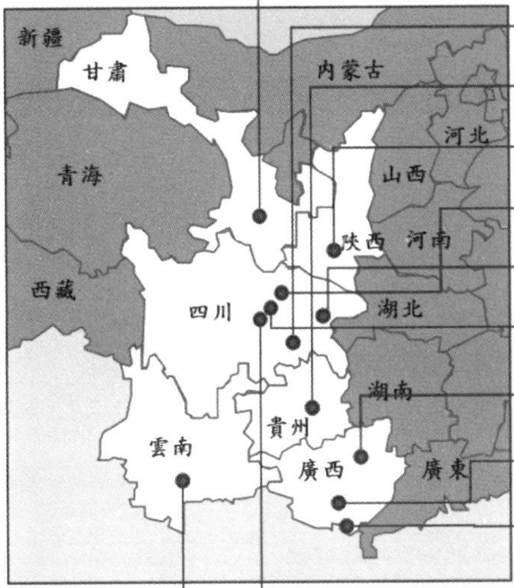

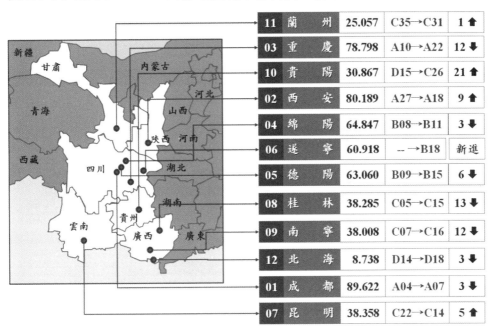

11	蘭州	25.057	C35→C31	1 ⬆
03	重慶	78.798	A10→A22	12 ⬇
10	貴陽	30.867	D15→C26	21 ⬆
02	西安	80.189	A27→A18	9 ⬆
04	綿陽	64.847	B08→B11	3 ⬇
06	遂寧	60.918	-- →B18	新進
05	德陽	63.060	B09→B15	6 ⬇
08	桂林	38.285	C05→C15	13 ⬇
09	南寧	38.008	C07→C16	12 ⬇
12	北海	8.738	D14→D18	3 ⬇
01	成都	89.622	A04→A07	3 ⬇
07	昆明	38.358	C22→C14	5 ⬆

圖 21-12 2014 TEEMA 海西經濟帶城市綜合實力排名

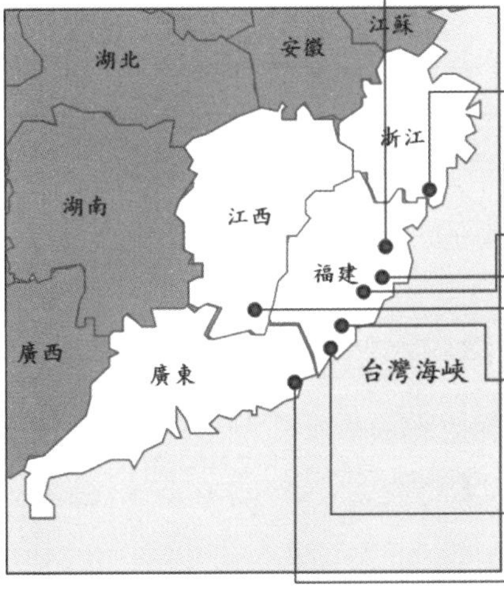

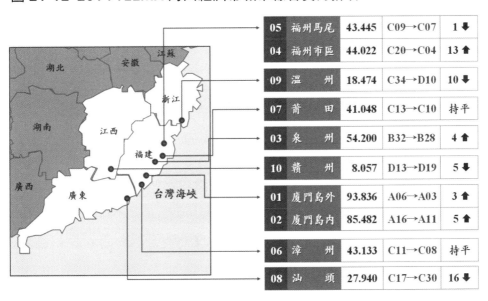

05	福州馬尾	43.445	C09→C07	1 ⬇
04	福州市區	44.022	C20→C04	13 ⬆
09	溫州	18.474	C34→D10	10 ⬇
07	莆田	41.048	C13→C10	持平
03	泉州	54.200	B32→B28	4 ⬆
10	贛州	8.057	D13→D19	5 ⬇
01	廈門島外	93.836	A06→A03	3 ⬆
02	廈門島內	85.482	A16→A11	5 ⬆
06	漳州	43.133	C11→C08	持平
08	汕頭	27.940	C17→C30	16 ⬇

圖 21-13 2014 TEEMA 中部地區城市綜合實力排名

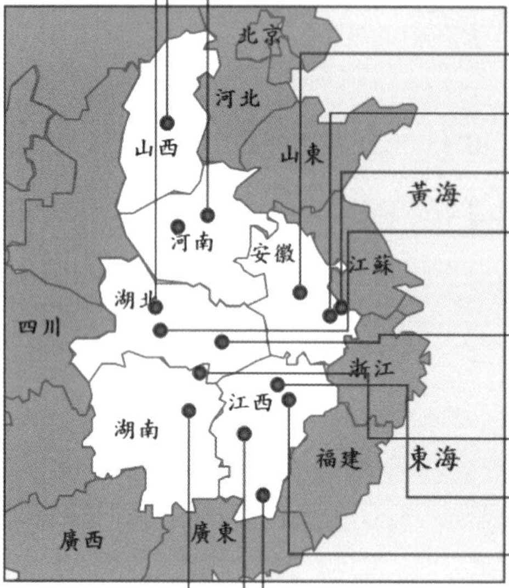

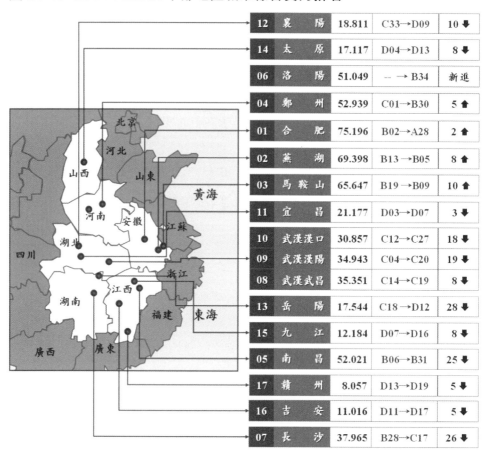

12	襄陽	18.811	C33→D09	10 ⬇
14	太原	17.117	D04→D13	8 ⬇
06	洛陽	51.049	-- → B34	新進
04	鄭州	52.939	C01→B30	5 ⬆
01	合肥	75.196	B02→A28	2 ⬆
02	蕪湖	69.398	B13→B05	8 ⬆
03	馬鞍山	65.647	B19→B09	10 ⬆
11	宜昌	21.177	D03→D07	3 ⬇
10	武漢漢口	30.857	C12→C27	18 ⬇
09	武漢漢陽	34.943	C04→C20	19 ⬇
08	武漢武昌	35.351	C14→C19	8 ⬇
13	岳陽	17.544	C18→D12	28 ⬇
15	九江	12.184	D07→D16	8 ⬇
05	南昌	52.021	B06→B31	25 ⬇
17	贛州	8.057	D13→D19	5 ⬇
16	吉安	11.016	D11→D17	5 ⬇
07	長沙	37.965	B28→C17	26 ⬇

圖 21-14 2014 TEEMA 泛北部灣城市綜合實力排名

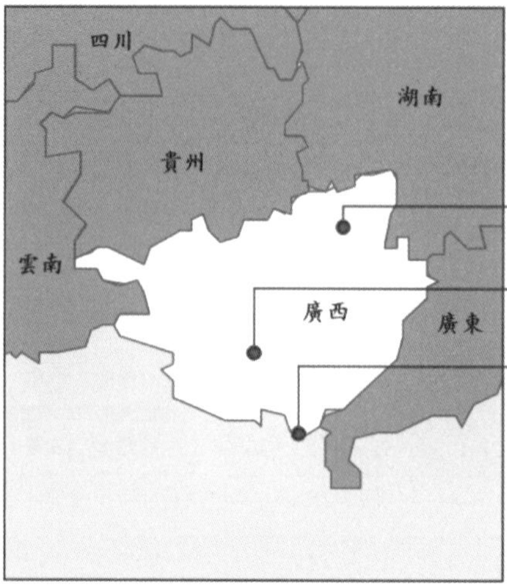

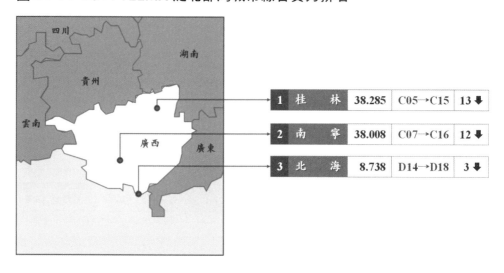

1	桂林	38.285	C05→C15	13 ⬇
2	南寧	38.008	C07→C16	12 ⬇
3	北海	8.738	D14→D18	3 ⬇

圖 21-15 2014 TEEMA 東北地區城市綜合實力排名

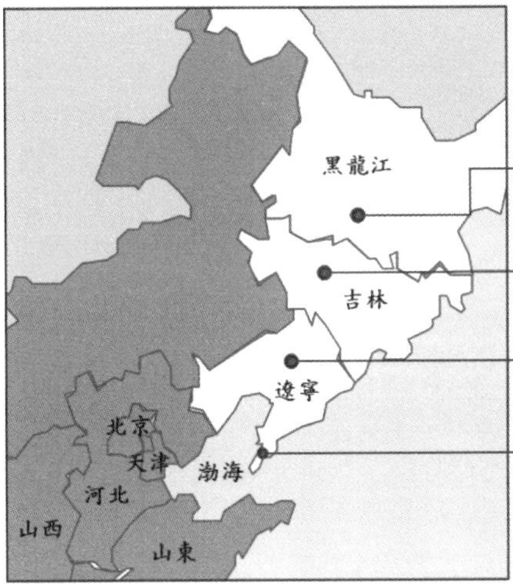

4	哈爾濱	32.032	C29→C23	3 ⬆
3	長春	33.581	C31→C21	7 ⬆
2	瀋陽	50.355	C03→B36	1 ⬆
1	大連	77.999	A13→A24	11 ⬇

圖 21-16 2014 TEEMA 珠三角經濟區城市綜合實力排名

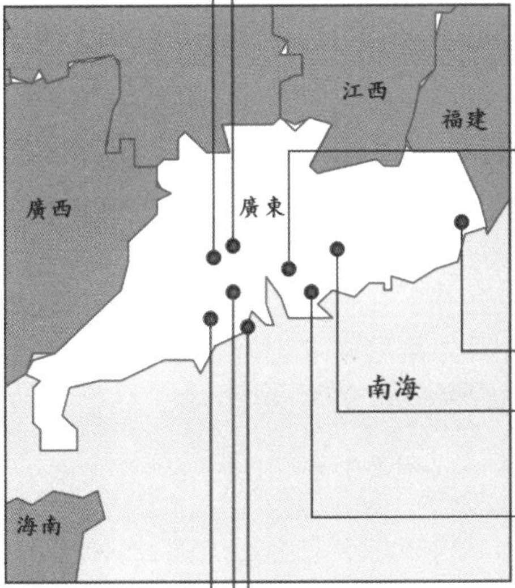

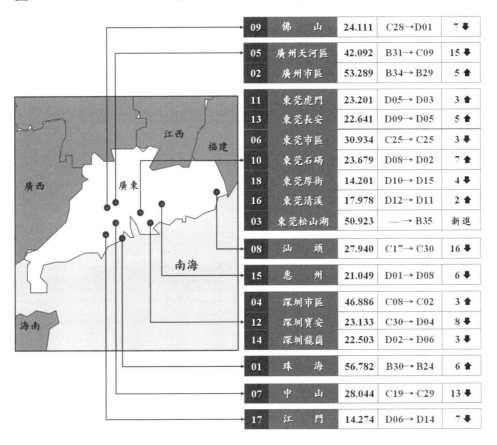

09	佛山	24.111	C28→D01	7 ⬇
05	廣州天河區	42.092	B31→C09	15 ⬇
02	廣州市區	53.289	B34→B29	5 ⬆
11	東莞虎門	23.201	D05→D03	3 ⬆
13	東莞長安	22.641	D09→D05	5 ⬆
06	東莞市區	30.934	C25→C25	3 ⬇
10	東莞石碣	23.679	D08→D02	7 ⬆
18	東莞厚街	14.201	D10→D15	4 ⬇
16	東莞清溪	17.978	D12→D11	2 ⬆
03	東莞松山湖	50.923	--- → B35	新進
08	汕頭	27.940	C17→C30	16 ⬇
15	惠州	21.049	D01→D08	6 ⬇
04	深圳市區	46.886	C08→C02	3 ⬆
12	深圳寶安	23.133	C30→D04	8 ⬇
14	深圳龍崗	22.503	D02→D06	3 ⬇
01	珠海	56.782	B30→B24	6 ⬆
07	中山	28.044	C19→C29	13 ⬇
17	江門	14.274	D06→D14	7 ⬇

圖 21-17 2014 TEEMA 中國大陸 11 大經濟區區域綜合實力排名

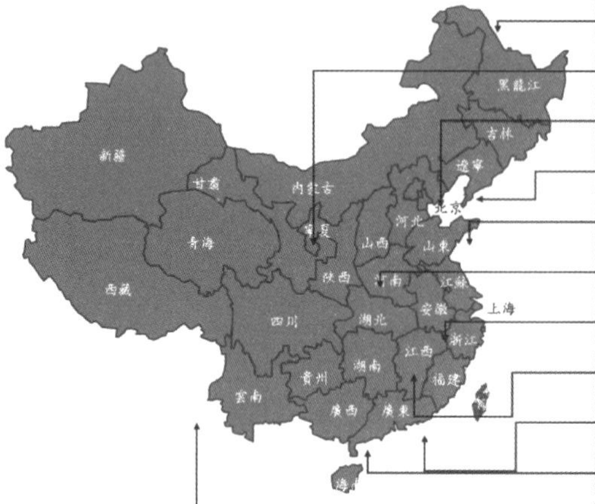

排名	經濟區域	城市綜合實力	評估城市數	2013-2014 排名變化
06	東北地區	48.492	4	06→06
01	西三角經濟區	72.906	6	01→01
03	黃三角經濟區	58.217	6	03→03
04	環渤海經濟區	56.196	17	04→04
02	長三角經濟區	68.692	41	02→02
08	中三角經濟區	40.193	11	09→08
07	海西經濟帶	45.964	10	07→07
09	中部地區	35.957	17	08→09
10	珠三角經濟區	30.203	18	11→10
11	泛北部灣	28.344	3	10→11
05	西部地區	51.396	12	05→05

四、2013 至 2014TEEMA 城市綜合實力排名上升幅度最優城市分析

根據 2013-2014《TEEMA 調查報告》針對 115 個列入評估調查之城市，進行城市綜合實力上升幅度排名，如表 21-5 所示，2013 至 2014 城市綜合實力推薦排名上升前 10 名城市依序為：（1）貴陽；（2）福州市區；（3）廊坊；（4）海口；（4）上海浦東；（6）宿遷；（6）寧波奉化；（6）馬鞍山；（9）嘉興市區；（9）天津市區；（9）西安；（12）三亞；（12）蕪湖，共計 13 個城市被列為城市綜合實力推薦排名上升分析名單中，其中升幅最大的前 3 名貴陽、福州市區與廊坊在排名上分別上升，21 名、13 名與 12 名，又以貴陽升幅最高，從 2013 年「暫不推薦」D15 上升至 2014 年勉予推薦 C26，表現十分亮眼。

表21-5 2013至2014 TEEMA城市綜合實力推薦排名上升分析

排名	城　市	2013		2014		2013至2014
		排名	推薦等級	排名	推薦等級	排名等級差異
❶	貴　陽	D15	暫不推薦	C26	勉予推薦	⬆21（D→C）
❷	福州市區	C20	勉予推薦	C04	勉予推薦	⬆13（C→C）
❸	廊　坊	B22	值得推薦	B10	值得推薦	⬆12（B→B）
❹	海　口	C32	勉予推薦	C18	勉予推薦	⬆11（C→C）
❹	上海浦東	A23	極力推薦	A12	極力推薦	⬆11（A→A）
❻	宿　遷	B24	值得推薦	B14	值得推薦	⬆10（B→B）

表21-5 2013至2014 TEEMA城市綜合實力推薦排名上升分析（續）

排名	城市	2013		2014		2013至2014
		排名	推薦等級	排名	推薦等級	排名等級差異
❻	寧波奉化	B16	值得推薦	B06	值得推薦	⬆10（B→B）
❻	馬鞍山	B19	值得推薦	B09	值得推薦	⬆10（B→B）
❾	嘉興市區	C15	勉予推薦	C03	勉予推薦	⬆09（C→C）
❾	天津市區	C23	勉予推薦	C11	勉予推薦	⬆09（C→C）
❾	西安	A27	極力推薦	A18	極力推薦	⬆09（A→A）
⓬	三亞	C24	勉予推薦	C13	勉予推薦	⬆08（C→C）
⓬	蕪湖	B13	值得推薦	B05	值得推薦	⬆08（B→B）

資料來源：本研究整理

五、2013 至 2014 TEEMA 城市綜合實力排名下降幅度最大城市分析

2013 至 2014《TEEMA 調查報告》針對 115 個列入評估調查之城市，進行城市綜合實力下降幅度排名，如表 21-6 所示，2013 至 2014 城市綜合實力推薦排名下降前 10 名城市依序為：（1）岳陽；（2）長沙；（3）南昌；（4）武漢漢陽；（5）湖州；（5）武漢漢口；（7）汕頭；（8）廣州天河；（9）中山；（9）桂林，為名次下降最多之城市，岳陽 2013 年名列「勉予推薦」的【C】級城市（C18），滑落（D12），總共跌落 28 名；其餘 7 座城市降幅皆落在十幾名範圍內，而可看到武漢漢口、南昌在 2013 年及 2014 年連續兩年皆在「城市綜合實力推薦排名下降分析」榜單中出現，表現有待加強。

表21-6 2013至2014 TEEMA城市綜合實力推薦排名下降分析

排名	城市	2013		2014		2013至2014
		排名	推薦等級	排名	推薦等級	排名等級差異
❶	岳陽	C18	勉予推薦	D12	暫不推薦	⬇28（C→D）
❷	長沙	B28	值得推薦	C17	勉予推薦	⬇26（B→C）
❸	南昌	B06	值得推薦	B31	值得推薦	⬇25（B→B）
❹	武漢漢陽	C04	勉予推薦	C20	勉予推薦	⬇19（C→C）
❺	湖州	B25	值得推薦	C06	勉予推薦	⬇18（B→C）
❺	武漢漢口	C12	勉予推薦	C27	勉予推薦	⬇18（C→C）
❼	汕頭	C17	勉予推薦	C30	勉予推薦	⬇16（C→C）
❽	廣州天河	B31	值得推薦	C09	勉予推薦	⬇15（B→C）
❾	中山	C19	勉予推薦	C29	勉予推薦	⬇13（C→C）
❾	桂林	C05	勉予推薦	C15	勉予推薦	⬇13（C→C）

第22章

2014 TEEMA 單項指標 10 佳城市排行

2014《TEEMA 調查報告》除透過「兩力兩度」評估模式分析出「城市競爭力」、「投資環境力」、「投資風險度」與「台商推薦度」，並整理出最終之「城市綜合投資實力」等 5 項排行外，特別針對台商所關切的主題進行單項評估排名，茲將 2014《TEEMA 調查報告》之 20 個單項指標排列如下：

（1） 當地**政府行政透明度**城市排行
（2） 當地對**台商投資承諾實現度**城市排行
（3） 當地**政府解決台商經貿糾紛滿意度**最優城市排行
（4） 當地**台商人身安全程度**最優城市排行
（5） 當地**台商企業獲利程度**最優城市排行
（6） 當地**金融環境自由化**最優城市排行
（7） 當地政府**歡迎台商投資的熱情度**排行
（8） 最**具誠信道德與價值觀**的城市排行
（9） 最適宜**內銷內貿**城市排行
（10）最重視**自主創新**城市排行
（11）當地**政府對台商智慧財產權保護**最優城市排行
（12）當地**政府鼓勵台商自創品牌**最優城市排行
（13）當地**政府支持台商企業轉型升級力度**最優城市排行
（14）當地**政府支持兩岸企業策略聯盟**最優城市排行
（15）當地**政府獎勵戰略性新興產業**最優城市排行
（16）當地**政府鼓勵節能減排降耗力度**最優城市排行
（17）最具**生產基地移轉優勢**城市排行
（18）最適發展**文化創意產業**之城市排行

（19）最具**智慧型發展城市**排行

（20）最具**解決台商經營困境**之城市排行

回顧近幾年《TEEMA 調查報告》單項指標 10 佳城市排名，蘇州城市排名首屈一指，蘇州昆山、蘇州工業區、蘇州市區、蘇州高新區均表現亮眼，而在 2014《TEEMA 調查報告》單項指標中，蘇州昆山表現優異，在 20 個單項指標中，有 17 個單項指標皆位於前 10 名，其中 9 個在單項指標中拿下名列第一；蘇州工業區在 20 個單項指標中，有 15 個單項指標排名前 10 位，並在 4 個單項指標排名第一；而蘇州市區則在 20 個單項指標中，位列前 10 名的有 15 個單項指標；而蘇州高新區則在 20 個單項指標中，位列前 10 名的有 12 個單項指標。

值得注意的是，2014《TEEMA 調查報告》在「當地台商企業獲利程度」單項指標中，排名第一名為廈門島外，對此，中國大陸全國台企聯常務副會長曾欽照（2013）表示：「願以協會力量協助台商佈局內銷市場，廈門島外較為廣闊的土地，為台商轉型提供新的『演武場』。」而廈門市台商協會會長黃如旭（2013）亦表示：「廈門若能在土地政策、税收優惠及平台建設上，提供台商更多便利，可以在廈門島外建設『小台北』。現今廈門旅游資源實在有限，只能提供 2、3 天的遊玩時間，無法留住遊客。若在島外打造『小台北』營造一個完全『台味』的集中地。利用免税商品和土地税收政策的優勢，商品不會更貴，而且更道地，台灣商品可以進來，廈門也可以獲利。」顯示廈門島外對於台商而言，是一較為熟悉的投資環境，仍有商機可尋的區域。而在「支持台商轉型升級力度」、「最具解決台商經營困境」、「支持兩岸企業策略聯盟」、「對台雙投資承諾實現度」4 項指標皆由蘇州昆山奪得榜首，顯示蘇州昆山與台商有著相當緊密的關係，根據昆山市委書記管愛國（2014）指出：「為讓台商轉型升級，昆山將持續支持台商創建自主品牌，支持作法包括搭建資源分享平台及加大技術創新支援力道。」綜觀上述可知，雖中國大陸經商環境對台商經營日益嚴峻，但蘇州昆山政府對台商仍相當友善，願意從旁協助台商轉型升級、創新研發等較為艱困的企業難題，並積極改善投資環境，為台商爭取相當程度的生存空間。另一方面，在「最適合發展文化創意」單項細項仍由上海市區衛冕，2013 年上海文化創意產業繼續保持兩位數成長，預計全年成長值約達 2,500 億元人民幣，占上海市 GDP 比重約為 11.5%，根據中國大陸「文創之父」上海市創意產業協會會長厲無畏（2014）表示：「文創產業已成為兩岸新興產業的發展重點，是兩岸加強合作的重要領域之一，也是順應國際發展趨勢的必然戰略選擇。」顯示發展文創產業為大勢所趨，台商若能及早佈局或協同當地企業，積極搶占中國大陸「設計之都」上海的文化創意產業領域，將有助於台商立足中國大陸市場。

此外，在 2013 與 2014《TEEMA 調查報告》單項指標 10 佳城市排名可發現，大多數的細項指標其前 3 佳城市仍舊以長三角地區為主，特別是江蘇境內城市就囊括半數的排名，顯示長三角經濟區仍是台商一級戰區。而重慶在 2014《TEEMA 調查報告》20 個單項指標中，從名列前 10 名的 4 個單項指標到進步到 2014《TEEMA 調查報告》中具有 5 個，顯示「十二五規劃」仍牽引著台商的西進熱潮，值得注意的是，在「最具生產基地移轉優勢」細項中，重慶被同為西三角的西安超越，根據西安在第 6 屆全球外包大會舉辦之「2013 年度中國大陸服務外包風采城市評選頒獎儀式」上，西安市被評為「中國大陸服務外包中西部最具競爭力城市」，顯示出西安已具備生產成本優勢的城市。然生產基地除西三角城市外，安徽省的合肥、馬鞍山、蕪湖，亦是台商所看好的城市，2013 年 8 月 30 日，台商象王洗衣國際集團董事長黃進能考察合肥投資環境時表示：「台商都是首次來合肥，親身感受這裡的投資環境和發展潛力，慕名而來，不虛此行。」可發現合肥亦是許多台商所共同矚目的一塊發展寶地。

未來台商除參考《TEEMA 調查報告》單項指標進行佈局外，亦應結合自身產業發展特性與範疇，找出最適企業產業發展的優勢城市，進而獲取商機。有關 2014《TEEMA 調查報告》針對 20 項單項指標之 10 大城市排名整理如表 22-1 所示。

表22-1 2014 TEEMA中國大陸單項主題10大城市排名

單項主題排名			❶	❷	❸	❹	❺	❻	❼	❽	❾	❿
01	當地政府行政透明程度	城市	蘇州昆山	蘇州工業區	南京江寧區	蘇州市區	淮　安	成　都	無錫江陰	杭州蕭山	青　島	南　通
		評分	4.221	4.108	4.095	4.003	3.981	3.950	3.937	3.912	3.864	3.806
02	對台商投資承諾實現度	城市	蘇州昆山	蘇州高新區	蘇州工業區	杭州蕭山區	廈門島外	南京江寧區	蘇州市區	成　都	合　肥	重　慶
		評分	4.254	4.211	4.108	4.098	4.045	3.997	3.963	3.915	3.901	3.895
03	解決台商經貿糾紛程度	城市	蘇州工業區	蘇州昆山	南京江寧區	蘇州市區	杭州蕭山區	無錫江陰	蘇州高新區	青　島	廈門島外	上海閔行
		評分	4.193	4.115	4.106	4.095	4.063	4.021	3.989	3.963	3.915	3.904
04	當地台商人身安全程度	城市	蘇州昆山	蘇州工業區	蘇州市區	杭州蕭山區	南京江寧區	上海市區	成　都	上海浦東	青　島	淮　安
		評分	4.365	4.343	4.258	4.215	4.196	4.115	4.068	4.033	3.985	3.918
05	當地台商企業獲利程度	城市	廈門島外	蘇州昆山	蘇州工業區	杭州蕭山區	蘇州市區	蘇州高新區	上海浦東	無錫江陰	南京江寧區	成　都
		評分	4.217	4.195	4.115	4.096	4.044	4.001	3.983	3.954	3.922	3.903
06	當地金融環境之自由化	城市	蘇州昆山	上海浦東	上海市區	蘇州市區	蘇州工業區	蘇州高新區	廈門島外	南京市區	寧波市區	天津濱海
		評分	4.208	4.192	4.144	4.106	4.067	4.033	4.021	3.995	3.898	3.889
07	當地政府歡迎台商投資	城市	成　都	蘇州昆山	蘇州市區	淮　安	西　安	重　慶	南京江寧區	上海浦東	蘇州工業區	廈門島外
		評分	4.319	4.268	4.234	4.198	4.185	4.126	4.087	4.067	4.004	3.997
08	最具誠信道德與價值觀	城市	蘇州昆山	蘇州工業區	蘇州市區	南京江寧區	蘇州高新區	南京市區	廈門島外	杭州蕭山區	廈門島內	杭州市區
		評分	4.270	4.267	4.168	4.143	4.117	4.109	4.098	4.081	4.067	4.035
09	適宜內銷內貿城市	城市	上海市區	蘇州市區	杭州市區	北京市區	成　都	南京市區	廣州市區	深圳市區	重　慶	西　安
		評分	4.293	4.251	4.228	4.201	4.152	4.136	4.118	4.085	4.056	4.013
10	最重視自主創新的城市	城市	蘇州工業區	蘇州市區	蘇州昆山	無錫江陰	蘇州高新區	廈門島外	南京市區	上海浦東	天津濱海	成　都
		評分	4.325	4.296	4.255	4.220	4.190	4.177	4.153	4.136	4.091	4.055

表22-1 2014 TEEMA中國大陸單項主題10大城市排名（續）

單項主題排名			❶	❷	❸	❹	❺	❻	❼	❽	❾	❿
11	對台商智慧財產權保護	城市	蘇州工業區	蘇州昆山	蘇州高新區	無錫江陰	蘇州市區	上海閔行	青　島	南京江寧區	成　都	天津濱海
		評分	4.113	4.084	4.013	4.005	3.992	3.915	3.903	3.882	3.863	3.850
12	政府鼓勵台商自創品牌	城市	蘇州市區	成　都	上海市區	上海浦東	蘇州昆山	寧波市區	青　島	大　連	廈門島外	南京市區
		評分	4.134	4.113	4.055	4.032	3.984	3.953	3.921	3.886	3.872	3.807
13	支持台商轉型升級力度	城市	蘇州昆山	蘇州工業區	廈門島外	蘇州高新區	杭州蕭山區	成　都	無錫江陰	淮　安	天津濱海	上海市區
		評分	4.128	4.105	4.099	4.058	4.027	4.015	4.003	3.980	3.963	3.932
14	支持兩岸企業策略聯盟	城市	蘇州昆山	蘇州工業區	廈門島外	南京市區	無錫江陰	蘇州高新區	南　通	天津濱海	淮　安	福州市區
		評分	4.251	4.233	4.218	4.146	4.105	4.088	4.062	4.021	4.016	3.995
15	獎勵戰略性新興產業	城市	蘇州工業區	蘇州昆山	蘇州高新區	南京江寧區	成　都	廈門島外	無錫江陰	上海浦東	南　通	東莞松山湖
		評分	4.274	4.228	4.186	4.167	4.129	4.108	4.083	4.068	4.044	3.842
16	鼓勵節能減排降耗力度	城市	蘇州昆山	蘇州市區	杭州蕭山區	蘇州工業區	南京江寧區	廈門島外	蘇州高新區	青　島	無錫江陰	寧波北侖區
		評分	4.064	4.032	4.005	3.975	3.950	3.918	3.901	3.894	3.866	3.824
17	最具生產基地移轉優勢	城市	成　都	西　安	重　慶	合　肥	南　通	淮　安	馬鞍山	綿　陽	鄭　州	蕪　湖
		評分	4.173	4.135	4.092	4.033	4.000	3.974	3.942	3.928	3.912	3.900
18	最適合發展文化創意	城市	上海市區	北京市區	杭州市區	南京市區	成　都	蘇州市區	廣州市區	西　安	廈門島內	深圳市區
		評分	4.306	4.248	4.215	4.186	4.178	4.152	4.119	4.095	4.083	4.027
19	最具智慧型發展城市	城市	上海市區	杭州市區	蘇州昆山	上海浦東	北京市區	南京市區	重　慶	廣州市區	青　島	寧波市區
		評分	4.133	4.107	4.083	4.062	4.016	3.975	3.920	3.913	3.865	3.847
20	最具解決台商經營困境	城市	蘇州昆山	南京江寧區	蘇州工業區	蘇州高新區	杭州蕭山區	廈門島外	蘇州市區	成　都	天津濱海	南　通
		評分	4.121	4.109	4.043	4.019	4.000	3.973	3.968	3.950	3.933	3.915

資料來源：本研究整理

第23章

2014 TEEMA 中國大陸區域發展力排名

一、2014《TEEMA 調查報告》區域發展力兩力兩度模式

2014《TEEMA 調查報告》除延續 2000 至 2013 年的城市綜合實力排名外，亦延續 2010《TEEMA 調查報告》針對 10 大經濟區域進行「區域發展力」排名。有關區域發展力之「兩力兩度」評估模式乃是指：（1）區域政策力：包括中央支持力度、區域定位層級、城市間連結能力、國家級活動度與政府行政效率等 5 項指標；（2）區域環境力：包括內需市場潛力、區位投資吸引力、基礎建設完備度、人力資本匹配度、區域國際化程度及區域治安良善度 6 項細項指標；（3）區域整合度：則有產業群聚整合度、區域資源共享度、技術人才完備度、生活素質均衡度、供應鏈整合度 5 項指標；（4）區域永續度：包括自主創新能力、科技研發實力、可持續發展度、環境保護度與資源聚集能力 5 項指標。有關 2014《TEEMA 調查報告》區域發展力之「兩力兩度」評估構面與指標如圖 23-1 所示。

圖23-1 2014 TEEMA區域發展力「兩力兩度」評估模式構面與指標

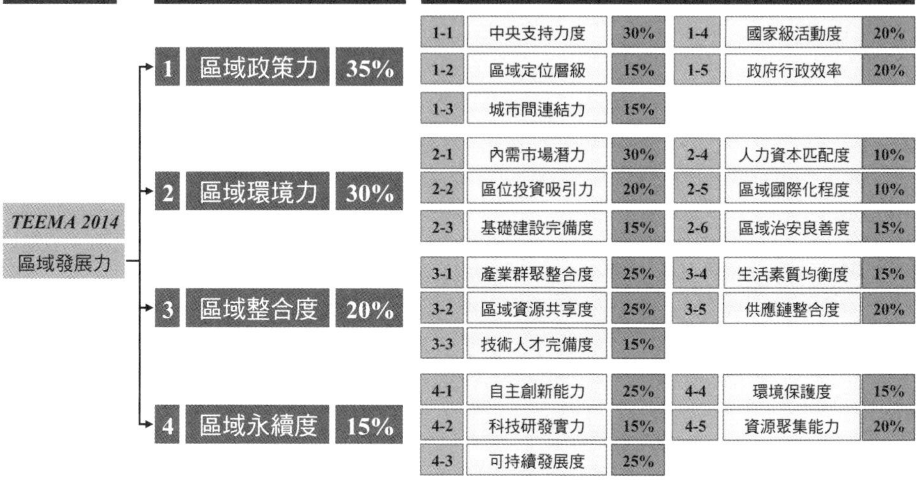

二、2014 TEEMA 中國大陸區域發展力排名

2014《TEEMA 調查報告》針對中國大陸主要台商密集城市所屬之經濟區域，相關領域專家進行調查匯整出「11 大區域發展力調查評估（TEEMA Area11）」，區域發展力的專家評估對象主要是以：（1）中國大陸台商會會長及重要經營幹部；（2）在中國大陸投資主要企業高管及負責人；（3）對中國大陸具有深入研究的學者專家，共計 60 人，並透過結構式問卷方式，請每位專家針對其所熟知的經濟區域填寫該區的樣本評估，共回收有效樣本 315 份進行第一輪平均值計算，得出 TEEMA Area11 排名，再經由德爾菲法（Delphi method）進行第 2 輪的匿名調查，經初步微調後，將第 2 輪調查收斂結果說明如下：

由圖 23-2 可知，「中國大陸 11 大經濟區區域發展力排名」前 5 名依序為：（1）長三角經濟區；（2）西三角經濟區；（3）環渤海經濟區；（4）海西經濟區；（5）黃三角經濟區。然而，第 20 章依城市綜合實力所歸納的區域經濟排行所歸納出的「中國大陸 11 大經濟區區域綜合實力排名」結果相比，其前 5 名依序為（1）西三角經濟區；（2）長三角經濟區；（3）黃三角經濟區；（4）環渤海經濟區；（5）西部地區。可發現兩項排名之前 5 名呈現不同結果，從專家觀點分析的經濟區區域發展力中，長三角優於西三角，環渤海優於黃三角，並將海西列位第 4。但就經濟區域綜合實力觀點看來，西三角優於長三角，黃三角優於環渤海，並將西部地區納入前 5 名。深入探究形成此差異之因，乃是由於西三角區域受惠於中國大陸「西進」政策，使該區域成為重點發展區域，然西三角仍需克服基礎建設問題才能真正帶動整體區域內各中、小城市發展。此外，依據 2014《TEEMA 調查報告》顯示，2014 年西三角主要城市除西安外，皆呈下滑態勢，又以重慶下滑幅度最多。此外，另一方面中國大陸社會科學院則在 2014 年發布《中國大陸城市競爭力報告》指出：「長三角以上海為中心『兩小時經濟圈』的空間範圍不斷擴大，屆時所有城市與上海之間的最短往返通勤時間將控制在 4 小時內，能實現當日工作往返」，綜觀上述可知，中國大陸隨著交通建設日漸完備，長三角對外輻射能力漸增，使其經濟綜合實力再次獲得提升。

而由圖 23-2 所示，2014「中國大陸 11 大經濟區區域發展力排名」第 6 名至第 11 名分別為中三角經濟區、東北地區、中部地區、泛北部灣、珠三角經濟區、西部地區。根據 2014《TEEMA 調查報告》區域發展力兩力兩度 4 個構面詳細結果與排名如表 23-1、表 23-2 表 23-3、表 23-4 所示，茲論述如下：

❶ **區域政策力排名**：根據表 23-1 所示，可知排名前 5 名的經濟區域依序為：（1）長三角經濟區；（2）西三角經濟區；（3）環渤海經濟區；（4）海西經濟區；

（5）黃三角經濟區。

❷ **區域環境力排名**：由表 23-2 所示，可知排名在前 5 名的經濟區域依序為：（1）長三角經濟區；（2）西三角經濟區；（3）環渤海經濟區；（4）中三角經濟區；（5）黃三角經濟區。

❸ **區域整合度排名**：根據表 23-3 所示，可知排名在前 5 名的經濟區域依序為：（1）長三角經濟區；（2）西三角經濟區；（3）環渤海經濟區；（4）海西經濟區；（5）黃三角經濟區。

❹ **區域永續度排名**：由表 23-4 所示，可知排名在前 5 名的經濟區域依序為：（1）長三角經濟區；（2）西三角經濟區；（3）環渤海經濟區；（4）海西經濟區；（5）中三角經濟區。

「區域發展力」係藉由上述之區域政策力、區域環境力、區域整合度與區域永續度的「兩力兩度」評估模式，分別乘以其之權重，計算「區域發展力」之評價。4 項評估構面權重如下：（1）區域政策力占 35%；（2）區域環境力占 30%；（3）區域整合度占 20%；（4）區域永續度占 15%。由表 23-5 可知「區域發展力」經權重排名依序是，長三角經濟區排名第一，其次為西三角經濟區、環渤海及海西經濟區，而第 5 名則是黃三角經濟區。此外，表 23-5 中並列入 2010 至 2014 年中國大陸 10 大經濟區區域發展力之分數變化，以供讀者參照。

圖23-2 2014 TEEMA11大經濟區區域發展力排名

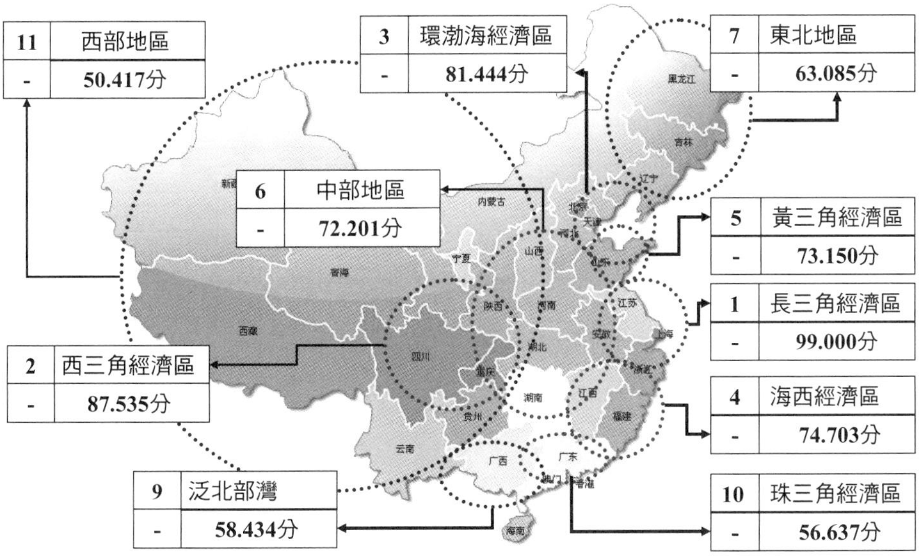

表23-1 2014 TEEMA中國大陸10大經濟區區域政策力排名

排名	經濟區	政策支持力度	區域定位層級	城市間連結力	國家級活動度	政府行政效率	區域政策力	
							加權評分	百分位
1	長三角	4.219	4.115	3.804	4.053	3.961	4.030	99.000
2	西三角	4.210	3.862	3.603	3.834	3.550	3.812	91.850
3	環渤海	3.693	3.608	3.205	3.620	3.309	3.487	81.225
4	海西經濟帶	3.653	3.605	3.451	3.311	3.335	3.471	80.702
5	黃三角	3.629	3.611	3.333	3.259	3.326	3.432	79.413
6	中三角	3.612	3.436	3.413	3.105	3.358	3.385	77.882
7	東北地區	3.012	2.875	2.955	2.513	2.498	2.771	57.792
8	中部地區	3.017	2.728	2.503	2.485	2.481	2.643	53.611
9	泛北部灣	2.788	2.406	2.695	2.384	2.493	2.553	50.680
10	西部地區	2.806	2.456	2.308	2.333	2.765	2.534	50.039
11	珠三角	2.404	2.551	2.586	2.608	2.513	2.532	50.000

資料來源：本研究整理

註：區域政策力＝【政策支持力度×30%】＋【區域定位層級×15%】＋【城市間連結力×15%】＋【國家級活動度×20%】＋【政府行政效率×20%】

表23-2 2014 TEEMA中國大陸10大經濟區區域環境力排名

排名	經濟區	內需市場潛力	區位投資吸引力	基礎建設完備度	人力資本匹配度	區域國際化程度	區域治安良善度	區域環境力	
								加權評分	百分位
1	長三角	4.201	3.862	3.960	3.906	4.208	4.113	4.055	99.000
2	西三角	4.033	3.805	3.542	3.258	3.333	3.150	3.634	87.188
3	環渤海	3.802	3.706	3.507	3.245	3.012	3.407	3.545	84.687
4	中三角	3.312	3.127	3.115	3.284	3.108	3.000	3.175	74.336
5	黃三角	3.208	3.106	3.175	3.108	3.115	3.124	3.151	73.643
6	海西經濟帶	2.813	3.014	3.515	3.046	3.333	3.450	3.129	73.043
7	中部地區	3.201	3.009	2.901	3.044	3.333	2.996	3.084	71.782
8	東北地區	2.796	3.005	3.120	2.805	3.017	2.976	2.936	67.633
9	泛北部灣	2.815	3.014	2.898	2.833	2.710	3.042	2.893	66.405
10	珠三角	2.822	2.804	3.157	2.702	2.680	2.777	2.836	64.809
11	西部地區	2.402	2.333	2.058	2.275	2.156	2.457	2.308	50.000

資料來源：本研究整理

註：區域環境力＝【內需市場潛力 ×30%】＋【區位投資吸引力 ×20%】＋【基礎建設完備度 ×15%】＋【人力資本匹配度 ×10%】＋【區域國際化程度 ×10%】＋【區域治安良善度 ×15%】

表23-3 2014 TEEMA中國大陸10大經濟區區域整合度排名

排名	經濟區	產業群聚整合度	區域資源共享度	技術人才完備度	生活素質均衡度	供應鏈整合度	區域整合度	
							加權評分	百分位
1	長三角	4.315	4.028	3.806	3.982	3.845	4.023	99.000
2	西三角	3.603	3.555	3.408	3.296	3.409	3.477	83.026
3	環渤海	3.411	3.486	3.241	3.154	3.025	3.289	77.515
4	海西經濟帶	3.368	3.215	2.975	3.154	3.108	3.187	74.537
5	黃三角	3.196	2.884	2.603	3.085	3.157	3.005	69.209
6	東北地區	3.000	2.994	3.063	2.806	2.845	2.948	67.549
7	中三角	3.102	2.873	3.012	2.868	2.805	2.937	67.225
8	泛北部灣	3.105	2.693	2.781	2.655	2.864	2.838	64.327
9	珠三角	3.012	2.635	2.196	2.704	2.881	2.723	60.970
10	中部地區	2.654	2.493	2.987	2.876	2.608	2.688	59.942
11	西部地區	2.456	2.395	2.406	2.154	2.256	2.348	50.000

資料來源：本研究整理

註：區域整合度＝【產業群聚整合度×25%】＋【區域資源共享度×25%】＋【技術人才完備度×15%】＋【生活素質均衡度×15%】＋【供應鏈整合度×20%】

表23-4 2014 TEEMA中國大陸10大經濟區區域永續度排名

排名	經濟區	自主創新能力	科技研發實力	產業可持續發展度	環境保護度	資源聚集能力	區域永續度	
							加權評分	百分位
1	長三角	3.946	3.852	3.995	4.021	4.005	3.967	99.000
2	西三角	3.684	3.333	3.450	3.617	3.584	3.543	84.174
3	環渤海	3.602	3.515	3.333	3.407	3.358	3.444	80.710
4	海西經濟帶	3.066	2.997	2.896	3.054	2.871	2.972	64.246
5	黃三角	3.217	2.685	2.717	3.058	2.931	2.931	62.807
6	中三角	3.105	3.055	2.943	2.607	2.635	2.888	61.310
7	東北地區	3.011	2.986	2.915	2.870	2.510	2.862	60.388
8	中部地區	2.613	2.407	2.799	2.818	2.699	2.677	53.913
9	泛北部灣	2.608	2.594	2.583	2.799	2.680	2.643	52.730
10	西部地區	2.713	2.568	2.690	2.555	2.612	2.642	52.692
11	珠三角	2.673	2.512	2.527	2.333	2.689	2.565	50.000

資料來源：本研究整理

註：區域永續度＝【自主創新能力 ×25%】＋【科技研發實力 ×15%】＋【產業可持續發展度 ×25%】＋【環境保護度 ×15%】＋【資源聚集能力 ×20%】

表23-5 2014 TEEMA中國大陸10大經濟區區域發展力排名

排名	10大經濟區	❶ 區域政策力			❷ 區域環境力			❸ 區域整合度			❹ 區域永續度			區域發展力				
		平均值	加權分數	排名	平均值	加權分數	排名	平均值	加權分數	排名	平均值	加權分數	排名	2014	2013	2012	2011	2010
1	長三角	4.030	99.000	1	4.055	99.000	1	4.023	99.000	1	3.967	99.000	1	99.000	99.000	99.000	98.373	99.000
2	西三角	3.812	91.850	2	3.634	87.188	2	3.477	83.026	2	3.543	84.174	2	87.535	85.872	86.018	93.004	86.193
3	環渤海	3.487	81.225	3	3.545	84.687	3	3.289	77.515	3	3.444	80.710	3	81.444	80.638	82.407	89.167	83.402
4	海西經濟帶	3.471	80.702	4	3.129	73.043	6	3.187	74.537	4	2.972	64.246	4	74.703	71.703	76.297	85.294	80.629
5	黃三角	3.432	79.413	5	3.151	73.643	5	3.005	69.209	5	2.931	62.807	5	73.150	71.348	79.467	85.348	77.200
6	中三角	3.385	77.882	6	3.175	74.336	4	2.937	67.225	7	2.888	61.310	6	72.201	70.514	-	-	-
7	東北地區	2.771	57.792	7	2.936	67.633	8	2.948	67.549	6	2.862	60.388	7	63.085	61.513	50.000	52.512	50.000
8	中部地區	2.643	53.611	8	3.084	71.782	7	2.688	59.942	10	2.677	53.913	8	60.374	60.207	68.220	71.093	70.519
9	泛北部灣	2.553	50.680	9	2.893	66.405	9	2.838	64.327	8	2.643	52.730	9	58.434	59.594	71.810	71.744	64.183
10	珠三角	2.532	50.000	11	2.836	64.809	10	2.723	60.970	9	2.565	50.000	11	56.637	57.129	64.720	63.980	66.191
11	西部地區	2.534	50.039	10	2.308	50.000	11	2.348	50.000	11	2.642	52.692	10	50.417	50.097	52.851	53.740	53.556

資料來源：本研究整理

註：區域發展力＝【區域政策力×35%】＋【區域環境力×30%】＋【區域整合度×20%】＋【區域永續度×15%】

6

電電調查報告新總結

第24章

2014 TEEMA 調查報告趨勢發現

2014《TEEMA 調查報告》延續 2000 至 2013《TEEMA 調查報告》14 年研究方法及研究方法，以城市競爭力、投資環境力之「兩力」及投資風險度、台商推薦度之「兩度」為核心研究構面。茲將 2014《TEEMA 調查報告》之研究成果中剖析重要兩力兩度變化趨勢及對台商重要投資意涵歸納如下：

一、就「中國大陸台商樣本結構經營管理現況」分析

根據 2014《TEEMA 調查報告》中國大陸台商樣本結構之投資佈局與經營管理分析，歸納出下列 7 大趨勢變化：

趨勢 1：中國大陸台商經貿糾紛比例連續 3 年呈現上升趨勢

2014 年《TEEMA 調查報告》中，台商投資經貿糾紛發生比例顯示，2012 年發生糾紛比例為 119.91%；2013 年則為 127.63%；2014 年更提升至 140.63%。可發現台商佈局中國大陸時，經貿糾紛發生比例逐年呈現上升趨勢；而台商對於發生糾紛時解決途徑之滿意度比例更由 2011 年的 69.38% 下降至 2012 年的 62.93%，2013 年下降至 58.48%，2014 年更下降至 57.16%，可知台商於中國大陸經貿糾紛比例逐年上升，而經貿糾紛滿意度卻逐年下滑，近年來中國大陸勞工意識高漲，使得勞動糾紛問題層出不斷，然中國大陸對於經貿糾紛的處理方式仍無法使台商感到滿意，因此台商投資於中國大陸更應注意投資環境變化，以降低經貿糾紛發生機率，避免造成經營成本的提升。

趨勢 2：中國大陸台商經貿糾紛解決滿意度連續 4 年下降

隨著兩岸經貿交流互動頻繁，亦使得經貿糾紛日益增加，台商紛紛透過當地政府、仲裁、台商協會等管道進行溝通與解決，根據 2011 至 2014《TEEMA 調查報告》可發現，台商對於經貿糾紛解決滿意度逐年下降，2011 年滿意度為

69.38%、2012 年為 62.93%，2013 年為 58.48%，至 2014 年更下滑至 57.16%，探究其原因，台商對中國大陸的法治制度缺乏信心，諸如：法規政策不透明、政府潛規則盛行、資金取得困難、當地政府偏袒內資，造成台商權益受損。而近期東莞鞋廠勞動糾紛效應，促使勞工意識抬頭，進而降低台商經貿糾紛滿意度。然根據中國歐盟商會（2014）發布《2014 中國歐盟商會商業信心調查》亦指出：「中國大陸市場對外資吸引力有所下降，主原乃是由於勞動成本提升、經濟成長放緩及法治不健全等問題存在。此外，亦有 55% 的歐洲企業表示，與中國內資企業相比，外資企業在中國大陸投資仍受到許多不利的對待」，顯示台商與外資企業亦面臨相同的經營挑戰。

趨勢 3：中國大陸台商經營績效連續 3 年呈現下降趨勢

根據 2014 年《TEEMA 調查報告》有關台商在中國大陸經營績效項目，指出 2010 年台商於中國大陸事業淨利成長負成長部分，關於 -50% 以上之比例為 1.29%；2011 年比例為 2.75%；2012 年比例為 3.30%，到了 2013 年比例為 4.27%；而淨利負成長 -10% 至 -50% 部分，2010 年比例為 5.11%；2011 年比例上升至 16.54%；2012 年比例為 25.02%，而台商 2013 淨利負成長比例則為 24.90%。可知，台商對於佈局中國大陸整體環境之經營績效發展仍較為悲觀，且因投資獲利逐年下降，進而降低台商佈局投資於中國大陸意願，亦顯示台商於中國大陸經營事業面臨困境。

趨勢 4：中國大陸台商未來經營預期連續 3 年呈悲觀趨勢

有關台商預測 2014 年中國大陸淨利成長可發現，預測 2014 年呈正成長比例連續 3 年下滑，即從 2012 年的 35.55% 下滑至 2013 年的 29.09%，而 2014 年下滑至 23.60%；至於預測負成長比例則由 2012 年的 39.70% 提升至 2013 年的 52.71%，2014 年更增至 60.10%，可知台商預測未來在中國大陸經營績效較不具信心。中國大陸新政改革，雖提供給台商諸多發展新契機，卻也帶來諸多的不確定性，加之中國大陸產業結構轉型，使得早期以製造業為主的台商經營利潤下滑，雖然台商已知轉型佈局服務業為未來發展趨勢，然從傳統製造業轉型升級不易，使得台商悲觀預測 2014 年在中國大陸經營績效。

趨勢 5：台商增加對中國大陸佈局連續 5 年呈下降趨勢

由 2014 年《TEEMA 調查報告》針對企業未來佈局規劃可知，「擴大對大陸投資生產」的比例由 2010 年的 53.02% 逐年下滑至 2014 年的 40.28%，近年來中國大陸投資環境丕變，使得台商對中國大陸未來佈局持謹慎與觀望態度，根據經濟部投審會（2014）統計數據顯示：「2014 年 1 至 4 月，核准對陸投資件數為 114 件、金額達 34.04 億美元，分別較 2013 年同期減少 28% 及 13%」，可發現台商減少對中國大陸投資，而工業總會秘書長蔡練生（2014）亦指出：「這幾年中國大陸沿海土地及勞動成本不斷提升，部分台商亦開始轉移到東南亞」，東協市場除具備低廉經營成本外，加上未來市場消費潛力無窮，亦分散了台商佈局中國大陸的投資意願。

趨勢 6：中國大陸台商返台上市比例連續 5 年呈上升

中國大陸投資風險與日遽增，台商面臨諸多挑戰，「錢荒」更衝擊著企業日常經營，根據富蘭德林證券董事長劉芳榮（2014）指出：「近年來中國大陸金融機構爆發『錢荒』，銀行短期利率飆升，使得台商在陸資銀行貸款極為困難，因此轉向資本市場尋找資金已成為台商共識。」根據 2014《TEEMA 調查報告》針對企業未來佈局規劃進行調查，「希望回台上市融資」由 2010 的 1.41%、2011 年的 2.54%、2012 年的 2.92%、2013 年的 4.08% 至 2014 年的 6.29%，呈現連續 5 年上升趨勢，根據金管會主委曾銘宗（2014）指出：「目前外國企業（F 股）來台掛牌達 67 家，其中台商背景者即佔 8 成。」其亦表示：「為吸引更多海外台資企業回台上市，將鬆綁陸資持股的相關規定，即海外台商陸資持股比例由原來的 30% 提高至 50%，預計 9 月份可放行。」由於台商在中國大陸融資成本較高，且要在 A 股上市較為困難，因此回台上市亦成為台商籌資的一大選擇。

趨勢 7：中國大陸台商未來佈局城市海外城市比例漸增

近年來，因受到中國大陸面臨諸多困境，台商海外投資地點由以往「中國唯一」到現今「中國加一」，佈局中國大陸台商紛紛轉移至其他新興國家，根據 2014《TEEMA 調查報告》列入台商未來考慮佈局的東亞與東南亞國家，計有印度、印尼、泰國、馬來西亞、新加坡、柬埔寨、緬甸、巴西、墨西哥等，其中，印度、印尼、新加坡、柬埔寨、墨西哥的比例更是逐年上升，緬甸亦首次列入評估，根據中華經濟研究院台灣東協研究中心（2013）指出：「台商對中國大陸投資金額自 2010 年創新高後便逐年衰退，反觀東南亞投資卻逐年攀升，緬甸更成為投資的熱門地點，顯示台商重啟佈局東南亞投資之路」，而資誠聯合會計師事務所（PwC）（2014）亦指出：「中國大陸生產成本不斷飆升，而預計 2015 年成立的東協經濟體，經濟成長表現可期，台商應及早轉向南進。」顯示台商未來進軍東協將能開拓更大的市場。

二、就「中國大陸 115 個城市綜合實力評比」分析

依據 2014《TEEMA 調查報告》調查結果，經兩力兩度模式計算出「城市綜

合實力」，並結合排名變化歸納 10 大發現如下：

發現 1：昆山連續 6 年位居城市綜合實力排行榜之首

根據 2014《TEEMA 調查報告》2000 年至 2014 年城市綜合實力排名顯示，蘇州昆山成為連續 6 年（2009 年至 2014 年）位居城市綜合實力之首。而有關曾獲得城市綜合實力排名之首的城市有上海閔行（2005 年）；榮獲兩連霸的城市為杭州蕭山（2003 年至 2004 年）；榮獲三連霸城市則為蘇州市區（2000 年至 2002 年）與蘇州工業區（2006 年至 2008 年）兩城市。而在 15 年《TEEMA 調查報告》期間，蘇州城市共計有 12 次獲得榜首。根據福布斯（Forbes）（2013）發布《2013 年中國大陸最佳縣級城市排行榜》指出，因昆山重視合宜的城市發展新方向，因此投資者對於其投資環境深具信心，致使其連續 5 年皆位居榜首之位。昆山台資中榮金屬製品公司於 2014 年 7 月發生嚴重工安事件，昆山市政府一方面查明事故原因，全力做好善後工作，並強化安全生產措施，且採行重視生產供應鏈，贏得當地台商佩服。顯示，昆山政府積極打造最適台商的投資環境，因此，昆山連續 6 年獲得《TEEMA 調查報告》城市綜合實力之首係為實至名歸。

發現 2：西三角城市群對台商投資吸引力逐漸消退

西三角經濟在過去積極發展產業群聚，加之中國大陸政策支持，使得過去幾年獲得台商高度關注，然就 2014《TEEMA 調查報告》「城市綜合實力排名」顯示，西三角地區城市中除遂寧為 2014 年新增城市外，成都在綜合實力排名中名次由 A04 下滑至 A07、重慶自 A10 下滑至 A22，下降 11 個名次、綿陽自 B08 下滑至 B11，而德陽則自 B09 下滑至 B15，可知西三角城市 2014 年排名多半呈下滑現象，可見台商對西三角城市的投資熱度稍減。而西三角城市群中值得注意的是因絲綢經濟帶與西咸新區政策效應疊加下受益的西安，其更是西三角城市中綜合實力排名上升的唯一城市（A29 → A18，上升 9 名），根據西安市委書記魏民洲（2014）表示：「絲綢之路經濟帶戰略帶給西安新的發展契機，西安將致力發展成為西北地區的經濟和文化重鎮。」可知西安在政府政策疊加效應獲得台商的高度重視。

發現 3：海西經濟帶所屬城市綜合實力排名呈上升趨勢

根據 2014《TEEMA 調查報告》顯示，海西經濟帶共有 10 個城市納入評比，其在 2014 年城市綜合實力之中的排名呈上升趨勢，包括廈門島外（A06 → A03，上升 3 名）；廈門島內（A16 → A11，上升 5 名）；福州市區（C20 → C04，上升 13 名）；泉州（B32 → B28，上升 4 名），可見海西經濟帶城市的競爭實力未來備受看好。值得注意的是，至 2014 年廈門已舉行第 7 屆「海峽兩岸廈門文化產業博覽交易會」，並已作為文創廠商參展的重要指標，而廈門政府更積極建設兩岸金融中心，致力營造優良的金融服務環境，大幅提升招商引資力度。此外，「海峽論壇」亦已在廈門、福州、泉州等海西經濟帶城市舉行；泉州政府亦在 2014 年啟動「21 世紀海上絲綢之路城市聯盟」，其不僅擁有獨特歷史文化底蘊，同時具備強大經濟發展潛力與優勢；另外，漳州古雷開發區更積極打造兩岸石化產業合作試驗區。綜上可發現，受惠於海西經濟帶城市發展及影響力，使其在綜合實力的排名上有提升之趨勢，未來發展值得引頸期盼。

發現 4：東北三省省會城市綜合實力排名呈現上升趨勢

根據 2014《TEEMA 調查報告》「城市綜合實力排名」顯示，東北三省會黑龍江省的哈爾濱、吉林省的長春、遼寧省的瀋陽，與 2013 年相比綜合實力排名皆呈上升態勢，其中，以長春（C31 → C21）的進步幅度最大，上升 7 個名次；其次是，哈爾濱（C29 → C23，上升 3 個名次）；最後是瀋陽（C03 → B36，上升一個名次）。可知，東北地區綜合實力排名於 2013、2014 年表現的變化呈平穩增長之發展狀態，而東北三省正積極規劃發展，根據《黑龍江和內蒙古東北部地區沿邊開發開放規劃》（2013）表示：「哈爾濱戰略重點正在努力打造現代化國際物流中心」，且根據中國大陸國家副主席李源潮（2014）表示：「俄羅斯和中國大陸將建統一經濟區，中國大陸政府鼓勵商務活動在俄羅斯遠東發展的積極性。」綜觀上述，顯示東北地區此行動將兩地區合作做為資源互補，建立資本與技術資源有效配置市場，進而完成東北區域經濟一體化的最終目標。

發現 5：具內需內貿型之城市綜合實力呈現上升趨勢

根據 2014《TEEMA 調查報告》「中國大陸城市綜合實力排名」顯示，有 10 個城市市區呈上升趨勢，分別為蘇州市區（A07 → A06，上升 1 個名次）；上海市區（A20 → A13，上升 7 個名次）；寧波市區（A19 → A15，上升 4 個名次）；無錫市區（A21 → A20，上升 1 個名次）；北京市區（B05 → B02，上升 3 個名次）；廣州市區（B34 → B29，上升 5 個名次）；深圳市區（C08 → C02，上升 3 個名次）；嘉興市區（C15 → C03，上升 9 個名次）；福州市區（C20 → C03，上升 13 個名次）；天津市區（C23 → C11，上升 9 個名次）。根據世界銀行中國局首席經濟學家吳卓瑾（2014）表示：「中國大陸經濟成長結構正由工業轉向服務業」，另全國政協委員陳俊聰（2014）亦表示：「中國大陸內需市場正在不斷擴大，有助於為兩岸經貿發展提供內升動力，為台商經營提供新成長點。」顯示近年來中國大陸正積極加強服務業與內需產業發展，而市區於人口密度、消費能力等方面相對較強，因此，使其綜合實力排名呈現上升。

發現 6：上海自貿區效應促上海浦東新區城市綜合實力上升

依 2014《TEEMA 調查報告》「中國大陸城市綜合實力排名」顯示，上海浦浦東與上海市區皆列入【A】級極力推薦等級，上海浦東（A23 → A12，上升 11 個名次），而上海市區（A20 → A13，上升 7 個名次），值得注意的是，自 2008 年起，上海浦東排名首次超越上海市區。此外，上海浦東更受益於上海自貿區發展，上海自貿區是中國大陸至今開放項目最多的經濟政策試驗區，其中最重要的政策即是區內全面性的金融開放，使其成為一人民幣離岸中心，吸引大量金融業者進駐。根據上海浦東新區區委書記沈曉明（2014）表示：「2014 年浦東新區希望充分承接自貿區的輻射效應，尤其是制度輻射效應」，因此，借助上海自貿區之溢出效應，上海浦東打造一以陸家嘴、金橋、自貿區所組成的「金融產業走廊。」業務範圍涵蓋高端金融、新興金融、離岸金融，旨在吸引新興金融業態，進而帶動上海浦東之成長。

發現 7：具國家級新區效應城市其綜合實力均呈上升

近期中國大陸各區域陸續成立新區，這些新區所帶動的新作為，促使當地城市綜合實力上揚。例如 2014 年通過的貴陽新區（2014）頒布《大數據產業行動計畫》，計劃至 2016 年底，貴陽大數據（Big Data）相關產業規模達 540 億人民幣，當地成為經濟發展的重要動力。又如成立於 2014 年 1 月的西咸新區，是中國大陸繼江蘇、安徽後的全國第 3 個創新型試點省份，其正在著力實施創新型市縣建設工程，加快推進城鎮化基礎。至於青島西海岸新區則成立於 2014 年 6 月，其占據國際航運樞紐，成為出海通道和歐亞大陸橋東部重要端點，與日韓隔海相望，優越的經貿地位帶動青島城市化實力。再加上山東近來受到「郭樹青主席效應」影響，濟南、威海、日照等城市皆出現上升。綜上所述，顯示出中國大陸近期通過之國家級新區為其所在城市綜合實力帶來加分作用。

發現 8：安徽 3 城市得利長三角一體化效應綜合實力上升

根據 2014《TEEMA 調查報告》城市綜合實力排名顯示，安徽省 3 個城市排名皆上升，3 個城市排名分別為：（1）合肥（B02 → A28，上升兩個名次）；（2）蕪湖（B13 → B05，上升 8 個名次）；（3）馬鞍山（B19 → B09，上升 10 個名次），其中，合肥更在 2008 年以後，排名呈逐年上升趨勢，2014 年更是上升至 A 級極力推薦城市之列。因長三角一體化的外溢效果，帶動中三角城市發展，使得安徽省 3 座城市排名有所提升，未來安徽省城市前景更是備受看好，此外，安徽省亦不斷完善投資環境，根據安徽省人大常委副副主任王翠鳳（2013）指出：「為促進皖台交流互動，安徽省人大常委會將《安徽省促進和保護台灣同胞投資條例》列入 5 年立法規劃。而安徽省政府已頒布《關於進一步鼓勵台灣同胞投資興業、促進皖台交流合作的若干意見》，在深化經貿合作、加大財税支持、加強合作保障、促進創新和轉型升級、優化投資環境及健全服務平台等 6 方面，鼓勵和支持台商發展。」

發現 9：定位為旅遊休閒型及現代農業型城市排名上升

根據 2014《TEEMA 調查報告》城市綜合實力排名中，定位為精緻農業發展之城市鄭州（C01 → B30，上升 5 個名次）與昆明（C22 → C14，上升 5 個名次）及城市定位為旅遊休閒的青島（A15 → A10，上升 5 個名次）、海口（C32 → C18，上升 11 個名次）與三亞（C24 → C13，上升 8 個名次）5 城市排名皆呈上升趨勢。隨著中國大陸產業結構轉型，加上人民消費能力提升，促使休閒旅遊業及精緻農業的蓬勃發展，根據中國社會科學院學部委員高培勇（2014）指出：「隨著服務業增加值 GDP 提升，中國大陸旅遊休閒業已邁入黃金期。」根據三亞市旅遊委主任周春華於 2014 年 4 月 24 日表示：「三亞對旅遊定位為粗放型轉變為精緻化發展，亦大力推動智慧旅遊以提升遊客對三亞旅遊服務滿意度。」此外，中國大陸近年來亦積極發展精緻休閒農業，協助傳統粗放型農業轉型升級，培育創意農業、成立精緻農業園，亦成為台商佈局的重點產業。

發現 10：中三角城市群對台商吸引力呈現下降趨勢

就 2014《TEEMA 調查報告》「中國大陸城市綜合實力排名」顯示，中三角涵蓋湖南省、湖北省與江西省等 3 省，而湖北省的武漢武昌、武漢漢口、武漢漢陽、湖南省的岳陽、長沙與江西省南昌、吉安、九江等 8 個城市其綜合實力均呈下降趨勢，其中，湖南省岳陽下降幅度最高（C18 → D12，下降 28 個名次），其次為湖南長沙（B28 → C17，下降 26 個名次），探究其原因，主要在於中三角城市政策無法落實及政策打折問題嚴重、政府對台商投資承諾未到位，加上基礎建設尚未完備，使得中三角城市在綜合實力排名均呈下降趨勢。

第25章

2014 TEEMA 調查報告兩岸建言

2014《TEEMA 調查報告》經由 115 個城市之「城市競爭力」、「投資環境力」、「投資風險度」、「台商推薦度」、「城市綜合實力」以及「城市綜合實力推薦等級」等 6 項統計分析排行之後，從排名的變化趨勢與未來佈局潛力，特針對：台商企業；台灣政府；大陸政府；兩岸政府，提出建言與建議，茲分述如後：

一、2014《TEEMA 調查報告》對台商企業之建議

根據 2014《TEEMA 調查報告》研究成果及統計分析，茲提出預應中國大陸經貿情勢之變遷，台商企業佈局方向 7 大建議如下：

建議 1：預應中國大陸「習李深化改革」台商轉向「自由貿易區域」

中國大陸「習李體制」正式上路後，2013 年 9 月 29 日上海自由貿易區掛牌，中國大陸將上海自由貿易區視為中國大陸重要的改革政策試驗區，藉以擴展對外自由開放新路徑與新模式，促進對外經濟合作、經濟成長和優化經濟結構。其中，開放 6 大服務業領域（金融服務、商貿服務、航運服務、專業服務、文化服務及社會服務）、18 個行業領域，並對投資者資格要求等准入限制事項，將予以暫停或取消，進而營造利於各類投資者「平等准入」之市場環境。同時，上海自貿區推動「投融資匯兌便利」、「擴大人民幣跨境使用」、「推進利率市場化」及「深化外匯管理改革」4 大改革，吸引外資紛至沓來。

對應上海自貿區的設立，目前已有超過 400 家外資企業進駐上海自貿區，台商亦應適時跨入卡位，其不僅提供台商更有利的經營環境，更為台灣金融機構帶來新契機，進而促進兩岸金融互動往來，有望成為兩岸經濟互動新引擎。若能爭取到自貿區之經營權，將有利服務業相關領域的業者在中國大陸進行佈局，如國泰世華銀行上海分行為中國大陸第一家成功獲准籌建上海自貿區支行的台資

銀行。預應中國大陸習李深化改革，台商可轉戰中國大陸自由貿易區進行佈局。

建議 2：預應中國大陸「產業結構調整」台商轉型「內需服務產業」

當前中國大陸正進入全面深化改革時期，服務業更成為結構調整的重要發展領域，根據 2014《TEEMA 調查報告》投資環境力評估，「內需環境」整體構面排名上升 1 名至第 6 名的位置，更顯示中國大陸已逐漸從發展製造業為主的產業型態逐步轉向加速發展內需服務業，而國際貨幣基金組織（IMF）總裁 Lagarde 於 2014 年 3 月 24 日亦指出：「中國大陸前一輪改革使其成為一個製造業大國，而下一輪改革則需以增強現代服務業部門作用為發展目標。」由此可知，中國大陸內需服務產業已隨著大陸產業結構的改革快速興起，成為下一波加速成長的重點發展領域。

中國大陸在內需服務業發展的同時，更將引領各項商機崛起，並促進消費與就業的同步成長，而未來中國大陸更可望透過內需市場的拉動，進一步躍升成為世界最大經濟體，台商在中國大政府陸極力推動服務業擴大開放的同時，更應抓緊機遇加速企業轉型以積極佈局，根據全國台灣同胞投資企業聯誼會會長郭山輝於 2014 年 5 月 29 日即指出：「面對企業轉型升級給予台商 5 點建議，包括提升加工品之價值、招聘高素質人才、強化創新行銷模式、加強自主創新能力與依託地方政府政策。」是故，台商在進入轉型內需服務業的過程中，更應注重行銷、管理、創新或是人才各層面的同步成長與轉型。

建議 3：預應中國大陸「新型商業模式」台商轉進「虛實整合平台」

隨著互聯網迅速發展，商業服務模式除了 B2B、B2C、C2C 商業模式之外，更新型的消費模式 O2O（Online to Offline）亦快速在市場上發展，O2O 即為虛擬與現實的結合，主要概念係將線下商務的機會與互聯網作為結合，創造出在線支付，購買線下（實體通路）的商品或服務之新模式。透過此模式，為企業提供更加方便、快捷、低成本的競爭力，華為榮耀事業部總裁劉江峰（2014）表示：「O2O 是未來發展趨勢，其能夠提升消費者的體驗。」是故，隨著線上線下發展融合度逐漸提高，O2O 亦越來越被企業所注重，未來將是企業發展的新一波趨勢。

根據 2013 年 1 月中國大陸權威移動互聯網諮詢機構艾媒諮詢（iiMedia Research）發布《2012 年度中國 O2O 市場研究報告》表示：「預計至 2015 年，中國大陸 O2O 市場規模將達到 4,188.5 億元人民幣」，顯示中國大陸未來 O2O 潛力巨大，蘊藏著巨大的發展空間與價值，而根據騰訊科技（2014）發布《2014 年互聯網跨界趨勢報告》亦指出：「新興地區互聯網爆炸性成長、網路設備連接高速成長、智慧手機普及率加速，促使移動互聯網正顛覆傳統產業，行業正在進行融合，旅遊業、餐飲業、家電業均紛紛進入 O2O 模式。」因此，台商應洞察發展趨勢，並順應發展，積極把握中國大陸新型商業模式興起之投資機會，透過企業轉型方式為自身創造更佳的競爭優勢，使之成為下一個產業發展浪潮的引領者。

建議 4：預應中國大陸「互聯網新浪潮」台商轉戰「新一代資訊業」

中國大陸經濟快速成長，資訊技術作為經濟社會主要發展驅動力，伴隨著互聯網時代來臨，為新一代資訊技術產業加速發展，必將能更好地起到前導與統領作用，滲透至各個領域，諸如智能終端、移動互聯網等新興產品與服務，使之成為新一輪消費熱點，資訊產業發展不僅可降低資訊成本，並從而帶動其他產業之發展，使相關產業皆能受益，台商佈局中國大陸正開展新一輪的資訊產業新熱潮。

新一代資訊技術產業，被中國大陸政府設為 7 大新興產業之首，其重要性不言可喻，其中，又以物聯網及資訊應用服務為其重點發展項目。根據工信部副部長劉利華於 2014 年 3 月 30 日表示：「雲端計算、大數據及移動互聯網等新興業態創新，使得新模式、新產品、新技術不斷湧現，發展新一代資訊技術產業既是加快產業結構調整，亦是打造中國大陸經濟升級版必然要求。」因此，新一代資訊業被視為未來中國大陸經濟成長的新亮點，以科技應用見長的台商具發展優勢，台商或可從中尋求新商機。

建議 5：預應中國大陸「資產泡沫隱憂」台商妥擬「風險規避策略」

根據 2014《TEEMA 調查報告》顯示，全球經濟正面臨放緩趨勢，而中國大陸亦遭遇金融危機風險，經濟可能由此俯衝急降。根據世界銀行（WB）首席經濟學家巴蘇（Kaushik Basu）（2014）指出：「中國大陸金融資產較為膨脹，可能在未來 1 到 2 年內面臨 2008 年在美國發生金融危機，被列入泡沫破裂的陣營之中。」而法國廣播公司（RFI）在 2014 年發布《中國銀行業面臨危機》表示：「中國大陸現已無法抑制房地產泡沫膨脹，銀行業由於過度信貸，導致壞帳和不良資產遽增，推升房地產泡沫。」可見中國大陸影子銀行、房產泡沫、地方債務等問題已成為中國大陸經濟崩潰的最大危險因子。

觀看 2014《TEEMA 調查報告》顯示，中國大陸投資環境力整體評估分數呈現下降趨勢，顯示投資環境日漸惡化。綜上可知，不論是學者專家或是研究報告看法皆顯示中國大陸正面臨泡沫化危機，藉此提醒台商在選擇前往中國大陸投資時，須謹慎評估，以避免陷入危機而無法自拔，台商應擬定一套完善規避風險的策略，諸如轉移策略或是退場機制，以減少台商營運成本的提高。

建議 6：預應中國大陸「國家新區規劃」台商轉移「新興城市佈局」

根據 2014《TEEMA 調查報告》指出，中國大陸為協調東西部區域經濟平衡發展，當前已逐漸形成區域經濟的多支點格局，繼 2014 年 1 月 6 日中國大陸國務院同意設立「陝西西咸新區」與「貴州貴安新區」，2014 年 6 月 3 日接續通過「青島西海岸新區」設立，至 2014 年 7 月更是通過「大連金普新區」，目的在於藉由新區建設帶動區域協調發展，打造多個經濟成長極，促使經濟穩定成長。陝西西咸新區、貴州貴安新區、青島西海岸新區及大連金普新區的設立，可帶動西安、咸陽、貴陽、安順、青島、大連等城市發展與建設，其中蘊藏無限投資商機，此外，國家級新區亦意味著在稅收優惠、土地取得、海關通關和重大項目審批等方面會得到較多支持。

隨著資源紅利、生態紅利、勞動紅利、政策紅利產生疊加效應，越來越多的台商關注西咸新區、貴安新區與金普新區建設，例如台灣漢神百貨看重西安現代服務業發展，投入 50 億設立「西安漢神購物廣場」，定位為大西北最大型的精品百貨賣場；而富士康則看重貴安大數據產業發展，選擇在該區設立第 4 代綠色產業園，朝軟體研發、雲端網路等高端產業發展，綜上可知，台商應積極掌握此波新區政策紅利優勢，並結合企業自身核心競爭力進而佈局西安、貴陽、青島等新興城市，以尋找企業再次騰飛的第 2 曲線。

建議 7：預應中國大陸「一帶一路戰略」台商掌握「先佔卡位優勢」

2013 年 9 月與 10 月，中國大陸國家主席習近平於訪問中亞和東協期間，先後提出共建「絲綢之路經濟帶」及「21 世紀海上絲綢之路」之戰略構想，而在 2014 年兩會期間，李克強總理亦在《政府工作報告》介紹重點工作任務時指出：「抓緊建設絲綢之路經濟帶、21 世紀海上絲綢之路，進而推進孟中印緬及中巴經濟走廊建設，加快基礎設施互通互聯，拓展國際經濟技術合作。」可發現「一帶一路」戰略重要性，亦體現中國大陸全球戰略佈局方向。

絲綢之路經濟帶帶動沿線城市發展，諸如鄭州、西安、蘭州，而 21 世紀海上絲綢之路亦牽動著泉州、福州等城市發展，根據 2014《TEEMA 調查報告》顯示，位於「一帶一路」的城市綜合實力均有所提升，鄭州（C01 → B30，上升 5 個名次）、西安（A27 → A18，上升 9 個名次）、蘭州（C35 → C31，上升一個名次）、泉州（B32 → B28，上升 4 個名次）。隨著中國大陸對外開放步伐加快，建議台商融入「一帶一路」戰略，搶先佈局沿線城市，以取得先佔卡位優勢，再創企業成長新高峰。

二、2014《TEEMA 調查報告》對台灣政府之建言

依據 2014《TEEMA 調查報告》總體分析與台商意見之彙總，針對台灣政府提 7 項建言，茲分述如下：

建言 1：建請政府成立專責機構協助台商完善退出機制

中國大陸現今經濟進入轉型階段，致使其出口數量放緩進而導致同業競爭加劇，加之，台商在中國大陸各項經營成本亦逐年上升，許多勞力密集產業的台商在中國大陸面臨生存困難。2014 年 4 月 21 日，中華經濟研究院經濟展望中心指出：「隨著中國大陸經濟轉型與資金環境較為緊俏下，台商經營環境呈現惡化傾向。」顯示台商若無法持續突破中國大陸勞動成本持續提高的局面，將致使以勞力密集產業為主的台商開始考慮退場時機及退場機制的相關法令程序。

根據台灣前海基會董事長江丙坤（2013）表示：「政府應當思考的是如何協助台商轉型升級，或者引導台商鮭魚返鄉投資台灣或建立退場機制，才是當務之急。」顯示，過去台商主要從事以製造業為主，然而，現在面臨中國大陸產業結構轉變，逐漸轉向經營服務業，迫使台商必須快速轉變經營模式，如同管理大師 Peter Drucker 所言：「不創新，就死亡。」同樣地，台商面臨中國大陸調結構之勢，若不轉型升級就會失敗，迫使諸多轉型困難的台商紛紛思索「退場」或是回台投資，建請政府能夠成立專責機構，就台商退場機制進行深度研析，諸如：退場可能遭遇之風險與阻礙、台商轉移投資之新興地區、回台投資能提供土地、稅收等優惠，亦從旁協助輔導諮詢，協助台商及早預應，健全台商退場法制化機制，鼓勵台商回台投資。

建言 2：建請政府研擬明確之中國大陸產業佈局政策

2014 年中國大陸政府提出許多新政策，諸如全國兩會提出 9 大重點工作，使得環保節能、醫療保健、養老、資訊技術、智能科技產業成為投資標的，政策紅利投射出產業投資機遇，亦指引台商下一波佈局新方向。此外，中國大陸已不再是一個以勞力密集型產業發展的地方，高投入、高汙染、高耗能、低效益的「3 高 1 低」產業將遭受淘汰，而與內需及消費相關的產業，將成為未來台商利基之所在，因此台商要進入中國大陸投資時，產業佈局方向應轉變為新興產業及服務導向為主。

綜上可知，中國大陸當局政策是十分重要的投資關鍵指標，其次則為產業選擇，要選受惠產業，避開受害產業，特別是中國大陸經濟結構升級的「質變」，避開陷入危機產業之窘境。希冀台灣政府可為台商擬定明晰產業佈局政策，除可提供台商中國大陸在近期內明確政策改革與變化重點工作項目外，亦可設立「兩

岸產業佈局研究」等機構，藉此協助台商明確瞭解中國大陸產業發展的狀況，藉此降低台商在佈局中國大陸產業時之風險，並且提升其成功機會。

建言 3：建請政府營造產業創新環境提升產業附加價值

在全球皆大力推動產業創新環境產業，並加大創新經濟獎勵、推出創新環境營造專案，諸如韓國於 2014 年 4 月 9 日推出《經濟發展藍圖 2030：首爾式創新經濟模式》，盼能夠透過促進產業融合、構築合作體系以及共用發展成果等方式，強化產業創新能耐；又如印度於 2013 年頒布科學技術和創新政策（The Science, Technology and Innovation Policy 2013），希望藉由印度國際知名的科技、研發能力，強化自身產業的創新動能，顯示產業創新環境的完善、培養，對台灣來說已經是刻不容緩的課題。

然台灣於 2012 年推出至今的「創新經濟，樂活台灣」施政願景，雖建構美麗藍圖，但仍缺乏實際執行做為，阻礙創新的政策更所在甚多，諸如新創事業的早期投資持股 IPO 納入課稅範疇、租稅障礙等法令，更是令產業創新環境的培育困難重重。根據工業總會理事長許勝雄（2013）指出：「台灣是全球最不鼓勵創新的國家，大家都說台灣就只會做 OEM、ODM，沒有創新思維、沒有新創產業。」是故建請政府建立創新環境相關法令機制，鼓勵企業創新，讓台灣成為創新事業的樂土。

建言 4：建請政府妥擬台商回流機制為經濟注入活水

隨著中國大陸扮演「世界工廠」角色逐漸弱化，使得當地台商營運遭受衝擊，部分台商轉往東南亞等具低廉經營成本新興國家投資設廠，而部分台商亦思索著回台投資，然台商回台投資仍面臨諸多挑戰，諸如勞動成本提升、缺工問題嚴重、土地取得困難、環境保護限制、能源供應問題等，且根據 2014《TEEMA 調查報告》顯示，「希望回台投資」比例由 2012 年的 5.90% 上升至 2013 年的 7.14%，然 2014 年卻下降至 6.18%，顯示台商回台投資意願降低。

根據經濟部（2014）統計指出：「截至 2014 年 3 月，加強推動台商回台投資方案已通過 43 件，總投資額達新台幣 1,982.33 億元，但台商回台最常遇到的問題包括尋覓適合土地廠房，其次為勞工及人才取得問題。」顯示雖然近年來政府積極提出政策方案協助台商回台投資，但是政府貫徹達致目標作為卻不甚積極，行政部門沒有統一作為，使政策無法貫徹落實，以致成效不彰，加之配套機制仍未完善，使得台商回台投資意願不高。建請政府能完善台商回流配套機制，以帶動台灣經濟再次騰飛。

建言 5：建請政府積極加入區域經濟組織提升台灣競爭力

根據全國工業總會（2013）發布《對政府政策建言》白皮書表示：「台灣應對 FTA 與 ECA 提出有助於推動的策略規劃方案，如政府應對未來盼時可能會面臨之開放問題部分，確實提出實際的策略以更能確立談判的目標與達成目標，亦可確立目標達成的確實性，更可讓貿易夥伴感受台灣具有開放的決心與企圖心。」此外，2014 年 6 月 19 日，兩岸共同市場基金會榮譽董事長蕭萬長亦表示：「亞洲區域經濟整合逐漸成形，如跨太平洋經濟夥伴協定（TPP）與區域全面經濟夥伴協定（RCEP）於 2015 年皆會有初步的架構與完成談判，因此加入區域經濟整合為台灣勢在必行之作為，亦為台灣產業鏈發展與分工不可或缺之計畫。」

根據行政院大陸委員會主委王郁琦於 2014 年 6 月 25 日表示：「台灣爭取加入 TPP 與 RCEP 的意願，係為台灣生存問題而非政治問題，因台灣若能順利與其他國家展開經濟合作，將有助台灣經濟發展。」此外，經濟部次長卓士昭亦於 2014 年 3 月 24 日表示：「因 TPP 與 RCEP 成員國為台灣重要及主要出口之市場與投資地區，因此，台灣更應加速推動參與經濟整合，以為台灣扭轉當前面臨之經濟困境。」經由以上可知，全球區域經濟整合如火如荼展開，台灣若無法參與區域經濟整合行列之中，不僅台灣經濟無法帶動成長，將致使台灣經濟陷入困境之中。

建言 6：建請政府成立專責部門協助台商佈局大陸內需市場

台灣位處東亞 2 大經濟體的交界地帶，西臨中國大陸的廣大市場，南面日益擴張經貿版圖的東協市場。伴隨 2 大市場中產階級起飛，消費力道日益興起，過去台商於該地投資多僅重於設廠製造代工的模式，可望轉變為著重其商品消費的內需市場。有「新興市場投資教父」之稱的 Mobius（2014）便指出：「過去台商透過中國大陸出口至歐美市場，現在台商市場重心變成中國大陸內需，隨著中國大陸消費市場崛起，台灣應抓準此一發展機遇。」道出台灣成長機會已在眼前，如何抓緊良機是當務之急。

然而，在台灣以中小企業為主的產業發展模式之下，雖不乏中小企業前進中國大陸成功之案例，但多數中小企業面臨這樣的內需良機，仍有不確定性等疑慮，便表現在近來兩岸服貿爭議事件中，擔心搶占中國大陸內需市場僅能是大企業的做為。是故，建請政府籌設部門專司台商內需市場佈局，幫助台商企業消彌前進中國大陸內需市場之疑慮，並設立輔導機構，主動提供台灣中小企業投資中國大陸之必備資訊，進而鼓勵其前往投資。

建言 7：建請政府整合相關部會協助台商企業在大陸上市

根據富蘭德林總經理劉芳榮（2013）指出：「在中國改革開放、兩岸緊密交流、准許陸資來台背景下，未來台商要在中國大陸 A 股上市的數量將逐漸增加。」而統計至 2014 年 4 月為止，僅有 20 家台商企業在中國大陸 A 股上市。然處於後金融危機時代，中國大陸進一步「改革開放」，特別是在金融領域開放與改革，預示著產業與市場也必將面臨「轉型升級」；台商若想迎接下一波中國大陸產業與市場轉型升級的新商機，資本力量將是不容忽視的重要因素。

建請政府整合相關部會，協助台商在中國大陸上市，亦可與熟稔中國大陸 IPO 程序之會計師、律師進行對接，透過經驗交流與機制完善，推進台資企業成功上市。台商藉由運用中國大陸資本市場，壯大企業自身發展，上市才有資金「創品牌、建通路、引人才」，特別是對內需型台商更能創造加乘效果，因具有高度品牌知名度，便可募集大量資金，進而改善企業現金流。

三、2014《TEEMA 調查報告》對大陸政府之建言

依 2014《TEEMA 調查報告》成果加之現有台資企業之心聲彙總歸納，提出對中國大陸政府的 8 項建言，茲分述如後：

建言 1：建請大陸政府對台商企業於大陸產生社保糾紛妥善處理

中國大陸勞工薪資每年以雙位數成長已是事實，且各地罷工抗議事件亦日益增加，大幅提高台商營運成本。2014 年 4 月爆發的東莞裕元鞋廠員工抗爭事件，即顯示中國大陸勞工不僅要求更高的薪資，亦開始懂得要求完整的社會保障。而未來中國大陸社會保險 5 金（養老保險、失業保險、醫療保險、工傷保險、住房公積金）要求勢必提高，台商勢必增加更多的員工福利保險成本。

然而，良好的法治環境可使企業在經營上更能井然有序的發展，台商支持「勞動法」和社保、住房公積金等規定，但必須正視「歷史遺留問題」，不應追溯以前的年度，而應妥善解決現有困難，做好法令解釋，企業才能依法操作。受中國大陸政府改革浪潮衝擊，台商經營備受挑戰，仍需政府、企業與員工三方共同維護穩定的勞資關係，建請大陸政府在「尊重歷史」原則下，提出一個保持穩定與利益平衡且為各方可接受的政策。

建言 2：建請大陸政府正視台商遷廠關廠補償糾紛的合法性

隨著中國大陸經濟飛速成長、都市化步伐加快，「騰籠換鳥」、「退二進三」產業政策支持，使得早期赴中國大陸投資以製造加工型為主的台資企業，被迫轉移至內陸或是城市郊區，面臨工廠拆遷問題，根據海基會（2014）指出：「近年來，台商投訴最多的便是土地拆遷補償糾紛，諸如：拆遷補償金額不足，無法讓台商購置土地新建廠房，亦有員工不願配合遷廠，阻礙遷廠工作。」此外，亦有台商反應無預警發出拆遷公文、補貼遭遇不平等待遇，無形增加企業經營成

本。而根據 2014《TEEMA 調查報告》投資環境力之「當地政府對台商動遷配合的程度」指標於 71 項指標中排名第 60 位，顯示當地政府對於台商動廠扶持力度不足，且有借環保規定索取利益情事。綜上所述，建請中國大陸政府能重視台商遷廠補償糾紛之問題，聆聽台商需求，以法律維護台商權益。

建言 3：建請大陸政府完善法制環境確保承諾政策可持續性

根據 2014《TEEMA 調查報告》針對投資風險的 5 項構面「社會風險」、「法制風險」、「經濟風險」、「經營風險」及「轉型風險」的評分皆呈持續上升的趨勢，可知台商在中國大陸投資的風險日益升高，其中上升最多的為「法制風險」構面（2.291 分），相較於 2013 年的評分上升 0.082 分，其中「當地政府行政命令經常變動的風險」指標蟬聯 4 年風險程度最高指標，可知台商認為在中國大陸投資面臨法規上的變動所受害，將此視為最大風險。

此外，根據經濟部智慧財產局（2014）表示：「中國大陸 2013 年公布的新專利法，明確要求台商在中國大陸完成的研發技術，必須要向中國大陸政府提出保密審查，否則專利申請案將不予核准，此舉已嚴重迫害台商的專利佈局。」由此可知，台商在中國大陸受到不平等待遇風險，對於營運利益上受到損害，因此建請中國大陸政府完善法制環境，打造友善台商環境，攜手共建經濟新藍圖。

建言 4：建請大陸政府落實智慧財產權保護確保台商創新成果

根據 2014《TEEMA 調查報告》研究結果得知，中國大陸投資環境力中的法制環境構面兩項細項指標「當地政府對智慧財產權保護的態度」及「當地政府積極查處違劣仿冒品的力度」評分與排名相較於 2013 年時皆呈現下滑，表現有待加強，根據美國貿易代表辦公室（Office of the United States Trade Representative；USTR）於 2014 年 4 月 30 日公布《特別 301 報告》（Special 301 Report）指出，中國大陸被列在全球 10 個侵犯「智慧財產權」最嚴重的國家名單上，其中以盜竊商業機密的活動極其關注項目，顯示出中國大陸對智慧財產權的保護力度仍顯不足有待加強，建請中國大陸政府應提出合適的法制加以控管盜版仿冒氾濫，以提升對智慧財產權保護的態度，才能降低台商投資中國大陸時所產生的擔憂，亦可吸引更多外商進駐中國大陸投資。

智慧財產權制度是作為技術創新之激勵與保障，為大量發明創造的湧現及科技的迅速發展發揮推動作用的重要性。而根據中國大陸國家智慧財產權局局長申長雨（2014）表示：「2013 年中國大陸智慧財產權數量持續快速增長，其中，國際專利申請量首次超過 2 萬件，占全球申請總量的比重首次超過 10%，躋身至世界第 3 位。」可發現中國大陸在智慧財產權數量快速提升的，同時亦更該加強各有關部門創造品質導向。因此建議中國大陸政府盡快在限期內發揮其成效，保障台商在中國大陸的權益。

建言 5：建請政府加速台資金融機構設點緩解融資壓力

中國大陸當前正面臨原物料價格上漲與勞動力緊缺等情況，再加上人民幣升值給予的壓力，使得台商融資成本逐日攀升，根據 2014《TEEMA 調查報告》中的投資風險度評估即可知，在經營風險中「台商藉由當地銀行體系籌措與取得資金困難」其評分與排名居於末端，更加顯示出台商於中國大陸佈局時企業融資的困難程度，而上海台商協會會長葉惠德（2014）亦指出：「中國大陸中小型台商企業於融資上經常面對兩大困擾，分別為擔保難與徵信難。」可知，台商企業在面臨還款週轉金取得問題與企業擔保品不足的情況下，於中國大陸經常面臨龐大的融資壓力。

若台商與台資銀行進行籌資，因為徵信機制較完整，撥款速度較快且無需提出擔保品抵押，對台商企業而言則將較為方便，台資銀行較瞭解台商經營情況，更可適時為台商企業提供融資，緩解台商投資佈局的燃眉之急，此外，現在雖已有部分台資銀行進駐中國大陸，但因銀行於中國大陸設立的分行家數仍較少，若中國大陸政府可加速推動台資銀行佈局，或進一步獲准台資銀行成立子行，則可為台商企業在經營佈局上提供更有力的協助。

建言 6：建請大陸政府加快人民幣國際化降低兩岸匯兌損失

中國大陸作為全球第 2 大經濟體正逐步實施金融改革，例如人民幣雙向波動、上海自貿區內跨境交易等，希冀藉以刺激離岸人民幣貸款的需求，然而人民幣走向國際化，不僅有利於中國大陸經濟成長，更能穩定全球金融市場發展，因此人民幣若能朝國際化發展，實現人民境外流通，成為國際認可的結算及儲備貨幣，將可為台商帶來龐大的受惠，更有利於台商資金的運用。

中國銀行董事長田國立（2014）表示：「人民幣國際化為全球金融穩定的重要因素，在 1997 年和 2008 年爆發金融危機期間，人民幣不僅沒有貶值，還以一定的步調慢慢升值，成為世界經濟的穩定發展重要的功臣。」由此可知，中國大陸作為全球經貿大國，以及全球經濟成長最快的國家，其雄厚的財政經濟實力、巨額的外匯儲備以及人民幣預期升值皆使人民幣具備國際化的條件，若人民幣能朝向國際金融邁進，將會為台商在國際貿易中減少匯兌風險，更能夠為全球經濟帶來穩定效果，因此建請中國大陸政府加快人民幣國際化朝向國際金融邁進。

建言 7：建請兩岸深化產業融合方案納入「十三五規劃」專章

隨著時代環境變遷，中國大陸與台灣產業間之關係逐漸從過去的相互合作轉變為相互競爭，2014 年 5 月 16 日，中國大陸商務部長高虎城表示：「過去兩岸產業互動『合作大於競爭』，目前已經出現結構性改變，即兩岸產業關係變成『競爭替代合作』或『競爭大於合作』，兩岸間需要一個機制來加強產業互補合作，而非往競爭方向發展，雙方應進一步推動搭橋機制。」道出兩岸產業間應避免互相廝殺，而是需以相關機制強化雙方產業間的互補性，使兩岸產業對接進一步建立更深入合作，創造「兩岸合，賺天下」的雙贏局面。

中國大陸政府在建構十三五規劃時，期望考量兩岸產業結構組成及經濟發展現況，並以兩岸共同利益最大化為目標，使兩岸持續共同深化發展進一步成為十三五規劃之主軸，而兩岸產業則能更進一步各取所長、互相補短，避免重複投資與惡性競爭，而兩岸產業更能在整合優化產業資源配置與研發能量下，加速產業升級進程，深化建構兩岸產業兼具垂直與水平分工的產業分工合作體系，促進戰略性產業的全球佈局，進而培育與提升兩岸共同對外競爭環境之可持續的經濟競爭力，繼而走向共榮世代。

建言 8：請大陸政府對台商之電商產業給與國民待遇

台灣網勁科技於 2006 年進軍中國大陸市場，成立 oBuy 全買網電子商務平台並與中國大陸電子商務平台龍頭淘寶網進行合作，建立淘寶台灣館，現已彙集許多台灣商家，並協助台灣廠商透過 B2C 天貓網購進軍中國大陸市場，其更於 2011 年成立金、物流及資訊流三合一的跨兩岸購物平台，提供台灣消費者於阿里巴巴和騰訊旗下各電子商務平台購物享有一站式服務，成為兩岸電子商務深度合作的案例。此外，由於中國大陸幅員廣大，民眾使用網路購物的頻率較高，為電子商務形成有利的發展環境，使中國大陸電子商務十分發達，而台灣雖擁有許多優質的電子商務廠商與產品，然因實體通路密集且整體市場有限，除導致電子商務企業成長受限，亦侷限台灣消費者可選購商品種類的數量，並使台灣消費者在使用中國大陸電子商務平台時容易面臨許多問題。

由於兩岸金融管理辦法不同，導致兩岸支付平台互不通暢，因此進入中國大陸網購市場較為滯後，同時，實體的物流系統接軌程度亦造成兩岸電子商務發展上的限制，2013 年 9 月 11 日騰訊電商副總經理林文欽即表示：「由於中國大陸地廣人稠，在貨品運輸上難度較高，若電子商務業者如果無法將物流做好，則很難在中國大陸市場生存。」是故，建請兩岸政府共促現有電子商務平台企業和相關配套產業，打造兩岸電商皆能互通有無之平台，並視發展情況修改相關法令與制度，使金流、物流、資訊流皆能暢通無阻，開創共屬兩岸的卓越電子商務平台。

四、2014《TEEMA 調查報告》對兩岸政府之建言

從「兩岸合，賺天下」的主張，到「兩岸合，贏天下」，進而到目前兩岸有志之士提出「兩岸合，利天下」的時代使命，2014《TEEMA 調查報告》冀盼兩岸政府秉持「兩岸一家親，共圓中華夢」之共同理念，提出 6 大倡議如下：

倡議 1：兩岸共同制訂產業標準打造華人傑出商業平台

兩岸產業發展已從過去重視合作而逐漸轉變為較重視競爭，顯示兩岸面臨產業競爭態勢越趨明顯且嚴重，加上兩岸雙方規劃的新興產業項目重複性高，以及中國大陸以外的其他國家產能亦加入競爭，將可能導致全球市場產生產能過剩及供過於求的情況。而有些產業未來可能將陷入競爭大於合作之窘境，因此需要建立機制來強化產業間的互補合作，為避免重複投資與惡性競爭，兩岸勢必共同制定產業合作標準，包括產品規格及技術研發，並尋找有利雙方產業發展的方向，進而開展兩岸產業進軍全球市場新格局。

未來兩岸合作方向將由量轉質。根據華聚基金會董事長陳瑞隆（2013）指出：「兩岸首度簽訂 5G、雲端共同標準合作備忘錄，以實現提升到國家和全球標準之目標。」而當前正逢 4G 開台熱潮，緊接著更高階和更快速的 5G 隨之在規劃部屬中，2014 年兩岸資通訊產業在台灣成立 4G/5G 聯合創新中心，以「兩岸共同制定產業標準、各自研發及共同宣傳產品」為合作方向，期望兩岸業者能攜手通吃全球市場。中國大陸工信部副部長劉利華（2014）亦表示：「期望台灣企業儘早佈局 5G，並與中國大陸共同制定產業標準及研發技術，共建 5G 產業鏈。」顯示兩岸若透過產業合作，優勢互補聯手共建產業標準，將進而成為全球業界所傾向的最大標準。

倡議 2：兩岸共同推動中華軟實力形成寰宇影響力

面臨全球經濟競爭激烈，唯有依靠腦力激盪與人才投入才能為經濟成長激發發出新火花，且隨著創意時代來臨，兩岸應攜手提升文化軟實力，進而提升中華文化在國際舞台的影響力。根據中國大陸中宣部部長劉奇葆（2014）表示：「將大力推動中華文化走向世界，提升國家文化軟實力。」此外，中國傳媒大學文化發展研究院院長范周（2013）亦指出：「全球積極發展文創產業，兩岸唯有優勢互補、整合資源，共同打造文化產業鏈，提高文化產業產出率、優化產業結構才能保有競爭力。」

兩岸同源於中華文化，皆具有將文化代代傳承的責任，而台灣與中國大陸政府若能結合各自的軟實力，將其發揚光大，並藉由兩岸交流的方式深度扎根，將可提升兩岸文化軟實力，然根據中國大陸海協會前會長陳雲林（2014）表示：

「中華民族擁有悠久歷史，創造出書、畫藝術璀璨的文化，是中華民族共同的記憶，然時至今日，兩岸硬實力快速成長，使得文化方面的軟實力出現嚴重的出超與赤字。」可知台灣與中國大陸在軟實力的打造上力道稍嫌不足，建請兩岸政府攜手推動中華軟實力的發展，向全世界展示中華文化。

倡議 3：兩岸擴大搭橋計畫落實一省一對接之合作構想

經濟部為使兩岸產業能在技術開發、生產、投資等方面進行合作與交流，於 2008 年 11 月正式啟動搭橋專案，搭建兩岸產業合作平台，截至 2013 年為止，「搭橋專案」已在兩岸輪流舉辦 53 個場次的兩岸產業搭橋會議，涵蓋的產業包括中草藥、LED 照明、通訊、資訊服務、電子商務、連鎖加盟、物流、數位內容等，促成 1,675 家企業進行合作商談，亦簽署合作意向書達 332 份，加強雙向投資合作。

有鑑於兩岸搭橋專案合作成果豐碩，建請兩岸在搭橋計畫的基礎上，擴大合作範疇，可實施一省一對接的合作構想，將中國大陸每個省份獨特定位、特色產業與台灣城市對接，像是 2014 年 6 月 14 日在福建廈門舉辦的「兩岸特色鄉鎮農業產業對接交流會」，讓福建省與台灣農業鄉鎮能針對水稻、蔬果、茶葉、生物醫藥及休閒農業等產業進行互動交流，進而提升兩岸農業特色產業的對接水準。

倡議 4：兩岸共同加入區域經濟組織共促大中華經濟圈之繁榮

伴隨跨太平洋夥伴關係協議（TPP）及區域全面經濟夥伴關係（RCEP）等區域經貿協議的熱議，台灣積極透過外交手段盼能夠參與其中，然而，由於兩岸政治關係的不明確性，使得台灣對於加入這些經貿組織的政策上動輒得咎，遭遇諸多阻礙。於此同時，隨著兩岸經貿合作深化，台灣逐漸成為各國前往中國大陸佈局的最佳跳板，是故，台灣若能順利成為區域經濟整合的一員，無論對台灣、對中國大陸甚至是區域經濟整合圈內之國家皆可帶來實質效益。

然台灣欲加入區域經濟整合行列的第一道關卡，便是在兩岸政治關係間建立互信的基礎，廈門大學台灣研究院經濟所所長石方正（2014）指出：「台灣參與區域經濟合作的方式與途徑取決於兩岸政治互信的發展，需要兩岸共同務實探討。」顯示出在當前經濟合作架構及既有相關協議的基礎上，兩岸協商共同找出一條兩岸一同參與區域經濟整合的方式並非不可行。是故，建請兩岸政府積極探討在雙方皆能夠接受的條件下，共同融入全球經濟整合途徑與機制。

倡議 5：兩岸共同建立糾紛解決機制妥善處理經貿糾紛障礙

隨著兩岸互動交流頻繁，台商在中國大陸發生經貿糾紛比例亦隨之增加，台商主要以尋求當地台商協會協助或當地政府協調，最後才是透過司法途徑解決糾紛，然成效不彰，造成台商權益受損。2010 年第 5 次江陳會，陸委會首次提出「兩岸投資保障協議」議題，然經過多次會談與溝通，最終於 2012 年 8 月 9 日的第 8 次「江陳會談」，達成共識簽署《海峽兩岸投資保障和促進協議》，根據經濟部投資業務處（2014）統計指出：「從協議簽署後截至 2014 年 9 月底，送請中國大陸窗口行政協處者計 122 件，已完成協處程序為 46 件，結案率為 38%。」顯示雖初有成效，亦有努力空間，但從過去只能透過兩岸兩會的管道解決，現在亦能透過經濟部協助處理經貿糾紛，實為一大突破。

然根據前海基會董事長江丙坤（2013）表示：「海峽兩岸投資保障和促進協議是為了建立制度化保障和調處機制，而非解決所有經貿糾紛的萬靈丹。」顯示兩岸經貿糾紛解決機制雖達成共識，但仍有待完善。根據 2014《TEEMA 調查報告》顯示中國大陸台商經貿糾紛比例連續 3 年呈上升趨勢，且台商對經貿糾紛滿意度亦逐年下降，面對中國大陸經營環境改變，台商經營風險日亦提升，顯示提供台商佈局更完整保障確實存在必要性，因此建請兩岸政府能共同建立系統性的經貿糾紛解決機制，法規統一標準化，減少兩岸產業因經貿糾紛而陷入零和賽局之困境。

倡議 6：兩岸共同提升台商大陸經營正面形象，促進兩岸經貿關係持續發展

自從台商赴大陸投資以來，促進兩岸經貿活絡發展，從單向到雙向，從間接航運到直接通航，大大的促進兩岸關係進展。對企業言擴大生產規模、轉型升級成功。對大陸言，促進就業、產業發展、國民經濟增加、外經貿成長，成效斐然。對台灣言，產業缺工、缺地問題獲得疏解，產業轉型升級順利。經貿順利活絡發展，可謂促成兩岸關係穩定、和平、發展之最重要因子。然而台商赴大陸投資很多是在大陸土地、勞工、環保規定全面法治化與健全化之前，企業在完全接軌之際，自然有調適問題，除希望大陸中央及地方政府給予協助，例如退修保險金、土地所有權及徵收等。另外對於符合國際規範、照顧員工、保護環境、關懷社區、天災意外之急難救助等方面表現極為優秀企業非常多，也希望給予報導，讓兩岸人民瞭解，既提升台商台商正面經營情況，既有利兩岸經貿持續發展，更有利兩岸關係進展。

以今年東莞裕元公司的社保勞工糾紛、昆山中榮金屬意外爆炸案雖然政府及企業作了大量工作，但網上負面批評極多，究其原因，許多人仍停留在 20 年前台外資企業東南沿海舊印象，期望兩岸政府動用宣傳力量，對當前優秀台資企業多加報導，既提升台商形象，也鼓勵一般企業效法，有利兩岸經貿及兩岸關係發展。

第26章

2014 TEEMA 調查報告參考文獻

一、中文研究報告

1. Booz & Company（2012），**《2012中國創新調查》：創新一未來中國的優勢所在？**
2. 中國人民銀行（2014），**2014中國金融穩定報告**，中國金融出版社。
3. 中國大陸企業家調查系統（2013），**經濟轉型與創新：認識、問題與對策-2013中國大陸企業家成長與發展專題調查報告。**
4. 中國大陸社科院（2012），**2012年社會藍皮書**。
5. 中國大陸社會科學院法學研究所（2014），**中國法治發展報告No.12 法治藍皮書**。
6. 中國大陸商務部（2013），**中日韓自由貿易協定可行性聯合研究報告**。
7. 中國建投投資研究院（2013），**投資藍皮書：中國投資發展報告（2013）**。
8. 中國科學院（2012），**中國現代化報告2012：農業現代化研究**。
9. 中國美國商會（2013），**中國商務環境調查報告**。
10. 中國美國商會（2013），**年度商務環境調查報告**。
11. 中國與全球化研究中心（2012），**國際人才藍皮書‧中國大陸留學發展報告**。
12. 中國語音產業聯盟（2013），**中國智慧語音產業發展白皮書**。
13. 中國語音產業聯盟（2013），**中國智慧語音產業發展白皮書**。
14. 中國德國商會（2012），**2012年德國在華企業商業信心調查報告**。
15. 中國歐盟商會（2012），**中國歐盟商會商業信心調2012**。
16. 中華徵信所（2014），**台灣地區中型集團企業研究**。
17. 公眾環境研究中心（2012），**2012年城市空氣質量信息公開指數評價報告**。
18. 北京大學文化產業研究院（2012），**2012中國文化產業年度發展報告**。
19. 北京尚普資訊諮詢有限公司（2012），**2010-2013年中國農業機械市場調查報告**。
20. 北京國際城市發展研究院（2012），**社會管理藍皮書一中國社會管理創新報告**。
21. 台北市進出口商業同業公會（2011），**2011全球重要暨新興市場貿易環境及風險調查報告**。
22. 台北市進出口商業同業公會（2012），**2012全球重要暨新興市場貿易環境及風險調查報告**。
23. 台北市進出口商業同業公會（2013），**2013全球重要暨新興市場貿易環境及風險調查報告**。
24. 台北經營管理研究院（2012），**當前大陸台商投資環境調查報告**。

25. 台灣區電機電子工業同業公會（2003），**當商機遇上風險：2003年中國大陸地區投資環境與風險調查**，商周編輯顧問股份有限公司。
26. 台灣區電機電子工業同業公會（2004），**兩力兩度見商機：2004年中國大陸地區投資環境與風險調查**，商周編輯顧問股份有限公司。
27. 台灣區電機電子工業同業公會（2005），**內銷內貿領商機：2005年中國大陸地區投資環境與風險調查**，商周編輯顧問股份有限公司。
28. 台灣區電機電子工業同業公會（2006），**自主創新興商機：2006年中國大陸地區投資環境與風險調查**，商周編輯顧問股份有限公司。
29. 台灣區電機電子工業同業公會（2007），**自創品牌贏商機：2007年中國大陸地區投資環境與風險調查**，商周編輯顧問股份有限公司。
30. 台灣區電機電子工業同業公會（2008），**蛻變升級謀商機：2008年中國大陸地區投資環境與風險調查**，商周編輯顧問股份有限公司。
31. 台灣區電機電子工業同業公會（2009），**兩岸合贏創商機：2009年中國大陸地區投資環境與風險調查**，商周編輯顧問股份有限公司。
32. 台灣區電機電子工業同業公會（2009），**東協布局新契機：2009東南亞暨印度投資環境與風險調查**。
33. 台灣區電機電子工業同業公會（2010），**新興產業覓商機：2010中國大陸地區投資環境與風險調查**，商業周刊出版社。
34. 台灣區電機電子工業同業公會（2011），**十二五規劃逐商機：2011中國大陸地區投資環境與風險調查**，商業周刊出版社。
35. 台灣區電機電子工業同業公會（2011），**東協印度覓新機：2009東南亞暨印度投資環境與風險調查**。
36. 台灣區電機電子工業同業公會（2012），**第二曲線繪商機：2012中國大陸地區投資環境與風險調查**，商業周刊出版社。
37. 台灣區電機電子工業同業公會（2013），**大陸改革拓商機：2013中國大陸地區投資環境與風險調查**，商業周刊出版社。
38. 安永、長江商學院（2012），**全球經濟放緩的應對之道─中國領先民營企業家的觀點白皮書**。
39. 汪玉奇主編（2010），**中國中部地區發展報告2011：「十二五」中部發展思路與對策**，社會科學文獻出版社。
40. 波士頓顧問公司（2014），**中國醫藥市場制勝的新規則**。
41. 波士頓顧問公司（BCG）（2014），**中國醫藥市場制勝的新規則**。
42. 前瞻產業研究院（2014），**中國醫療器械行業市場需求預測與投資戰略規劃分析報告**。
43. 前瞻產業研究院（2014），**中國醫療器械行業市場需求預測與投資戰略規劃分析報告**。
44. 美國貿易全國委員會（2012），**2012中國商業環境報告**。
45. 胡潤（2014），**中國富豪特別報告**。
46. 倪鵬飛主編（2012），**中國城市競爭力報告No.10**，社會科學文獻出版社。
47. 博鰲觀察（2013），**小微企業融資發展報告：中國現狀及亞洲實踐**。
48. 富比士（2013），**中國大眾富裕階層財富白皮書**。

49. 富比士（2014），**中國現代家族企業調查報告**。
50. 湯森路透（2014），**2014年第五期湯森路透中國大陸固定收益市場展望**。
51. 華中師範大學中國農村研究院（2013），**中國農民經濟狀況報告**。
52. 蓋洛普（2014），**全球家庭收入調查報告**。

二、中文書籍

1. 王燕京（2013），**中國經濟：危機剛開始**，領袖出版社。
2. 外參編輯部（2012），**習近平面臨的挑戰**，外參出版社。
3. 吳敬璉（2013），**中國經濟改革二十講**，生活・讀書・新知三聯書店。
4. 吳敬璉、俞可平等（2011），**中國未來30年：十七位國際知名學者為中國未來的發展趨勢把脈**，靈活文化。
5. 吳樹（2012），**誰在淘寶中國**，漫遊者文化。
6. 汪在滿（2012），**大困局：中國城市危與機**，山西人民出版社。
7. 周艷輝主編（2012），**處在十字路口的中國**，靈活文化。
8. 林毅夫（2013），**紅色經濟：林毅夫中國經濟觀點**，翰蘆出版社。
9. 施振榮（1998），**鮮活思維**，聯經出版公司。
10. 施振榮（2012），**微笑走出自己的路：施振榮的Smile學，20堂創業、創新、人生課**，天下文化。
11. 胡鞍鋼、鄢一龍（2010），**紅色中國綠色錢潮：十二五規劃的大翻轉**，天下雜誌出版。
12. 郎咸平（2010），**郎咸平說中國即將面臨的14場經濟戰爭**，高寶出版。
13. 徐斯勤、陳德昇主編（2012），**中共「十八大」政治繼承：持續、變遷與挑戰**，刻印出版。
14. 時代編輯部（2013），**習近平改革的挑戰：我們能期待更好的中國？**，上奇時代。
15. 財信出版（2012），**贏戰2015：淘金中國十二五規劃**，財信出版。
16. 陳威如、余卓軒（2013），**平台革命：席捲全球社交、購物、遊戲、媒體的商業模式創新**，商周出版。
17. 葉檀（2013），**中國經濟站在了十字路口？**，北京大學出版社。
18. 遲福林（2013），**改革紅利十八大後轉型與改革的五大趨勢**，中國經濟出版社。
19. 謝國忠（2013），**不確定的世界：全球經濟旋渦和中國經濟的未來**，商務印書館。

三、中文期刊、報章雜誌

1. 《天下雜誌》（2010），**中國2015：獨家解密十二五規劃**，第456，9月號。
2. 《天下雜誌》（2012），**2013：亞洲經濟大預測**。
3. 《天下雜誌》（2013），**中國，下一個墨西哥？**，第522期，5月號。
4. 《天下雜誌》（2013），**中國地方債，如何穩住不爆？**，第522期，5月號。
5. 《台灣經濟研究月刊》（2013），**前瞻亞太區域整合新趨勢**，第36卷，第2期。
6. 《財經雜誌》（2010），**後ECFA大潮來襲**，第29期，7月號。
7. 《商業周刊》（2010），**無錨的動盪**，第1205期，12月號。
8. 《商業周刊》（2011），**胡錦濤留給他四大燙手山芋**，第1246期，10月號。
9. 《商業周刊》（2012），**2012中國關鍵報告**，第1258期，1月號。

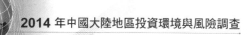

10. 《產業雜誌》（2012），**加入RCEP的挑戰與出路**，11月號。
11. 《經濟日報》（2013），**兩岸應以創新思維攜手走出去**，12/02。
12. 《遠見雜誌》（2010），**面對中國加一**，第284期，2月號。
13. 《遠見雜誌》（2011），**史上最大服務業投資潮．徵才潮，黃金10年來了**，第299期，5月號。
14. 《遠見雜誌》（2011），**搶賺6個消費中國**，第297期，3月號。
15. 《遠見雜誌》（2012），**另類中國奇蹟：移民海外世界第一**，第309期，3月號。
16. 《遠見雜誌》（2012），**服務，啟動新中國**，第309期，3月號。
17. 《遠見雜誌》（2012），**重慶、成都、武漢、西安四大內需城：台商搶進中西部**，第309期，3月號。

四、翻譯書籍

1. Backman M.（2008），***Asia Future Shock: Business Crisis and Opportunity in the Coming Years***，吳國卿譯，**亞洲未來衝擊：未來30年亞洲新商機**，財信出版社。
2. Chevalier M.（2010），***Luxury China: market opportunities and potential***，徐邵敏譯，**搶攻3億中國富豪**，台北市：時報文化。
3. Dambisa Moyo（2013），***Winner Take All: China's Race for Resources and What It Means for the World***，黃中憲譯，**當中國買下全世界：全球資源布局戰的最大贏家，如何掌控世界商品的供需網絡**，野人出版。
4. Ferguson and Kissinger（2012），***Does the 21st Century Belong to China?***，廖彥博譯，**中國將稱霸21世紀嗎？**，時報出版。
5. Halper S.（2010），***The Beijing consensus: how China's authoritarian model will dominate the twenty-first century***，王鑫、李俊宏譯，**北京說了算？中國的威權模式將如何主導二十一世紀**，新北市：八旗文化。
6. Johnson M.（2010），***Seizing the White Space: Business Model Innovation for Growth and Renew***，林麗冠譯，**白地策略：打造無法模仿的市場新規則**，天下文化。
7. Mahbubani K.（2008），***The New Asian Hemisphere: The Irresistible Shift of Global Power to the East***，羅耀宗譯，**亞半球大國崛起：亞洲強權再起的衝突與挑戰**，天下雜誌出版。
8. Morrison I.（1996），***The second curve: managing the velocity of charge***，溫蒂雅譯，**第二曲線：企業永續成長的未來學**，商周出版。
9. O'Neill J.（2012），***The Growth Map:Economic Opportunity in the BRICs and Beyond***，齊若蘭、洪慧芳譯，**高成長八國：金磚四國與其他經濟體的新機會**，天下文化。
10. Olson M. and Derek B.（2010），***Stall Points***，粟志敏譯，**為什麼雪球滾不大**，中國人民大學出版社。
11. Overtveldt J.（2012），***The End of the Euro: The Uneasy Future of the European Union***，周玉文、黃仲華譯，**歐元末日**，高寶文化。
12. Simon M.（2013），***Hidden Champions of the 21st Century: The Success**

Strategies of Unknown World Market Leaders，張非冰譯，**隱形冠軍：21世紀最被低估的競爭優勢**，天下雜誌。

13. Simpfendorfer B.（2011），***The New Silk Road:How a Rising Arab World is Turning Away from the West and Rediscovering China***，蔡宏明譯，**錢進中東大商機：中東與中國的貿易新絲路正在改變世界**，梅霖文化。
14. Smith D.（2007），***The Dragon and the Elephant: China, India and the New World Order***，羅耀宗譯，**中國龍與印度象：改變世界經濟的十大威脅**，知識流出版。
15. Sull D.（2009），***The Upside of Turbulence: Seizing Opportunity in an Uncertain World***，洪慧芳譯，**哪些企業不會倒？：在變局中維持不敗、再創優勢的關鍵**，天下雜誌。

五、英文出版刊物、專書、研究報告

1. Asian Development Bank（2014），***Asian Development Outlook 2014***。
2. Citi Bank（2014），***Global Economic Outlook and Strategy***。
3. Coface（2013），***The Handbook of Country Risk 2013***。
4. Credit Suisse Group（2013），***2013 Global Outlook***。
5. Deutsche Bank（2013），***World Outlook 2013***。
6. Economist Intelligence Unit（2013），***World Economy: EIU Global Forecast***。
7. Economist Intelligence Unit（2014），***Global Outlook 2014***。
8. Fitch Ratings（2013），***World economic growth outlook 2013-2014***。
9. Goldman Sachs（2014），***Global Economic Outlook***。
10. International Monetary Fund（2013），***World Economic Outlook 2014***。
11. International Monetary Fund（2014），***Global Financial Stability Report***。
12. International Monetary Fund（2014），***Regional Economic Outlook: Asia and Pacific***。
13. PricewaterhouseCoopers（2013），***CEO Confidence Index***。
14. The New York Times（2013），***Falling Out of Love With China***。
15. The Organisation for Economic Co-operation and Development（2014），***OECD Economic Outlook***。
16. The World Bank（2012），***China 2030: Building a Modern, Harmonious and Creative High-Income Society***。
17. The World Bank（2013），***Doing Business 2014***。
18. The World Bank（2014），***Global Economic Prospects 2014***。
19. United Nations Conference on Trade and Development（2014），***World Economic Situation and Prospects 2014***。
20. World Economic Forum（2014），***Financial Development Report***。
21. World Economic Forum（2014），***The Global Enabling Trade Report 2014***。
22. World Intellectual Property Organization（2013），***World Intellectual Property Report***。
23. World Trade Organization（2014），***World Trade Forcast 2014***。

國家圖書館出版品預行編目資料

習李改革擘商機：中國大陸地區投資環境與風險調查. 2014年 / 台灣區電機電子工業同業公會作. -- 初版. --臺北市：商周編輯顧問, 2014.10
面； 公分

ISBN 978-986-7877-36-9（平裝）

1.投資環境 2.經濟地理 3.中國

552.2　　　103016230

習李改革擘商機

——2014年中國大陸地區投資環境與風險調查

作　　者◎台灣區電機電子工業同業公會
理 事 長◎郭台強
副理事長◎歐正明・鄭富雄・翁樸山
秘 書 長◎陳文義
副秘書長◎羅懷家
地　　址◎台北市內湖區民權東路六段109號6樓
電　　話◎（02）8792-6666
傳　　真◎（02）8792-6137
總 編 輯◎李國榮
文字編輯◎阮大宏・田美雲・黃興邦・陳怡君・羅友燦・林彥文・王佩瑩・楊儒堃・曲天合・劉曉甄・詹于瑤
美術編輯◎李佳雯・王麗鈴
出　　版◎商周編輯顧問股份有限公司
地　　址◎台北市中山區民生東路二段141號6樓
電　　話◎（02）2505-6789
傳　　真◎（02）2505-6773
劃　　撥◎台灣區電機電子工業同業公會（帳號：50000105）
總 經 銷◎農學股份有限公司
印　　刷◎科樂印刷股份有限公司

ISBN　978-986-7877-36-9
出版日期◎2014年10月初版1刷
定　　價◎600元